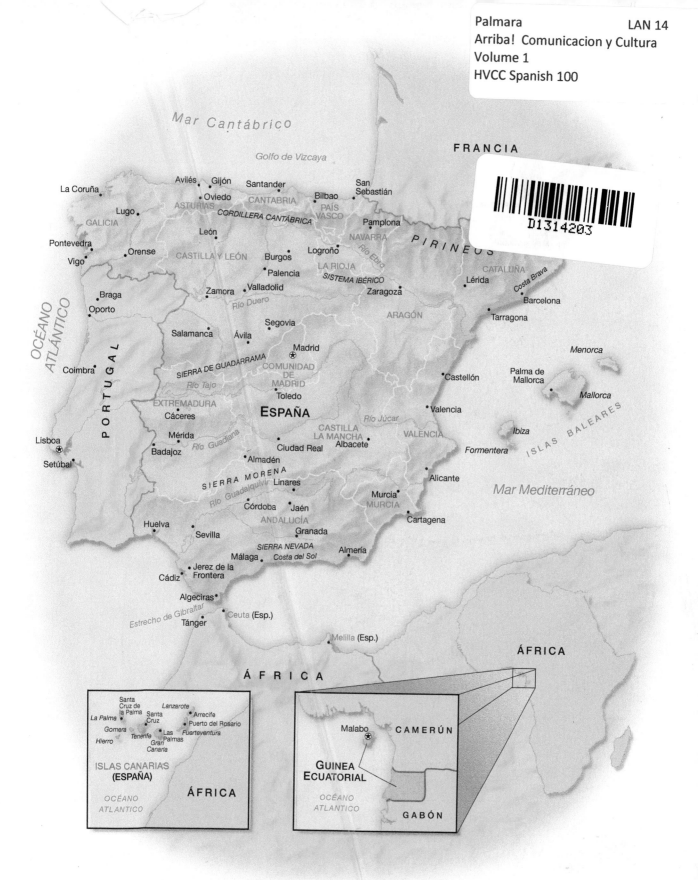

España y África

New digital enhancements to the 2015 Release: ¡Arriba! gets even better!

Drawing on the success of previous editions, the 2015 Release of the sixth edition of *¡Arriba!* has been carefully enhanced to introduce another generation of students to Spanish language and culture. Like its predecessors, the 2015 Release has been designed as an eclectic and flexible program that is clear, easy to use, and motivating to students—and as a program that reflects the diversity (of gender, ethnicity, age, and personal abilities) in today's society. But while the goals remain the same, new digital resources have been added to enrich the program, based on the overwhelmingly positive feedback we've received from students and instructors using the current edition.

The 2015 Release is **10** ways better!

1 Activities powered by a new **synchronous voice & video recording** tool are now available in **MySpanishLab**.

2 The **interactive eText** now includes self-checks to assess if a student has learned the vocabulary and grammar presented before they move on to more communicative practice. **Recycling** activities have also been added to the eText to guide students as they build upon previously learned materials.

3 The new cultural video program, *Club cultura,* takes a contemporary and journalistic approach as student hosts explore the Spanish-speaking world. Shot on location in Europe, Latin America, and in the United States, viewers are immersed in the cultural nuances, customs, language varieties, and beauty of the the Spanish-speaking world.

4 The **mobile Dynamic Study Modules powered by amplifire™**, which have been so popular with students using other Pearson beginning Spanish programs, are available in **MySpanishLab.** They are designed to improve learning and long-term retention of vocabulary and grammar via an application based on the latest research in neuroscience and cognitive psychology on how we learn best. Students master critical course concepts within the **Dynamic Study Modules**, leading to a livelier and more communication-centered classroom.

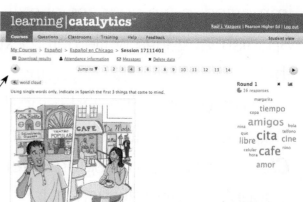

5 **Learning Catalytics,** a "bring your own device" learner engagement and classroom intelligence system first developed at Harvard, is available with content specific to *¡Arriba!*. **Learning Catalytics** also allows instructors to create a variety of their own activities that promote interaction and communication, deliver them to learners via mobile devices and receive feedback in real time making it even easier to engage students.

6 Activities to accompany popular **mobile apps** are available providing students an opportunity to practice vocabulary and grammar on the go!

7 Mobile-ready for select devices, interactive, vocabulary line art presentations and vocabulary tutorials are easily accessible from within the eText in **MySpanishLab.**

8 Communicate "live" with native speakers around the world. Using guided activities available in **MySpanishLab,** students practice language, share cultures, and explore interests within WeSpeke, a social network for online practice and cultural exchange, and then summarize their interactions. Rubrics are also available for instructors.

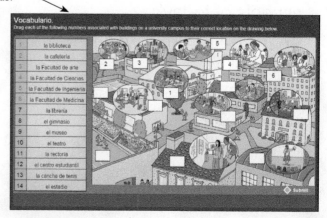

9 **MediaShare,** Pearson's one-stop media share tool available in **MySpanishLab**, includes activities specific to *¡Arriba!*. **MediaShare** is a comprehensive file-upload tool that allows language learners to create and to post video assignments, role-plays, group projects, and more in a variety of formats including video, Word, PowerPoint, and Excel. Structured much like a social networking site, **MediaShare** helps promote a sense of community among learners. Instructors can create and post assignments—or copy and use pre-loaded assignments for *¡Arriba!*—and then evaluate and comment on learners' submissions online. Integrated video-capture functionality allows learners and instructors to record video directly from a webcam or smartphone using the **MediaShare app.**

10 The electronic **Student Activities Manual** in **MySpanishLab** has been enhanced to include video activities to accompany *Club cultura* and synchronous voice & video recording activities that further engage students in the learning process.

CLUB CULTURA

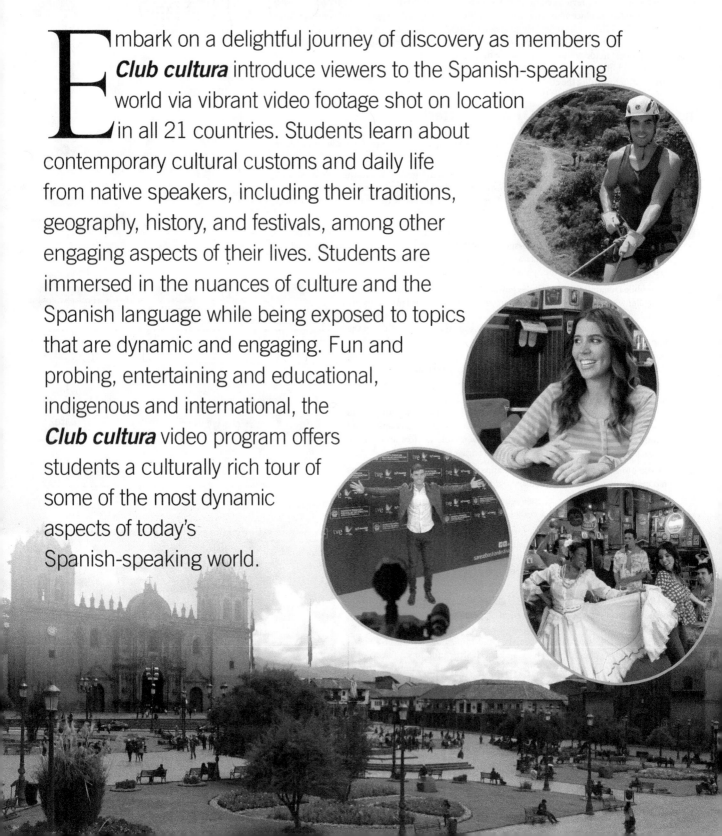

Embark on a delightful journey of discovery as members of **Club cultura** introduce viewers to the Spanish-speaking world via vibrant video footage shot on location in all 21 countries. Students learn about contemporary cultural customs and daily life from native speakers, including their traditions, geography, history, and festivals, among other engaging aspects of their lives. Students are immersed in the nuances of culture and the Spanish language while being exposed to topics that are dynamic and engaging. Fun and probing, entertaining and educational, indigenous and international, the **Club cultura** video program offers students a culturally rich tour of some of the most dynamic aspects of today's Spanish-speaking world.

LEARN SMARTER

Boost performance with powerful, personalized learning!

Powered by **amplifire** and accessible in **MySpanishLab**, new **Dynamic Study Modules** combine leading brain science with big-data adaptivity to engage students, drive proficiency, and improve outcomes like never before.

As the language learning and teaching community moves to digital learning tools, Pearson is supercharging its Spanish content and optimizing its learning offerings with personalized **Dynamic Study Modules,** powered by **amplifire** and **MySpanishLab**. And, we're already seeing significant gains. Developed exclusively for *beginning Spanish learners*, each study module offers a differentiated digital solution that consistently improves learning results and increases levels of user confidence and engagement with the course materials.

Language instructors observe that they are able to maximize their effectiveness, both in and out of the classroom, because they are freed from the onerous task of basic knowledge transfer and empowered to:

> reclaim up to 65 more class time for peer to peer communication in the target language;
> tailor presentation and focused practice to address only the most prevalent student knowledge gaps;
> enable livelier, more engaged classrooms.

How do Dynamic Study Modules powered by amplifire improve learning?

1 **Dynamic Study Modules** consist of a comprehensive online learning process that starts with modules of 25 vocabulary and grammar questions that drive deep, contextual knowledge acquisition and understanding.

Based on a Test–Learn–Retest adaptive module, as students respond to each question the tool assesses both knowledge and confidence to identify what students do and don't know. Asking students to indicate their level of confidence engages a different part of the brain than just asking them to answer the question.

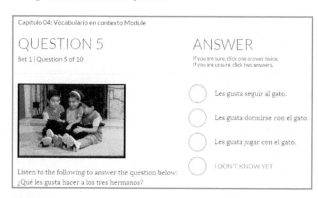

2 Results, embedded explanations, and review opportunities are extremely comprehensive and ideal for fast learning and long-lasting retention.

After completing the first question set, students are given embedded and detailed explanations for their correct answers, as well as why other answer choices were incorrect. This approach, taken directly from research in cognitive psychology, promotes more accurate knowledge recall. Embedding the learning into the application also saves students valuable study time because they have the learning content at their fingertips!

3 **Dynamic Study Modules** cycle students through learning content until they demonstrate mastery of the information by answering all questions confidently and correctly.

Once students have reviewed the first set of answers and explanations, modules **amplifire** presents them with a new set of questions. The **amplifire** methodology cycles students through an adaptive, repetitive process of test-learn-retest, until they achieve mastery of the material.

RESULTS!

Based on GAMING and LEARNER ENGAGEMENT techniques, **Dynamic Study Modules** powered by **amplifire** and **MySpanishLab** take basic knowledge transfer out of the classroom and improve performance.

Improved student performance and long-term retention of the material ensures students are not only better prepared for their exams, but also for their future classes and careers.

Dedicado a
Mabel J. Cameron
(1914–2004)

Y a Manuel Eduardo
Zayas-Bazán Recio
(1912–1991)

"Y aunque la vida murió,
nos dejó harto
consuelo su memoria"
—JORGE MANRIQUE

Every fall, millions of monarch butterflies rise from their summer homes in North America and begin a thousand-mile migration to the warm and welcoming habitats of Mexico and Latin America. It's an amazing journey! Their trip is also an apt metaphor for what you will experience as a student of Spanish: As you ascend in language proficiency, you will cross borders to gain a butterfly's-eye view of the people, the history, the arts, and the ways of living that define the fascinating cultures of the Spanish-speaking world.

Eduardo Zayas-Bazán • Susan M. Bacon • Holly J. Nibert

¡ARRIBA!
Comunicación y cultura

Volume 1
Spanish 100
Third Custom Edition for Hudson Valley Community College

Taken from:
¡ARRIBA!: Comunicación y cultura, Sixth Edition, 2015 Release
by Eduardo Zayas-Bazán, Susan M. Bacon, and Holly J. Nibert

ISBN 10: 1-323-11560-9
ISBN 13: 978-1-323-11560-2

Brief Contents

- Making suggestions indirectly
- Expressing opinions about what has happened
- Talking about what will have happened in the future and what has happened in the past
- Conjecturing about what would have been if something different had happened
- Relating what is or was caused by someone or something

STRUCTURES	CULTURE	READING AND WRITING

Preface

¡Arriba! brings Spanish to life!

We have been overjoyed and humbled by the enthusiastic response to the sixth edition of *¡Arriba!*. Our aim for the 2015 Release of the sixth edition is to focus on digital enhancements to the program and to offer an even more complete and flexible program for first-year Spanish courses, one that instructors with varying teaching styles can adopt with confidence. With help from a core Advisory Team, we have refined and created numerous digital tools that support personal learning and assessment, leading to improved student learning outcomes.

Since the release of the first edition in 1993, *¡Arriba! Comunicación y cultura* has been used successfully by thousands of instructors and hundreds of thousands of students throughout North America. Originally conceived to address the need for an elementary Spanish program that went beyond grammar drills to develop cultural insight and communication skills, it has come to be known as a **highly flexible program**—one that can be used effectively in a wide range of academic settings by instructors who teach the course in different ways and use technology to varying degrees.

Features

Like its predecessors, the 2015 Release of the sixth edition of *¡Arriba!* consists of 15 thematically organized chapters. The first 12 chapters present essential communicative functions and structures, along with basic cultural information about the countries that make up the Hispanic world. The 3 remaining chapters present more advanced structures together with thematically focused cultural material. In addition to the full edition, we offer a brief version of the text, consisting of the first 12 chapters only. Finally, we also offer a loose-leaf, 3-hole-punched version, and a completely digital version of the program, both of which provide significant value to your students.

FLEXIBLE AND EASY-TO-USE IN A WIDE VARIETY OF COURSE SETTINGS.

Instructors and learners consistently praise *¡Arriba!* for its flexibility and ease of use for both instructors and learners because of its consistent, easily navigable organizational structure. The authors present essential communicative functions and structures along with basic cultural information about the countries that make up the Hispanic world in 15 thematically organized chapters. Content is divided into three distinct sections: *Primera parte, Segunda parte*, and *Nuestro mundo*.

GUIDED, MEANINGFUL ACTIVITIES FACILITATE USE AND RETENTION OF NEW VOCABULARY.

Primera parte and *Segunda parte* begin with *¡Así lo decimos!*, which presents vocabulary in practical, functional groups to facilitate retention. *¡Así es la vida!* provides lively conversations that set the stage for the communicative functions and culture to be presented formally later in the chapter. A wide variety of practice activities, ranging from more guided to more open-ended activities, as well as audio recordings, online visual tutorials, interactive line art activities, and flashcards are available in the *¡Arriba!* program.

COMMUNICATION IS BOLSTERED BY PROVIDING A SOLID GROUNDING IN GRAMMAR.

If you had to learn Spanish all on your own, *¡Arriba!* would be the program for you—it is that clear. The grammar explanations in *¡Así lo hacemos!* are introduced with humorous illustrations, and followed with clear and concise bulleted points. The wide variety of practice activities for each grammatical topic is carefully sequenced, moving from form-focused to meaning-focused to more open-ended communicative and thought-provoking activities.

THE FOCUS ON COMMUNICATIVE OBJECTIVES AND SELF-ASSESSMENT ENSURES LEARNERS DON'T LOSE THEIR WAY.

Learners always know what their communicative objectives are, and can check to see how they are doing before they potentially fall behind—so important for

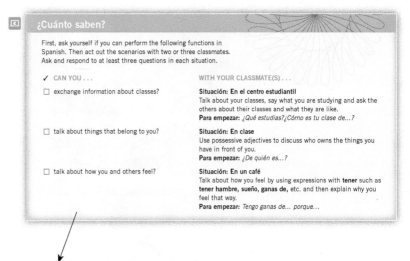

¿Cuánto saben?

First, ask yourself if you can perform the following functions in Spanish. Then act out the scenarios with two or three classmates. Ask and respond to at least three questions in each situation.

✓ CAN YOU . . .	WITH YOUR CLASSMATE(S) . . .
☐ exchange information about classes?	**Situación: En el centro estudiantil** Talk about your classes, say what you are studying and ask the others about their classes and what they are like. **Para empezar:** ¿Qué estudias? ¿Cómo es tu clase de...?
☐ talk about things that belong to you?	**Situación: En clase** Use possessive adjectives to discuss who owns the things you have in front of you. **Para empezar:** ¿De quién es...?
☐ talk about how you and others feel?	**Situación: En un café** Talk about how you feel by using expressions with **tener** such as **tener hambre, sueño, ganas de,** etc. and then explain why you feel that way. **Para empezar:** Tengo ganas de... porque...

the cumulative nature of language learning. *¿Cuánto saben?* boxes at the end of each part serve to remind learners of the communicative objectives laid out in the Chapter Opener as well as assist them in determining how well they have mastered the material. *¿Cuánto saben?* activities may now be completed via synchronous voice-recording functionality in **MySpanishLab** or via videos students post in **MediaShare**. The *Situación* sections in these boxes can also be used by instructors to assess Learning Outcomes and determine whether learners can perform the communicative objectives. *¿Cuánto saben?* boxes also help identify outcomes that coincide with the ACTFL Standards for Foreign Language Learning.

PERFILES: AN EMPHASIS ON AUTHENTIC CULTURE, PERSONALIZED EXPERIENCES, AND CROSS-CULTURAL COMPARISONS.

Just one of the many cultural aspects of the *¡Arriba!* program (including authentic literature), *Perfiles* is a two-page cultural spread divided into two sections: *Mi experiencia* and *Mi música*.

Written in the first person, *Mi experiencia* is a personal account—in the form of postings on blogs, message boards, and so on—of a young person's experience in the culture and country of focus, always in a context that is relevant to students. *Para ti* questions invite students to reflect on their experiences within their own culture, while the *En tu opinión* activities encourage them to discuss topics further in small groups and make cross-cultural comparisons.

Mi música selections reflect the preferences of the person featured in *Mi experiencia* and provide students with a current sampling of music from around the Spanish-speaking world.

CULTURE IS INTEGRATED THROUGHOUT THE PROGRAM.

Culture is integrated throughout every chapter of *¡Arriba!*. For example, the profile of Alejandro Sanz in the *Mi música* section referenced above is expanded upon in the grammar section for the imperfect subjunctive (p. 426). Students read a real interview with Sanz and identify his use of the imperfect subjunctive. Never has the imperfect subjunctive taken on such an integrated and appealing aspect!

Observaciones (in the *Segunda parte* only) offers a comprehensive and engaging set of activities based on the corresponding episode of the video filmed specifically to accompany *¡Arriba!*. This sitcom-like video, *¡Pura vida!,* features the interactions of five young adults who have all found their way to a residence in Costa Rica. The pre-viewing, viewing, and post-viewing activities in the text are designed to help students follow the story that unfolds in each episode.

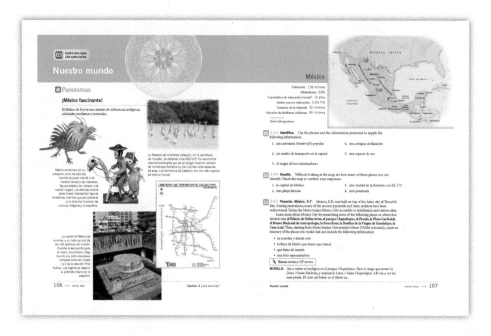

The *Nuestro mundo* section of each chapter includes the following elements:

- *Panoramas* is a visually and textually panoramic presentation of the Hispanic country or region that is the focus of the chapter. The material is supported by activities that encourage students to discuss the regions and topics, do additional research on the Internet, and make comparisons between the targeted country's culture and their own. The updated Fact Box provides additional information relevant to the country/region of focus and to the chapter theme. These boxes are designed specifically to reflect the topic of the chapter and will vary throughout the text to provide a broad understanding of the Spanish-speaking world.

- *Páginas* focuses on the development of reading skills. The readings include excerpts from magazine and newspaper articles, a fable, poems, short stories, plays, or novel excerpts. All are authentic or semi-authentic texts written by Hispanic writers from various parts of the Spanish-speaking world, including the United States. All of the readings are accompanied by pre- and post-reading activities.

- *Taller* provides guided writing activities that incorporate the vocabulary, structures, and themes covered previously in the chapter. Writing assignments are varied, ranging from personal and business correspondence to fables. Each assignment is presented in a process-oriented manner, encouraging students to follow a carefully planned series of steps that includes both self-monitoring and peer editing.

Each chapter concludes with a comprehensive, clearly organized list of all active vocabulary words introduced in the chapter. This section also includes references to the grammar structures covered in the chapter, for quicker access to information.

Program Components

Student Resources

AUDIO FOR THE TEXT

The recordings correspond to the listening comprehension activities in the main program, to the *¡Así es la vida!* dialogues, to the *Letras y sonidos* pronunciation sections and to select *Cultura en vivo* podcasts. These recordings are available within **MySpanishLab** and on the **Companion Website**.

STUDENT ACTIVITIES MANUAL

The *¡Arriba!* **Student Activities Manual,** available both in print and within **MySpanishLab,** includes a vast number of practice activities, many of which are audio- or video-based, for each chapter of the text. It also contains speaking activities that are recordable in **MySpanishLab.** The activities are integrated and organized to mirror the corresponding textbook chapter. Each chapter of the manual includes a *Letras y sonidos* section, a *Perfiles* section, two *¿Cuánto saben?* sections, comprehensive activities on the *Observaciones* video segments, and a *Nuestro mundo* section.

AUDIO FOR THE STUDENT ACTIVITIES MANUAL

The recordings correspond to the listening comprehension activities in the *¡Arriba!* **Student Activities Manual** and are available within **MySpanishLab** and on the **Companion Website.**

QUICK GUIDE TO SPANISH GRAMMAR

This brief supplement (with laminated pages to ensure durability) provides students with a handy reference source on the key points of Spanish grammar. It is available at a special discount in value packs with the *¡Arriba!* student text.

CLUB CULTURA VIDEO

A new cultural video program is available with the 2015 Release of *¡Arriba!. Club cultura* takes a contemporary and journalistic approach as student hosts explore the Spanish-speaking world. Shot on location in Europe, Latin America, and in the United States, viewers are immersed in the cultural nuances, customs, language, and beauty of the 21 Spanish-speaking countries. The video is available in **MySpanishLab** with and without subtitles in both Spanish and English. A DVD is available for instructors.

¡PURA VIDA! VIDEO

¡Pura vida! is an original story-line video filmed specifically to accompany *¡Arriba!.* Over the course of its 15 episodes, students follow the interactions of five principal characters, who live together in a youth hostel in San José, Costa Rica. Students can see vocabulary and grammar structures presented in the textbook used in realistic situations while gaining a deeper understanding of Hispanic culture. The sitcom-like format allows instructors to show or assign segments for some chapters without having to do so for others. Pre-viewing, viewing, and post-viewing activities are found in the *Observaciones* sections of the textbook and the **Student Activities Manual.** The video is available within **MySpanishLab,** with and without captions. In addition, the video is available to instructors on DVD.

| Doña Maria | Felipe | Hermés | Silvia | Patricio | Marcela |

Meet the Cast!
Here are the main characters of *¡Pura vida!,* whom you will get to know as you watch the video:

VISTAS CULTURALES VIDEO

The Telly™ award-winning *Vistas culturales* video provides students with a rich and dynamic way to expand, enhance, and contextualize the cultural materials they study in the *Panoramas* section of the textbook. The 18 ten-minute vignettes include footage from every Spanish-speaking country. Each of the accompanying narrations, which employ vocabulary and grammar designed for first-year language learners, was written by a native of the featured country or region. The video is available via the Interactive Globe icon in the eText, and with an accompanying Video Guide in **MySpanishLab,** with and without captions. In addition, the video is available to instructors on DVD.

- *Vistas culturales* **Video Guide** The video guide includes useful vocabulary and pre-, during-, and post-viewing activities designed to guide students as they view each country segment.

ENTREVISTAS VIDEO

The *Entrevistas* video consists of guided but authentic interviews with native Spanish speakers on topics related to each chapter's theme. Participants employ target vocabulary and grammar structures while providing broader cultural perspectives on chapter themes. The video is available within **MySpanishLab.** In addition, the video is available to instructors on DVD.

Instructor Resources

ANNOTATED INSTRUCTOR'S EDITION (AIE)

The *¡Arriba!* **AIE** is formatted, with slightly larger pages, to allow inclusion of a great deal of helpful material. Icons are placed at appropriate points throughout each chapter to indicate related resources available in other components of the *¡Arriba!* program (see chart on page *xxiv* for the icon key). There are numerous marginal instructor annotations, which fall into several categories:

- **The Five C's:** Lists all the sections and activities in the chapter that correspond to each of the **ACTFL** Standards for Foreign Language Learning**.**
- **Student learning outcomes:** Suggestions for using *¿Cuánto saben?* boxes to measure student learning outcomes.
- **General introduction of . . . :** An overview of an entire chapter or *parte.*
- **Note on . . . :** Additional information on cultural references (such as well-known people, artwork, music, etc.), vocabulary usage, or grammar structures beyond what is provided in the student text.
- **Presentation tip for . . . :** Suggestions for presenting new material to students, whether it is vocabulary, grammar, or culture.
- **Comprehension check for . . . :** Brief Q & A activities to confirm comprehension during instructor presentation or review of material.
- **Warm-up for . . . :** Suggestions for activating students' prior knowledge or helping set up an activity before carrying it out.
- **Expansion of . . . :** Ideas for lengthening or adding to an activity, such as by asking additional questions or by applying the information to students' lives.
- **Optional activity before/after . . . :** Independent activities—separate, but related to those in the student text—that offer instructors further options for classroom practice with students. These are also available for download from **MySpanishLab** or from the Instructor Resource Center (IRC).
- **Wrap-up:** Suggestions for concluding an activity effectively, such as by drawing a conclusion based on the students' responses or by sampling or reviewing student responses.
- **Audioscript for . . . :** The written script of what is heard on the accompanying audio program.

INSTRUCTOR'S RESOURCE MANUAL (IRM)

The *¡Arriba!* **IRM** is a comprehensive resource that instructors can use for a variety of purposes. It is available for download within **MySpanishLab** and on our Instructor Resource Center (IRC). The contents include:

- An introduction that discusses the philosophy behind the *¡Arriba!* program, a guide to using the text's features, and a guide to other program components.
- Pointers for new instructors, including lesson planning, classroom management, warm-ups, error correction, first day of class, quizzes/tests, and other teaching resources.
- An explanation of the North American educational system, written (in Spanish) for instructors who may be unfamiliar with it.
- Sample syllabi showing how the *¡Arriba!* program can be used in traditional and hybrid classroom settings and at different paces.
- Full lesson plans for all chapters.
- The audio script for the **Student Activities Manual** audio program.
- A guide to rubrics with samples for writing and oral assessments.
- Optional Activities, provided in Word, are available for download to use in class as described in the Annotated Instructor's Edition in the marginal teacher notes.
- The video scripts and activities are available to accompany all four *¡Arriba!* videos (*¡Pura vida!, Club cultura, Vistas culturales,* and *Entrevistas*).

POWERPOINT PRESENTATIONS

A set of **PowerPoint Presentations** includes visual materials from the textbook, together with dynamic presentations on each grammar point covered in the text.

TESTING PROGRAM

The fully online *¡Arriba!* **Testing Program** mirrors the content of the textbook, and has been carefully edited to ensure close coordination with the main text and **Student Activities Manual.** In addition to finished, ready-to-use tests for each chapter, it contains over 500 testing modules from which instructors can draw to create customized tests. The assessment goal, content area, and response type are identified for each module. Available within **MySpanishLab** is a user-friendly test-generating program known as **MyTest** that allows instructors to select, arrange, and customize testing modules to meet the needs of their courses. Once created, tests can be printed on paper or administered online.

AUDIO FOR THE TESTING PROGRAM

The recordings to accompany the listening comprehension activities in the *¡Arriba!* **Testing Program** are available within **MySpanishLab** and on CD for instructors.

Online Resources

MYSPANISHLAB

MySpanishLab is a widely adopted, nationally hosted online learning system designed specifically for students in college-level language courses. It brings together—in one convenient, easily navigable site—a wide array of language-learning tools and resources, including an interactive version of the *¡Arriba!* **Student Activities Manual,** an interactive version of the *¡Arriba!* student textbook, and all materials from the *¡Arriba!* audio and video programs. Readiness checks, practice tests, synchronous voice & video recording activities, and tutorials personalize instruction to meet the unique needs of individual students. Students can also post videos using the **MediaShare** feature, listen to podcasts, and view other resources using the *Panoramas* Interactive Globe. Instructors can use the system to make assignments, set grading parameters, provide feedback on student work, add new content, access instructor resources, and hold online office hours. Instructor access is provided at no charge. Students can purchase access codes online or at their local bookstore. For more information, including case studies that illustrate how **MySpanishLab** saves time and improves results, visit www.mylanguagelabs.com.

SUPPLEMENTARY ACTIVITIES

This *¡Arriba!* supplement provides additional activities that can be used in class or assigned for out-of-class work. Integrating highly motivational activities such as games, crossword puzzles, fill-in-the-blank activities, and paired activities, it is a rich resource for a variety of teaching situations.

COMPANION WEBSITE

The open-access **Companion Website** features the recordings that accompany the main text and the **Student Activities Manual**.

Acknowledgments

The 2015 Release of *¡Arriba!* is the result of careful planning between ourselves and Pearson and ongoing collaboration with students and you—our colleagues—who have been using the first, second, third, fourth, fifth, and/or sixth editions. We look forward to continuing this dialogue and sincerely appreciate your input. We owe special thanks to the many members of the Spanish teaching community whose comments and suggestions helped shape the pages of every chapter.

We gratefully acknowledge and thank, in particular, our reviewers for this special release of the sixth edition:

Maria G. Akrabova, *Metropolitan State University of Denver*
Ana E. Almonte, *Hudson Valley Community College*
Raysa Amador, *Adelphi University*
Dimaris Barrios-Beltran, *Amherst College*
Yasmine Beale-Rivaya, *Texas State University*
Mara-Lee Bierman, *Rockland Community College*
Laura H. Bradford, *Salt Lake Community College*
Julia Bussade, *University of Mississippi*
Zoila Castro, *University of Rhode Island*
Heather Colburn, *Northwestern University*
Debra Currere, *Northern Illinois University*
John B. Davis, *Indiana University South Bend*
William Deaver, *Armstrong Atlantic State University*
Héctor Enríquez, *University of Texas at El Paso*
Bruce K. Fox, *St. Johns River State College*
David F. Hanson, *University of Puget Sound*
Kimberly Harris, *Boise State University*
Brent Hart, *College of Western Idaho*
Catherine Hebert, *Indiana University South Bend*
Qiu Y. Jiménez, *Bakersfield College*
Assen Kokalov, *Purdue University North Central*
Suzanne LaVenture, *Davidson County Community College*
Jeanine LeMieux, *Mott Community College*
Allison Libbey Titus, *University of Wisconsin-Milwaukee*
Maria Lipson, *Community College of Baltimore County*
Victoria Maillo, *Amherst College*
Sandra Mulryan, *Community College of Baltimore County*
Jamilet Ortiz, *Housatonic Community College*
Jodie Parys, *University of Wisconsin -Whitewater*
Nilsa O. Pérez-Cabrera, *Blinn College*

Renato Rodríguez, *Parkland College*
David C. Rubi, *Paradise Valley Community College*
Linda Saborío, *Northern Illinois University*
Jonathan Stowers, *Salt Lake Community College*
John P. Sullivan, *Prairie View A&M University*
Gabriel Valenzuela, *Spokane Falls Community College*
Caroleena Vargas, *University of Rhode Island*
Titania Vargas, *Illinois Central College*
Julio Verdi, *Texas State University*
María Villalobos-Buehner, *Rider University*
Rebecca White, *Indiana University Southeast*
Carolina Wilson, *Texas State University*
Annette Zapata, *Arkansas State University*

Reviewers for Sixth Edition:
Frances Alpren, *Vanderbilt University*
Luz María Álvarez, *Johnson County Community College*
Stephanie M. Álvarez, *University of Texas - Pan American*
Stacy Amling, *Des Moines Area Community College, Boone Campus*
Debra Andrist, *Sam Houston State University*
José Badillo, *Metropolitan Community College in Omaha, Nebraska*
Sonia Barrios Tinoco, *Seattle University*
Marie Blair, *University of Nebraska-Lincoln*
Miryan Boles, *Texas Southern University*
Lillie Busby, *Sam Houston State University*
Alicia T. Casals, *Texas Southern University*
Christine Coleman Núñez, *Kutztown University of Pennsylvania*
Lina L. Cofresí, *North Carolina Central University*

David Cruz de Jesús, *Baruch College, CUNY*
David D. Dahnke, *Lone Star College - North Harris*
John B. Davis, *Indiana University, South Bend*
Keri Dutkiewicz, *Davenport University*
Margaret Eomurian, *Houston Community College*
Timothy J. Erskine, *Western Michigan University*
Marisela Fleites-Lear, *Green River Community College*
Ana M. Hnat, *Houston Community College*
Silvia Huntsman, *Sam Houston State University*
Qiu Y. Jiménez, *Bakersfield College*
Sheila Jones, *Sam Houston State University*
Lunden MacDonald, *Metropolitan State College of Denver*
Carlos Martínez, *New York University*
Joseph McClanahan, *Creighton University*
Ryan J. Minier, *Western Michigan University*

Norma A. Mouton, *Sam Houston State University*
Catherine Ortiz, *University of Texas at Arlington*
Christine R. Payne, *Sam Houston State University*
Sue Pechter, *Northwestern University*
Edith S. Pequeño, *Blinn College*
Nilsa O. Pérez-Cabrera, *Blinn College*
Kay E. Raymond, *Sam Houston State University*
Ray S. Rentería, *Sam Houston State University*
Victor E. Slesinger, *Palm Beach State College*
John P. Sullivan, *Prairie View A&M University*
Hilde M. Votaw, *University of Oklahoma*
Michael Vrooman, *Grand Valley State University*
Mary H. West, *Des Moines Area Community College, Ankeny Campus*
Olivia Yáñez, *College of Lake County*

We are grateful to the many who granted permission to use photos and literary selections (see Text and Photo Credits).

We wish to express our gratitude and appreciation to the many people at Pearson who contributed their ideas, tireless efforts, and publishing experience to the 2015 Release of *¡Arriba!*. We are especially grateful for the guidance of Scott Gravina, Senior Development Editor, for all his work, suggestions, attention to detail, and dedication to the text. His support and diplomatic manner helped us to achieve the final product. We thank our Project Managers, Molly White and Carol O'Rourke, and our Program Manager Annemarie Franklin, who so capably coordinated the many pieces of the program and kept us on track with deadlines.

We would also like to thank the contributors who assisted us in the preparation of the sixth edition: Catherine Hebert and John B. Davis for co-authoring the **Testing Program,** Christine Coleman Núñez for her work on the **Instructor's Resource Manual,** and Evelyn F. Brod and Teresa Roig-Torres for authoring the **Supplementary Activities.** We also wish to express our gratitude to Marie Blair and Nilsa Pérez-Cabrera for all of their hard work and great attention to detail as page proof reviewers.

We are very grateful to our **MySpanishLab** team, skillfully led by Samantha Alducin, Senior Digital Product Manager, for the creation of the *¡Arriba!* MySpanishLab course, and to Andrew Bowen for his development of the **Student Activities Manual.** Thanks to Editorial Assistants Nathalie Murray and Sandra Fisac Rodríguez (Digital), for attending to many administrative details.

A special thanks to video producer Mannic Media, for producing *Club cultura*, our beautiful new video component.

We are very grateful to our marketing team: Steve Debow, Marketing Director, and World Languages Consultants, Yesha Brill, Mellissa Yokell and Raúl J. Vázquez López, for their creativity and efforts in coordinating all marketing and promotion for this release. Thanks, too, to our partners at Lumina Datamatics, and especially to Revathi Viswanathan, for her careful and professional editing and production services. We also thank our illustrator, Andrew Lange, for his creativity and beautiful illustrations. Special thanks to Maria Lange for the 2015 cover designs. Finally, we would like to express our sincere gratitude to Bob Hemmer, Editor in Chief, and Tiziana Aime, Senior Acquisitions Editor for their guidance and support through every aspect of this new release.

Finally, our love and deepest appreciation to our families: Lourdes, Cindy, Eddy, and Lindsey, Elena, Ed, Lauren, and Will; Wayne, Alexis, Sandro, Ignacio and Isla; Camille, Chris, Eleanor, Teresa and Toby; and Pete, Valayda, Roger and Britt, Dave, Nancy, Wesley, and Megan, Leisa and David, and Tammy.

Eduardo Zayas-Bazán
Susan M. Bacon
Holly J. Nibert

MySpanishLab

Part of the award-winning MyLanguageLabs suite of online learning and assessment systems for basic language courses, **MySpanishLab** brings together—in one convenient, easily navigable site—a wide array of language-learning tools and resources, including an interactive version of the *¡Arriba!* student text, an online **Student Activities Manual**, and all materials from the audio and video programs. Vocabulary and grammar tutorials, English grammar Readiness Checks, and practice tests personalize instruction to meet the unique needs of individual students. Instructors can use the system to, among many other things, make assignments, set grading parameters, listen to student-created audio recordings, and provide feedback on student work. **MySpanishLab** may be packaged with the text at substantial savings. For more information, visit us online at www.mylanguagelabs.com.

A GUIDE TO *¡ARRIBA!* ICONS		
	Readiness Check for MySpanishLab	Located in each chapter opener, this icon reminds students to take the Readiness Check in **MySpanishLab** to test their understanding of the English grammar related to the Spanish grammar concepts in the chapter.
	¿Comprendes?	Located in the *Vocabulario* and *Estructuras* sections of the book, this icon is interactive within the eText and allows students to check their comprehension online.
	¿Recuerdas?	Located in the *Estructuras* section, this icon indicates that an activity allowing students to practice previously learned content is available interactively within the eText.
	Explore	Indicates that additional self-study practice activities are available interactively within the eText.
	Vocabulary Tutorial	Indicates that vocabulary tutorials are available in **MySpanishLab**.
	Grammar Tutorial	Indicates that grammar tutorials are available in **MySpanishLab**.
	Text Audio Program	Indicates that recorded material to accompany *¡Arriba!* is available in **MySpanishLab** or on the **Companion Website**.
	Pair Activity	Indicates that the activity is designed to be done by students working in pairs.
	Group Activity	Indicates that the activity is designed to be done by students working in small groups.
	Information Gap Activity	Indicates that the activity is designed to be done in pairs, with each student having different information. The information for Student A is included in the chapter; Student B's information is found in **Appendix 1**.
	eText Activity	This icon indicates that an electronic version of this activity is available in **MySpanishLab**.
	Video	This icon indicates that a video episode is available for the *¡Pura vida!* or the *Club cultura* video series. Both videos are available in **MySpanishLab**.
	Interactive Globe	Indicates that additional cultural resources relating to a particular country—in the form of videos, web links, interactive maps, and more—are organized on an interactive globe in **MySpanishLab**.

¡ARRIBA!

1
Hola, ¿qué tal?

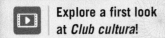
Explore a first look at *Club cultura*!

La diversidad del mundo hispano

EUROPA

AMÉRICA DEL NORTE

ÁFRICA

OCÉANO ATLÁNTICO

OCÉANO PACÍFICO

AMÉRICA DEL SUR

Take a virtual tour with the Interactive Globe.

ANTÁRTIDA

«Si vives alegre, rico eres».

Refrán: If your life is happy, you are rich. (Your wealth lies in your happiness.)

El acueducto de Segovia, construido por los romanos en el siglo I a.C.

Historia de México desde la conquista hasta el futuro. Diego Rivera, 1930.

¡Así lo decimos![1] VOCABULARIO

¡Así es la vida![2] Saludos y despedidas

En la universidad los estudiantes y los profesores conversan.[3]

JORGE:	Hola, María Luisa. ¿Cómo estás?
MARÍA LUISA:	Muy bien, Jorge. ¿Y tú? ¿Qué tal?
JORGE:	¿Yo? ¡Fenomenal!

PROFESORA LÓPEZ:	Hola, buenas tardes. ¿Cómo se llama usted?
ROBERTO:	Me llamo Roberto Gómez.
PROFESORA LÓPEZ:	Mucho gusto. Soy la profesora López.
ROBERTO:	Encantado.

LUPITA:	Hasta luego, Juan.
JUAN:	¡Nos vemos!

¿COMPRENDES?
Check your comprehension online!

---

[1]That's how we say it!
[2]That's life
[3]**Estudiante**, **profesor**, and **conversan** are cognates, words that are similar in English and Spanish. Do you recognize other cognates in the dialogues?

Vocabulario Saludos y despedidas

Variaciones

Numerous greetings and farewells are used in the Spanish-speaking world and variations are common. The expression **¿Qué onda?** (*What's up?*) is popular in Mexico. A brief **Buenas** for *good afternoon/evening* is typical in Spain. Speakers from many Latin American countries commonly use the expression **¡Chau!** (also spelled **¡Chao!**) to say *Good-bye!*

Explore visual vocabulary online!

Saludos Greetings

Buenos días.   *Good morning.*
Buenas noches.   *Good evening.*
Buenas tardes.   *Good afternoon.*
¿Cómo está usted?   *How are you?* (formal)
¿Cómo estás?   *How are you?* (informal)
Hola.   *Hello, Hi.*
¿Qué pasa?   *What's happening?*
                          What's up? (informal)
¿Qué tal?   *What's up?* (informal)

Respuestas Responses

De nada.   *You're welcome.*
¿De verdad?   *Really?*
Encantado/a.   *Pleased to meet you.*
Gracias.   *Thank you.*
Igualmente.   *Likewise.*
Lo siento.   *I'm sorry.*
Más o menos.   *So-so.* (lit. *More or less.*)
Mucho gusto.   *Nice to meet you.*
(Muy) Bien.   *(Very) Well.*
(Muy) Mal.   *(Very) Bad.*
Todo bien.   *All's well.*

Despedidas Farewells

Adiós.   *Good-bye.*
Hasta luego.   *See you later.*
Hasta mañana.   *See you tomorrow.*
Hasta pronto.   *See you soon.*
Nos vemos.   *See you.*

Presentaciones Introductions

¿Cómo se llama usted?   *What's your name?* (formal)
¿Cómo te llamas?   *What's your name?* (informal)
Me llamo...   *My name is . . .* (lit. *I call myself . . .*)
Mi nombre es...   *My name is . . .*
Soy...   *I am . . .*

Títulos Titles

el señor (Sr.)   *Mr.*
la señora (Sra.)   *Mrs., Ms.*
la señorita (Srta.)   *Miss*

Sustantivos Nouns

la clase   *class*
el estudiante   *student (male)*
la estudiante   *student (female)*
el profesor   *professor (male)*
la profesora   *professor (female)*
la tarea   *homework*
la universidad   *university*

la profesora

el estudiante

Otras palabras y expresiones Other words and expressions

¿Cómo se escribe...?   *How do you spell . . . ?*
con   *with*
mi/mis   *my*
o   *or*
tu/tus   *your* (informal)
y   *and*

Letras y sonidos

Spanish Vowels

In Spanish, each of the five letters **a, e, i, o, u** corresponds to one and only one vowel *sound*. In English, these same five letters correspond to many different vowel sounds, which tend to be long and glided. For example, the letter *a* creates five different vowel sounds in the following words: f*a*ther, c*a*t, *a*pproach, bl*a*me, *a*we.

What vowel sound in English corresponds to each of the letters **a, e, i, o, u** in Spanish?

- The letter **a** is pronounced like the *a* in f*a*ther, but is shorter.

más	pasa	nada	mañana	encantada

- The letter **e** is pronounced like the *e* in th*e*y, but is shorter with no final glide.

es	tres	mesa	deporte	interesante

- The letter **i** is pronounced like the *i* in mach*i*ne, but is shorter.[1]

mi	niño	libro	tímido	inteligente

- The letter **o** is pronounced like the *o* in al*o*ne, but is shorter with no final glide.

o	hola	color	exótico	nosotros

- The letter **u** is pronounced like the *u* in fl*u*te, but is shorter.

tú	azul	lunes	gusto	música

APLICACIÓN

1-1 ¿Qué tal? If you heard the statements or questions on the left, how would you respond? Choose from the list of options on the right.

MODELO: Adiós.
Hasta luego.

1. _____ Soy el doctor Gómez.
2. _____ Gracias.
3. _____ ¿Cómo se llama usted?
4. _____ Mucho gusto.
5. _____ ¿Cómo estás?
6. _____ Buenas tardes, Tomás.
7. _____ Adiós.
8. _____ Estoy muy mal.

a. Me llamo Pedro Guillén.
b. Buenos días, doctor.
c. Buenas tardes, profesora.
d. Hasta mañana.
e. ¿De verdad? Lo siento.
f. De nada.
g. Igualmente.
h. Estoy muy mal.

1-2 ¿Quiénes son? (*Who are they?*) Listen to the short conversations and write the number of each conversation next to the corresponding situation below.

_____ two friends saying good-bye

_____ a teacher and student introducing themselves

_____ a young person greeting an older person

_____ two friends greeting each other

_____ two students introducing themselves

[1]Be careful to avoid the *i* sound in s*i*t in the following words, since this sound does not exist in Spanish: **inteligente, interesante, introvertido, impaciente, tímido, simpático, misterioso.**

1-3 ¡Hola! The following people are meeting for the first time. What would they say to each other?

MODELO:

PROFESOR SOLAR: *Buenas tardes. Soy el profesor Solar.*
ESTER: *Buenas tardes, profesor Solar. Soy Ester Muñoz.*
PROFESOR SOLAR: *Mucho gusto.*
ESTER: *Igualmente.*

el profesor Solar,
Ester Muñoz

la Sra. Aldo,
la Sra. García

Patricia, Marcos

Eduardo, Manuel

1-4 Saludos. Read about different ways to greet someone in Spanish-speaking countries.

Paso 1 Before you begin to read, think about how you greet people you're meeting for the first time. How do you greet relatives? Friends? Does the age of the person you are greeting make a difference? When do people embrace, hug, or kiss each other on the cheek in the U.S. and Canada?

> Many Spanish speakers use nonverbal signs when interacting with each other. These signs will vary, depending on the social situation and on the relationship between the speakers. In general, people who meet each other for the first time shake hands (**dar la mano**) both when greeting and when saying good-bye to each other. Relatives and friends, however, are usually more physically expressive. Men who know each other well often greet each other with an **abrazo** (*hug*) and pats on the back. Women tend to greet each other and their male friends with one (Latin America) or two (Spain) light kisses on the cheeks.

Paso 2 Introduce yourself to five of your classmates. Shake hands or kiss lightly on the cheek as you ask them their names and how they are doing. Then say good-bye.

1-5A ¿Cómo está usted? (*When you see the icon of two people with a line between them, one of you will assume the A role in the text; the other, the B role in Appendix 1 for B Activities.*) Assume the role of instructor; your partner is your student. Act out the following conversation in which you greet each other and ask how things are. Use the information provided to complete your end of the conversation. **Estudiante B,** please see **Appendix 1,** page A-1 for your part.

MODELO: ESTUDIANTE A: *Buenos días…*
ESTUDIANTE B: *Hola…*

Estudiante A:

> • It's morning. You greet the student, introduce yourself, and ask his/her name.
>
> • Respond that you feel great today. Ask how he/she is feeling.
>
> • Say that you are surprised and that you are sorry.
>
> • Respond to the student.

✓ **¡Así lo hacemos!**[1] ESTRUCTURAS

 1. The Spanish alphabet[2]

The Spanish alphabet contains twenty-seven letters, including one that does not appear in the English alphabet: **ñ**[3].

Letra (*Letter*)	Nombre (*Name*)	Ejemplos (*Examples*)	Pronunciación (*Pronunciation*)
a	a	Ana	
b	be	Bárbara	The letters **b** and **v** are pronounced exactly alike, as a **b**.
c	ce	Carlos, Cuba, Cecilia	In all varieties of Spanish, the letter **c** before **a, o,** or **u** sounds like English *k*. In Latin America, the letter **c** before **e** or **i** is pronounced like English *s*. In most of Spain, **c** before **e** and **i**, and the letter **z**, are pronounced like the English *th* in *thanks*.
d	de	Dios, Pedro	
e	e	Ernesto	
f	efe	Fernando	
g	ge	gato, gusto, gitano	The letter **g** before **a, o,** or **u** is pronounced like the English *g* in *gate*. Before **e** or **i**, the letter **g** is pronounced the same as Spanish **j** (or a hard English *h*).
h	hache	Hernán, hola, hotel	The letter **h** is always silent.
i	i	Inés	
j	jota	José	The letter **j** is like a hard English *h* sound.
k	ka	kilómetro, karate	The letter **k** is not common and usually appears only in words borrowed from other languages.
l	ele	Luis	
m	eme	María	
n	ene	Nora, nachos	
ñ	eñe	niño	The **ñ** sounds like *ny* as in *canyon*.
o	o	Óscar	
p	pe	Pepe	
q	cu	Quique, química	
r	ere	Laura, Rosa	At the beginning of a word, **r** is always pronounced like a trilled **rr**.
s	ese	Sara	
t	te	Tomás	
u	u	usted, Úrsula	
v	uve	Venus, vamos	The letters **b** and **v** are pronounced exactly alike, as a **b**.
w	uve doble	Washington, windsurf	The letter **w** is not common and usually appears only in words borrowed from other languages.
x	equis	excelente, México	Usually like *ks*, but also occasionally like Spanish **j**.
y	ye	soy, Yolanda, maya	The letter **y** is a semivowel at the end of a syllable, as in English *toy*, or is a consonant at the beginning of a syllable, as in English *yard*.
z	zeta	Zorro, lápiz	In Latin America, the letter **z** is pronounced like English *s*. In most of Spain, it sounds like the English *th* in *thanks*.

 **¿COMPRENDES?**
Check your comprehension online!

[1]That's how we do it!
[2]In 2010, the *Real Academia Española* revised the Spanish alphabet, eliminating *ch, ll* and changing the names of some letters. The *ch* and *ll* sequences still exist: Chile (pronounced as in English), llama (pronounced like [yama]).
[3]The letter **ñ** follows the **n** in the dictionary.

APLICACIÓN

1-6 ¿Qué vocal falta? Complete the names of these famous **hispanos** with the missing vowels. *¡Ojo!* (Watch out!): When a letter carries an accent, say **con acento** after saying the name of the letter: **eme - a - ere - i con acento - a (María).**

MODELO: ____ v ____   M ____ nd ____ s   (actriz)
e, a, e, e (Eva Mendes)

1. J ____ nn ____ fer   L ____ p ____ z   (actriz y cantante)
2. C ____ mer ____ n   D ____ ____ z   (actriz)
3. R ____ f ____ el   N ____ d ____ l   (tenista)
4. J ____ ss ____ c ____   ____ lb ____   (actriz)
5. P ____ bl ____   P ____ c ____ ss __   (pintor)

¿Cómo se escribe "cigüeña" (*stork*)?

1-7 ¿Qué consonante falta? What consonants are missing from the names of these countries in the Spanish-speaking world?

MODELO: Mé ___ i ___ o
x (equis), c (ce)

1. Ar _____ enti _____ a   6. El Sa _____ _____ ado _____
2. Bo _____ i _____ ia   7. Re _____ ública Do _____ ini _____ ana
3. _____ erú   8. Co _____ _____ a _____ ica
4. E _____ ua _____ or   9. Para _____ ua _____
5. Ve _____ e _____ ue _____ a   10. Espa _____ a

1-8 ¿Quién soy yo? (*Who am I?*) With your partner, take turns dictating your full names to each other. Then check to see whether your spelling is correct.

1-9A Otra vez, por favor (*please*). Take turns spelling out the words in parentheses to your partner while he/she writes them down. Be sure to first say in what category they belong. If you need to hear the spelling again, ask your partner to repeat by saying **Repite, por favor. Estudiante B,** please see **Appendix 1,** page A-1.

MODELO: cosa (*thing*) (quesadilla)
ESTUDIANTE A: *Es una cosa, cu - u - e - ese - a - de - i - ele - ele - a*
ESTUDIANTE B: (After writing down the word) *¿Es una quesadilla?*
ESTUDIANTE A: *Correcto.*

Estudiante A:

I say and spell . . .	I write . . .
1. persona famosa (George López)	1. persona famosa: _____
2. ciudad (Lima)	2. ciudad (*city*): _____
3. cosa (banana)	3. cosa: _____
4. ciudad (Albuquerque)	4. ciudad: _____

Presencia hispana

The terms **hispano** and **latino** tend to be used interchangeably in the U.S. for people with origins in Spanish-speaking countries. The U.S. Office of Management and Budget currently defines **hispano** or **latino** as "a person of Mexican, Puerto Rican, Cuban, South or Central American, or other Spanish culture or origin, regardless of race." In the most recent U.S. Census, some 74% of all **hispanos** spoke Spanish in the home. What are the advantages of being bilingual in today's world?

⊚ 2. The numbers *0–100*

Numbers in Spanish are expressed as follows:

0–9	10–19	20–29	30–39
cero	diez	veinte	treinta
uno	once	veintiuno	treinta y uno
dos	doce	veintidós	treinta y dos
tres	trece	veintitrés	treinta y tres
cuatro	catorce	veinticuatro	treinta y cuatro
cinco	quince	veinticinco	treinta y cinco
seis	dieciséis	veintiséis	treinta y seis
siete	diecisiete	veintisiete	treinta y siete
ocho	dieciocho	veintiocho	treinta y ocho
nueve	diecinueve	veintinueve	treinta y nueve

40–49:	cuarenta, cuarenta y uno, cuarenta y dos, cuarenta y tres…
50–59:	cincuenta, cincuenta y uno, cincuenta y dos, cincuenta y tres…
60–69:	sesenta, sesenta y uno, sesenta y dos, sesenta y tres…
70–79:	setenta, setenta y uno, setenta y dos, setenta y tres…
80–89:	ochenta, ochenta y uno, ochenta y dos, ochenta y tres…
90–99:	noventa, noventa y uno, noventa y dos, noventa y tres…
100–109:	cien, ciento uno, ciento dos, ciento tres…

- **Uno** becomes **un** before a masculine singular noun and **una** before a feminine singular noun.

un libro	*one book*	**una mesa**	*one table*
un profesor	*one professor (male)*	**una profesora**	*one professor (female)*

- In compound numbers, **-uno** becomes **-ún** before a masculine noun and **-una** before a feminine noun.

veintiún libros	*twenty-one books*
veintiuna profesoras	*twenty-one female professors*

- The numbers **dieciséis** through **diecinueve** (16–19) and **veintiuno** through **veintinueve** (21–29) are generally written as one word. The condensed spelling is not used after 30.

- **Cien** is used when it precedes a noun or when counting the number 100 in sequence.

cien estudiantes	*one hundred students*
noventa y ocho, noventa y nueve, **cien**	*ninety-eight, ninety-nine, one hundred*

- **Ciento** is used in compound numbers from 101 to 199.

ciento uno	*one hundred and one*
ciento cuarenta y cinco	*one hundred and forty-five*
ciento diez	*one hundred and ten*
ciento noventa y nueve	*one hundred and ninety-nine*

¿COMPRENDES?
Check your comprehension online!

The ancient Maya developed a precise base-20 counting system that included zero (shell), one (dot), and five (bar). Can you see the number 18?

APLICACIÓN

1-10 ¿Qué número falta? Figure out the patterns of numbers below and complete them with the logical numbers in Spanish.

MODELO: uno, ___*tres*___, cinco, ___*siete*___, nueve, ___*once*___

1. dos, _____, seis, ocho, _____, doce, _____
2. _____, _____, cinco, siete, _____, once
3. uno, cinco, nueve, _____, diecisiete, veintiuno, _____
4. cinco, diez, _____, veinte, veinticinco, _____, _____
5. treinta, cuarenta, _____, _____, setenta, _____, _____
6. once, veintidós, _____, cuarenta y cuatro, cincuenta y cinco _____, setenta y siete, _____
7. veintiuno, veintitrés, veinticinco, _____, veintinueve, _____
8. noventa, ochenta, _____, sesenta, cincuenta, _____, _____

¿Cuál es tu número favorito?

1-11 Te toca a ti (It's your turn). Challenge a classmate with an original sequence of numbers. See the previous activity for models.

1-12 ¿Cuál (What) es tu número de teléfono? In preparation for getting together to work on future projects, exchange phone numbers with three or four other classmates. Notice that telephone numbers in Spanish can be stated in groups of two digits rather than in single digits.

MODELO: E1: *¿Cuál es tu número de teléfono?*
E2: *(301) 555-2240: tres, cero, uno, cinco, cincuenta y cinco, veintidós, cuarenta*

En Guatemala, ¿qué número marcas para llamar al extranjero (*internationally*)?

1-13 ¿Qué se hace en Madrid (*What do people do . . .*)? On what page of the tourist guide can you find information about what to do in Madrid?

En Madrid

La **Semana Santa** en Madrid ofrece un buen número de procesiones.

El 30 se corre la famosa **Mapoma** (Maratón Popular de Madrid).

El 23 se celebra el **Día del Libro**. Se ofrece una gran variedad de libros por todo el centro de la ciudad.

Atención: Noten que los museos tienen horas especiales durante la Semana Santa.

Bienvenida a los participantes del Congreso de Inmunología Humana que tiene lugar en el Hotel Principado.

El teléfono turístico: 902 202 202.

La línea turística proporciona amplia información sobre hoteles, restaurantes, camping, hostales, etc., las mejores ofertas para viajar, dónde y cómo reservar.

010 Teléfono del consumidor.

Toda la información cultural y de servicios del Ayuntamiento de Madrid.

MARZO - 2010

Ballet 13		Fiestas .20	
Conciertos 12		Miscelánea 23	
Congresos 18		Música 20	
Datos útiles 26		Niños 22	
Deportes 14		Ópera 14	
Exposiciones 4		Paseo del arte 31	
Ferias 14		Puntos de interés 27	

EDITA Patronato Municipal de Turismo Mayor, 69, 28013
Madrid. Tel. 91 588 29 00
El p.m.t. no se responsabiliza de los cambios de última hora.

MODELO: ___20___ música
en la página veinte

1. _____ puntos de interés
2. _____ datos útiles
3. _____ congresos
4. _____ niños
5. _____ conciertos

6. _____ ballet
7. _____ paseo del arte
8. _____ deportes
9. _____ fiestas
10. _____ ópera

3. The days of the week, the months, and the seasons

Los días de la semana (*Days of the week*)

- The days of the week in Spanish are written in lowercase and are all masculine.
- Calendars usually begin the week with Monday, not Sunday.

septiembre						
lunes	martes	miércoles	jueves	viernes	sábado	domingo
1	2	3	4	5	6	7

- The definite article is not used after **es** when telling what day of the week it is.
  Hoy **es jueves.**   *Today is Thursday.*

- *On Monday . . . , on Tuesday . . . ,* etc., is expressed by using the definite article **el.**
  El examen es **el lunes.**   *The exam is on Monday.*

- In the plural, the days of the week express the idea of doing something regularly.
  Voy al gimnasio **los sábados.**   *I go to the gym on Saturdays.*

- Days that end in **-s** have the same form in the singular and the plural. **El lunes** becomes **los lunes** in the plural.
  La clase de filosofía es **los lunes,**   *Philosophy class is on Mondays,*
      los miércoles y **los viernes.**   *Wednesdays, and Fridays.*

Los meses del año (*Months of the year*)

- Months are written in lowercase in Spanish.

enero								febrero								marzo								abril						
L	M	M	J	V	S	D		L	M	M	J	V	S	D		L	M	M	J	V	S	D		L	M	M	J	V	S	D
						1						1	2	3	4	5					1	2	3	4	5						1	2
2	3	4	5	6	7	8		6	7	8	9	10	11	12		6	7	8	9	10	11	12		3	4	5	6	7	8	9
9	10	11	12	13	14	15		13	14	15	16	17	18	19		13	14	15	16	17	18	19		10	11	12	13	14	15	16
16	17	18	19	20	21	22		20	21	22	23	24	25	26		20	21	22	23	24	25	26		17	18	19	20	21	22	23
23	24	25	26	27	28	29		27	28							27	28	29	30	31				24	25	26	27	28	29	30
30	31																													

mayo								junio								julio								agosto						
L	M	M	J	V	S	D		L	M	M	J	V	S	D		L	M	M	J	V	S	D		L	M	M	J	V	S	D
1	2	3	4	5	6	7						1	2	3	4						1	2		1	2	3	4	5	6
8	9	10	11	12	13	14		5	6	7	8	9	10	11		3	4	5	6	7	8	9		7	8	9	10	11	12	13
15	16	17	18	19	20	21		12	13	14	15	16	17	18		10	11	12	13	14	15	16		14	15	16	17	18	19	20
22	23	24	25	26	27	28		19	20	21	22	23	24	25		17	18	19	20	21	22	23		21	22	23	24	25	26	27
29	30	31						26	27	28	29	30				24	25	26	27	28	29	30		28	29	30	31			
																31														

septiembre								octubre								noviembre								diciembre						
L	M	M	J	V	S	D		L	M	M	J	V	S	D		L	M	M	J	V	S	D		L	M	M	J	V	S	D
				1	2	3								1				1	2	3	4	5						1	2	3
4	5	6	7	8	9	10		2	3	4	5	6	7	8		6	7	8	9	10	11	12		4	5	6	7	8	9	10
11	12	13	14	15	16	17		9	10	11	12	13	14	15		13	14	15	16	17	18	19		11	12	13	14	15	16	17
18	19	20	21	22	23	24		16	17	18	19	20	21	22		20	21	22	23	24	25	26		18	19	20	21	22	23	24
25	26	27	28	29	30			23	24	25	26	27	28	29		27	28	29	30					25	26	27	28	29	30	31
								30	31																					

Mi cumpleaños es en **noviembre.**   *My birthday is in November.*
Hay veintiocho días en **febrero.**   *There are twenty-eight days in February.*

- To ask the date say:

    ¿Cuál es la fecha?
    ¿Qué fecha es? } *What's today's date?*

    To answer say:

    Hoy es (el) dos de febrero.[1] *Today is February 2nd.*

- Use cardinal numbers with dates (**el cuatro, el once**), except for the first day of the month which is **el primero**.

    el cinco de mayo. *May 5th.*
    el primero de enero. *January 1st.*

¿COMPRENDES?
Check your comprehension online!

Las estaciones del año (*Seasons of the year*)

- The seasons in Spanish are not capitalized.

el invierno

la primavera

el verano

el otoño

- The definite article is used to talk about the seasons but is omitted to say what season it is.

    ¿Cómo es **la primavera** aquí? *What is spring like here?*
    Es **verano** ahora en Argentina. *It's summer now in Argentina.*

---

[1]Spanish speakers will often omit **el** before the number when referring to today's date.

APLICACIÓN

1-14 **Fiestas importantes en el mundo hispano.** Match the holidays to the dates they are celebrated in the Spanish-speaking world.

MODELO: El día de la Independencia de México es en el otoño.
El 16 de septiembre es el día de la Independencia de México.

1. _____ En EE. UU. es una fiesta para celebrar la cultura mexicana.

2. _____ El día de la Raza (o el día de Cristóbal Colón) es en el otoño.

3. _____ La fiesta de la Virgen de Guadalupe es en el invierno.

4. _____ El día festivo (*holiday*) para los trabajadores es en la primavera.

5. _____ En Costa Rica, el día de la Madre es en el verano.

6. _____ En Pamplona, España, se celebran los sanfermines[1] por nueve días en el verano.

a. el 12 de diciembre
b. del 6 al 14 de julio
c. el 5 de mayo
d. el 15 de agosto
e. el 12 de octubre
f. el primero de mayo

Ernest Hemingway conmemoró las fiestas de San Fermín en *The Sun Also Rises*.

1-15 **Fechas importantes en EE. UU. y Canadá.** Tell the dates of the following celebrations.

MODELO: *el diecisiete de marzo*

1.

2.

3.

4.

---

[1]**Los sanfermines** is a masculine one-word plural noun referring to the festivities that honor Saint Fermín (**San Fermín**) in Spain.

Presencia hispana

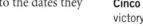

Cinco de Mayo marks the victory of Mexican forces under General Ignacio Zaragoza over the French at the Battle of Puebla on May 5, 1862. Although the Mexican army suffered defeats soon afterward, the *Batalla de Puebla* came to symbolize Mexican unity and patriotism. Today, it has been highly commercialized and is celebrated more actively in the U.S. than in Mexico, which instead celebrates its independence from Spain on September 16, 1810. Do you celebrate **Cinco de Mayo**?

1-16 Las estaciones del año. Remember that the seasons in the northern and southern hemispheres are inverted. Write the season in which each month falls in the northern hemisphere. Then do the same with the southern hemisphere.

	Hemisferio Norte	Hemisferio Sur
1. agosto	_____	_____
2. julio	_____	_____
3. diciembre	_____	_____
4. marzo	_____	_____
5. octubre	_____	_____
6. septiembre	_____	_____

Es junio y Miguel esquía en Bariloche, Argentina.

1-17A Los días, los meses y las estaciones. Take turns asking each other questions to fill in the missing days, dates, and months on each of your grids. **Estudiante B**, please see **Appendix 1**, page A-2.

MODELO: ESTUDIANTE A: (You need) *¿Un mes de otoño?*
ESTUDIANTE B: (You have) *octubre*

Estudiante A:

You need . . .	My partner gives me . . .	Your partner needs . . .
1. el día de la Independencia		el 14 de febrero
2. un día con nueve letras		enero
3. un mes con treinta días		mayo
4. un día que no hay (*there are no*) clases		febrero
5. un mes de verano		el lunes

1-18 ¿Cuándo es tu cumpleaños?   In groups of six or seven students, take turns reporting your birthdays. Have one person fill in the dates for each month reported. Present your findings to the class using the following questions as a guide.

MODELO: *Mi cumpleaños es el 17 de enero.*

1. ¿Cuál (*Which*) es el mes más común?

2. ¿Cuál es el mes menos común?

3. ¿Hay (*Are there*) dos personas con el mismo día de cumpleaños?

Los cumpleaños de los estudiantes									
enero	17								
febrero									
marzo									
abril									
mayo									
junio									
julio									
agosto									
septiembre									
octubre									
noviembre									
diciembre									

¿Cuánto saben?

First, ask yourself whether you can perform the following functions in Spanish. Then act out the scenarios with two or three classmates. Ask and respond to at least three questions in each situation.

✓ CAN YOU . . .

☐ meet and greet others?

☐ spell your name?

☐ perform simple math problems in Spanish?

☐ talk about the calendar and dates?

WITH YOUR CLASSMATE(S) . . .

Situación: En clase
This is your first day of class. Take turns introducing yourself as a professor or student and ask others their names.
Para empezar (*Getting started*): *¿Cómo te llamas?*
¿Cómo se llama usted?

Situación: En el centro de estudiantes internacionales
You and your partner are welcoming students to a reception for international students and need to write everyone's name on name tags. Take turns asking their names and how to spell them.
Para empezar: *¿Cómo te llamas?   ¿Cómo se escribe...?*

Situación: Planes para una fiesta
Challenge each other to calculate how many soft drinks (*refrescos*) and pizzas you need if you invite 5, 10, or another number of friends.
Para empezar: *Con cinco amigos, necesitamos diez refrescos y... pizzas. Con... amigos, necesitamos...*

Situación: En un café
Share within the group your favorite holidays. Which ones do you have in common?
Para empezar: *¿Cuál es tu día festivo favorito?*
El día festivo favorito de muchos (many) es...

Perfiles

Mi experiencia

1-19 Para ti (*For you*).   Do you have friends or family members who speak more than one language? Did they grow up speaking two languages, learn a second language in school, or live in a place where English was not the primary language? What are the economic, political, and social advantages to being bilingual and bicultural in today's world? Read the excerpt from Óscar Ponce Torres's blog below about growing up bilingual.

¡Hola! ¿Qué pasa? My name is Óscar Ponce Torres and I live in New York City. My family is originally from Puerto Rico; my parents moved to New York when I was just a kid. Growing up, I spoke Spanish at home and learned English in school, like most of my friends in the neighborhood. I'm very proud of my Puerto Rican heritage and of being both bicultural and bilingual. Currently, I study international business at New York University, and in the future I hope to work with a company with locations here and abroad. I know that being able to speak two languages offers many professional and social opportunities, but for me, speaking Spanish and English with family and friends is what I know; it's my experience. And when we get together, there's always music playing in the background, including the latest by the group Aventura. Listen to the song "Mi corazoncito" for a sense of what it sounds like to live in a bilingual world.

Presencia hispana

Because the Spanish settled much of the North American continent before other nationalities, when states came into the Union, many of the inhabitants were descendents of the first settlers who arrived with Spanish explorers. Can you name the states that were originally territory dominated by Spain?

1-20 En su opinión.   With a partner, explore your experiences and ideas about bilingualism by discussing the following questions.

1. What are your reasons for studying Spanish?

2. Do you plan to use Spanish in a particular career or in another facet of your life? How so?

3. Have you studied or do you speak other languages besides English and Spanish? What about your friends and family?

4. Do you think it is important to know more than one language? Why or why not?

5. What other people in the media or public eye can you name that are bilingual? How has it helped them?

Mi música

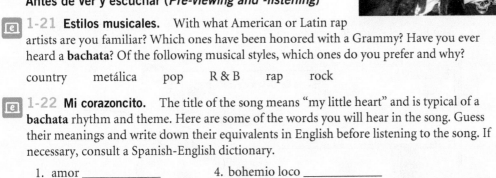

"MI CORAZONCITO" (AVENTURA, EE. UU.)

The group Aventura formed in the Bronx in 1994. Their musical style is **bachata,** whose themes are often romantic with tales of heartbreak. Aventura has a particular **bachata** style combining the traditional sound with hip-hop, R & B, and reggaeton, as well as using both English and Spanish lyrics. The members of Aventura are "Romeo" Santos, Lenny Santos, Max Santos, and Henry Santos Jeter.

Antes de ver y escuchar (*Pre-viewing and -listening*)

1-21 Estilos musicales. With what American or Latin rap artists are you familiar? Which ones have been honored with a Grammy? Have you ever heard a **bachata**? Of the following musical styles, which ones do you prefer and why?

country   metálica   pop   R & B   rap   rock

1-22 Mi corazoncito. The title of the song means "my little heart" and is typical of a **bachata** rhythm and theme. Here are some of the words you will hear in the song. Guess their meanings and write down their equivalents in English before listening to the song. If necessary, consult a Spanish-English dictionary.

1. amor _____
2. imaginación _____
3. hombre _____

4. bohemio loco _____
5. poeta _____
6. negro _____

Para ver y escuchar (*Viewing and listening*)

1-23 La canción. Connect with the Internet to find a site on which Aventura performs this piece. You may also want to search for the lyrics (*letra*). In what way is this song considered a **bachata**? How does it compare to country music in the U.S.?

> **Busca[1]:** mi corazoncito aventura video; mi corazoncito aventura letra

Después de ver y escuchar (*Post-viewing and -listening*)

1-24 Descripciones. You are a true aficionado/a of **bachata** music. Indicate in the spaces below with an "X" which statements you believe to be true of "Mi corazoncito." Most descriptions use a cognate.

_____ Es interesante.   _____ Es misteriosa.   _____ Es romántica.

_____ Es fascinante.   _____ Es divertida (*fun*).   _____ Es exótica.

1-25 Investigación. Research information about the lead singer of Aventura and complete this biographical information about him: **nombre completo, lugar de nacimiento, el título de una canción *hit*.**

> **Busca:** romeo santos aventura

---

[1]Note that accents, *tildes* and capital letters are not required for Internet searches.

Segunda parte

¡Así lo decimos! VOCABULARIO

¡Así es la vida! En la clase de geografía

¿Qué pasa hoy en la clase de la profesora García?

PROFESORA GARCÍA: Buenos días. Saquen la tarea para hoy. Miguel, lee el número uno, por favor.

MIGUEL: Perdone, profesora, no tengo la tarea.

PROFESORA GARCÍA: ¿Paulina?

PAULINA: Un momento, profesora. Necesito mi portátil.

PROFESORA GARCÍA: ¿Ramón?

RAMÓN: Perdone, profesora. Repita, por favor.

PROFESORA GARCÍA: Pero, ¡qué barbaridad! ¡Qué estudiantes!

¿COMPRENDES?
Check your comprehension online!

Vocabulario En la clase

A few words for colors vary in the Spanish-speaking world. **Color café** may be expressed as **pardo** or **marrón**. **Rosado** may be **color rosa,** and **morado** may be **púrpura** or **color violeta.** Also, **anaranjado** may be simply **naranja.**

¿De qué color es? **What color is it ?**

amarillo/a *yellow*
anaranjado/a *orange*
azul *blue*
blanco/a *white*
color café *brown*
gris *gray*
morado/a *purple*
negro/a *black*
rojo/a *red*
rosado/a *pink*
verde *green*

Objetos en la clase **Objects in the classroom**

el bolígrafo *pen*
la calculadora *calculator*
la computadora (portátil) *computer (laptop)*
el cuaderno *notebook*
el diccionario *dictionary*
el lápiz *pencil*
el libro *book*
el mapa *map*
el marcador *marker*
la mesa *table*
la mochila *backpack*
el papel *paper*
la pizarra (blanca) *chalkboard (whiteboard)*
la puerta *door*
el reloj *clock, watch*
la silla *chair*
el teléfono celular/móvil *cell phone*
la tiza *chalk*

Verbos **Verbs**

hay *there is/are*
necesitar *to need*
ser *to be*
tengo (tener) *I have (to have)*

Otras expresiones **Other expressions**

¡Qué barbaridad! *What nonsense!*
¡Qué estudiantes! *What students!*

el cuaderno verde

la computadora portátil

Otros sustantivos **Other nouns**

el hombre *man*
la mujer *woman*

Adjetivos **Adjectives**

barato/a *cheap, inexpensive*
caro/a *expensive*
claro/a *light (color)*
grande *big*
oscuro/a *dark (color)*
pequeño/a *small*

Adverbio **Adverb**

aquí *here*

Expresiones para los estudiantes **Expressions for students**

No comprendo. *I don't understand.*
No sé. *I don't know.*
Repita[1], por favor. *Repeat, please.*

Expresiones para la clase[2] **Expressions for the class**

Abre (Abran) el libro. *Open your book(s).*
Cierra (Cierren) el libro. *Close your book(s).*
Contesta (Contesten) en español. *Answer in Spanish.*
Escribe (Escriban) en la pizarra. *Write on the board.*
Escucha. (Escuchen.) *Listen.*
Estudia. (Estudien.) *Study.*
Lee (Lean) el diálogo. *Read the dialogue.*
Repite. (Repitan.) *Repeat.*
Saca (Saquen) la tarea. *Take out your homework.*
Ve (Vayan) a la pizarra. *Go to the board.*

Names for technology also vary: *laptop* is **la (computadora) portátil** in Latin America and **el (ordenador) portátil** in Spain. Cell phone is generally **el (teléfono) celular** in Latin America and **el (teléfono) móvil** in Spain.

Explore visual vocabulary online!

---

[1]**Repita** is a formal command, appropriate to use with your professor.
[2]These commands are for one student. Commands for the whole class are given in parentheses.

APLICACIÓN

1-26 ¿Qué hay en la clase? Take inventory of your classroom. Indicate how many of each item there are.

MODELO: ___20___ estudiantes
Hay veinte estudiantes.

_____ pizarra(s)   _____ cuaderno(s)
_____ bolígrafo(s)   _____ silla(s)
_____ mesa(s)   _____ reloj(es)
_____ mapa(s)   _____ libro(s) de español

1-27 ¿Cuál es tu color favorito? What determines color preferences among different people? The following activity presents a possible factor.

Paso 1 Find out which colors are most popular in your class. Ask the person next to you what his/her favorite color is. That person will ask the next, and so forth until everyone has responded. One person will tally the results for the class by sex (men vs. women).

Paso 2 Now read the following article from *Vanidades,* a popular magazine throughout Latin America, based on a survey of men and women and their color preferences. Skim the reading. Don't try to understand every word. Read for general meaning to answer the questions below.

Ellos, ellas y los colores

En un hospital de París se desarrolló un estudio en el que se les pidió a pacientes adultos, hombres y mujeres, que pintaran acuarelas con sus colores favoritos. En los resultados se observó que el 85% de los hombres prefirió usar los tonos verdes y los azules, mientras que la mayoría de las mujeres escogió los rojos y los amarillos, mostrando así —una vez más— las marcadas diferencias que en cuanto a preferencias de colores existen entre los dos sexos.

Vanidades, 34 (20), p. 16.

1. Where did the study take place?

2. Who were the subjects interviewed?

3. What percentage of men is mentioned?

4. What colors are mentioned?

5. Now compare your class with the subjects in the article by responding **Sí** or **No** to these statements:

   "Los hombres del estudio son como (*like*) los hombres (*men*) de la clase".
   "Las mujeres del estudio son como las mujeres (*women*) de la clase".

1-28 **¿Qué haces cuando...? (What do you do when . . . ?)** Listen to a Spanish teacher make various requests in the classroom, and write the number of each request next to what you would do.

_____ I answer in Spanish.	_____ I close the book.
_____ I open my book.	_____ I listen to the music.
_____ I read the dialogue.	_____ I repeat the month.
_____ I write the sentence.	_____ I go to the board.

1-29A **¡Escucha bien!** Take turns telling each other in Spanish what to do using the cues in English and acting out the commands. **Estudiante B,** please see **Appendix 1,** page A-2.

MODELO: (Open your book.)
ESTUDIANTE A: *Abre el libro.*
ESTUDIANTE B: (opens his/her book)
ESTUDIANTE A: *Correcto.*

Estudiante A:

You say in Spanish:

1. (Go to the door.)
2. (Repeat your name.)
3. (Write the date.)

1-30A **Un pedido (order) por teléfono.** You are a student departmental worker. Below is a list of items you need for your department. Call the bookstore and give the clerk your supply order. Mark the items your clerk can supply as he/she may have a lesser quantity. When you finish, compare your lists. **Estudiante B,** please see **Appendix 1,** page A-2.

MODELO: ESTUDIANTE A: *Necesitamos cinco calculadoras. ¿Hay cinco calculadoras?*
ESTUDIANTE B: *Sí, tengo diez. / No, solamente (only) hay cuatro.*

Estudiante A:

_____ 1 reloj	_____ 14 cuadernos	_____ 20 diccionarios
_____ 10 sillas	_____ 80 bolígrafos	_____ 75 cajas (boxes) de tiza
_____ 5 mapas	_____ 90 lápices	_____ 100 cajas de papel
_____ 33 libros	_____ 11 mesas	

1-31 **Veo algo... (I see something . . .)** Describe an object to see whether your classmate can guess what it is. Use colors and adjectives from **¡Así lo decimos!**

MODELO: E1: *Veo algo verde y grande.*
E2: *¿Es la pizarra?*

¡Así lo hacemos! ESTRUCTURAS

4. Subject pronouns and the present tense of *ser*

In Spanish, subject pronouns refer to people (*I, you, he,* etc.).[1]

¿Quién es usted?

¿Yo?

Subject pronouns			
SINGULAR		**PLURAL**	
yo	*I*	**nosotros/nosotras**[3]	*we*
tú	*you* (inf.)[2]	**vosotros/vosotras**[3]	*you* (inf., Spain)
usted (Ud.)	*you* (for.)[2]	**ustedes (Uds.)**	*you* (for.)
él, ella	*he, she*	**ellos, ellas**[3]	*they* (m./f.)

Just like the verb *to be* in English, the verb **ser** in Spanish has irregular forms. You have already used several of them. Here are all of the forms of the present indicative, along with the subject pronouns.

ser (*to be*)				
SINGULAR			**PLURAL**	
yo	**soy**	*I am*	nosotros/as	**somos** *we are*
tú	**eres**	*you are* (inf.)	vosotros/as	**sois** *you are* (inf.)
usted (Ud.)	**es**	*you are* (for.)	ustedes (Uds.)	**son** *you are* (for.)
él/ella	**es**	*he/she is*	ellos/ellas	**son** *they are*

- Because the verb form indicates the subject of a sentence, subject pronouns are usually omitted unless they are needed for clarification or emphasis.

¿Eres de Puerto Rico?	*Are you from Puerto Rico?*
Sí, soy de Puerto Rico.	*Yes, I'm from Puerto Rico.*
Yo no, pero **ellos** son de Puerto Rico.	*I'm not, but they're from Puerto Rico.*

- There are four ways to express *you*: **tú, usted, vosotros/as,** and **ustedes. Tú** and **usted** are the singular forms. **Tú** is used in informal situations, that is, to address friends, family members, and pets. **Usted** denotes formality or respect and is used to address someone with whom you are not well acquainted or a person in a position of authority (a supervisor, teacher, or older person).[4]

- **Vosotros/as** and **ustedes** are the plural counterparts of **tú** and **usted,** respectively, but in all of Latin America, **ustedes** is used for both the informal and formal plural *you.* **Vosotros/as** is used in Spain to address more than one person in an informal context (a group of friends or children).[5]

- Although **tú** is the most commonly used subject pronoun in Spanish to express informal *you* in the singular, many speakers, like those in Argentina, Uruguay, and Chile, use **vos**.

---

[1]Subject pronouns are not generally used for inanimate objects or animals (except when referring to pets).
[2]Abbreviations: inf. (informal); for. (formal).
[3]**Nosotros, vosotros, ellos:** masculine, or masculine and feminine group; **nosotras, vosotras, ellas:** all feminine group.
[4]In the families of some Hispanic countries, children use **usted** and **ustedes** to address their parents as a sign of respect.
[5]*¡Arriba!* uses **ustedes** as the plural of **tú,** except where cultural context would require otherwise.

- The pronouns **usted** and **ustedes** are commonly abbreviated as **Ud.** and **Uds.** or **Vd.** and **Vds.**

- The verb **ser** is used to express origin, occupation, or inherent qualities.

¿De dónde **eres**?	*Where are you from?*
Soy de Toronto.	*I am from Toronto.*
¿Cómo **es** la profesora?	*What is the teacher like?*
Es muy paciente.	*She is very patient.*

¿COMPRENDES?
Check your comprehension online!

APLICACIÓN

 1-32 Dos artistas importantes. Learn about two famous Hispanic artists (Refer to the Chapter Opener, p. 3 for a work by Diego Rivera; search for *El descubrimiento de América por Cristóbal Colón* by Salvador Dalí on the Internet.)

Paso 1 Read the description below and underline the forms of **ser.**

Salvador Dalí y Diego Rivera son dos de los artistas más famosos del mundo. Sus pinturas son admiradas por expertos y por estudiantes de arte. Los dos artistas son del siglo XX, pero sus experiencias y sus estilos son muy diferentes. Salvador Dalí es español. Es de Figueras, un pueblo cerca de Barcelona. Su esposa, Gala, también es famosa. Dalí es famoso no solo por su arte surrealista, sino también por su apariencia extravagante. *El descubrimiento de América por Cristóbal Colón* conmemora el famoso viaje de Colón en 1492. La muerte de Dalí es en 1989 a la edad de ochenta y cuatro años.

Diego Rivera es mexicano. Es de Guanajuato, una ciudad colonial al norte de la Ciudad de México. El año de su nacimiento es 1886 y el año de su muerte es 1957. Rivera es famoso por sus murales que describen (*depict*) la historia de México, especialmente la conquista de México por los españoles. *Historia de México desde la conquista hasta el futuro* es un mural muy grande. Su estilo es realista. La esposa de Diego Rivera es Frida Kahlo, una artista mexicana muy famosa también.

Paso 2 Now answer in Spanish, based on the reading in **Paso 1** about Salvador Dalí and Diego Rivera.

1. Where is Dalí from? Where is Rivera from?

2. What do Rivera and Dalí have in common?

3. How do they differ?

4. Have you ever seen a painting or mural by either of these artists?

5. Both artists had wives who also were well known in their own right. Who are they?

1-33 En la clase de arte moderno. Complete María Antonia's description of her art class using the correct form of **ser** in each blank.

Hay veinte estudiantes en la clase de arte moderno. Nosotros (1) _____ estudiantes de arte en la Universidad de Granada. La profesora de la clase (2) _____ la señora Martínez. Ella (3) _____ de Colombia y (4) _____ pintora. Las clases (5) _____ muy buenas, pero los exámenes (6)_____ difíciles. Los artistas españoles (7) _____ muy interesantes y los latinoamericanos (8) _____ excelentes. Los estudiantes (9) _____ inteligentes y yo (10) _____ muy feliz (*happy*) en la clase.

1-34 Ramón y Rosario. Two students meet in the student union before class.

Paso 1 Fill in the blanks in the following conversation with the correct forms of the verb **ser.**

RAMÓN: Hola, yo (1) _____ Ramón Larrea Arias.

ROSARIO: Encantada, Ramón. (2) _____ Rosario Vélez Cuadra.

RAMÓN: ¿De dónde (3)_____?

ROSARIO: (4) _____ de Puerto Rico, ¿y tú?

RAMÓN: (5) _____ de Panamá, pero mis padres (*parents*) (6) _____ de Colombia.

ROSARIO: ¿Cómo (7) _____ tu clase de inglés?

RAMÓN: Mi clase (8) _____ muy interesante y mis compañeros de clase (9) _____ muy simpáticos (*nice*).

ROSARIO: ¿Cómo (10) _____ la profesora?

RAMÓN: (11) _____ muy inteligente. Ella (12) _____ de Canadá.

ROSARIO: ¡Ay, lo siento! Tengo clase ahora. Hasta luego, Ramón.

RAMÓN: Nos vemos, Rosario.

Paso 2 Now create a similar dialogue to exchange information about yourselves or a personality you create.

5. Nouns and articles

Words that identify persons, places, or objects are *nouns*. Spanish nouns—even those denoting nonliving things—are either masculine or feminine in gender.

El género de los sustantivos (*The gender of nouns*)

The definite article (*the*) must agree with the noun.

	Masculine		Feminine	
Singular	el muchacho	*the boy*	la muchacha	*the girl*
	el libro	*the book*	la mesa	*the table*
	el hombre	*the man*	la mujer	*the woman*

There are many clues that will help you identify the gender of a noun.

- Most nouns ending in **-o** or those denoting male persons are masculine: **el libro, el hombre.** Most nouns ending in **-a** or those denoting female persons are feminine: **la mesa, la mujer.** Some common exceptions are: **el día** and **el mapa,** which are masculine.

- Many person nouns have corresponding masculine **-o** and feminine **-a** forms.

  el amigo / la amiga   *male/female friend*
  el niño / la niña   *boy/girl*

- Most masculine person nouns ending in a consonant simply add **-a** to form the feminine.

  el profesor / la profesora   *male/female professor*
  el señor / la señora   *Mr./Mrs.*

- Certain person nouns use the same form for masculine and feminine, but the article used indicates the gender.

  el artista / la artista   *male/female artist*
  el estudiante / la estudiante   *male/female student*
  el poeta / la poeta   *male/female poet*

- Nouns ending in **-e** or a consonant can be masculine or feminine. The article indicates what the gender of the noun is.

  la clase   *class*
  el lápiz   *pencil*

- Most nouns ending in **-ad** and **-ión** are feminine.

  la universidad   *university*
  la nación   *nation*

- Most nouns ending in **-ma** are masculine.

  el problema   *problem*
  el drama   *drama*
  el enigma   *enigma*

¿COMPRENDES?
Check your comprehension online!

Los artículos definidos (*Definite articles*)

In Spanish, there are four forms of the definite article (*the* in English):

	Masculine	Feminine
Singular	el	la
Plural	los	las

- Use the definite article with titles when talking about someone (even yourself), but not when addressing someone directly.

El profesor Gómez es interesante.	*Professor Gómez is interesting.*
Soy **el** profesor Gómez.	*I'm Professor Gómez.*
¡Buenos días, profesor Gómez!	*Good morning, Professor Gómez!*

El plural de los sustantivos (*Plural forms of nouns*)

Masculine		Feminine	
los muchachos	*the boys*	las muchachas	*the girls*
los libros	*the books*	las mesas	*the tables*
los hombres	*the men*	las mujeres	*the women*

- Nouns that end in a vowel form the plural by adding -**s.**

  el libro → los libros   la mesa → las mesas   la clase → las clases

- Nouns that end in a consonant add -**es.**

  la mujer → las mujeres   la universidad → las universidades

- Nouns that end in a -**z** change the **z** to **c** in the plural.

  el lápiz → los lápices   la actriz (*actress*) → las actrices

- When the last syllable of a word that ends in a consonant has an accent mark, the accent is no longer needed in the plural.

  la lección → las lecciones   la conversación → las conversaciones

¿COMPRENDES?
Check your comprehension online!

Los artículos indefinidos (*Indefinite articles*)

In Spanish, there are four forms of the indefinite articles (*a/an/some* in English):

	Masculine		Feminine	
Singular	**un** bolígrafo	*a pen*	**una** silla	*a chair*
Plural	**unos** bolígrafos	*some pens*	**unas** sillas	*some chairs*

- Indefinite articles (*a, an, some*) also agree with the noun they modify. **Un** and **una** are equivalent to *a* or *an*. **Unos** and **unas** are equivalent to *some* (or *a few*).

- In Spanish, the indefinite article is omitted when telling someone's profession, unless you qualify the person (good, bad, hardworking, etc.).

Lorena es profesora de matemáticas.	*Lorena is a mathematics professor.*
Lorena es **una** buena profesora.	*Lorena is a good professor.*

Sí, y es un profesor muy inteligente.

Es una clase buena.

¿COMPRENDES?
Check your comprehension online!

APLICACIÓN

1-35 ¿Masculino o femenino? Say whether the following nouns are masculine (M) or feminine (F). Then provide the definite article.

MODELO: _____ libro
          _M: el_ libro

1. _____ universidad
2. _____ mesa
3. _____ muchacho
4. _____ mujer

5. _____ problema
6. _____ lápiz
7. _____ silla
8. _____ poema

1-36 ¿Qué necesita? Say what the following people or places need. Use the indefinite article and the items below.

bolígrafos	cuaderno	lápices	mesa	puerta
calculadora	diccionario	libros	microscopio	reloj
computadora	estudiantes	mapas	papeles	sillas

MODELO: ¿Qué necesita un profesor de informática (_computer science_)?
            Necesita una computadora…

¿Qué necesita…

1. un profesor de historia?
2. un científico (_scientist_)?
3. una profesora de biología?
4. un matemático?
5. una profesora de ingeniería (_engineering_)?
6. un estudiante?

1-37 ¿Qué hay? Describe where the following items can be found using the correct definite and indefinite articles.

MODELO: _Hay una profesora en la clase._

¿Qué hay?	¿Dónde? (Where?)
cuaderno(s)	silla(s)
estudiante(s)	clase
puerta	mesa(s)
teléfono(s) celular(es)	pizarra
computadora portátil	mochila
mochilas	
ejemplos de gramática	
diccionarios	

1-38 ¿Qué hay en tu mochila? Ask each other what you have in your backpacks.

MODELO: E1: _¿Hay un lápiz en tu mochila?_
            E2: _Sí, hay un lápiz. (No, no hay un lápiz.)_

◎ 6. Adjective forms, position, and agreement

- Descriptive adjectives, such as those denoting size, color, and shape, describe and give additional information about objects and people.

  una clase **grande** — *a big class*
  un cuaderno **rosado** — *a pink notebook*

- Here are some adjectives to help you talk about yourself and others.

aburrido/a	*boring*	**perezoso/a**	*lazy*
bueno/a	*good*	**simpático/a**	*nice, amusing*
malo/a	*bad*	**trabajador/a**	*hardworking*

- This list of adjectives is made up of cognates, words that are similar in Spanish and English. Can you guess their meanings?

exótico/a	**introvertido/a**
extrovertido/a	**misterioso/a**
fascinante	**optimista**
ideal	**paciente**
idealista	**pesimista**
impaciente	**realista**
inteligente	**romántico/a**
interesante	**tímido/a**

- Descriptive adjectives agree in gender and number with the nouns they modify; they generally follow the nouns.

  el profesor **bueno** — *the good professor*
  la señora **simpática** — *the nice lady*
  los bolígrafos **rojos** — *the red pens*

- The adjectives **bueno** and **malo** may be placed before or after nouns. When placed before a masculine singular noun, the final **-o** is dropped.

  un **buen** estudiante — *a good student*
  un **mal** cantante — *a bad singer*

- Adjectives ending in **-e** or a consonant have the same masculine and feminine forms.

  un libro **grande** — *a big book*
  una clase **grande** — *a big class*
  un carro **azul** — *a blue car*
  una silla **azul** — *a blue chair*

- For adjectives of nationality that end in a consonant, and adjectives that end in **-dor,** add **-a** to form the feminine.

  el profesor **español** — *the Spanish professor*
  la estudiante **española** — *the Spanish student*
  un libro **francés**[1] — *a French book*
  una mujer **francesa** — *a French woman*
  un hombre **trabajador** — *a hardworking man*
  una profesora **trabajadora** — *a hardworking professor*

- The adjective **grande** changes to **gran** before a singular noun to mean *great*.

  una universidad **grande** — *a big university*
  una **gran** universidad — *a great university*

¿COMPRENDES?
Check your comprehension online!

---

[1]If the masculine has an accented final syllable, the accent is dropped in the feminine and the plural forms.

APLICACIÓN

1-39 Parejas. Choose logical adjectives below and write them in the blanks to modify the nouns that follow. Pay close attention to the gender and number of the nouns.

| anaranjadas | caros | extrovertidas | morado | rosada | simpática | tímido | trabajadores |

1. las sillas _____
2. el bolígrafo _____
3. los relojes _____
4. la mochila _____
5. la estudiante _____
6. el muchacho _____
7. los profesores _____
8. las amigas _____

1-40 ¿De qué color? Look at the following items in your classroom and state what color each is.

MODELO: la pizarra
La pizarra es negra.

1. el mapa
2. los lápices
3. el libro de español
4. los cuadernos
5. las sillas
6. la puerta
7. los papeles del profesor / de la profesora
8. la mochila de... (John, etc.)

1-41 Palifruta. Answer these questions based on the ad at the right.

1. ¿De qué color es el palifruta de limón?
2. ¿De qué color es el palifruta de grosella (*currant*)?
3. ¿Son saludables (*healthy*) los palifrutas? ¿Por qué?

1-42 ¿Cómo es? ¿Cómo son? Combine nouns and adjectives to make logical sentences in Spanish. Remember to use the correct forms of **ser** and make articles, nouns, and adjectives agree in gender and number.

MODELO: los estudiantes
Los estudiantes son buenos.

el libro de español		fascinante
los profesores		interesante
las sillas		simpático
la clase		inteligente
mis amigos y yo		bueno/malo
la pizarra	(no) ser	norteamericano/español/...
yo		rojo/anaranjado/amarillo/negro/...
el bolígrafo		barato/caro
la universidad		grande/pequeño
mis clases		trabajador

1-43 Una encuesta. Take a survey of class members to find out what they consider to be the ideal qualities of the following people, places, and things. Respond with your own opinions as well.

MODELO: E1: *¿Cómo es la clase ideal?*
E2: *La clase ideal es pequeña.*
E1: *La clase ideal es interesante.*

1. ¿Cómo es el/la profesor/a ideal?
2. ¿Cómo son los amigos/as ideales?
3. ¿Cómo es el libro ideal?
4. ¿Cómo es la universidad ideal?
5. ¿Cómo son los carros (*cars*) ideales?
6. ¿Cómo son los restaurantes ideales?

¿Cuánto saben?

First, ask yourself whether you can perform the following functions in Spanish. Then act out the scenarios with two or three classmates. Ask and respond to at least three questions in each situation.

✓ CAN YOU . . .

WITH YOUR CLASSMATE(S) . . .

☐ describe your classroom?

Situación: En la universidad
You each have a different Spanish class. Describe them to each other including the professors, students, and classroom objects. Include descriptive adjectives with colors when appropriate.
Para empezar (*Getting started*): *¿Cómo es tu clase de español? ¿Cómo son...?*

☐ respond to classroom instructions?

Situación: En la clase de español
Take turns using classroom expressions to tell the group what to do. They will either perform the function, ask the person to repeat it, or say that they do not understand or don't know.
Para empezar: *Abran...*

☐ talk about yourself and others?

Situación: Yo soy...
You and your classmates are running for office in your university's student government. Introduce yourselves, say where you are from and describe the kind of people you are.
Para empezar: *Me llamo/Soy... Soy de... y soy...*

☐ identify colors and talk about your favorite color?

Situación: En clase
Ask your partner about his/her favorite color. Then challenge each other to identify the color of different objects around you as one of you points them out. What color is most prevalent?
Para empezar: *¿Cuál es tu color favorito? ¿De qué color es esto (this)? El... es el color más común.*

Observaciones

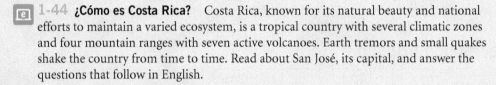
Review what you have learned with *¡Pura vida!*

¡Pura vida! EPISODIO 1

¡Pura vida! is an ongoing series that takes place in Costa Rica.

Antes de ver el video

1-44 **¿Cómo es Costa Rica?** Costa Rica, known for its natural beauty and national efforts to maintain a varied ecosystem, is a tropical country with several climatic zones and four mountain ranges with seven active volcanoes. Earth tremors and small quakes shake the country from time to time. Read about San José, its capital, and answer the questions that follow in English.

> San José, la capital de Costa Rica, está situada[1] en el valle central del país[2], a una elevación de 3.795 pies de altura, con los volcanes Poás, Irazú y Barba al norte y la Sierra de Talamanca al sur. La ciudad tiene una población de 300.000 habitantes; la temperatura promedio[3] oscila entre 19 y 22 grados centígrados.
>
> En el centro de San José los turistas pueden ver[4] el Teatro Nacional, con su arquitectura barroca y neoclásica. Es el edificio[5] más notable de la ciudad. Otros lugares[6] de interés son el Museo del Oro Precolombino, el Museo de Jade, el Museo Nacional y el Museo de Arte Moderno. El suburbio de Escazú tiene excelentes restaurantes y una animada[7] vida nocturna.

[1]*located* [2]*country* [3]*average* [4]*see* [5]*building* [6]*places* [7]*lively*

1. Where is the capital of Costa Rica located?
2. What volcanoes are to the north of San José?
3. What is San José's average temperature?
4. What is the most remarkable building in San José?
5. Where can you find excellent restaurants and lively nightlife?

El Museo de Arte Moderno en San José

A ver el video

1-45 **Los personajes.** Watch the first episode of **¡Pura vida!** and watch for the ways the characters greet each other. Take note of what seems to cause cultural confusion. Then, identify the characters using the brief descriptions below.

DM: Doña María

H: Hermés

F: Felipe

1. _____ Es fotógrafo.
2. _____ Tiene una camioneta (*van*).
3. _____ Compra (*buys*) fruta.
4. _____ Va al trabajo (*work*).

Después de ver el video

1-46 **La ciudad de San José.** Connect with the Internet to search for photographs of the city of San José. Write three adjectives to describe the city.

Busca: san jose costa rica

MODELO: La ciudad es…

Explore more about *el mundo hispano* with *Club cultura* online.

Nuestro mundo

 Panoramas

La diversidad del mundo hispano

Throughout *¡Arriba!* we encourage you to discover the diversity of Hispanic cultures across five continents. Use these images and your inference skills to understand the text. Look for words that are similar to English words (cognates) to help you derive their meaning. How does the Spanish colonization of the Americas differ from that of the English?

A partir del (*since*) siglo XVI, los exploradores españoles sacaron oro (*gold*) y plata (*silver*) de las Américas. El color de la Torre del Oro en Sevilla se parece (*looks like*) al oro.

La Torre del Oro, Sevilla, España

Tikal, Guatemala

En el Nuevo Mundo, los españoles encontraron (*found*) civilizaciones avanzadas como las de los incas, los aztecas y los mayas. Encontraron también paisajes extraordinarios.

Hace siglos (*For many centuries*) que se usan barcos de juncos (*reeds*) en el lago Titicaca.

Parque Nacional Torres del Paine, Chile

Lago Titicaca, Perú

La diversidad del mundo hispano

Número de hispanohablantes

en el mundo:	·470 milliones
en EE.UU.:	54 millones (17%)
en Canadá:	326.000 (1%)
Estatus del español:	2° en el mundo (después del mandarín)
El español es lengua oficial en:	20 países y Puerto Rico

1-47 Identifica. Use the information in the photo captions and the Fact Box to identify the following.

1. the number of countries where Spanish is an official language

2. what appears to be the color of the Torre del Oro de Sevilla

3. motives for the exploration of the Americas

4. important pre-Columbian cultures in the Americas in the sixteenth century

5. an adjective in Spanish to describe the Parque Nacional Torres del Paine, Chile

6. the number of Spanish speakers in the world

7. the percentage of the U.S. population that speaks Spanish

1-48 Desafío. Without looking at the map, work together to see how many Spanish-speaking countries you can name. After checking your answers, compare your results with those of other groups in the class.

1-49 Proyecto: El Viejo Mundo y el Nuevo Mundo. The cultural and physical diversity of the Hispanic world offers a wealth of opportunities for travel. Choose from **Barcelona, Cartagena de Indias, la Patagonia, Machu Picchu, Sevilla, Tikal,** or another place that interests you, to investigate more about its characteristics. Use the **Modelo** to write a summary of what you find; include the information that follows.

- su nombre y dónde está (*where it's located*)
- cómo es
- algún sitio histórico o de belleza (*beauty*) natural interesante
- una foto representativa

Busca: barcelona, cartagena de indias, patagonia, machu picchu, sevilla, tikal

MODELO: *El sitio arqueológico de Copán está en Honduras. Es un sitio muy importante de la antigua civilización maya. Es importante ver las pirámides y las estelas de Copán. La foto es de Waxakajuun Ub'aah K'awiil.*

Para empezar: *[Nombre] está en... Es un sitio muy [adjetivo]. Tiene* (it has)... *Es importante ver* (see)... *La foto es de...*

Páginas

Versos sencillos, "XXXIX" (José Martí, Cuba)

The readings in *Páginas* come from the Spanish-speaking world and were written for native Spanish speakers. Remember that you do not have to comprehend every word in order to understand the passage and glean essential information. The related activities will help you develop reading comprehension strategies.

José Martí (1853–1895) was a prolific writer, intellectual, and patriot. Besides being known for his struggle to gain Cuba's independence from Spain, he is famous for his poetry, some of which has been popularized through song ("Guantanamera"). This selection comes from a series of short poems entitled *Versos sencillos* and discusses how the poet treats both his friends and his enemies.

ANTES DE LEER (*PRE-READING*)

1-50 Los cognados. Spanish and English share many cognates, words or expressions that are identical or similar in two languages— for example, **profesor**/professor and **universidad**/university. When you read Spanish, cognates will help you understand the text. Skim the poem and list the cognates you see. Then for each cognate, guess the meaning of the phrase in which it appears.

A LEER (*READING*)

1-51 El poema. First read the poem silently. Then, when you feel confident of its meaning, read it aloud.

XXXIX

Cultivo una rosa blanca,	
En julio como en enero,	
Para el amigo sincero	
Que me da° su mano° franca.	*gives/hand*
Y para el cruel que me arranca°	*yanks out*
El corazón° con que vivo,	*heart*
Cardo° ni ortiga° cultivo:	*thistle/nettle, a prickly plant*
Cultivo una rosa blanca.	

DESPUÉS DE LEER (*POST-READING*)

1-52 ¿Comprendiste? (*Did you understand?*)   Which of the following seem to describe the poet from what he writes?

1. Es blanco.

2. Es optimista.

3. Tiene amigos.

4. Tiene enemigos.

5. Es generoso.

6. Su mes favorito es julio.

1-53 Los símbolos.   We often use colors as symbols for other things. Work with a classmate to match these colors with what you believe they could symbolize. What else do they symbolize for you?

1. _____ el rojo
2. _____ el amarillo
3. _____ el blanco
4. _____ el verde
5. _____ el negro

a. la pureza (*purity*), la paz (*peace*)
b. el misterio
c. la juventud (*youth*)
d. la pasión
e. la cobardía (*cowardice*)

1-54 Guantanamera.   The song based on *Versos sencillos* has been performed and recorded countless times. Connect with the Internet to search for a version of the song. Write a short paragraph to answer the questions that follow.

> **Busca:** guantanamera video

- ¿Cómo se llama el/la cantante o el grupo?
- ¿De dónde es/son?
- ¿Cómo es/son?
- ¿Cómo es la canción?

1-55 Tu "Guantanamera".   This song was written in the 1920's and popularized on a local Cuban radio program where the host closed each show by commenting in song on a current (often controversial) news event. The verse structure with eight syllables lent itself to fresh content any time the singer wished to improvise. Work together to compose a verse in English for "Guantanamera," and then share yours with the rest of the class.

MODELO: *I have an app for directions*
and one for restaurants around
I have an app for directions
and one for restaurants around
but when it comes to learning Spanish
I find that no good apps abound. . .
Guantanamera, guajira guantanamera...

Taller

1-56 **Una carta de presentación.** When you write a letter of introduction, you want to tell something about your physical and personal characteristics and something about your life. In this first introduction, think of information you would share with a potential roommate. Follow the steps below to write five sentences in Spanish to include with a housing application.

Santa Clara, CA
25 de septiembre de 2016

¡Hola!

Me llamo Susanita. Soy extrovertida y simpática. Tengo clases muy interesantes. Mi profesora de español es la señora Carro. Es muy inteligente y trabajadora. Mi cumpleaños es el 10 de abril. Mi color favorito es el amarillo. . .

¡Hasta pronto!

Susanita

ANTES DE ESCRIBIR (*PRE-WRITING*)

- Write a list of adjectives that describe you.
- Write a list of adjectives that describe your classes and your professors.

A ESCRIBIR (*WRITING*)

- Introduce yourself.
- Using adjectives from your list, describe what you are like. Use the connector **y** (*and*) to connect thoughts.
- Describe your classes and your professors.
- Say what your favorite color is (**Mi color favorito es el...**).
- Add any other personal detail about yourself (your birthday, favorite day of the week, etc.).

DESPUÉS DE ESCRIBIR (*POST-WRITING*)

- **Revisar (*Review*)**
  - ☐ Go back and make sure all of your adjectives agree with the nouns they modify.
  - ☐ Check your use of the verb **ser.**
- **Intercambiar (*Exchange*)**
  Exchange your letter with a classmate's. Then make suggestions and corrections, and add a comment about the letter.
- **Entregar (*Turn in*)**
  Rewrite your letter, incorporating your classmate's suggestions. Then turn in the letter to your instructor.

En este capítulo...

Go to MySpanishLab to review what you have learned in this chapter. Practice with the following:

| Flashcards | Games | Oral Practice | Practice Test / Study Plan |
| amplifire Dynamic Study Modules | Tutorials | Videos | Extra Practice |

◀)) Vocabulario

Primera parte

Saludos Greetings

Buenos días. *Good morning.*
Buenas noches. *Good evening.*
Buenas tardes. *Good afternoon.*
¿Cómo está usted? *How are you?* (for.)
¿Cómo estás? *How are you?* (inf.)
Hola. *Hello, Hi.*
¿Qué pasa? *What's happening? What's up?* (inf.)
¿Qué tal? *How are you? What's up?* (inf.)

Presentaciones Introductions

¿Cómo se llama usted? *What's your name?* (for.)
¿Cómo te llamas? *What's your name?* (inf.)
Me llamo... *My name is ... (lit. I call myself...)*
Mi nombre es... *My name is ...*
Soy... *I am ...*

Respuestas Responses

De nada. *You're welcome.*
¿De verdad? *Really?*
Encantado/a. *Nice to meet you.*
Gracias. *Thank you.*
Igualmente. *Likewise.*
Lo siento. *I'm sorry.*
Más o menos. *So-so (lit. More or less.)*
Mucho gusto. *Nice to meet you*
(Muy) Bien. *(Very) Good*
(Muy) Mal. *(Very) Bad*
Todo bien. *All's well*

Despedidas Farewells

Adiós. *Good-bye.*
Hasta luego. *See you later.*
Hasta mañana. *See you tomorrow.*
Hasta pronto. *See you soon.*
Nos vemos. *See you.*

Títulos Titles

el señor (Sr.) *Mr.*
la señora (Sra.) *Mrs., Ms.*
la señorita (Srta.) *Miss*

Sustantivos Nouns

la clase *class*
el estudiante *student (male)*
la estudiante *student (female)*
el profesor *professor (male)*
la profesora *professor (female)*
la tarea *homework*
la universidad *university*

Otras palabras y expresiones Other words and expressions

¿Cómo se escribe...? *How do you spell . . .?*
con *with*
mi/mis *my*
o *or*
tu/tus *your* (inf.)
y *and*

Segunda parte

En la clase In the classroom

el bolígrafo *pen*
la calculadora *calculator*
la computadora (portátil) *computer (laptop)*
el cuaderno *notebook*
el diccionario *dictionary*
el lápiz *pencil*
el libro *book*
el mapa *map*
el marcador *marker*
la mesa *table*
la mochila *backpack*
el papel *paper*
la pizarra (blanca) *chalkboard (white board)*
la puerta *door*
el reloj *clock, watch*
la silla *chair*
el teléfono celular/móvil *cell phone*
la tiza *chalk*

Otros sustantivos Other nouns

el hombre *man*
la mujer *woman*

Adjetivos Adjectives

barato/a *cheap, inexpensive*
caro/a *expensive*
claro/a *light (color)*
grande *big*
oscuro/a *dark (color)*
pequeño/a *small*

Los colores Colors

amarillo/a *yellow*
anaranjado/a *orange*
azul *blue*
blanco/a *white*
color café *brown*
gris *gray*
morado/a *purple*
negro/a *black*
rojo/a *red*
rosado/a *pink*
verde *green*

Adverbio Adverb

aquí *here*

Verbos Verbs

hay *there is/are*
necesitar *to need*
ser *to be*
tengo (tener) *I have (to have)*

Otras expresiones Other expressions

¡Qué barbaridad! *What nonsense!*
¡Qué estudiantes! *What students!*

Numbers 0–100 *See page 10.*	**The days of the week** *See page 13.*	**The months and the seasons** *See page 13–14.*
Expressions for students and the class *See page 21.*	**Subject pronouns** *See page 24.*	**Descriptive adjectives** *See page 30.*

2

¿De dónde eres?

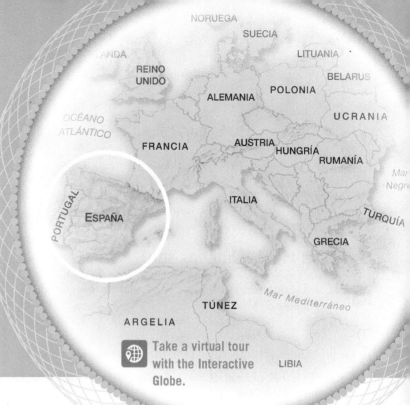

Take a virtual tour with the Interactive Globe.

Descubre España

«Dime con quien andas
y te diré quien eres».

Refrán: You can judge a man by the company he keeps.

Pablo Picasso, pintor prolífico, nació en Málaga. Esta es una de sus obras más famosas.

Aunque debido a lesiones (*due to injuries*) sufridas en 2014 Rafael Nadal ya no es el número uno del mundo, está considerado por muchos el mejor jugador de tenis de todos los tiempos.

Primera parte

¡Así lo decimos! VOCABULARIO

¡Así es la vida! ¿Quiénes son?

 El Café Hemisferio es un lugar muy popular entre los estudiantes de la Universidad Complutense de Madrid.

PACO: ¿Quién es la muchacha morena, la que tiene la computadora portátil?

CHEMA: Es Isabel, una estudiante de Sevilla. Y la otra muchacha, con el suéter negro, es Clara.

ISABEL: ¿Quién es el chico joven con la mochila?

CLARA: Es Carlos. Y la mujer que está con él es la profesora Vargas. Es venezolana y muy buena profesora de filosofía.

ÁNGELES: ¡Pero, hombre! ¿De quién recibes tantos correos electrónicos?

RAMÓN: ¡Es que tengo muchos amigos!

¿COMPRENDES?
Check your comprehension online!

Vocabulario Las descripciones y las nacionalidades

El muchacho es alto
y la muchacha
es baja.

Variaciones

In the Spanish-speaking world, many terms are used to describe an attractive physical appearance. In Spain, **guapo/a** is used frequently to describe both males and females. In Mexico, **linda** is typical to refer to a female. The terms **bonita** and **hermosa** are used in many countries, but again, only for a female. In addition to **guapo**, a man is usually **atractivo, apuesto, buen tipo,** or **bien parecido.**

Explore visual vocabulary online!

Adjetivos descriptivos | Descriptive adjectives

activo/a   *active*
alto/a   *tall*
bajo/a   *short*
bonito/a   *pretty, cute*
delgado/a   *slender*
entusiasta   *enthusiastic*
feo/a   *ugly*
flaco/a   *skinny*
gordo/a   *fat*
guapo/a   *good-looking*
joven   *young*
moreno/a   *dark (skin, hair)*
nuevo/a   *new*
pobre   *poor*
rico/a   *rich*
rubio/a   *blond (fair)*
viejo/a   *old*

Algunas nacionalidades[1] | Some nationalities

argentino/a   *Argentine*
canadiense   *Canadian*
chileno/a   *Chilean*
colombiano/a   *Colombian*
cubano/a   *Cuban*
dominicano/a   *Dominican*
ecuatoriano/a   *Ecuadorian*
español/a   *Spanish*
mexicano/a   *Mexican*
norteamericano/a (estadounidense)   *North American (U.S. citizen)*
panameño/a   *Panamanian*
peruano/a   *Peruvian*
puertorriqueño/a   *Puerto Rican*
salvadoreño/a   *Salvadoran*
venezolano/a   *Venezuelan*

Los lugares | Places

la capital   *capital city*
la ciudad   *city*
el país   *country*

Las personas | People

el/la amigo/a   *friend*
el/la muchacho/a   *boy/girl*
los padres   *parents*

Adverbios | Adverbs

ahora (mismo)   *(right) now*
también   *also*
tarde   *late*
temprano   *early*

Conjunciones | Conjunctions

pero   *but*
porque   *because*

La mujer es joven,
bonita y rica.

El muchacho
colombiano
es entusiasta.

[1]Adjectives of nationality are not capitalized in Spanish.

Cultura en vivo

In Spain, students often frequent a **bar estudiantil** where they can have a coffee or other refreshment between classes. The bar may be on or off campus or in a student residence, **colegio mayor.** How does this compare with your university?

2-1 **¿Quién eres tú?** Listen to José and his friends talk about themselves. Based on the information in *¡Así es la vida!,* write the number of each monologue next to the corresponding name.

_____ Carlos _____ Isabel _____ Paco _____ Ramón _____ la profesora Vargas

2-2 **La Feria del Caballo.** Complete the conversation between two people who meet at the **Feria del Caballo** in southern Spain. Use words and expressions from the following list.

amiga	aquí	capital	cómo
argentino	eres	española	me llamo

JUAN: ¡Hola! Soy Juan Luis Ruiz. ¿(1) _____ te llamas?

MARISOL: (2) _____ Marisol. ¿De dónde (3) _____, Juan?

JUAN: Soy (4) _____.

MARISOL: ¡Ah! Mi (5) _____ Ana es de Mendoza, en el oeste de Argentina.

JUAN: Yo soy de Buenos Aires, la (6) _____. ¿Y tú, Marisol? ¿De dónde eres?

MARISOL: Ay, yo soy (7) _____. Soy de (8) _____, de Jerez de la Frontera.

La gente baila en la calle durante la Feria del Caballo en Jerez de la Frontera, España.

2-3 ¿Cómo son? Take turns describing the people, places, and things listed below using words from the list and see if you agree with each other. Say **Sí, es cierto** to indicate that you agree. If you don't, offer your own opinion. Be sure that adjectives agree with the nouns they modify.

dominicano/a	moreno/a	bonito/a
norteamericano/a	la capital	un país
una ciudad	pequeño/a	colombiano/a
peruano/a	delgado/a	grande
español/a	puertorriqueño/a	joven
rico/a	mexicano/a	rubio/a
chileno/a	viejo/a	

MODELO: Madrid
E1: *Madrid es una ciudad pequeña.*
E2: *No es cierto. Es grande.*

México	Isabel Allende	Bolivia
Buenos Aires	Manny Ramírez	Penélope Cruz
Lima	Los Ángeles	Madrid

2-4 ¿Cuál es su (*his/her*) nacionalidad? Give the names of the countries where the following people are from and their nationalities.

MODELO: Felipe de Borbón / España
E1: *¿De dónde es Felipe de Borbón?*
E2: *Es de España. Es español.*

1. Shakira / Colombia
2. Penélope Cruz y Pedro Almodóvar / España
3. José Martí / Cuba
4. Mariano Rivera / Panamá
5. Salma Hayek / México
6. Pedro Martínez / República Dominicana
7. Yo...
8. Nosotros...

Pedro Almodóvar, director, con Penélope Cruz, actriz

Shakira, cantautora y roquera

Pedro Martínez, beisbolista jubilado

2-5 Yo soy... With a partner, take turns introducing yourselves, saying where you are from and what you are like.

MODELO: *Hola, soy _____. Soy de_____. Soy_____ y_____. No soy_____.*

 **¿RECUERDAS?**
Review what you have already learned online!

⚙ **1.** Telling time

¿Qué hora es?

- The verb **ser** is used to express the time of the day in Spanish. Use **Es la una** for *one o'clock* (singular for one hour). With all other hours, use **Son las (dos, tres, …).**

  Es la una. *It's one o'clock.*
  Son las dos de la tarde. *It's two o'clock in the afternoon.*

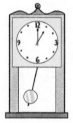

- To express minutes *past* or *after* an hour, use **y.**

  Son las tres **y** veinte. *It's twenty past three. (It's three twenty.)*

- To express minutes before an hour (*to* or *till*) use **menos.**[1]

  Son las siete menos *It's ten to (till) seven.*
     diez.

- The terms **cuarto** and **media** are equivalent to the English expressions *quarter* (fifteen minutes) and *half* (thirty minutes). The numbers **quince** and **treinta** are interchangeable with **cuarto** and **media.**

  Son las cinco menos **cuarto** *It's a quarter to five. (It's four*
     (quince).   *forty-five.)*
  Son las cuatro y **media (treinta).** *It's half past four. (It's four thirty.)*

- For *noon* and *midnight,* use **(el) mediodía** and **(la) medianoche. El** and **la** may be used when saying that something occurs *at noon* or *at midnight.*

  Es **mediodía.** *It's noon (midday).*
  Mi amigo llega a **(la) medianoche.** *My friend arrives at midnight.*

---

[1]This is how time is traditionally told. It is now common to use **y** for :01 to :59. **7:50 = Son las siete y cincuenta.**

- To ask at what time an event takes place, use **¿A qué hora…?** To answer, use **a la/las** + *time.*

    ¿A qué hora es la clase?　　　　*(At) What time is the class?*
    Es **a las** ocho y media.　　　　*It is at half past eight.*

- The expressions **de la mañana, de la tarde,** or **de la noche** are used when telling specific times. **En punto** means *on the dot* or *sharp.*

    La fiesta es a las ocho **de la noche.**　　*The party is at eight o'clock in the evening.*

    El partido de fútbol es a las nueve　　*The soccer game is at nine sharp.*
    en punto.

- The expressions **por la mañana, por la tarde,** and **por la noche** are used as a general reference to *in the morning, in the afternoon,* and *in the evening.*

    No tengo clases **por la mañana.**　　*I don't have classes in the morning.*

- In many Spanish-speaking countries, the 24-hour clock is used for schedules and official timekeeping. The zero hour is equivalent to midnight, and 12:00 is noon. The p.m. hours are 13:00–24:00. To convert from the 24-hour clock, subtract 12 hours from hours 13:00 and above.

    21:00 = **las nueve de la noche**
    16:30 = **las cuatro y media de la tarde**

Study tips – Learning to tell time in Spanish

1. To become proficient in telling time in Spanish, you'll need to make sure you have learned Spanish numbers well. Practice counting by fives to thirty: **cinco, diez, quince, veinte, veinticinco, treinta.**
2. Think about and say aloud times that are important to you: **Tengo clases a las nueve, a las diez…, Hay una fiesta a las…,** etc.
3. Every time you look at your watch, say the time in Spanish.

APLICACIÓN

2-6 La vida diaria de Rafael Nadal.　Refer back to page 41 to see a photo of Rafael Nadal, the famous Spanish tennis player. Read about Nadal's schedule then answer the questions that follow in Spanish.

Rafael Nadal, el famoso tenista español, tiene un día muy activo. A las siete de la mañana, está en la cancha de tenis. Practica con su instructor hasta[1] las diez de la mañana. A las once y media, está en casa con su familia. A la una y cuarto de la tarde, está en un restaurante. A las cinco, está en la Casa del Café en el centro. A las nueve de la noche, está otra vez en casa con su familia. Ahora, son las once y media y Rafael ve[2] la televisión. Mañana es otro[3] día.

────────
[1]*until*　[2]*is watching*　[3]*another*

1. ¿A qué hora está en un restaurante?
2. ¿Dónde está a las cinco?
3. ¿A qué hora está en casa con su familia?
4. ¿Qué hora es ahora?
5. Y tú, ¿dónde estás a las siete y media de la mañana?

2-7 **Mi día.** What is a typical day for you? How does your schedule compare to those of your classmates?

Paso 1 First complete these statements as they relate to you.

MODELO: Estoy en la universidad *a las ocho de la mañana*.

1. Me levanto (*get up*) _____.
2. Trabajo (*I work*) _____.
3. Estudio _____.
4. Estoy en clase _____.
5. Estoy en casa _____.
6. Estoy en la cafetería de la universidad _____.

Paso 2 Now compare your responses with those of a classmate.

MODELO: *Yo estoy en la universidad a las ocho de la mañana. ¿Y tú?*

2-8 **¿Qué hora es?** Look at the clocks and say whether the following statements are **cierto** or **falso.** Correct any false statements.

MODELO:  Son las dos y cuarto de la tarde.
Falso, son las dos y media de la tarde.

1. Son las dos y cuarto de la noche.

2. Son las siete menos cuarto de la mañana.

3. Son las ocho menos veinte de la noche.

4. Son las cuatro menos cuarto de la mañana.

5. Son las doce menos diez de la noche.

6. Es medianoche.

2-9A ¿A qué hora? Complete your calendar by asking your partner when the events with missing times take place. To ask your partner to repeat something, remember to say: **Repite, por favor. Estudiante B,** please see **Appendix 1,** page A-3.

MODELO: la clase de inglés (9:30)

ESTUDIANTE A: *¿A qué hora es la clase de inglés?*
ESTUDIANTE B: *Es a las nueve y media de la mañana.*

Estudiante A:

Hora	Actividad
08:00	la clase de historia
_____	la clase de arte
11:45	la clase de español
_____	la conferencia[1]
14:55	la reunión
_____	el examen
17:40	el partido de fútbol
_____	el programa "Ídolo americano" en la televisión
21:15	la fiesta
_____	el programa de noticias en la televisión

[1] *lecture*

Cultura en vivo

Many believe that punctuality is more relaxed in the Hispanic world. It is true that in social contexts, guests often arrive later than the appointed time for a party. However, in most countries, trains and buses adhere to strict schedules and leave and arrive on time. In business and academic contexts, practices vary, but it is becoming more common for meetings and classes to begin on time. When is punctuality important for you, and when is it acceptable to be late?

2-10 Investigación. El AVE. *El AVE (Tren de Alta Velocidad)* is Spain's popular high-speed train. Connect to the Internet and search for links to the *AVE* web page, where you will find information about schedules and train service from Madrid to Barcelona, Málaga, and Sevilla. Select the destination city and route most interesting to you and provide the following information.

Busca: renfe horarios y precios; renfe ave

- un destino desde Madrid
- número de tren
- hora de salida (*departure*)
- hora de llegada (*arrival*)
- días y fechas que no tiene servicio
- precio para clase turista
- 2 prestaciones (*services*) en clase turista
- precio total en dólares

2. Formation of *yes/no* questions and negation

La formación de preguntas *sí/no*

- In Spanish, a *yes/no* question uses rising intonation. There are three ways to form a *yes/no* question, depending on the intent of the speaker. Note that an inverted question mark (¿) is used at the beginning of the question, and the standard question mark (?) closes the question.

- To request new information, invert the order of the subject (S) and verb (V) found in a declarative sentence.

  Declarative (S + V):

  Picasso es de Málaga.   *Picasso is from Málaga.*

  Request new information: (V + S):

  ¿Es Picasso de Málaga?   *Is Picasso from Málaga?*

- To express disbelief about information already given, maintain the declarative order (S + V), but with rising intonation (called an *echo* question).

  ¿Picasso es de Málaga?   *Picasso is from Málaga?*

- To confirm information already given or supposed, simply add a tag word or phrase, such as **¿no?** or **¿verdad?** with rising intonation to the end of the statement.

  Rafael Nadal es de Mallorca, ¿no?
  Penélope Cruz es de Madrid, ¿verdad?

Negación

- To make a sentence negative, simply place **no** before the verb.

  Juan **no** es de Portugal.   *Juan is not from Portugal.*

  Nosotros **no** somos de España.   *We're not from Spain.*

- When answering a question in the negative, the word **no** followed by a comma also precedes the verb phrase.

  ¿Son los cantantes Thalía y   *Are the singers Thalía*
  José José de España?   *and José José from Spain?*
  No, no son de España.   *No, they're not from Spain.*

¿COMPRENDES?
Check your comprehension online!

APLICACIÓN

2-11 ¿Es verdad? Take turns asking and answering *yes/no* questions. Comment on the truthfulness of each other's responses. Include one original question.

MODELO: E1: *¿Eres norteamericano/a?*
E2: *No, no soy norteamericano/a.*
E1: *¿De verdad?*
E2: *Sí, de verdad. Soy de Francia.*

1. ¿Eres canadiense?
2. ¿Son profesores tus padres?
3. Tus amigos son trabajadores, ¿no?
4. ¿Eres de San Francisco?
5. Tu familia es rica, ¿verdad?
6. ¿Son pobres los profesores?
7. Eres bajo/a, ¿no?
8. ¿...?

2-12 ¿Verdad? Ask each other questions based on the following statements by inverting the subject and the verb, or using a tag question. Respond to your partner's questions in a truthful manner.

MODELO: La novela *Don Quijote* es famosa.
E1: *¿Es famosa la novela* Don Quijote? *(La novela* Don Quijote *es famosa, ¿verdad?)*
E2: *Sí, la novela* Don Quijote *es famosa.*

1. La actriz Eva Mendes es baja y fea.
2. Pedro Almodóvar es director de cine.
3. Pablo Picasso es pintor.
4. El flamenco es un baile español.
5. Los tenistas españoles son perezosos.
6. Yasiel Puig es jugador de béisbol.
7. Penélope Cruz y Javier Bardem son poetas.
8. Alberto Contador es un ciclista famoso.

Alberto Contador, ganador del Tour de Francia 2009

◎ 3. Interrogative words

¿Quién eres tú?

- Interrogative words are often used at the beginning of a sentence to form questions. Here is a list of the most frequently used interrogative words:

Palabras interrogativas		Ejemplos	
¿Cómo...?	How . . .? What . . .?	**¿Cómo** estás? **¿Cómo** eres?	How are you? What are you like?
¿Cuál(es)...?	Which (one/ones) . . .?	**¿Cuál** es tu libro?	Which one is your book?
¿Cuándo...?	When . . .?	**¿Cuándo** es tu clase de español?	When is your Spanish class?
¿Cuánto/a(s)?	How much (many) . . .?	**¿Cuántos** estudiantes hay?	How many students are there?
¿Dónde...?	Where . . .?	**¿Dónde** hay una silla?	Where is there a chair?
¿De dónde...?	From where . . .?	**¿De dónde** es Almodóvar?	Where is Almodóvar from?
¿Adónde...?	(To) Where . . .?	**¿Adónde** vas?	Where are you going?
¿Por qué...?	Why . . .?	**¿Por qué** no hay clase hoy?	Why is there no class today?
¿Qué...?	What . . .?	**¿Qué** estudias?	What are you studying?
¿Quién(es)...?	Who . . .?	**¿Quién** es ella?	Who is she?
¿De quién(es)...?	Whose . . .?	**¿De quién** es el bolígrafo?	Whose pen is it?

- When you ask a question using an interrogative word, your intonation usually will fall.

    ¿Cómo se llama el profesor?   *What is the professor's name?*

- Both **qué** and **cuál** may be translated as *what* or *which*, but they are not interchangeable. Generally, **qué** is used to request a definition or explanation. It can also be followed by a noun to mean *which*. **Cuál** implies a choice or selection and generally is not followed by a noun. Use the plural **cuáles** when that choice includes more than one person or thing.

    ¿**Qué** tienes?   *What do you have?*
    ¿**Qué** es esto?   *What is this?*
    ¿**Qué** clase tienes ahora?   *Which (What) class do you have now?*
    ¿**Cuál** prefieres?   *Which (one) do you prefer?*
    ¿**Cuál** es la fecha de hoy?   *What is today's date?*
    ¿**Cuáles** son los meses del año?   *What are the months of the year?*

¿COMPRENDES?
Check your comprehension online!

APLICACIÓN

2-13 **Los sanfermines.** People from around the world flock to Pamplona for **San Fermín,** one of Spain's most famous festivals.

Paso 1 First read the description of this festival; then match the questions and their responses that follow.

La fiesta de San Fermín en España es muy famosa. Siempre es en Pamplona, en el norte de España. El primer día es el 6 de julio y el último día es el 14 de julio. Durante nueve días sueltan[1] los toros que corren[2] por las calles. Los jóvenes corren delante[3] de los toros. Es muy peligroso, pero también muy emocionante.[4] El novelista norteamericano Ernest Hemingway, famoso por *The Sun Also Rises,* describió muy bien la fiesta de los sanfermines.

[1]*turn loose* [2]*run* [3]*in front* [4]*exciting*

1. _____ ¿Dónde es la fiesta?
2. _____ ¿Cuándo es el primer día de la fiesta?
3. _____ ¿Cuál es el último día de la fiesta?
4. _____ ¿Quiénes corren por las calles?
5. _____ ¿Cómo es la fiesta?
6. _____ ¿Quién es el autor norteamericano que se asocia con esta fiesta?

a. Ernest Hemingway
b. emocionante
c. el 6 de julio
d. en Pamplona, España
e. los toros y los jóvenes
f. el 14 de julio

Paso 2 Now use interrogative words to complete the following conversation between two people who meet in Pamplona and are planning to run with the bulls.

JESÚS: Hola, (1) ¿_____ te llamas?

CARMEN: Me llamo Carmen Domínguez. ¿Y tú?

JESÚS: Soy Jesús Sánchez, soy de Salamanca. Y tú, (2) ¿_____ eres?

CARMEN: Soy de Bilbao. (3) ¿_____ estás aquí en Pamplona?

JESÚS: Pero chica, ¡estoy aquí para correr con los toros en las fiestas! Es mi primera visita a Pamplona.

CARMEN: Pues, yo participo casi todos los años. (4) ¿_____ haces[1] en Salamanca?

JESÚS: Soy estudiante de literatura inglesa. Me gusta mucho Hemingway y estoy aquí para vivir los sanfermines como en la novela.

CARMEN: ¡Genial! (5) ¿_____ estudias?

JESÚS: En la Universidad de Salamanca... Ay, estoy un poco nervioso. ¿(6) _____ son los toros? ¿Son muy grandes?

CARMEN: ¡Imagínate! Son grandes y rápidos, pero es una experiencia muy emocionante.

JESÚS: Y(7) ¿_____ empezamos[2] a correr?

CARMEN: ¡Ahora! ¡Vamos! ¡Ya están aquí los toros!

JESÚS: ¡Ay, Dios mío!

[1]*do you do* [2]*begin*

Cultura en vivo

Many of the residents of Pamplona leave the city during *los sanfermines* as more than 200,000 tourists descend on the town for that week. These inexperienced runners often take risks that cause unnecessary injuries. What kind of event or festival would make you want to leave town for a few days?

2-14 **Rafael Nadal.** Read the description about Rafael Nadal, and then answer the questions below.

Rafael Nadal Perera es uno de los tenistas más famosos del mundo. Es originalmente de la isla de Mallorca, España, donde nace el 3 de junio de 1986. En 2002, a los quince años, gana en Mallorca el primer torneo importante. Es uno de los tenistas más jóvenes en alcanzar[1] el puesto[2] número dos del mundo. En 2008 gana treinta y dos torneos, incluyendo los *ATP Master Series* de Monte Carlo, Roma, Montreal, Madrid y Wimbledon y llega a ser número uno del mundo en tenis. Sus fanáticos están convencidos de que Rafa permanecerá[3] en ese puesto por muchos años. Aunque su lesión en la muñeca (*wrist*) derecha lo ha hecho perder el rango número uno, continúa recuperándose.

[1]*reach* [2]*position* [3]*will remain*

1. ¿De dónde es Rafael Nadal?

2. ¿Cuándo nace?

3. ¿Qué gana a los quince años?

4. ¿Cuántos torneos gana en 2008?

5. ¿De qué están convencidos sus fanáticos?

2-15 **¿Qué? o ¿Cuál?** Complete the questions with **qué** or **cuál(es)** depending on the context. Then answer the questions.

MODELO: *¿Cuál* es la fecha de hoy?
Es 2 de octubre.

1. ¿ _____ hora es?

2. ¿ _____ es tu clase favorita?

3. ¿ _____ es tu cuaderno?

4. ¿ _____ día es hoy?

5. ¿A _____ hora es la clase de español?

6. ¿ _____ es la fecha de tu cumpleaños?

7. ¿ _____ son tus libros en la mesa?

8. ¿ _____ hay en tu mochila?

2-16A **¿Quién eres? ¿Cómo eres?** Ask questions to learn about your partner's new identity.

Paso 1 Assume the identity of one of the people outlined below and read through the information. **Estudiante B,** please see **Appendix 1,** page A-3.

Estudiante A:

♂	♀
Ramón Santos Gómez	Luisa Pérez Fernández
Universidad Autónoma Nacional	Universidad Complutense de Madrid
España	Colombia
biología	sociología
el profesor Sánchez	la profesora Alvarado
fantástico	muy interesante
50 estudiantes en la clase	25 estudiantes en la clase
alto y delgado	baja y bonita

Paso 2 Ask each other about yourselves to find out what you have in common. Use interrogatives such as **qué, dónde, cómo, cuántos/as,** and **cuál** in the following prompts to help you form your questions. **Estudiante B,** please see **Appendix 1,** page A-3.

MODELO: Estudiante A: *¿Dónde estudias?*
Estudiante B: *Estudio en la Universidad Nacional. ¿Y tú? ¿Dónde estudias?*
Estudiante A: *Estudio...*

Estudiante A:

1. ¿_____ te llamas?	5. ¿_____ es tu clase de...?
2. ¿_____ estudias?	6. ¿_____ es el profesor de...?
3. ¿De _____ eres?	7. ¿_____ es tu clase favorita?
4. ¿_____ eres?	8. ¿_____ estudiantes hay en la clase?

2-17 Profesor/a... Ask your professor several questions. He/she will respond truthfully to some, but not all of the questions. See if you can guess which answers are true and react with **¡Es cierto!** or **¡No es verdad!**

MODELO: Estudiante: *Profesor/a, ¿de dónde es usted?*
Profesor/a: *Soy de Bolivia.*
Estudiante: *¿De verdad?*
Profesor/a: *Sí, es cierto, de la ciudad de La Paz.*

¿Cuánto saben?

First, ask yourself if you can perform the following functions in Spanish. Then act out the scenarios with two or three classmates. Ask and respond to at least three questions in each situation.

✓ CAN YOU . . .

☐ describe yourself, other people, and things?

☐ ask and respond to simple questions?

☐ ask for and tell time?

WITH YOUR CLASSMATE(S) . . .

Situación: Gente bonita
You're looking at a magazine with popular personalities. Take turns describing the people you see and agree or disagree with each other according to your opinion. Use descriptive adjectives such as **alto/a, guapo/a, joven,** etc.
Para empezar: *Para mí, Penélope Cruz es...*

Situación: En un café
You meet each other for the first time when you share a table in the coffee shop. Ask each other questions to find out what you have in common. Use interrogatives such as **cómo, dónde, qué, cuál,** etc.
Para empezar: *Hola, ¿cómo te llamas? ¿Cuál es tu...?*

Situación: En grupo
You've formed a small group to work on a joint project. Ask each other what time your classes are to see when it is convenient to meet outside of class. Include **de la mañana, de la tarde,** and **de la noche** as needed.
Para empezar: *¿A qué hora...? ¿Cuándo...?¿Tienes clase a ...?*

Perfiles

Mi experiencia

NOMBRES, APELLIDOS Y APODOS (*NICKNAMES*)

2-18 **Para ti.**   How does a name reflect a person's heritage? When do women in the U.S. and Canada keep their maiden names after marriage? Are there instances when married women use both their maiden and their married names? If you are a woman, do you plan to keep your maiden name if you marry? Why or why not? Do you have a nickname? Read about Gladys's experiences in Spain learning about names and think about what your complete name would be if you followed the same custom.

¡Saludos de Gladys García Sandoval! ¡Escribo desde Salamanca, España! This is my first year abroad studying film at the Universidad de Salamanca, and I'm writing this blog to keep my friends up-to-date with my experiences.

This week the department is doing a film series of one of my favorite actors, Penélope Cruz Sánchez, although you probably know her best as Penélope Cruz. People's names here fascinate me: people use both their paternal surnames (**el apellido paterno**) and their maternal surnames (**el apellido materno**), so in Penélope's case, you can guess that her father's last name is **Cruz** and her mother's **Sánchez.** Although married, she still keeps **Cruz** as her surname. I think there are advantages to these naming practices; for example, if a woman gets married (or divorced, for that matter), her name never changes, as she keeps her paternal surname throughout her life. This way too, her children will keep her family name alive. It's curious though, that some people are known by their **apellido materno,** as is the case with former president José Rodriguez **Zapatero** and the famous actor **Javier** Ángel Encinas **Bardem.** I think the popular media may be responsible for this usage, or perhaps these are personal choices. What is important for me is that with this custom, a person's name becomes his/her identification for life and reflects family pride. Of course many people here also use **apodos.** In magazines I see that Penélope's friends call her **Pe,** but other nicknames can be hard to figure out. For example, everyone calls my friend, **Chema,** which is a popular nickname in Spain for José María, his real name.

One of my favorite Spanish musicians is Alejandro Sánchez Pizarro, better known as Alejandro Sanz. He's so handsome! I'm hoping to meet him while I'm here! Ha, ha! Have you heard his song with Alicia Keys? You really need to listen to their song, "Looking for Paradise." ¡Es genial!

2-19 **En su opinión.**   Take turns asking and answering the following questions.

1. ¿Cuál es el apellido paterno del antiguo (*former*) Presidente del Gobierno de España? ¿Cuál es el apellido materno de Penélope?

2. ¿Cuál es la nacionalidad de todas estas personas famosas? ¿Cuáles son sus apodos?

3. ¿Cuál es tu apellido materno? ¿Y tu apellido paterno?

4. ¿Tienes apodo? ¿Tienes algún amigo con un apodo raro o extraño? ¿Por qué tiene ese apodo?

Mi música

Alejandro Sanz has won a total of fifteen Latin Grammy Awards and three Grammy Awards, more than any other artist. He began playing guitar at age seven, influenced by his family's flamenco roots. When he was sixteen, he released his first album. Throughout his life and professional career, Sanz has worked to broaden his musical style while never venturing far from his strengths. By the end of the nineties, he'd expanded his fan base from Spain to the world, collaborating with fellow Latin superstars, most memorably Shakira in her massive Grammy-winning hit "La Tortura." In "Looking for Paradise" from *Paraíso Express*, Sanz collaborates with Alicia Keys in a bilingual love song.

Antes de ver y escuchar

 2-20 La letra. Complete the table below with the correct definite and indefinite articles for the words found in the lyrics of "Looking for Paradise." Guess what each means, and then use a bilingual dictionary and the glossary at the back of the textbook to find out the meanings of the words.

Palabra	Artículo definido	Artículo indefinido	Significado en inglés
paraíso			
mundo			
momento			
sentimiento			
vida			
música			
camino			

Para ver y escuchar

2-21 La canción. This song relates a search for someone. Connect to the Internet to search for a video or recording of Sanz and Keys performing this piece. You may also want to search for the lyrics (*letra*).

> **Busca:** looking for paradise sanz video; looking for paradise sanz letra

As you listen or watch, write down your answers to the following questions.

1. ¿Cuál es el título de la canción?
2. ¿Qué instrumentos escuchas en la canción? (el piano, el sintetizador, la guitarra, el violín...)
3. ¿Cómo es el ritmo de la canción? (lento, rápido, melancólico...)
4. ¿Cómo es la canción en tu opinión? ¿Te gusta? ¿Por qué?

Después de ver y escuchar

2-22 Comprensión. Practice asking and answering the questions in 2-21 with a partner.

2-23 Descripciones. Use the photo of Alejandro Sanz and Alicia Keys and adjectives from *¡Así lo decimos!* to describe each artist in Spanish.

MODELO: *Alejandro Sanz es...   Alicia Keys es...*

Segunda parte

¡Así lo decimos! VOCABULARIO

¡Así es la vida! ¿Qué pasa?

En la Facultad de Lenguas en la Universidad Complutense de Madrid, Celia busca un tutor.

SECRETARIA:	Hola, buenas tardes.
CELIA:	Buenas tardes. Soy estudiante de intercambio[1] de Canadá y...
SECRETARIA:	Muy bien. ¿Y...?
CELIA:	Necesito ayuda. Estudio lenguas y...
SECRETARIA:	Ya sé. Mañana tiene examen y necesita tutor. ¿Su nombre y número de teléfono...?

[1]*exchange*

SECRETARIA:	Hola, Rogelio. ¿Qué pasa?
ROGELIO:	Bueno, busco trabajo como tutor de lenguas.
SECRETARIA:	¡Qué suerte! Aquí tienes el nombre y número de teléfono de una chica que tiene examen mañana.
ROGELIO:	Perfecto. Hablo con ella ahora mismo. ¡Gracias!

¿COMPRENDES?
Check your comprehension online!

Vocabulario ¿Qué haces? ¿Qué te gusta hacer?

Otras nacionalidades (País) | Other nationalities (Country)

alemán[1], alemana (Alemania)   *German (Germany)*
brasileño/a (Brasil)   *Brazilian (Brazil)*
chino/a (China)   *Chinese (China)*
coreano/a (Corea)   *Korean (Korea)*
francés, francesa (Francia)   *French (France)*
inglés, inglesa (Inglaterra)   *English (England)*
italiano/a (Italia)   *Italian (Italy)*
japonés, japonesa (Japón)   *Japanese (Japan)*
portugués, portuguesa (Portugal)   *Portuguese (Portugal)*
ruso/a (Rusia)   *Russian (Russia)*

Me gusta leer un libro.

Variaciones
In Mexico, the verb **platicar** is used commonly in place of **hablar** to express *to talk or to have a conversation.* **Hablar,** in contrast, usually means *to call (by phone)* in Mexico, whereas in other countries, **llamar** is the verb typically used.

¿Qué haces? | What do you do?

abrir   *to open*
asistir a   *to attend*
aprender   *to learn*
ayudar   *to help*
bailar   *to dance*
beber   *to drink*
buscar   *to look (for)*
comer   *to eat*
comprar   *to buy*
comprender   *to understand*
creer   *to believe*
deber (+ *infinitive*)   *to owe (to ought to do something)*
decidir   *to decide*
desear   *to wish*
enseñar   *to teach*
escribir   *to write*
escuchar   *to listen*
estudiar   *to study*
hablar   *to speak, talk*
leer   *to read*
llegar   *to arrive*
mirar   *to look at*
practicar (un deporte)   *to practice, to play (a sport)*
preparar   *to prepare*
recibir   *to receive*
tomar   *to drink, to take*
trabajar   *to work*
vender   *to sell*
ver   *to see, to watch*
viajar   *to travel*
vivir   *to live*

Me gusta ver la televisión.

Me gusta hablar por teléfono.

Explore visual vocabulary online!

¿Te gusta tomar café?

Adjetivos | Adjectives

difícil   *difficult*
fácil   *easy*

Otras palabras y expresiones | Other words and expressions

las lenguas   *languages*
¿Qué te gusta hacer?   *What do you like to do?*
Me gusta[2] (+ *infinitive*)   *I like (+ infinitive)*
Te gusta (+ *infinitive*)   *You (inf.) like (+ infinitive)*
¡Qué suerte!   *How lucky!*

[1]In Spanish, the masculine singular form of the nationality will often correspond to the language spoken in the country.
[2]You will learn more about **gustar** and similar verbs in **Capítulo 6.**

More on vowels in Spanish

In addition to the vowel sounds for **i** and **u** (**li-bro, lu-nes**), these letters also may represent *glides,* which are brief, weak sounds that combine with a vowel to form a single syllable. The letter **y** also represents a glide in some words.

a-di̯ós	si̯e-te	vei̯n-te	soy̲	hay̲
nu̯e-vo	gu̯a-po	Eu̯-ro-pa	es-tu-di̯ái̯s	U-ru-gu̯ay

The letters **i** and **u** are not always glides when next to other vowels in Spanish, however. When they are vowels and not glides, a written accent mark is used.

dí-a	rí-o	pa-ís	Ra-úl

APLICACIÓN

ⓔ **2-24 ¿Quién es?** Refer to **¡Así es la vida!** on page 58 and identify the speaker of each statement below.

C: Celia   **R:** Rogelio   **S:** la secretaria

1. _____ Busco trabajo.
2. _____ Necesito tutor.
3. _____ Tengo examen mañana.
4. _____ Trabajo en una oficina.

5. _____ Soy estudiante de intercambio.
6. _____ Mi clase es difícil.
7. _____ Soy un poco impaciente.
8. _____ Hablamos más de una lengua.

ⓔ 🔊 **2-25 ¿Qué pasa?** Listen to a description of what is happening and match each drawing with the corresponding statement you hear.

_____   _____   _____   _____   _____   _____

👥 **2-26A ¿De dónde eres?** Take turns identifying the country your partner is from based on the language he/she tells you he/she speaks. Remember that in Spanish, the masculine form of the nationality corresponds to the language spoken there. **Estudiante B,** please see **Appendix 1,** page A-4.

MODELO: ESTUDIANTE A: *Hablo italiano.*
ESTUDIANTE B: *¿Eres de Italia?*
ESTUDIANTE A: *Sí, es verdad.*

Estudiante A:

Hablo...	Mi compañero/a es de...
1. inglés	Alemania
2. coreano	Japón
3. ruso	China
4. portugués	España

2-27 ¿Qué te gusta hacer? Tell a classmate three activities that you like and three that you don't like to do. Do you have any interests in common?

MODELO: *Me gusta practicar fútbol, pero no me gusta leer novelas.*

(No) Me gusta…

hablar con mi familia	escuchar música
comer chocolate	tomar café
comprar por Internet	aprender lenguas
escribir poesía	preparar comida mexicana
practicar los verbos	ver la televisión
trabajar por la noche	leer novelas
llegar temprano a clase	beber agua mineral
vivir en la residencia	asistir a conciertos
viajar	bailar en el Carnaval

2-28 ¿Debo o no? There are some things you ought to do and others you ought not do.

Paso 1 First, check off the things which, in your opinion, you should and shouldn't do from the following list.

Debo…	No debo…	
☐	☐	aprender los verbos en español
☐	☐	bailar hip-hop
☐	☐	beber café descafeinado
☐	☐	comer en casa
☐	☐	ayudar a los amigos
☐	☐	vivir en España
☐	☐	escribir un mensaje de texto en clase
☐	☐	estudiar francés
☐	☐	escuchar música clásica
☐	☐	leer novelas románticas
☐	☐	vender mi carro
☐	☐	comprar una bicicleta

Paso 2 Now compare your lists with those of a partner to see what you have in common and how you differ.

MODELO: E1: *Debo asistir a la clase de español.*
E2: *Yo también debo asistir a la clase de español.*

El Carnaval es popular en muchos países hispanos. Este es un desfile (*parade*) por las calles de Tenerife, España.

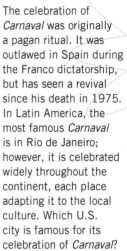

Cultura en vivo

The celebration of *Carnaval* was originally a pagan ritual. It was outlawed in Spain during the Franco dictatorship, but has seen a revival since his death in 1975. In Latin America, the most famous *Carnaval* is in Rio de Janeiro; however, it is celebrated widely throughout the continent, each place adapting it to the local culture. Which U.S. city is famous for its celebration of *Carnaval*?

¡Así lo hacemos! ESTRUCTURAS

4. The present tense of regular -*ar* verbs

Spanish verbs are classified into three groups according to their infinitive ending (**-ar, -er,** or **-ir**). Each of the three groups uses different endings to produce verb forms (conjugations) in the various tenses.

- The present tense endings of **-ar** verbs are as follows.

hablar (*to speak*)		
yo	habl + o	→ habl**o**
tú	habl + as	→ habl**as**
Ud.	habl + a	→ habl**a**
él/ella	habl + a	→ habl**a**
nosotros/as	habl + amos	→ habl**amos**
vosotros/as	habl + áis	→ habl**áis**
Uds.	habl + an	→ habl**an**
ellos/as	habl + an	→ habl**an**

- The following verbs are regular **-ar** verbs that are conjugated like **hablar**.

ayudar	*to help*	**estudiar**	*to study*
bailar	*to dance*	**llegar**	*to arrive*
buscar	*to look for*	**mirar**	*to look at*
comprar	*to buy*	**preparar**	*to prepare*
desear	*to wish*	**tomar**	*to take, to drink*
enseñar	*to teach*	**trabajar**	*to work*
escuchar	*to listen*	**viajar**	*to travel*

- The Spanish present indicative tense has several equivalents in English. In addition to the simple present, it can express ongoing actions and even the future tense. Note the following examples.

Estudio ingeniería. { *I study engineering.*
I am studying engineering.

Practicamos golf mañana. *We will practice golf tomorrow.*

Study tips – Learning regular verb conjugations

1. The first step is being able to recognize the infinitive stem: the part of the verb before the ending.

Infinitive			Stem
hablar	habl**ar**	→	habl
estudiar	estudi**ar**	→	estudi
trabajar	trabaj**ar**	→	trabaj

2. Practice conjugating several **-ar** verbs in writing first. Identify the stem, then write the various verb forms by adding the present tense endings listed.

3. Next practice **-ar** verb conjugations orally. Create two sets of index cards. Write a subject pronoun on each card for one set. For the other, write a regular **-ar** verb. Select one card from each set and conjugate the verb with the selected pronoun.

4. Think about how each verb action relates to your own experience by putting verbs into a meaningful context. For example, **Estudio matemáticas. Juan estudia ingeniería.**

¿COMPRENDES?
Check your comprehension online!

APLICACIÓN

2-29 Preguntas y respuestas. With a classmate, take turns matching the following questions with logical responses.

1. _____ ¿Qué compras en la librería?
2. _____ ¿Quién enseña literatura española?
3. _____ ¿Qué necesitas para la clase de matemáticas?
4. _____ ¿Con quiénes estudias?
5. _____ ¿Qué instrumento musical practicas?
6. _____ ¿Quién prepara la comida en tu casa?
7. _____ ¿Dónde trabajas?
8. _____ ¿Cuándo y dónde escuchas música?

a. con mis amigos de la residencia
b. una calculadora
c. mi padre (*father*)
d. la profesora Rodríguez
e. libros y lápices
f. por la noche en mi dormitorio
g. en una oficina
h. el trombón

2-30 ¿Qué hacen? What is everyone doing today?

Paso 1 Match each drawing with an activity listed below, then create a sentence based on the information you have.

MODELO: practicar tenis
Eugenia practica tenis.

Eugenia

a. **Jacinto**

b. **Arturo**

c. **Víctor / Catalina**

d. **Leonor**

e. **Luis / Memo**

f. **Sonia**

g. **Ramona**

h. **Alma / Lili**

1. _____ bailar en una fiesta
2. _____ buscar trabajo
3. _____ estudiar en la biblioteca
4. _____ preparar una pizza
5. _____ hablar por teléfono
6. _____ viajar a España
7. _____ escuchar música
8. _____ trabajar en el laboratorio

Paso 2 Now use the drawings in **Paso 1** to ask a classmate whether he/she does these activities and when.

MODELO: E1: *¿Y tú? Practicas tenis como* (like) *Eugenia?*
E2: *Sí, practico tenis.*
E1: *¿Cuándo?*
E2: *Todos los días. ¿Y tú?*

5. The present tense of regular *-er* and *-ir* verbs

¿Viven Uds. en la capital?

No, vivimos en la costa.

- You have just learned the present tense forms of regular **-ar** verbs. The following chart includes the forms for regular **-er** and **-ir** verbs.

	comer (*to eat*)	vivir (*to live*)
yo	como	vivo
tú	comes	vives
Ud.	come	vive
él/ella	come	vive
nosotros/as	comemos	vivimos
vosotros/as	coméis	vivís
Uds.	comen	viven
ellos/as	comen	viven

- The present tense endings of **-er** and **-ir** verbs are identical except for the **nosotros** and **vosotros** forms.

- The following verbs are regular **-er** and **-ir** verbs.

-er		**-ir**	
aprender (a + *infinitive*)	*to learn (to do something)*	**abrir**	*to open*
beber	*to drink*	**asistir a**	*to attend*
comprender	*to understand*	**decidir**	*to decide*
creer	*to believe*	**escribir**	*to write*
deber (+ *infinitive*)	*to owe (ought to do something)*	**recibir**	*to receive*
leer	*to read*		
vender	*to sell*		

- **Ver** (*to see, to watch*) is an **-er** verb with an irregular **yo** form. Also note that the **vosotros/as** form has no accent because it is only one syllable.

ver (*to see, to look at*)			
yo	**veo**	nosotros/as	**vemos**
tú	**ves**	vosotros/as	**veis**
Ud.	**ve**	Uds.	**ven**
él/ella	**ve**	ellos/as	**ven**

 ¿COMPRENDES? Check your comprehension online!

APLICACIÓN

2-31 Cecilia Álvarez. Cecilia is a student at a Spanish university.

Paso 1 Read about Cecilia and her plans. Underline all **-er** and **-ir** verbs and identify the infinitive of each one. **¡OJO!** (*watch out!*)**:** Some verbs are neither.

MODELO: Todos los días <u>escribe</u> un email a sus padres. (*escribir*)

Hola, soy Cecilia Álvarez y *vivo* en Madrid, España. *Asisto* a la Universidad Complutense donde estudio relaciones internacionales. *Creo* que es importante *aprender* otras lenguas y *comprender* otras culturas, por eso también estudio francés e inglés. *Asisto* a clase los lunes, miércoles y viernes. Los viernes después de las clases, mis amigos y yo vamos[1] a un bar cerca de la universidad donde tomamos una caña y unas tapas y *decidimos* qué hacer[2] por la noche. Normalmente vamos a la discoteca Danzoo y allí *vemos* a todos los amigos. Después de bailar toda la noche, tomamos chocolate y churros en un café que *abre* a las 6:00 de la mañana. ¿Y el resto del fin de semana? ¡*Vivimos* en la biblioteca!

[1]*go* [2]*to do*

Chocolate y churros, ¡qué ricos!

Paso 2   Now answer questions based on what you have just read.

1. ¿Dónde vive Cecilia?

2. ¿Por qué estudia otras lenguas?

3. ¿Qué hace (*does she do*) los lunes, miércoles y viernes?

4. ¿Adónde va después de clase?

5. ¿A quiénes ven en la discoteca?

6. ¿Qué come Cecilia por la mañana con sus amigos?

2-32   Unas actividades típicas.   Complete the following sentences logically by conjugating the verb in parentheses and adding a logical ending.

MODELO: Mis compañeros y yo (asistir a)…
            asistimos a la clase de español los lunes, miércoles y viernes.

1. Mi familia y yo (vivir)…

2. En clase los profesores (escribir)…

3. Normalmente tú (recibir)…

4. En el mercado, el comerciante (vender)…

5. En el café, tú y yo (beber)…

6. Antes de (*Before*) entrar en clase, la profesora (abrir)…

7. Yo siempre (leer)…

8. En casa, mis amigos (ver)…

2-33 ¿Cuándo? ¿A qué hora?   How do you compare your routines?

Paso 1   Take turns asking each other when or at what time you do the following activities. Be sure to conjugate the verbs in your questions and responses.

MODELO: ¿cuándo / **ver** / la televisión?
            E1: *¿Cuándo ves la televisión?*
            E2: *Veo la televisión los sábados.*

1. ¿cuándo / **vender** / los libros?

2. ¿a qué hora / **asistir** / a clase?

3. ¿cuándo / **escribir** / correos electrónicos?

4. ¿a qué hora / **deber /** trabajar?

5. ¿a qué hora / **beber/** café?

6. ¿a qué hora / **ver** / las noticias (*news*)?

Paso 2   Now summarize what you have in common and how you differ.

MODELO: *Nosotros vemos la televisión los sábados. Él/ella también ve la televisión los viernes pero yo no.*

Presencia hispana

Spanish cuisine has become increasingly popular in the U.S. Go to any large city to find a **tapas** bar where you can sample some of the popular delicacies found in Spanish bars, such as **chorizo** (*sausage*), **pinchos de tortilla** (*slices of Spanish omelet*), and **calamares** (*squid*), to name a few. You can eat **tapas** any time, usually accompanied by a glass of wine or a **caña,** a small beer. How do **tapas** compare with the snacks that you usually have?

2-34 ¿Qué pasa?   Take turns using the verbs listed below to describe the scene in the photograph: include what there is, who the people are, what they are like, what they are doing, and what they are not doing. Use your imagination.

abrir	caminar	escuchar	hablar	mirar	ver
asistir a	escribir	vender	leer	ser	vivir

MODELO: (ver) *Veo un reloj...*

2-35A Entrevistas.   Ask each other questions to share the information below. Be sure to respond using complete sentences and logical information. **Estudiante B,** please see **Appendix 1,** page A-4.

MODELO: ESTUDIANTE A: *¿A qué hora llegas a clase?*
ESTUDIANTE B: *(1:30 p.m.) Llego a la una y media de la tarde.*

Estudiante A:

Mis preguntas	Mis respuestas
1. ¿Cuándo estudias?	• sí, es muy interesante
2. ¿Qué lenguas hablas bien?	• programas de *reality*
3. ¿Lees el periódico?	• pizza
4. ¿Asistes a clase los martes?	• música popular o de *rap*
5. ¿Qué deporte practicas?	• en casa o en la biblioteca

2-36 ¿Y tú?   Write a short paragraph in which you discuss your activities using verbs that end in **-ar, -er,** and **-ir** (refer back to **¡Así lo decimos!** for a list). Connect your thoughts by using the expressions **pero, y,** and **también.**

MODELO: *Estudio dos lenguas: inglés y español. También estudio ciencias y administración de empresas. Trabajo en la cafetería. Me gusta escribir poesía y asistir a conciertos de música rock.*

6. The present tense of *tener*

- The Spanish verb **tener** (*to have*) is irregular. As in English, **tener** is used to show possession.

  Tengo tres clases y   *I have three classes*
    un laboratorio.   *and a lab.*

  ¿Tienes un bolígrafo?   *Do you have a pen?*

Tengo que terminar esta pintura para las cinco de la tarde.

tener (*to have*)			
yo	**tengo**	nosotros/as	**tenemos**
tú	**tienes**	vosotros/as	**tenéis**
Ud.	**tiene**	Uds.	**tienen**
él/ella	**tiene**	ellos/as	**tienen**

- **Tener que** + *infinitive* is used to express obligation (*to have to*).

  Mañana **tengo que**   *Tomorrow I have to*
    asistir a clase.   *attend class.*

  ¿Tienes que leer una   *Do you have to read*
    biografía de Picasso?   *a biography about*
      Picasso?

APLICACIÓN

 **¿COMPRENDES?**
Check your comprehension online!

2-37 Mis obligaciones. There's often not enough time in the day to do all you have to.

Paso 1 First, check off the activities you need to do tomorrow.

Tengo que...

- ☐ asistir a clase.
- ☐ llegar temprano a clase.
- ☐ estudiar la lección.
- ☐ comprar comida.
- ☐ escribir una composición.
- ☐ ver una película.
- ☐ practicar un deporte.
- ☐ escuchar música.
- ☐ ayudar a un/a amigo/a.

 Paso 2 Refer back to your responses above to compare what you each have to do and not do tomorrow. Which of you has more obligations?

MODELO: E1: *¿Qué tienes que hacer mañana?*
          E2: *Mañana tengo que practicar tenis y hablar con el profesor.*
              No tengo que estudiar. ¿Y tú?
          E1: *Pues, creo que tengo más obligaciones...*

2-38 ¿Qué tienen en común? Write eight sentences in Spanish, saying what various people have in common. Use the verbs **ser** and **tener,** as well as other verbs from the chapter.

MODELO: *Christina Aguilera y Shakira son bonitas. Tienen muchos amigos. Trabajan mucho.*

Christina Aguilera	El rey Felipe VI de España	Shakira
Alberto Contador	Eva Mendes	Penélope Cruz
Paz Vega	Enrique Iglesias	Eva Longoria
Yo	Bono	Peyton Manning
Bill Gates	Tú	Pitbull
Venus Williams	Rafael Nadal	Benjamin Bratt

2-39A ¿Tienes? Take turns asking each other if you have the items on your list. If your partner has the item you want, you make a pair. The first person who has five pairs of items wins. **Estudiante B**, please see **Appendix 1**, page A-4.

MODELO: ☐ un libro de historia
ESTUDIANTE A: *¿Tienes un libro de historia?*
ESTUDIANTE B: *Sí, tengo. (No, no tengo libro de historia, pero tengo un libro de física.)*

Estudiante A:

☐ un libro de español	☐ una novela de Hemingway
☐ una pintura de Picasso	☐ un reloj grande
☐ un examen fácil	☐ un buen amigo
☐ una mesa roja	☐ un/a profesor/a inteligente
☐ un lápiz azul	☐ un libro nuevo
☐ una mochila negra	☐ un cuaderno viejo

¿Cuánto saben?

First, ask yourself if you can perform the following functions in Spanish. Then act out the scenarios with two or three classmates. Ask and respond to at least three questions in each situation.

✓ CAN YOU . . .

☐ talk about what you do and what you like to do?

☐ talk about what you have, and what you have to do or should do?

WITH YOUR CLASSMATE(S) . . .

Situación: En un café
You've just been introduced to each other. Discuss what you do on a daily basis and what you like to do to find out what you have in common. Use a variety of **-ar, -er, -ir** verbs, and **(no) me gusta** with infinitives.
Para empezar: *Me gusta estudiar... También yo...*

Situación: En una fiesta
Which of you is busier? Take turns comparing your busy lives, each trying to outdo the other in order to get some sympathy. Be sure to use **tener que** and **deber,** and appropriate responses, such as **Lo siento** and **¿De verdad?**
Para empezar: *Tengo que preparar... Debo estudiar...*

Observaciones

 Review what you have learned with ¡Pura vida!

¡Pura vida! EPISODIO 2

Antes de ver el video

 2-40 Silvia es española. Read the following information about Spain, and then decide whether the statements that follow are **cierto (C)** or **falso (F).** Correct any false statements.

España es el tercer[1] país más grande de Europa después de Rusia y Francia. Por su diversidad y su mezcla[2] de gentes y tradiciones, España es un país muy diferente al resto de Europa. Los grupos que han influido[3] en la historia del país son: los iberos, los celtas, los griegos, los romanos, los árabes y los judíos.

Ahora, España está dividida en 17 comunidades autónomas y dos ciudades autónomas. Aunque hay diferencias entre las comunidades, todas comparten[4] muchas tradiciones y costumbres, como el horario.

En España el horario es muy diferente al de EE. UU. y Canadá. Por ejemplo, en los restaurantes se sirve el almuerzo[5] entre las 13:00 y las 15:30 horas. La cena[6] se sirve de las 20:30 a las 23:00 horas. En los bares y restaurantes se comen *tapas*, los deliciosos aperitivos españoles, todo el día.

Se comen las tapas a cualquier hora del día.

[1]*third* [2]*mixture* [3]*have influenced* [4]*share* [5]*lunch* [6]*dinner*

1. _____ España es más grande que Francia.

2. _____ Las diferentes comunidades comparten muchas de las tradiciones.

3. _____ En España se sirve el almuerzo al mediodía.

4. _____ Las tapas se sirven en el desayuno *(breakfast)*.

A ver el video

 **2-41 Los otros (*other*) personajes.** Watch the second episode of **¡Pura vida!** and listen to the characters describe each other. Then, write a description for Silvia, Patricio, and Marcela, using correct forms of logical adjectives from the following list.

alegre	colombiano	mexicano	español
guapo	inteligente	moreno	simpático

Silvia   **Patricio**   **Marcela**

Después de ver el video

2-42 ¿Cuál es tu opinión? Choose two of these countries and state why you would visit them.

Argentina   Colombia   Costa Rica   Cuba   España   México

MODELO: *Visito_____ porque es _____ y _____.*

Explore more about España with *Club cultura* online.

Nuestro mundo

 Panoramas

Descubre España

Millones de turistas visitan España todos los años para experimentar sus bellas vistas, su rica historia, su innovador presente y su fabulosa comida.

La Alhambra de Granada construida por los árabes, siglo XIV

El acueducto de Segovia construido por los romanos, siglo I–II

Las altas montañas de Sierra Nevada, Andalucía

Mariscos del mar Cantábrico

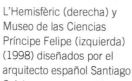

L'Hemisfèric (derecha) y Museo de las Ciencias Príncipe Felipe (izquierda) (1998) diseñados por el arquitecto español Santiago Calatrava

El encantador pueblo de Calella de Palafrugell, Costa Brava, Cataluña

España

Población: 47,7 millones
Lengua nacional: castellano (español)
Lenguas regionales: gallego, eusquera (vasco), aranés, catalán, valenciano
Turistas cada año: 65 millones
Estudiantes universitarios: 1,9 millones
Edad mínima para beber alcohol: 16 años
Edad mínima para conducir[1]: 18 años

_____
[1]*drive*

2-43 Identifica. Use the information in the photos and Fact box to identify the following.

1. unas montañas altas _____

2. el nombre de un arquitecto español famoso _____

3. una construcción romana _____

4. una construcción árabe _____

5. el número de turistas que visitan España cada año _____

6. dónde está la Costa Brava _____

2-44 Desafío. Locate these places using the map of Spain above.

1. la capital de España
2. donde está situada la Alhambra
3. donde está situado el acueducto de Segovia
4. la Costa Brava
5. el Mar Cantábrico
6. las Islas Canarias

2-45 Proyecto: España. Spain attracts 60 million tourists every year, making it one of the most attractive destinations in the world. About 35% of all tourists visit Madrid, Barcelona, Andalucía, and/or Valencia. Choose one of these destinations, or another that interests you, and connect to the Internet to investigate more about sites that attract people to Spain. Use the **Modelo** to write a summary of what you find; include the following information:

- su nombre y dónde está (*where it is*)
- su población
- cómo es
- unos sitios históricos importantes
- un producto importante
- una foto representativa

Busca: Spain tourism

MODELO: *La ciudad de Segovia está a media hora en tren de Madrid, y el tren cuesta solo diez euros. Tiene 55.000 habitantes. Es una bella ciudad con monumentos romanos y árabes. Entre los tesoros arquitectónicos figuran el acueducto romano del siglo I y el Alcázar (un castillo árabe) del siglo XI. Los turistas también visitan la Catedral de Segovia del siglo XVI. En Segovia la cerámica y los productos de cuero (leather) son muy populares.*

Páginas

Cinemundo entrevista a Pedro Almodóvar

Pedro Almodóvar is one of Spain's most celebrated movie directors. Almodóvar's success derives from his own keen observations of film techniques and of life in general. His films and their actors have earned numerous awards, including an Oscar for Best Foreign Language Film for *Todo sobre mi madre.* Here Pedro Almodóvar (**PA**) responds to an interview by a reporter for the film magazine, *Cinemundo* (**CM**).

ANTES DE LEER

2-46 Conocimiento previo. It often helps to refer to background knowledge to help understand a reading. What are some of the question words you would expect to see in an interview? What kinds of questions would you expect to be asked by someone interviewing a movie director?

A LEER

2-47 Busca las palabras interrogativas. Skim through the interview and underline interrogatives in the text. Do the types of questions coincide with your conjecture about the content of the interview?

Cinemundo entrevista a Pedro Almodóvar

CM: Señor Almodóvar, muchas gracias por concederme[1] esta entrevista. Para empezar, ¿cuál es su nombre completo?

PA: Me llamo Pedro Almodóvar Caballero, pero no uso mi apellido materno. Creo que es más fácil así.

CM: Es verdad, especialmente porque usted es tan conocido[2]. Y entre los amigos, ¿tiene apodo?

PA: No, por Dios. No me gustan los apodos, soy simplemente Pedro para todos. Solo[3] en mi pueblo me llaman Pedrito, y bueno, solo a ellos se lo permito.

CM: ¿Y de dónde es usted originalmente?

PA: Soy manchego[4], de Calzada de Calatrava, un pequeño pueblo de La Mancha. Estudié en la ciudad de Cáceres. A la edad de dieciséis años fui solo[5] a Madrid. Fue difícil vivir sin mi familia, pero poco a poco aprendí a vivir en una ciudad nueva.

CM: Usted tiene mucho éxito con sus películas. ¿Cuál de ellas prefiere?

PA: Estoy muy orgulloso de todas mis películas, pero la que más me gusta es *Los abrazos rotos* en la que aparece Penélope Cruz. Ella es una actriz extraordinaria y sin duda, merece otro Óscar más. En la película, ella vive dos vidas y tiene dos apariencias y personalidades muy diferentes. En la primera vida tiene el pelo castaño[6] y es muy seria. En su otra vida, es rubia, despreocupada[7] y escandalosa[8]. Como en muchas de mis películas, hay humor, pero también hay un mensaje[9] social.

CM: ¿Es verdad que sus películas son autobiográficas?

PA: Bueno, todas tienen algo autobiográfico, pero aún más que eso[10], presento tabúes sociales. Quiero que las personas que vean mis películas cuestionen sus creencias[11] y la moralidad social.

CM: ¿Cuál va a ser su próxima película?

PA: Primero voy a ir de vacaciones a las Islas Canarias y tomar algún tiempo para recuperar mi creatividad. Luego, vamos a ver…

CM: Muchísimas gracias, señor Almodóvar, y ¡muy buena suerte!

PA: ¡Igualmente!

---

[1]*grant me* [2]*well known* [3]*Only* [4]*native of La Mancha* [5]*by myself* [6]*brown hair* [7]*carefree* [8]*outrageous* [9]*message*
[10]*even more than that* [11]*beliefs*

DESPUÉS DE LEER

2-48 Haz las preguntas. Complete the questions with the most appropriate interrogative words. Then answer the questions.

1. ¿ _____ se llama la revista?

2. ¿ Con _____ es la entrevista?

3. ¿ De _____ es?

4. ¿ En _____ ciudad estudia?

5. ¿ _____ es su película favorita?

6. ¿ _____ va de vacaciones ahora?

2-49 ¿Qué opinas tú? Indicate your response to each of the following statements to express your opinions.

1. Voy mucho al cine.	**Sí**	**No**	
2. Prefiero ver películas en casa.	**Sí**	**No**	
3. Me gustan las películas internacionales.	**Sí**	**No**	**No sé (*I don't know*)**
4. Me gustan las películas de Almodóvar.	**Sí**	**No**	**No sé**
5. En mi opinión, Penélope Cruz es una excelente actriz.	**Sí**	**No**	**No sé**

2-50 Penélope Cruz. This talented actress has performed in several Almodóvar films. Connect with the Internet to see images of her; then write a short paragraph describing her.

> **Busca:** penelope cruz foto bio

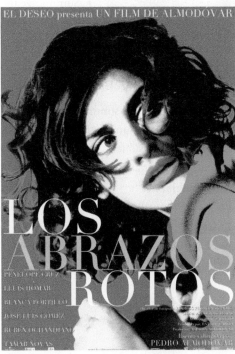

Taller

 2-51 **Una entrevista y un sumario.** Summarize information from an interview for an article in *¡Aló!*, a Spanish magazine that depicts the lives of the rich and famous.

ANTES DE ESCRIBIR

Los reyes de España, felices con sus hijas.

- Write questions you'd like to ask a famous Spaniard, such as Fernando Alonso, Penélope Cruz, Javier Bardem, Mariano Rajoy, Picasso, Santiago Calatrava, Rafael Nadal, Alejandro Amenábar, or Alejandro Sanz. Use the following interrogatives:

  ¿Cómo...?

  ¿Dónde...?

  ¿Qué...?

  ¿Cuándo...?

  ¿Por qué...?

  ¿Cuál(es)...?

  ¿Quién(es)...?

  ¿De dónde...?

- Write at least one question using the verb **tener**.
- **Entrevista.** Interview a classmate who will role play as a famous Spaniard, then write up the responses.

A ESCRIBIR

- Summarize the information for your article. Use connecting words such as **y, pero** (*but*), and **por eso** (*therefore*).
- Write at least six sentences about your famous person.

DESPUÉS DE ESCRIBIR

- **Revisar.** Review your summary to assure the following:
  - ☐ agreement of nouns, articles, and adjectives
  - ☐ agreement of subjects and verbs
  - ☐ correct spelling, including accents

- **Intercambiar**
  Exchange your summary with a classmate's; make suggestions and corrections.

- **Entregar**
  Rewrite your summary, incorporating your classmate's suggestions. Then turn in the summary to your instructor.

En este capítulo...

Go to MySpanishLab to review what you have
learned in this chapter. Practice with the following:

| Flashcards | Games | Oral Practice | Practice Test / Study Plan |
| amplifire Dynamic Study Modules | Tutorials | Videos | Extra Practice |

 ## Vocabulario

Primera parte

Adjetivos de nacionalidad **Adjectives of nationality**

argentino/a *Argentine*
canadiense *Canadian*
chileno/a *Chilean*
colombiano/a *Colombian*
cubano/a *Cuban*
dominicano/a *Dominican*
ecuatoriano/a *Ecuadorian*
español/a *Spanish*
mexicano/a *Mexican*
norteamericano/a (estadounidense) *North American (U.S. citizen)*
panameño/a *Panamanian*
peruano/a *Peruvian*
puertorriqueño/a *Puerto Rican*
salvadoreño/a *Salvadorian*
venezolano/a *Venezuelan*

Adjetivos descriptivos **Descriptive adjectives**

activo/a *active*
alto/a *tall*
bajo/a *short*
bonito/a *pretty, cute*
delgado/a *slender*
entusiasta *enthusiastic*
feo/a *ugly*
flaco/a *skinny*
gordo/a *fat*
guapo/a *good-looking*
joven *young*
moreno/a *dark (skin, hair)*
nuevo/a *new*
pobre *poor*
rico/a *rich*
rubio/a *blond (fair)*
viejo/a *old*

Lugares **Places**

la capital *capital city*
la ciudad *city*
el país *country*

Las personas **People**

el/la amigo/a *friend*
el/la muchacho/a *boy/girl*
los padres *parents*

Adverbios **Adverbs**

ahora (mismo) *(right) now*
también *also*
tarde *late*
temprano *early*

Conjunciones **Conjunctions**

pero *but*
porque *because*

Segunda parte

Verbos **Verbs**

abrir *to open*
asistir a *to attend*
aprender *to learn*
ayudar *to help*
bailar *to dance*
beber *to drink*
buscar *to look for*
comer *to eat*
comprar *to buy*
comprender *to understand*
creer *to believe*
deber (+ *infinitive*) *to owe (to ought to do something)*
decidir *to decide*
desear *to wish*
enseñar *to teach*
escribir *to write*
escuchar *to listen*
estudiar *to study*
hablar *to speak*
leer *to read*
llegar *to arrive*
mirar *to look at*
practicar (un deporte) *to practice, to play (a sport)*
preparar *to prepare*
recibir *to receive*
tener *to have*
tomar *to drink, to take*
trabajar *to work*
vender *to sell*
ver *to see, to watch*
viajar *to travel*
vivir *to live*

Adjetivos **Adjectives**

difícil *difficult*
fácil *easy*

Otras nacionalidades (País) **Other nationalities (Country)**

alemán, alemana (Alemania) *German (Germany)*
brasileño/a (Brasil) *Brazilian (Brazil)*
chino/a (China) *Chinese (China)*
coreano/a (Corea) *Korean (Korea)*
francés, francesa (Francia) *French (France)*
inglés, inglesa (Inglaterra) *English (England)*
italiano/a (Italia) *Italian (Italy)*
japonés, japonesa (Japón) *Japanese (Japan)*
portugués, portuguesa (Portugal) *Portuguese (Portugal)*
ruso/a (Rusia) *Russian (Russia)*

Otras palabras y expresiones **Other words and expressions**

las lenguas *languages*
¿Qué te gusta hacer? *What do you (inf.) like to do?*
Me gusta (+ *infinitive*) *I like (+ infinitive)*
Te gusta (+ *infinitive*) *You (inf.) like (+ infinitive)*
¡Qué suerte! *How lucky!*

Telling time *See page 46.*   **Interrogative words** *See page 52.*

3
¿Qué estudias?

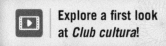

¡México fascinante!

🌐

Take a virtual tour with the Interactive Globe.

«La educación no es para enseñar qué pensar, sino a pensar».

Refrán: "Education serves not to teach *what* to think, but rather *to think*."

Frida Kahlo pintó muchos autorretratos (*self-portraits*) y cuadros menos personales, como *Viva la vida*. Hoy en día se le considera una de las mejores (*best*) pintoras del mundo hispano. Fue la esposa del gran muralista mexicano Diego Rivera.

Los mariachis son los más genuinos exponentes de la música mexicana. Son populares en los restaurantes, los bailes, las fiestas y las bodas.

¡Así lo decimos! VOCABULARIO

¡Así es la vida! La vida universitaria

Un horario complicado.

MARCELA: Oye, Pedro, ¿qué materias tienes este semestre?

PEDRO: A ver, tengo siete en total: historia económica, economía política, teoría económica, investigación, matemáticas...

MARCELA: ¡Estás loco! ¡Todas son muy difíciles! Yo solamente tengo cuatro clases este semestre.

PEDRO: Sí, tienes razón, pero mis clases son todas obligatorias para la carrera de economía.

¿? **¿COMPRENDES?**
Check your comprehension online!

Ana tiene prisa mientras Beatriz escribe un correo electrónico.

ANA: ¿Tienes hambre? Yo sí. ¿Vamos a comer algo?

BEATRIZ: Ahora mismo no. Tengo que escribir otro correo electrónico más y después comemos.

ANA: ¡Escribe más rápido! Ya es la una y tenemos que comer antes de la clase de geología a las dos.

Vocabulario Las materias académicas y la vida estudiantil

Variaciones
In Spain, **la administración de empresas** is more commonly **las empresariales**.

Explore visual vocabulary online!

Las materias (Academic) Subjects

la administración de empresas *business administration*
la arquitectura *architecture*
el arte *art*
la biología *biology*
el cálculo *calculus*
las ciencias políticas *political science*
las ciencias sociales *social sciences*
las comunicaciones *communications*
la contabilidad *accounting*
el derecho *law*
el diseño *design*
la educación física *physical education*
la economía *economics*
la estadística *statistics*
la filosofía *philosophy*
las finanzas *finance*
la física *physics*
la geografía *geography*
la geología *geology*
la historia *history*
la informática / la computación *computer science*
la ingeniería (eléctrica) *(electrical) engineering*
las matemáticas *mathematics*
la medicina *medicine*
la pedagogía *teaching, education*
la química *chemistry*
la veterinaria *veterinary science*

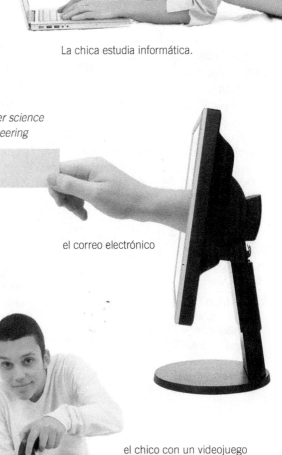

La chica estudia informática.

Sustantivos Nouns

la carrera *career, field*
el/la chico/a *boy/girl*
el correo electrónico *e-mail*
el dinero *money*
el horario (de clases) *(class) schedule*
el semestre *semester*
el trimestre *trimester*
el videojuego *video game*

el correo electrónico

Adjetivos Adjectives

complicado/a *complicated*
exigente *challenging, demanding*
obligatorio/a *obligatory, required*

Adverbios Adverbs

antes (de) *before*
bastante *quite, fairly*
después (de) *after*
solamente *only*

Variaciones
In Mexico and other Latin American countries, the noun **chico/a** is used as an adjective synonymous with **pequeño/a** or *small*, for example, **un país chico** (or even **chiquito, chiquitito**). The term **chavo/a** is a common alternative for *boy/girl* in Mexico.

el chico con un videojuego

APLICACIÓN

3-1 Y tú, ¿qué estudias? Talk about what you study.

Paso 1 First, check off the subjects you have this term.

MODELO: *Estudio...*
   ☑biología, ☑cálculo, ☑español y ☑química.

☐ administración de empresas	☐ ciencias sociales	☐ francés	☐ matemáticas
☐ alemán	☐ comunicaciones	☐ geografía	☐ medicina
☐ álgebra	☐ coreano	☐ geología	☐ música
☐ antropología	☐ chino	☐ historia	☐ pedagogía
☐ árabe	☐ derecho	☐ informática	☐ portugués
☐ arte	☐ educación física	☐ ingeniería	☐ psicología
☐ biología	☐ español	☐ inglés	☐ química
☐ cálculo	☐ filosofía y letras	☐ japonés	☐ ruso
☐ ciencias políticas	☐ física	☐ literatura	☐ sociología

EXPANSIÓN
More on structure and usage

todo (*every, all*) can be an adjective or a pronoun.

todo/a/s (adj.) *all (of), every*
 todo el día *all day*
 todo el mundo *all the world (everyone, everybody)*
 todas las noches *every night*
 todos los días *every day*

todo/a/s (pron.) *everything, all, everyone, everybody*
 Me gusta todo. *I like it all.*
 Todos están aquí. *Everyone is here.*

Paso 2 Now, compare your list with that of another student.

MODELO: E1: *Estudio biología, cálculo, español y química. Todas mis materias son difíciles. Y tú, ¿qué estudias?*
    E2: *Estudio biología, español, historia y sociología. Tengo clases todos los días.*

3-2 Materias en El Tec. El Instituto Tecnológico de Estudios Superiores de Monterrey (ITESM), popularly known as El Tec, has campuses all over Mexico, each with a particular academic strength.

Paso 1 Here is a schedule of classes for students in international business at El Tec. Choose three courses that interest you and create a possible schedule in the grid below.

Curso	Días	Hora
Administración de empresas	lunes y miércoles	8:30–10:00
Análisis de información	lunes y miércoles	10:30–12:00
Contabilidad financiera I	viernes	16:00–19:00
Derecho privado	lunes y miércoles	8:30–10:00
Japonés II	martes y jueves	15:00–17:00
Derecho público	viernes	16:00–19:00
Matemáticas II	lunes y miércoles	10:30–12:00
Psicología avanzada	lunes y miércoles	8:30–10:00
Estadística administrativa	martes y jueves	15:00–17:00
Principios de microeconomía	martes y jueves	15:00–17:00
Recursos humanos	lunes y miércoles	8:30–10:00
Negocios internacionales	martes y jueves	15:00–17:00
Principios de macroeconomía	lunes y miércoles	8:30–10:00

Cursos	Días	Horas
1.		
2.		
3.		

Paso 2 Share your schedule with a classmate and answer the questions that follow based on your conversations.

MODELO: E1: *¿Qué estudias este semestre?*
E2: *Administración de empresas.*
E1: *¿Cuándo?*
E2: *Los lunes y los miércoles a las ocho y media.*

1. ¿Quién tiene el horario más conveniente? ¿Por qué?

2. ¿Quién tiene el horario más difícil? ¿Por qué?

3. ¿Quién tiene el horario más interesante? ¿Por qué?

3-3 El horario de Alberto y Carmen. Listen to Alberto and Carmen talk about their schedules. Then select the name of the person described in each statement.

1. Estudia matemáticas.	Alberto	Carmen
2. Estudia química.	Alberto	Carmen
3. Tiene examen hoy.	Alberto	Carmen
4. Tiene que hablar con el profesor.	Alberto	Carmen
5. Trabaja esta noche.	Alberto	Carmen
6. Va a una fiesta esta noche.	Alberto	Carmen
7. Tiene una clase difícil.	Alberto	Carmen
8. Tiene un profesor exigente (*demanding*).	Alberto	Carmen

3-4 ¿Cuántas? In groups of three or four students, make a chart similar to the one below to decide on a time when you are all free to meet outside of class to work on a group project. Take turns asking the following questions so that all members share their schedules.

1. ¿Qué estudias este semestre (trimestre)?

2. ¿A qué hora es la clase de...? ¿Qué días de la semana?

3. ¿Cuándo trabajas?

	lunes	martes	miércoles	jueves	viernes	sábado	domingo
9:00	Sara: cálculo		Sara: cálculo		Sara: cálculo	Sara: trabajo	
10:00	Todos: español	Todos: español	Todos: español	Todos: español			
11:00							
¿...?							

Cultura en vivo

Students in Mexico, as in many parts of the world, begin their specializations very early in their university careers. The curriculum is usually fixed and the number of courses students must take varies with the *facultad*. During their final semesters students have more choice, but still mostly within their majors. In your opinion, what are advantages and disadvantages of this type of curriculum?

☑ ¡Así lo hacemos! ESTRUCTURAS

◎ 1. The numbers *101 – 3.000.000*

Quinientos, seiscientos, setecientos, ochocientos, novecientos, ¡mil!

Numbers greater than 100 are expressed as follows:

101	ciento uno/a	800	ochocientos/as
200	doscientos/as	900	novecientos/as
300	trescientos/as	1.000	mil
400	cuatrocientos/as	4.000	cuatro mil
500	quinientos/as	100.000	cien mil
600	seiscientos/as	1.000.000	un millón (de)
700	setecientos/as	3.000.000	tres millones

- **Ciento** is used in compound numbers between 100 and 200.

  ciento diez, **ciento** treinta y cuatro, etcétera

- When 200 to 900 modify nouns, they agree in gender with them.

  doscient**as** universidades   quinient**os** libros

  seiscient**as** veintiuna alumnas   cuatrocient**os** cincuenta y un profesores

- **Mil** is never used with **un** and is never used in the plural for counting.

  mil, dos **mil**, tres **mil**, etcétera

- In Spanish, the year is always expressed in thousands.

  mil novecientos noventa y dos   *nineteen ninety-two (1992)*

  dos mil once   *two thousand eleven/twenty eleven (2011)*

- The plural of **millón** is **millones**, and when followed immediately by a noun, both take the preposition **de**.

  un millón **de** pesos

  dos millones **de** dólares

  dos millones trescientas mil personas

- In Spain and in most of Latin America, thousands are marked by a period and decimals by a comma.

Spain/Latin America	**United States/Canada**
$1.000	$1,000
$2,50	$2.50
$10.450,35	$10,450.35
2.341.500	2,341,500

¿COMPRENDES?
Check your comprehension online!

APLICACIÓN

🔲 3-5 **¿Qué número es?**   Write the numerals that are represented below.

MODELO: doscientos cuarenta y nueve

  249

1. quinientos noventa y dos   _____
2. diez mil setecientos once   _____
3. un millón seiscientos treinta y tres mil doscientos nueve   _____
4. novecientos mil ciento veintiuno   _____
5. dos millones ochocientos mil ochocientos ochenta y ocho   _____
6. ciento cuarenta y cinco   _____

3-6 ¿En qué año? When did these events take place?

Paso 1 Write out each year, and then match it with an historical event.

MODELO: 1776
  mil setecientos setenta y seis; la independencia de Estados Unidos

1. _____ 1492   a. los Juegos Olímpicos en Londres
2. _____ 2012   b. El Tratado de Libre Comercio de América del Norte (*NAFTA*)
3. _____ 2000   c. la Gran Depresión
4. _____ 1929   d. el nuevo milenio
5. _____ 2007   e. la conquista de México por Hernán Cortés
6. _____ 1994   f. el primer iPhone sale al mercado
7. _____ 1521   g. la llegada (*arrival*) de Cristóbal Colón a Santo Domingo
8. _____ 2014   h. la Copa Mundial de Fútbol en Brasil

Paso 2 Now, write out two other important years and have classmates say what other events took place.

3-7A Inventario en el almacén (*warehouse*). You and your classmate are stock workers compiling end-of-year inventory figures. Each of you is missing data. Take turns asking each other questions to fill in the missing parts on each of your grids. **¡OJO!** (*Watch out!*) Watch for agreement. Then check all your figures by calling out each item and quantity. **Estudiante B**, see **Appendix 1**, page A-5.

MODELO: ESTUDIANTE A: (You need) *¿Cuántas mesas tienes?*
           ESTUDIANTE B: (You have) *Tengo setecientas cuarenta y siete mesas.*

Estudiante A:

_____ escritorios	525 calculadoras
816 pizarras	_____ computadoras
111.000 cuadernos	1.526 diccionarios
_____ mapas	2.400 libros de texto
110 sillas	_____ bolígrafos
11.399 lápices	600.450 CD

3-8 La lotería del Tec de Monterrey. The Tec has a yearly lottery in which they give away houses, furniture, cars, and shopping sprees. You have just won the million **peso** (about $75,000) shopping spree. Together with a partner, decide how you will spend your prize money without going over budget.

MODELO: E1: *Compramos dos escritorios ejecutivos por treinta mil pesos.*
           E2: *No, mejor compramos uno ejecutivo y uno pequeño por diecisiete mil pesos.*

Presupuesto (*Budget*) $1.000.000 (PESOS)

escritorio ejecutivo	$15.000	reloj Rolex	$645.000
bicicleta	$1.290	carro híbrido	$387.000
silla de plástico	$250	sillón de cuero (*leather*)	$3.000
computadora portátil	$15.000	iPhone	$2.500
televisor plasma	$10.000	televisor pequeño	$1.500
mesa pequeña	$1.800	reproductor Blu-Ray	$2.500
carro alemán	$640.000	miscelánea	¿...?

Presencia hispana

Mexican Americans are U.S. citizens who trace their ancestry to Mexico. They are variously known as *chicanos*, *xicanos*, *mexicanos*, or Mex-Americans, although *chicano* is the preferred identification for many. According to *Pew Research*, there are currently 34 million people in the U.S. with full or partial Mexican heritage. Mexico allows its citizens to maintain dual citizenship with the U.S. How does this law benefit Mexican Americans?

@G 2. Possessive adjectives

Mi clase es bastante grande.

Sí, pero tu profesor es excelente.

• You have already used **mi(s)** and **tu(s)** to express possession. Here are all the forms of possessive adjectives in Spanish.

Subject pronoun	With singular nouns	With plural nouns	
yo	**mi**	**mis**	*my*
tú	**tu**	**tus**	*your (inf.)*
Ud.	**su**	**sus**	*your (form.)*
él/ella	**su**	**sus**	*his, her*
nosotros/as	**nuestro/a**	**nuestros/as**	*our*
vosotros/as	**vuestro/a**	**vuestros/as**	*your (inf.)*
Uds.	**su**	**sus**	*your (form.)*
ellos/as	**su**	**sus**	*their*

• In Spanish, two factors determine the form of a possessive adjective: the possessor and the entity or thing possessed. Possessive adjectives agree in number with the nouns they modify, not the possessor. Note that **nuestro/a** and **vuestro/a** are the only possessive adjectives that show both gender and number agreement.

mi libro	*my book*	**mis** libros	*my books*
nuestra universidad	*our university*	**nuestras** universidades	*our universities*

¿COMPRENDES?
Check your comprehension online!

• Possessive adjectives are always placed before the nouns they modify.

Tus clases son grandes.	*Your classes are big.*
Nuestros amigos llegan a las ocho.	*Our friends arrive at eight o'clock.*

• In Spanish, the construction **de** + *noun* can also be used to indicate possession. It is equivalent to the English *apostrophe s*.

La música de Tacvba es bonita.	*Tacvba's music is pretty.*
La hermana de Marcela estudia derecho.	*Marcela's sister studies law.*

• When the preposition **de** is followed by the definite article **el**, it contracts to **del**: **de** + **el** = **del**.[1]

Los exámenes del profesor son difíciles.	*The professor's exams are difficult.*
No es mi cuaderno, es de él.	*It's not my notebook, it's his.*

EXPANSIÓN   More on structure and usage
Su and *sus*

The possessive adjectives **su** and **sus** can have different meanings (*your, his, her, their*). The context in which they are used indicates who the possessor is.

María y José leen **su** libro.	*María and José read their book.*
Ramón habla con **sus** amigos.	*Ramón speaks with his friends.*

When the identity of the possessor in the third person is not clear, the construction **de** + *noun* or **de** + *pronoun* can be used for clarification.

¿De quién es el libro?	*Whose book is it?*
Es **su** libro. Es el libro **de Paco**.	*It's his book. It's Paco's book.*
¿Son **sus** amigas?	*Are they her friends?*
Sí, son las amigas **de ella**.	*Yes, they're her friends.*

---

[1]The preposition **de** does not contract with the subject pronoun **él**.

APLICACIÓN

3-9 Pedro. Pedro is a student at a university in Monterrey, Mexico.

Paso 1 Read about Pedro and underline all of the possessive adjectives.

Soy Pedro, estudiante del Tec de Monterrey. Mi carrera es ingeniería eléctrica.
Tengo clases por la mañana y trabajo por la tarde. Vivo en un apartamento cerca
de la universidad, pero voy a mi casa los fines de semana. Mi familia vive en
Guanajuato. Mis clases más difíciles son informática y estadística. El profesor
de estadística tiene su doctorado de una universidad norteamericana. Este año
voy a ser estudiante de intercambio[1] en Canadá, donde voy a estudiar francés,
también. Mi novia[2] es de Quebec. Voy a conocer[3] a su familia y a sus amigos.

---

[1]*exchange student*   [2]*girlfriend*   [3]*meet*

Paso 2 Now write as many questions as you can about him to ask a classmate.

MODELO: E1: *¿Cuándo son sus clases?*
              E2: *Sus clases son por la mañana.*

3-10 ¿De quién/es es/son? Combine elements from each column to say to whom or
what the following things belong.

MODELO: *La clase de ingeniería eléctrica es del profesor joven. Es su clase.*

la clase de ingeniería eléctrica	el departamento de ingeniería
el reloj de plástico	los profesores de química
las sillas	*el profesor joven*
los diccionarios	el estudiante de geografía
el libro de arte	mi amigo
la mochila vieja	la niña pequeña
los bolígrafos rojos	la universidad
el horario de clases	el banco (*bank*)
los mapas	la profesora de diseño
el dinero	la cafetería
el correo electrónico	la estudiante de arte
las clases difíciles	la biblioteca (*library*)

3-11 Un campus excepcional. Think about your own university campus.

Paso 1 Complete the sentences with appropriate possessive adjectives and mark whether each statement is true for you or your campus. Then add two or three statements of your own.

	Cierto	Falso
MODELO: *Yo tengo cinco materias. Todas <u>mis</u> materias son interesantes.*	☑	☐

1. Nosotros tenemos un gimnasio impresionante. _____ gimnasio es nuevo y conveniente. ☐ ☐
2. La librería vende (*sells*) muchos libros, y _____ precios son buenos. ☐ ☐
3. Yo tengo un apartamento en el campus. _____ apartamento es grande y moderno. ☐ ☐
4. Tú tienes una computadora portátil. _____ computadora es nueva y rápida. ☐ ☐
5. Elena y Carmen tienen buenos horarios de clase. Todas _____ clases son después de las 10:00 de la mañana. ☐ ☐
6. La profesora de geología tiene doscientos estudiantes en una de _____ clases. Todos _____ estudiantes son inteligentes y trabajadores. ☐ ☐

Paso 2 Now, compare your opinions with those of a classmate. Do you agree?

MODELO: E1: *Yo tengo cinco materias. Todas <u>mis</u> materias son interesantes.*
E2: *Yo también. (Yo tengo cuatro materias. Todas mis materias son interesantes también.)*

3-12 ¿Cómo es? Take turns telling each other what the following things and people are like. Be sure to ask at least two follow-up questions to find out more about each topic.

MODELO: clase
E1: *¿Cómo es tu clase de inglés?*
E2: *Mi clase es buena.*
E1: *¿Sí? ¿Por qué?*
E2: *Porque el profesor es muy interesante.*
E1: *¿Sí? ¿Quién es?*
E2: *Es el profesor Anderson.*

1. amigos
2. apartamento
3. ciudad/pueblo (*town*)
4. universidad
5. profesor/a de...
6. familia
7. trabajo
8. horario

3-13 Una universidad excepcional. In groups of three, write a description of your university using the features below and others that occur to you. Then read your description aloud to see which group has the most detailed description. Be sure that all adjectives agree with the nouns they modify.

la universidad	el programa de estudios	los equipos deportivos
los salones de clase	los estudiantes	los profesores
la cafetería	el horario de clases	los exámenes
las computadoras	los clubes sociales	la librería (*bookstore*)
el campus	los amigos	las clases de lenguas

MODELO: *Nuestra universidad es pequeña pero bonita. Tiene...*

⊚ 3. Other expressions with *tener*

- You have used **tener** to show possession and to say you *have to* (*do something*).

Tengo muchos amigos.	*I have many friends.*
Tienes que asistir a clase.	*You have to attend class.*

- There are other common expressions that use **tener** where English uses the verb *to be*. Note that many of these refer to things we might feel (hunger, thirst, cold, etc.)

¿**Tienes** hambre?	*Are you hungry?*
No, pero **tengo** frío.	*No, but I'm cold.*
Tenemos prisa.	*We're in a hurry.*
Tienen ganas de visitar México.	*They feel like visiting (are eager to visit) Mexico.*

¡Maribel tiene miedo!

tener calor

tener frío

tener hambre

tener sed

tener miedo

tener sueño

tener cuidado

tener prisa

tener razón

tener ganas (de)

- Use the verb **tener** to express age.

tener... años	*to be . . . years old*
¿Cuántos años **tienes**?	*How old are you?*

¿? **¿COMPRENDES?**
Check your comprehension online!

APLICACIÓN

3-14 **En un concierto de Café Tacvba.** Silvia and Patricio are going to a Café Tacvba concert.

Paso 1 First, read the conversation between Silvia and Patricio before the concert. Underline all of the expressions that use **tener.**

PATRICIO: El concierto es en media hora, ¿quieres algo?

SILVIA: Sí, una limonada porque tengo mucho calor y mucha sed.

PATRICIO: Tengo ganas de tomar un café fuerte porque tengo un poco de sueño. Con siete materias, siempre tengo que estudiar hasta muy tarde.

SILVIA: Como tenemos prisa, ¿por qué no vamos al bar de la esquina ahora y también comemos un sándwich?

PATRICIO: Tienes razón, tengo hambre. Vamos al bar ahora mismo.

Paso 2 Now answer the questions using expressions with **tener.**

1. ¿Por qué quiere una limonada Silvia?

2. ¿De qué tiene ganas Patricio y por qué?

3. ¿Por qué tiene sueño Patricio?

4. ¿Por qué crees que tienen prisa Silvia y Patricio?

5. ¿Qué van a hacer (do) antes del concierto? ¿Por qué?

3-15 **¿Y tú...?** Match these statements to say when you feel the following and expand the context to explain. If none of the choices are appropriate, supply a new one. More than one answer is possible in some cases.

MODELO: *Tengo ganas de visitar... México porque allí hablan español.*

1. ____Tengo frío...   a. en el desierto...

2. ____Tengo calor...   b. en el verano...

3. ____Tengo ganas de comer...   c. en un examen...

4. ____Tengo sed...   d. a las dos de la mañana...

5. ____Tengo prisa...   e. en el invierno...

6. ____Tengo cuidado...   f. en una película (*movie*) de horror...

7. ____Tengo sueño...   g. en un buen restaurante...

8. ____Tengo miedo...   h. cuando tengo que llegar a tiempo (*on time*)...

3-16 ¿Cuántos años tienen? You may be familiar with these famous Mexicans. Take turns saying how old they are.

MODELO: Enrique Peña Nieto, presidente de México (1966)
Tiene... años.

1. Thalía, cantante (1971)
2. Carlos Slim, empresario y uno de los hombres más ricos del mundo (1940)
3. Alfonso Cuarón, director de cine, *Gravity* (1961)
4. Carlos Santana, músico (1947)
5. Salma Hayek, actriz (1966)
6. Carlos Contreras, deportista de NASCAR (1970)
7. Laura Esquivel, novelista, *Como agua para chocolate* (1950)
8. Alejandro González Iñárritu, director de cine, *Babel, Biutiful* (1963)

3-17 Investigación. Research the group Café Tacvba and write a paragraph about them in which you answer the questions that follow.

> **Busca:** cafe tacvba, cafe tacuba

- ¿Cuáles son sus nombres completos y sus apodos (*nicknames*)?
- ¿De dónde son?
- ¿Cuántos años tienen?
- ¿Cómo es su música?
- ¿Dónde va a ser su próximo concierto?
- ¿Vas a asistir? (*Sí, voy... / No, no voy...*)

¿Cuántos años tiene el ex presidente Felipe Calderón (1962)?

¿Cuánto saben?

First, ask yourself if you can perform the following functions in Spanish. Then act out the scenarios with two or three classmates. Ask and respond to at least three questions in each situation.

✓ CAN YOU . . .	WITH YOUR CLASSMATE(S) . . .
☐ exchange information about classes?	**Situación: En el centro estudiantil** Talk about your classes, say what you are studying and ask the others about their classes and what they are like. **Para empezar:** *¿Qué estudias?¿Cómo es tu clase de...?*
☐ talk about things that belong to you?	**Situación: En clase** Use possessive adjectives to discuss who owns the things you have in front of you. **Para empezar:** *¿De quién es...?*
☐ talk about how you and others feel?	**Situación: En un café** Talk about how you feel by using expressions with **tener** such as **tener hambre, sueño, ganas de,** etc. and then explain why you feel that way. **Para empezar:** *Tengo ganas de... porque...*

Perfiles

Mi experiencia

3-18 Para ti. How many students are in your university? Which college or department is the largest? Is there an entrance exam for your university? Read about Susana Buendía and her experiences at UNAM (Universidad Nacional Autónoma de México).

¡Hola y muchos saludos desde San Cristóbal de las Casas, Chiapas! Estoy aquí para empezar mi año de servicio social en una escuela rural de Chiapas.

¡Qué día me espera[1] mañana! Tengo que preparar una presentación sobre la UNAM para un grupo de estudiantes. El objetivo es animarles a pensar en[2] ir a estudiar a México algún día. Menos mal[3] que solo es sobre la Facultad de Filosofía y Letras y no de toda la universidad. En mi presentación, tengo que explicar que en el sistema de la UNAM hay unos 187.000 estudiantes pero que en mi facultad somos 7.000. Mi amiga Marta dice que en la Facultad de Derecho, donde ella estudia, hay aproximadamente 23.000 estudiantes. ¡Órale! ¡Es enorme!

Mi experiencia en la UNAM es fantástica. Tengo clases de tipo conferencia[4] y también talleres[5] más pequeños donde conversamos sobre[6] la materia y le hacemos preguntas al profesor. El examen de admisión es bastante caro y difícil, pero como es una universidad pública, la matrícula es muy baja. Acabo de recibir[7] mi licenciatura[8] pero como todos los estudiantes que estudian en la UNAM, tengo que hacer un año de servicio público. Por eso[9] estoy aquí en Chiapas este año.

Para mi presentación, voy a ponerles también música de uno de mis grupos favoritos, Café Tacvba, que es muy popular entre mis amigos en la UNAM.

[1]*awaits me*   [2]*to encourage them to think about*   [3]*Thank goodness*   [4]*lecture*   [5]*workshops*   [6]*about*
[7]*I have just received*   [8]*bachelor's degree*   [9]*That's why*

3-19 En su opinión. What similarities and differences can you perceive between la UNAM and your own university? Working in small groups, discuss your opinions and record your group's responses. Be prepared to share with the class.

Semejanzas:	Diferencias:

Mi música

"ERES" (CAFÉ TACVBA, MÉXICO)

Café Tacvba (or **Tacuba**) is a Mexican alternative rock band that has taken the world by storm, winning several Grammy and Latin Grammy awards, including one each for "Best Rock Song" and "Best Alternative Song." One of the most daring and versatile bands, their music combines modern rhythms from rock to hip-hop with Latin folk (**mariachi, ranchero, tejano,** and **samba**) styles. "Eres" is on the album *Cuatro caminos* (2003).

Antes de ver y escuchar

 **3-20 El tema de la canción.** The following words or phrases appear in the song "Eres." Match the English for each and hypothesize what the song is about.

1. _____ por ti   a. my life
2. _____ aquí me tienes   b. my salvation
3. _____ en este mundo   c. in this world
4. _____ le hace falta   d. profound
5. _____ profundo   e. for you
6. _____ mi vida   f. the first
7. _____ mi salvación   g. what I love the most
8. _____ preciosa   h. is lacking or he/she needs
9. _____ lo primero   i. precious
10. _____ lo que más quiero j. here you have me

Para ver y escuchar

 3-21 La canción. Go to the Internet to find the song or a video of Café Tacvba singing this song.

> ➤ **Busca:** cafe tacvba, cafe tacuba, eres video, tacvba eres letra

As you listen or watch, write three complete sentences in Spanish to describe what you hear or see.

MODELO: *Los artistas son muy activos.*

1. La canción...   2. El ritmo...   3. Los artistas...

Después de ver y escuchar

3-22 ¿Y tú? Create your own version of the song "Eres." Use the theme and some of the expressions listed in **3-20** to write five or six lines about someone or something important in your life. Your version can be serious or funny. Present it to the class and include a dedication.

MODELO: *"Eres" escrito por..., dedicada a... (mi universidad, mi madre, mi compañero/a de cuarto...)*

Segunda parte

¡Así lo decimos! VOCABULARIO

¡Así es la vida! ¿Dónde está la librería?

El campus de la Universidad Nacional Autónoma de México (UNAM) es enorme y tiene muchos edificios. Los estudiantes nuevos en la universidad buscan diferentes lugares en el mapa.

MARCELA: Pedro, tengo que ir a la librería para comprar un diccionario. ¿Dónde está?

PEDRO: Mira el mapa. Está enfrente de la Facultad de Medicina. ¿Vamos juntos ahora?

¿COMPRENDES?
Check your comprehension online!

BETO: Oye, Tomás, ¿sabes dónde está la biblioteca?

TOMÁS: Pues mira, está cerquita[1], al lado de la librería.

ROSA: ¿Y la cancha de tenis?

TOMÁS: Está detrás del estadio. Vamos, te acompaño.

---

[1] *cerquita = cerca.* In Mexico it is common to use diminutives, in this case meaning "really close."

Vocabulario Los edificios de la universidad

Variaciones

In Spain, **la cancha de tenis** is more commonly **la pista de tenis**. In Argentina and Chile, the noun **cancha** is used in numerous expressions outside of sport, such as **¡Abran cancha!** (*Make way!*) and **sentirse en su cancha** (*to be in one's element*).

Explore visual vocabulary online!

Los edificios Buildings

el auditorio *auditorium*
la biblioteca *library*
la cafetería *cafeteria*
la cancha de tenis *tennis court*
el centro estudiantil *student union*
el estadio *stadium*
la Facultad de Arte *School of Art*
la Facultad de Ciencias *School of Science*
la Facultad de Derecho *School of Law*
la Facultad de Filosofía y Letras *School of Humanities*
la Facultad de Ingeniería *School of Engineering*
la Facultad de Medicina *School of Medicine*
la Facultad de Pedagogía *School of Education*
el gimnasio *gymnasium*
el laboratorio (de lenguas / de computadoras) *(language/computer) laboratory*
la librería *bookstore*
el museo *museum*
el observatorio *observatory*
la rectoría *president's office*
el teatro *theater*

¿Dónde está? Where is it?

al lado (de) *beside, next to*
a la derecha (de) *to the right (of)*
a la izquierda (de) *to the left (of)*
cerca (de) *nearby (close to)*
delante (de) *in front (of)*
detrás (de) *behind*
enfrente (de) *facing, across (from)*
entre *between*
lejos (de) *far (from)*

Adverbios Adverbs

casi *almost*
siempre *always*
solo *only*

Otras palabras y expresiones Other words and expressions

Mira *Look (at)*
pues *well*
Te acompaño *I'll go with you*
Vamos *Let's go*

Verbos Verbs

estar *to be*
hacer *to do, to make*
ir (a) *to go*

en el museo

en el teatro

en la biblioteca

el observatorio

Syllabification

In Spanish, a syllable is a unit of timing for rhythm. Every syllable contains one vowel, which may be accompanied by glides and/or consonants.[1] Consonants combine with vowels to form syllables as follows.

- A single consonant (including **ch, ll, rr**) attaches to the following vowel.

  se-ño-ri-ta   **mu-cha-cho**   **bo-ca-di-llo**   **pi-za-rra**

- Two consonants attach to the following vowel when they consist of a strong consonant (**p, b, t, d, c, g, f**) followed by **r** or **l**.

  a-brir   **pro-ble-ma**   **no-so-tros**   **bo-lí-gra-fo**

  When two consonants do not form this combination, they are separated.

  tar-de   **de-por-te**   **blan-co**   **es-tu-dian-te**

- With combinations of three consonants that include **p, b, t, d, c, g, f** plus **r** or **l**, in positions two and three, the last two consonants attach to the following vowel.

  com-pli-ca-do   **hom-bre**   **es-cri-to-rio**   **in-glés**

  Without this sequence of sounds, only the last consonant attaches to the following vowel.

  pers-pec-ti-va   **ins-ta-lar**   **cons-tan-te**   **sols-ti-cio**

- With four consonants, the last two always attach to the following vowel.

  ins-truc-tor   **abs-trac-to**

APLICACIÓN

3-23 ¿Dónde está...?   Give the location of the following buildings using the maps on page 92. What do you associate with these places?

MODELO: _____ la cancha de tenis

Está cerca del estadio. En la cancha de tenis los estudiantes practican tenis.
Es un deporte rápido y difícil.

Lugares

1. _____ la librería
2. _____ la biblioteca
3. _____ la cafetería
4. _____ el gimnasio
5. _____ el teatro
6. _____ el estadio

Direcciones

a. Está al lado del estadio.
b. No está en el mapa.
c. Está al lado de la librería.
d. Está enfrente de la Facultad de Medicina.
e. Está a la izquierda del gimnasio.
f. Está detrás de la biblioteca.

3-24 Nuestra universidad.   Work together with a partner to write five sentences about where buildings are located on your campus, some true and others false. Then find a new partner and take turns reading your sentences, answering whether they are true or false and correcting false ones. Be prepared to share some of your sentences with the class.

MODELO: E1: *La biblioteca está lejos del laboratorio de lenguas.*
E2: *¡No es cierto! La biblioteca está muy cerca del laboratorio de lenguas.*

---

[1]Syllables with glides are discussed in *Capítulo 2.*

3-25 En la cola (*Standing in line*). Listen to a description of people standing in line. Place the number of the description in front of the name of each person.

_____ Marcela

_____ Mercedes

_____ Pepe

_____ Adrián

_____ Paula

Marcela   Pepe   Paula   Mercedes   Adrián

3-26 ¿Dónde están? ¿Cómo son? Where or who are the people in the following drawings? Include a few additional ideas about each.

MODELO: El profesor Romero está en un laboratorio de... *la Facultad de Ciencias. Enseña química. Es viejo.*

1.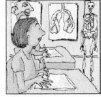

   Lisa está en una clase de...

2.

   Ana y Germán están en...

3.

   Catalina y Jacobo compran libros en...

3-27A Las materias, la hora, el lugar. Take turns asking and answering questions in order to complete the missing information on your class schedules. **Estudiante B**, see **Appendix 1**, page A-5.

MODELO: ESTUDIANTE A: *¿A qué hora es la clase de...?*
ESTUDIANTE B: *¿Qué clase es a la/s...?*
ESTUDIANTE A: *¿Dónde es la clase de...?*
ESTUDIANTE B: *¿Quién es el/la profesor/a de...?*

Estudiante A:

Hora	Clase	Lugar	Profesor/a
	cálculo		María Gómez García
9:00	diseño	Facultad de Arte	
	biología		Julia Gómez Salazar
12:00		Facultad de Letras	Juan Ramón Jiménez
	física		Carlos Santos Pérez

4. The present tense of *ir* and *hacer*

¡Hola, Susana! ¿Adónde vas?

Voy a hacer mi tarea en la biblioteca.

• The Spanish verbs **ir** and **hacer** are irregular.

ir (*to go*)			
	SINGULAR		PLURAL
yo	**voy**	nosotros/as	**vamos**
tú	**vas**	vosotros/as	**vais**
Ud.	**va**	Uds.	**van**
él/ella	**va**	ellos/as	**van**

hacer (*to do; to make*)			
	SINGULAR		PLURAL
yo	**hago**	nosotros/as	**hacemos**
tú	**haces**	vosotros/as	**hacéis**
Ud.	**hace**	Uds.	**hacen**
él/ella	**hace**	ellos/as	**hacen**

• **Hacer** is only irregular in the first-person singular: **hago.**

    Hago la tarea por las noches.   *I do homework at night.*

• **Ir** is generally followed by the preposition **a.** When the definite article **el** follows the preposition **a,** they contract to **al: a + el = al.**

    Luis y Ernesto van **al**   *Luis and Ernesto are going*
      centro estudiantil.   *to the student center.*

• The construction **ir a** + *infinitive* is used in Spanish to express future action. It is equivalent to the English construction *to be going to* + *infinitive*.

    ¿Qué **vas a hacer** esta noche?   *What are you going to do tonight?*
    Voy a estudiar en la biblioteca.   *I'm going to study in the library.*

• When you are asked a question using **hacer,** you usually respond with another verb.

    Ricardo, ¿qué **haces** aquí?   *Ricardo, what are you doing here?*
    Busco un libro para mi clase.   *I'm looking for a book for my class.*

• **Hacer** is also used in idiomatic expressions such as: **hacer un viaje** (*to take a trip*) and **hacer preguntas** (*to ask questions*).

    Tengo que **hacer una pregunta.**   *I have to ask a question.*
    Susana va a **hacer un viaje**   *Susana is going to take a trip*
      a San Miguel.   *to San Miguel.*

¿COMPRENDES?
Check your comprehension online!

APLICACIÓN

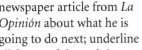 **3-28 Gael García Bernal.** This Mexican film star (*Y tu mamá también, Babel, Diarios de motocicleta, Rosewater*) is considered one of Mexico's finest actors, and has been recognized by *People en español* as one of the 25 most beautiful people in the world.

Paso 1 First, read the newspaper article from *La Opinión* about what he is going to do next; underline all forms of the verb **ir a** + *infinitive.*

Paso 2 Now, using the expressions given below, prepare questions based on the previous article. Then take turns asking and answering questions with a partner.

Un hijo para Gael

En una entrevista con *People en español*, Gael García Bernal informa que ahora va a dedicar los próximos meses a sus dos hijos, Lázaro y Libertad. Los tres van a pasar un tiempo juntos en Guadalajara cerca de la familia de él. Sus padres van a ayudar a cuidar a los niños. En ese tiempo, Gael también va a preparar su próximo papel[1] con el director Alfonso Cuarón. Es la segunda vez que los dos van a trabajar juntos. Entre las estrellas de la película, se incluyen además Javier Bardem y Salma Hayek. Según los rumores, van a filmar la película en México. Seguro que va a ser otro éxito[2] más para el joven actor.

[1]*role* [2]*success*

MODELO: E1: *¿Con quiénes va a pasar unos meses?*
E2: *Con sus hijos. ¿Dónde...?*

1. ¿Dónde...?
2. ¿Cuándo...?
3. ¿Qué...?
4. ¿Quiénes...?
5. ¿Por qué...?
6. ¿Cómo...?

3-29 ¿Qué hacen? Guess what the following people are doing according to where they are. Complete each sentence with the correct form of **hacer** and an appropriate completion from the list below.

amigos	la comida	ejercicio	la lección	la tarea	el trabajo

MODELO: sándwiches
En la cafetería, la señora *hace sándwiches*.

1. En la biblioteca, yo _____.
2. En clase, nosotros _____.
3. En el gimnasio, tú _____.
4. En la oficina, los secretarios _____.
5. En el restaurante, el chef _____.
6. En una fiesta, todos nosotros _____.

3-30 Planes para un partido. In groups of three, make plans to attend a soccer game at a rival university. Use the following questions to guide you.

MODELO: ¿Adónde van?
Vamos a Indiana University para asistir al partido de fútbol.

1. ¿Con quiénes van?
2. ¿Adónde van?
3. ¿Por cuánto tiempo van?
4. ¿A qué hora van?
5. ¿Qué van a hacer?
6. ¿Qué no van a hacer?
7. ¿Qué van a comprar?
8. ¿Cuándo van a regresar (*return*)?

Presencia hispana

Over the decades, the language of many Mexican Americans, as well as that of other Spanish-speaking immigrants, has been so heavily influenced by English that many refer to it as *Spanglish*. However, Spanish-language newspapers such as *La Opinión* in Los Angeles and *La Raza* in Chicago help promote Spanish language literacy among their readers. What are the benefits of being literate in two languages?

 5. The present tense of *estar*

The English verb *to be* has two equivalents in Spanish, **ser** and **estar.** You have already learned the verb **ser** in **Capítulo 1,** and you have used some forms of **estar** to say how you feel, to ask how someone else feels, and to say where things and places are. The chart shows the present tense forms of **estar.**

estar (*to be*)			
SINGULAR		PLURAL	
yo	**estoy**	nosotros/as	**estamos**
tú	**estás**	vosotros/as	**estáis**
Ud.	**está**	Uds.	**están**
él/ella	**está**	ellos/as	**están**

- **Estar** is used to indicate the location of specific objects, people, and places.

  Ana Rosa y Carmen **están** en la cafetería.   *Ana Rosa and Carmen are in the cafeteria.*
  La cafetería **está** en el centro estudiantil.   *The cafeteria is in the student center.*

- **Estar** is also used to express a condition or state, such as how someone is feeling.

  ¡Hola, Luis! ¿Cómo **estás**?   *Hi, Luis! How are you?*
  Hola, Sara. **Estoy** cansado. Elena **está**   *Hi, Sara. I'm tired. Elena is sick.*
  enferma.

- Adjectives that describe physical, mental, and emotional conditions are used with **estar.**

aburrido/a	*bored*	**enojado/a**	*angry*
cansado/a	*tired*	**nervioso/a**	*nervous*
casado/a (con)	*married (to)*	**ocupado/a**	*busy*
contento/a	*happy*	**preocupado/a**	*worried*
enamorado/a (de)	*in love (with)*	**triste**	*sad*
enfermo/a	*sick*		

¿COMPRENDES?
Check your comprehension online!

Samuel y Eva **están** casados.   *Samuel and Eva are married.*
Ramón **está** divorciado.   *Ramón is divorced.*
Alicia **está** enamorada del novio de Úrsula.   *Alicia is in love with Ursula's boyfriend.*

APLICACIÓN

3-31 Frida y Diego. Frida Kahlo lived her final years in her family home, La Casa Azul, with her husband, muralist Diego Rivera. After her death, the house was converted into a museum.

Paso 1 First, read the description of the Frida Kahlo museum housed in La Casa Azul. Underline the forms of **estar**.

La Casa Azul, Museo Frida Kahlo está en la colonia[1] de Coyoacán, un barrio bonito que está cerca de la UNAM. La casa está pintada de azul, el color favorito de Frida. El museo reúne una colección extensa de fotografías, libros y otros objetos personales de Frida y Diego que representan diferentes aspectos de su vida personal y artística. En una foto vemos a Frida que está en su estudio donde pinta uno de sus cuadros famosos. Los colores de las frutas y de los animales son muy vívidos. En otra foto Frida y Diego están juntos. Frida es muy delgada y baja. Diego, en cambio, es muy alto y gordo. Ellos están muy contentos y es fácil ver que están muy enamorados. En muchas fotos, Frida está con personajes importantes como Leon Trotsky y André Breton. El museo está abierto[2] de martes a domingo de 10 a 6 de la tarde.

[1]*neighborhood* [2]*open*

Paso 2 Now, answer the questions based on what you read above.

1. ¿Dónde está la casa de Frida y Diego?

2. ¿De qué color está pintada la casa?

3. ¿Qué hace Frida en una de las fotos?

4. ¿Con quién está en otra foto?

5. ¿Cómo están Frida y Diego cuando están juntos? ¿Por qué?

La Casa Azul

3-32 Planes para una visita al Museo Frida Kahlo. Complete the telephone conversation between two friends planning to visit the Frida Kahlo Museum with the correct forms of the verb **estar.**

JULIA: ¿Bueno?

CELIA: Julia, habla Celia. ¿Cómo (1) _____ (tú)?

JULIA: Muy bien, ¿y tú?

CELIA: Yo (2) _____ bastante ocupada y estoy atrasada (*late*). ¡Oye!, ¿dónde (3) _____ (tú) ahora?

JULIA: (4) _____ en mi oficina.

CELIA: Pero, ¿no te acuerdas (*you remember*) que hoy vamos al Museo Frida Kahlo con Carlos y Juan?

JULIA: ¡Es verdad! ¿Qué hora es? ¿Dónde (5) _____ Carlos y Juan?

CELIA: Ellos ya (*already*) (6) _____ en Coyoacán.

JULIA: Ay, van a (7) _____ preocupados, ¿no?

CELIA: No creo, pero me imagino que (8) _____ aburridos de esperar (*waiting*). ¡Tenemos que (9) _____ allí ya!

JULIA: Salgo inmediatamente.

CELIA: (10) _____ bien. Nos vemos en quince minutos.

3-33 En la cafetería. Challenge each other to identify people in the drawing by saying how they feel and why. Use **estar** with adjectives and expressions with **tener**.

Manuela — Juanito — Esteban — Luis — Gloria — Pedro — Rubén

cansado/a	enamorado/a
contento/a	enfermo/a
enojado/a	ocupado/a
nervioso/a	preocupado/a

MODELO: E1: *Está enfermo. Tiene mucho frío y necesita ir a casa.*
E2: *Es Pedro. Es verdad; tiene que ir a casa.*

3-34 ¿Cómo estás? Imagine that you are in the following situations. Say how you feel using the verb **estar** and an appropriate adjective from the list, and explain why.

aburrido/a	contento/a	enojado/a	nervioso/a	enfermo/a
cansado/a	enamorado/a de	ocupado/a	triste	preocupado/a

MODELO: en una fiesta
Estoy contento/a porque estoy con mis amigos.

1. a la medianoche
2. en clase
3. después de un examen
4. cuando hay mucho trabajo
5. en el hospital
6. con una persona especial
7. con Gael García Bernal
8. en una ciudad grande
9. en el gimnasio
10. lejos de la familia

3-35 Lo siento, no está aquí. Imagine that you are trying to avoid talking to someone on the telephone. Take turns inventing excuses for each other when the person calls. Here are some possibilities.

Lugares		**Razones**	
biblioteca	museo	enfermo/a	partido
hospital	restaurante	examen	clase de arte
estadio	centro estudiantil	proyecto importante	reunión con amigos

MODELO: E1: *Hola, ¿está Carlos?*
E2: *Lo siento, Carlos está en el gimnasio. Está con su novia.*
E1: *¿De verdad? ¡Yo estoy en el gimnasio y ellos no están aquí!*

3-36A ¿Dónde estoy? Take turns acting out your situations while your partner tries to guess where you are on campus. **Estudiante B**, see **Appendix 1**, page A-5. Then challenge other members of the class to guess where you are by acting out what you are doing.

MODELO: ESTUDIANTE A: (act out reading a book) *¿Dónde estoy?*
ESTUDIANTE B: *Estás en la biblioteca.*

Estudiante A:

1. (eating in the cafeteria)
2. (playing baseball in the stadium)
3. (listening to *¡Arriba!* dialogues in the language lab)
4. (buying books in the bookstore)
5. ¿...?

6. Summary of uses of *ser* and *estar*

¿RECUERDAS?
Review what you have already learned online!

In general, *ser* is used to express "traits." More specifically, it is used . . .

- with the preposition **de** to indicate origin and possession, and to tell what material something is made of.

  Salma y Gael **son** de México.   *Salma and Gael are from Mexico.*
  Las pinturas **son** de Diego.   *The paintings are Diego's.*
  El bolígrafo **es** de plata.   *The pen is (made of) silver.*

- with adjectives to express characteristics of the subject, such as size, color, shape, religion, and nationality.

  Tomás **es** alto y delgado.   *Tomás is tall and thin.*
  Los jóvenes **son** católicos.   *The young men are Catholic.*
  Somos mexicanos.   *We are Mexican.*

- with the subject of a sentence when followed by a noun or noun phrase that restates the subject.

  Mi hermana **es** artista.   *My sister is an artist.*
  Leo y Ligia **son** mis padres.   *Leo and Ligia are my parents.*

- to express dates, days of the week, months, and seasons of the year.

  Es primavera.   *It's spring.*
  Es (el) 10 de octubre.   *It's October 10th.*

- to express time.

  Son las cinco de la tarde.   *It's five o'clock in the afternoon.*
  Es la una de la mañana.   *It's one in the morning.*

- with the preposition **para** to tell for whom or for what something is intended or to express a deadline.

  ¿Para quién **es** la calculadora? *For whom is the calculator?*
  La composición **es** para el viernes. *The composition is for (is due) Friday.*

- with impersonal expressions.

  Es importante ir al laboratorio. *It's important to go to the laboratory.*
  Es fascinante estudiar la cultura hispana. *It's fascinating to study Hispanic culture.*

- to indicate where and when events take place.

  La fiesta **es** en mi casa.   *The party is at my house.*
  El concierto **es** a las ocho.   *The concert is at eight.*

In general, *estar* is used to express "states." More specifically, it is used . . .

- to indicate the location of persons and objects.

  La librería **está** cerca.   *The bookstore is nearby.*
  Guadalajara **está** en México.   *Guadalajara is in Mexico.*

- with adjectives to describe the state or condition of the subject.

  Las chicas **están** contentas.   *The girls are happy.*
  Pedro **está** enfermo.   *Pedro is sick.*

- with descriptive adjectives (or adjectives normally used with **ser**) to indicate that something is exceptional or unusual. This structure is often used this way when complimenting someone and in English is sometimes expressed with *look*.

Carlitos, tienes ocho años; **¡estás** muy grande!	*Carlitos, you're eight years old; you are (look) so big!*
Señora Rubiales, usted **está** muy elegante esta noche.	*Mrs. Rubiales, you are (look) especially elegant tonight.*

Changes in meaning with *ser* and *estar*

- Some adjectives have different meanings depending on whether they are used with **ser** or **estar.**

Adjective	With *ser* (traits)	With *estar* (states)
aburrido/a	*to be boring*	*to be bored*
bonito/a	*to be pretty*	*to look pretty*
feo/a	*to be ugly*	*to look ugly*
guapo/a	*to be handsome*	*to look handsome*
listo/a	*to be clever*	*to be ready*
malo/a	*to be bad, evil*	*to be ill*
rico/a	*to be rich*	*to taste good (food)*
verde	*to be green (color)*	*to be green (not ripe)*
vivo/a	*to be smart, cunning*	*to be alive*

- Remember to use **hay** to say *there is/are*. It's frequently used with **mucho, poco,** or a number.

Esta noche **hay** una fiesta en mi casa.	*There's a party at my house tonight.*
Hay más de 57.000.000 de hispanos que viven en EE. UU.	*There are more than 57,000,000 Hispanics living in the U.S.*
Hay muchos jóvenes en la discoteca.	*There are many young people at the disco.*

¿COMPRENDES?
Check your comprehension online!

APLICACIÓN

3-37 La familia Montesinos. The Montesinos family lives in Mexico's second largest city, known also as the birthplace of the *mariachi*.

Paso 1 First, read the description of the Montesinos family and underline all the forms of **ser** and **estar**. Identify why they are used in each example.

MODELO: Los señores Montesinos <u>son</u> mexicanos. (*trait: nationality*)

La familia Montesinos

La familia Montesinos es una familia mexicana que vive en Guadalajara. Guadalajara está cerca de la costa del Pacífico de México. Guillermo, el papá, es muy trabajador. Olga Marta, la mamá, es de la Ciudad de México y es muy simpática. Ellos tienen tres hijos: Billy, Martita y Érica. Billy es muy responsable. Está casado con María Josefa y ahora ellos están en Alemania donde Billy estudia ingeniería. Martita es muy inteligente. Ahora está en la capital donde visita a sus abuelos. Érica es muy alta y delgada y además, es muy trabajadora como su papá. Ella está en la biblioteca porque tiene que hacer su tarea. Esta noche la familia está muy contenta porque va a tener una fiesta para el aniversario de Guillermo y Olga Marta. Es importante invitar a toda la familia y a todos los amigos.

Paso 2 Now answer the following questions based on what you have read about the Montesinos family.

1. ¿De dónde es la familia?

2. ¿Dónde está la ciudad?

3. ¿Cómo es el papá?

4. ¿Cuántos hijos tienen?

5. ¿Quién está casada con Billy?

6. ¿Dónde viven los abuelos?

7. ¿Cómo es Érica?

8. ¿Por qué invitan a toda la familia esta noche?

En febrero la familia Montesinos visita el refugio de las monarcas en Michoacán donde cada año llegan millones de mariposas.

3-38 En la casa de mi hermandad (*sorority*). Ana belongs to a sorority in her university.

Paso 1 First, complete Ana's description of her sorority and what is happening tonight using the correct forms of **ser** or **estar,** or the verb **hay.**

Mi hermandad (1) _____ grande, (2) _____ treinta y cuatro hermanas. La casa (3) _____ un poco pequeña. (4) _____ en la avenida Florida, que (5) _____ en el centro de la ciudad y muy cerca de la universidad. Esta noche (6) _____ una fiesta en nuestra casa. La fiesta para reclutar (*recruit*) nuevas hermanas (7) _____ a las ocho de la noche. Las nuevas hermanas siempre llegan temprano y ahora (8) _____ en la sala con Claudia, la presidenta de la hermandad. Ella (9) _____ muy social. (10) _____ también muy inteligente. La profesora Pérez, nuestra consejera, (11) _____ simpática. Ella (12) _____ psicóloga. Todas las hermanas (13) _____ en el patio con la profesora Pérez. Rosa, mi compañera de cuarto no, porque (14) _____ enferma. Rosa (15) _____ en cama (*bed*). (16) _____ las ocho y quince de la noche y (17) _____ muchas chicas en mi casa. Hay dos futuras hermanas muy interesantes. Carlota (18) _____ una joven alta y atlética; Sara (19) _____ la joven baja y rubia. (20) _____ argentinas, de Buenos Aires. ¡Bienvenidas, amigas! (21) _____ música, refrescos y comida. ¡Todo (22) _____ para celebrar esta importante ocasión!

Paso 2 Now write a short paragraph about someone you know. Include the following information:

¿Quién es?

¿Dónde está en este momento?

¿De dónde es?

¿Qué hace ahora?

¿Cómo es?

¿Qué va a hacer en el futuro?

¿Por qué?

La lucha libre (*wrestling*)
is a popular spectator
sport in Mexico. One
of the most famous
wrestlers was *El Santo,*
who became a folk hero
and a symbol of justice
for the common man
through his appearances
in comic books and
movies. The anniversary
of his death in 1984 is
still commemorated by
pilgrimages from all over
Mexico to his mausoleum
in Mexico City. Can you
name a personality in
the U.S. with a similar
following since his or her
death?

3-39A ¿Quién es?   Take turns describing the following people using **ser, estar,** and
tener and guessing who the person is. **Estudiante B,** see **Appendix 1,** page A-6.

MODELO: ESTUDIANTE A: *Es una mujer. Tiene treinta años. Es muy inteligente. Está aquí*
en la clase con nosotros...
ESTUDIANTE B: *¡Es la profesora!*

Estudiante A:

1. Óscar de la Hoya (*champion boxer*)
2. LeBron James (*professional
basketball player*)
3. Hulk Hogan (*professional wrestler*)
4. ¿...?

¿Cuánto saben?

First, ask yourself if you can perform the following functions in
Spanish. Then act out the scenarios with two or three classmates.
Ask and respond to at least three questions in each situation.

✓ CAN YOU . . .

☐ describe yourself and others?

☐ make plans to do something with someone?

☐ ask for and give simple directions?

WITH YOUR CLASSMATE(S) . . .

Situación: En una fiesta
Introduce yourself and talk about yourself using the verb **ser** to say
where you are from, your profession, what you are like, and the
verb **estar** to say how you feel with adjectives such as **cansado/a,
enojado/a, ocupado/a,** etc., and where places are located. Ask
questions to find out about the other person, as well.
Para empezar: *Hola, yo soy... y soy de...*

Situación: En la biblioteca
Ask and answer questions about where you are going later and
what you are going to do. Make plans to do something tonight.
Para empezar: *¿Qué haces?*

Situación: Estudiantes nuevos
Ask for and give directions to several places on campus. Use
adverbs such as **cerca de, enfrente de,** etc., to say where things are.
Para empezar: *¿Dónde está...?*

Observaciones

 Review what you have learned with ¡Pura vida!

¡Pura vida! EPISODIO 3

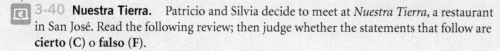

Antes de ver el video

3-40 Nuestra Tierra. Patricio and Silvia decide to meet at *Nuestra Tierra*, a restaurant in San José. Read the following review; then judge whether the statements that follow are **cierto (C)** o **falso (F)**.

> ¡Qué lugar más divertido! Este restaurante ofrece "cocina local típica" y tiene una atmósfera atractiva para complementar la comida. A primera vista es un lugar rústico, sin embargo, hay un señor que toca la guitarra y meseros que sirven la comida de una manera cordial. Como decoración hay cebollas[1] que cuelgan del techo[2], y cestas de legumbres[3] frescas.
>
> En este restaurante se puede comer bien y barato, y tomar la famosa cerveza *Imperial*. Sirven platos típicos costarricenses y es un gran lugar para empezar la noche. Está abierto[4] 24 horas todos los días y está ubicado en la Calle 15 con la Avenida 2, de San José.

[1]*onions* [2]*hanging from the ceiling* [3]*vegetables* [4]*open*

1. ____ *Nuestra Tierra* es un restaurante de comida típica salvadoreña.

2. ____ Los meseros son bastante impacientes.

3. ____ Es un lugar muy elegante.

4. ____ Se sirve la cerveza *Imperial*.

5. ____ Está cerrado (*closed*) los lunes.

A ver el video

3-41 Los otros personajes. Watch the third episode of ¡Pura vida! where you will hear Silvia use the word **manzana** and Patricio will correct her using the word **cuadra**. Can you guess what the words mean? Then complete the following sentences by matching the phrases below.

Silvia	Patricio	Hermés

1. ____ Silvia está cerca de…

2. ____ El restaurante está…

3. ____ Patricio desea estudiar…

4. ____ Es necesario tomar un examen…

5. ____ Patricio solicita…

6. ____ Uno de los requisitos para Patricio es ser…

a. en una universidad norteamericana.

b. bastante lejos.

c. una beca *Fulbright*.

d. la Avenida Central.

e. colombiano.

f. de inglés.

Después de ver el video

3-42 Cómo llegar a *Nuestra Tierra*. Connect with the Internet to search for a map of downtown San José. Find the *Avenida Central* and see if you can find the corner where *Nuestra Tierra* is located. How many blocks would you have to walk?

 Busca: mapa centro san jose costa rica

ciento cinco ●●● **105**

Explore more about Mexico with *Club cultura* online.

Nuestro mundo

Panoramas

¡México fascinante!

El México de hoy es una síntesis de influencias indígenas, coloniales, modernas y naturales.

La Reserva de la biosfera Celestún, en la península de Yucatán, se extiende unos 600 km². Es reconocida internacionalmente por ser el refugio invernal (*winter*) de numerosos flamencos y de muchas otras especies de aves. Los flamencos de Celestún son los más rosados de todo el mundo.

México es famoso por su artesanía como los alebrijes hechos de papel maché o de madera (*wood*) y las calaveras, figuras talladas de madera o de azúcar (*sugar*). Los alebrijes (sobre estas líneas) representan figuras fantásticas mientras que las calaveras (a la derecha) fusionan las culturas indígenas y la española.

La capital de México es enorme, y su metro es uno de los más extensos del mundo. Durante la excavación para el metro, encontraron (*they found*) una pirámide azteca completa entre las Líneas 1 y 2 de la estación Pino Suárez. Los ingenieros dejaron la pirámide intacta en la estación.

México

Población: 118 millones
Alfabetismo: 93%
Expectativa de educación formal[1]: 14 años
Gastos para la educación: 5,3% PIB
Usuarios de la Internet: 32 millones
Usuarios de teléfonos celulares: 95 millones

_____
[1]*School life expectancy*

3-43 Identifica.   Use the photos and the information presented to supply the following information.

1. una artesanía (*handcraft*) popular

2. un medio de transporte en la capital

3. el origen de los colonizadores

4. una antigua civilización

5. una especie de ave

3-44 Desafío.   Without looking at the map, see how many of these places you can identify. Check the map to confirm your responses.

1. la capital de México
2. una playa famosa

3. una ciudad en la frontera con EE. UU.
4. una península

3-45 Proyecto: México, D.F.   Mexico, D.F., was built on top of the Aztec city of Tenochtitlán. During excavations, many of the ancient pyramids and Aztec artifacts have been rediscovered. Today, the Metro makes Mexico City accessible to inhabitants and visitors alike.

Learn more about Mexico City by researching some of the following places or others that interest you: **el Palacio de Bellas Artes, el parque Chapultepec, el Zócalo, la Plaza Garibaldi, el Museo Nacional de Antropología, la Zona Rosa, la Basílica de la Virgen de Guadalupe, la Casa Azul.** Then, starting from Metro Station Universidad (where UNAM is located), create an itinerary of the places you would visit and include the following information:

- su nombre y dónde está
- la línea de Metro que tienes que tomar
- qué tiene de interés
- una foto representativa

> **Busca:** mexico DF metro

MODELO: *Voy a visitar el zoológico en el parque Chapultepec. Para ir, tengo que tomar la Línea 3 hasta Balderas, y después la Línea 1 hasta Chapultepec. Allí voy a ver los osos panda. El costo del boleto en el Metro es...*

Páginas

El Museo de Antropología de México

ANTES DE LEER

3-46 Una hipótesis. Use the text format, title, and other visual clues along with background knowledge to get an idea of what the text is about. As you read, test your hypothesis to see if your initial guesses were correct. Sometimes, you will have to revise your hypothesis as you read.

3-47 Formular una hipótesis. Answer these questions before reading to formulate a hypothesis about its content.

1. ¿Dónde?   2. ¿Quiénes?   3. ¿Cuándo?

A LEER

3-48 El museo. Read the following text to discover more about this world-famous museum.

Visite el Museo Nacional de
ANTROPOLOGÍA
de México

El Museo Nacional de Antropología del Distrito Federal de México fue inaugurado en 1964 para albergar[1] lo más representativo de los avances de la época en la investigación antropológica sobre el mundo prehispánico y sus descendientes, los pueblos indígenas de México.

La Sala de los mayas en el museo contiene una importante colección de piezas[2] de las ancestrales comunidades mayas, que nos permiten apreciar diferentes etapas[3] y escenarios de su historia y su visión del mundo. En la sala hay testimonios de la vida diaria[4], de sus costumbres y tradiciones en torno a[5] la guerra[6], al comercio y a su pensamiento[7] religioso con prácticas rituales.

Los mayas desarrollaron una brillante cultura, construyendo grandes centros cívico-ceremoniales con pirámides y bellas obras[8] de arte.

De martes a domingo de 9:00 a 19:00 hrs. El lunes permanece cerrado.

ADMISIÓN:

$51.00 M.N., de martes a sábado

Exentos de pago de 9:00 a 17:00 hrs:

- Niños menores de 13 años
- Estudiantes y profesores con credencial vigente[9]
- Adultos mayores de 60 años
- Jubilados[10], pensionados y discapacitados[11]
- Pasantes[12] e investigadores[13] que cuenten con el permiso del INAH (Instituto Nacional de Antropología e Historia)
- Todos los visitantes están exentos de pago los domingos de 9:00 a 17:00 hrs.

Ceremonial procession—detail of musicians. From Mayan fresco series found at Bonampak. (East wall, room 1). Museo Nacional de Antropologia, Mexico City, D.F., Mexico. © SEF/Art Resource, NY.

[1]house [2]pieces, items [3]stages [4]daily [5]pertaining to [6]war [7]thought [8]works [9]in force, in effect [10]retired persons [11]disabled [12]Teachers [13]researchers

DESPUÉS DE LEER

3-49 ¿Comprendiste? Complete each statement logically.

1. El museo está en...
   - a. Teotihuacán.
   - b. México, D.F.
   - c. Cancún.

2. La colección maya incluye...
   - a. figuras de guerreros.
   - b. pinturas de los años 1950.
   - c. animales prehistóricos.

3. La colección refleja...
   - a. la vida religiosa.
   - b. las fiestas del pueblo.
   - c. el uso de animales domésticos.

4. Si no quieres pagar (*pay*), lo visitas el...
   - a. sábado.
   - b. domingo.
   - c. lunes

5. Los martes no paga(n)...
   - a. nadie (*no one*).
   - b. las mujeres.
   - c. los adultos mayores de sesenta años.

3-50 El Museo Nacional de Antropología. Connect with the Internet to visit this renowned museum in Mexico City. Look for the information that follows.

 Busca: museo nacional antropologia mexico

1. tres salas permanentes

2. una exposición temporal

3. una pieza interesante

3-51 En mi opinión. Compare your opinions with a classmate's by responding to the following statements using one of the expressions from the list.

Sí, seguramente...	Sí, probablemente...	No...

1. Tengo ganas de visitar México algún día.

2. Voy a visitar el Museo Nacional de Antropología.

3. Voy a visitar las pirámides.

4. Me gusta la arqueología.

5. Me gusta el arte.

Los mayas y los aztecas conmemoraban la muerte de sus enemigos con tallados (*carvings*) de sus víctimas.

Taller

3-52 Un correo electrónico a un/a amigo/a. How would you describe your college experience to a Spanish-speaking friend or student in an e-mail?

A:	rmejias@lenguaspearson.mx
DE:	sbuendia@arribamail.com
ASUNTO:	Mi universidad

Hola, Raquel:
Hoy es 14 de octubre y estoy aquí en la biblioteca del Tec...
Espero recibir tu respuesta pronto.
Un abrazo de,...

ANTES DE ESCRIBIR

- Respond to these questions before writing an e-mail to a friend about your student experience.

  ¿Cuál es la fecha de hoy? ¿Cómo son los profesores?

  ¿Dónde estás? ¿Dónde haces tu tarea?

  ¿Te gusta la universidad? ¿Dónde comes?

  ¿Qué estudias este semestre (trimestre/año)? ¿Adónde vas por la noche?

  ¿A qué hora son tus clases? ¿Qué vas a hacer mañana?

  ¿Recibes buenas notas (*grades*)? ¿...?

A ESCRIBIR

- Use the e-mail format above, beginning with **A, DE, ASUNTO,** and a greeting.

- Incorporate your answers to the previous questions in the e-mail. Connect your ideas with words such as **y, pero,** and **porque.**

- Ask your addressee for a reply to your e-mail.

- Close the e-mail with a farewell: **Un abrazo de,...**

DESPUÉS DE ESCRIBIR

- **Revisar.** Review the following elements of your e-mail:
  - ☐ use of **ir, hacer,** and other -**er** and -**ir** verbs
  - ☐ use of **ser** and **estar**
  - ☐ agreement of subjects and verbs
  - ☐ agreement of nouns and adjectives
  - ☐ correct spelling, including accents

- **Intercambiar**
  Exchange your e-mail with a classmate's; make grammatical corrections and content suggestions. Then, respond to the e-mail.

- **Entregar**
  Rewrite your original e-mail, incorporating your classmate's suggestions. Then, turn in your revised e-mail and the response from your classmate to your instructor.

En este capítulo...

Go to MySpanishLab to review what you have learned in this chapter. Practice with the following:

Flashcards | Games | Oral Practice | Practice Test / Study Plan
amplifire Dynamic Study Modules | Tutorials | Videos | Extra Practice

◀)) Vocabulario

Primera parte

Las materias (Academic) Subjects

la administración de empresas *business administration*
la arquitectura *architecture*
el arte *art*
la biología *biology*
el cálculo *calculus*
las ciencias políticas *political science*
las ciencias sociales *social science*
las comunicaciones *communications*
la contabilidad *accounting*
el derecho *law*
el diseño *design*
la educación física *physical education*
la economía *economics*
la estadística *statistics*
la filosofía *philosophy*
las finanzas *finance*
la física *physics*
la geografía *geography*
la geología *geology*
la historia *history*
la informática / la computación *computer science*
la ingeniería (eléctrica) *(electrical) engineering*
las matemáticas *mathematics*
la medicina *medicine*
la pedagogía *teaching, education*
la química *chemistry*
la veterinaria *veterinary science*

Sustantivos Nouns

la carrera *career, field*
el/la chico/a *boy/girl*
el correo electrónico *e-mail*
el dinero *money*
el horario (de clases) *(class) schedule*
el semestre *semester*
el trimestre *trimestre*
el videojuego *video game*

Adjetivos Adjectives

complicado/a *complicated*
exigente *challenging; demanding*
obligatorio/a *obligatory; required*

Adverbios Adverbs

antes (de) *before*
bastante *quite; fairly*
después (de) *after*
solamente *only*

Otras expresiones con *tener* Other expressions with *tener*

tener... años *to be . . . years old*
tener calor *to be warm, hot*
tener cuidado *to be careful*
tener frío *to be cold*
tener ganas (de) *to feel like*

Segunda parte

tener hambre *to be hungry*
tener miedo *to be afraid* .
tener prisa *to be in a hurry*
tener razón *to be right*
tener sed *to be thirsty*
tener sueño *to be sleepy*

Los edificios Buildings

el auditorio *auditorium*
la biblioteca *library*
la cafetería *cafeteria*
la cancha de tenis *tennis court*
el centro estudiantil *student union*
el estadio *stadium*
la Facultad de Arte *School of Art*
la Facultad de Ciencias *School of Science*
la Facultad de Derecho *School of Law*
la Facultad de Filosofía y Letras *School of Humanities*
la Facultad de Ingeniería *School of Engineering*
la Facultad de Medicina *School of Medicine*
la Facultad de Pedagogía *School of Education*
el gimnasio *gymnasium*
el laboratorio (de lenguas / de computadoras) *(language/computer) laboratory*
la librería *bookstore*
el museo *museum*
el observatorio *observatory*
la rectoría *president's office*
el teatro *theater*

¿Dónde está...? Where is . . .?

al lado (de) *beside, next to*
a la derecha (de) *to the right (of)*
a la izquierda (de) *to the left (of)*
cerca (de) *nearby (close to)*
delante (de) *in front (of)*
detrás (de) *behind*
enfrente (de) *facing, across (from)*
entre *between*
lejos (de) *far (from)*

Adverbios Adverbs

casi *almost*
siempre *always*
solo *only*

Otras palabras y expresiones Other words and expressions

Mira *Look*
pues *well*
Te acompaño *I'll go with you*
Vamos *Let's go*

Verbos Verbs

estar *to be*
hacer *to do; to make*
ir *to go*

Expressions with *todo/a/os/as* See page 80.
Expressions with *hacer* See page 96.
The Numbers *101–3.000.000* See page 82.
Adjectives with *estar* See page 98.
Possessive adjectives See page 84.

4

¿Cómo es tu familia?

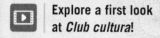
Explore a first look
at *Club cultura*!

ESTADOS UNIDOS

OCÉANO
ATLÁNTICO

Golfo de California

Golfo de México

REPÚBLICA
DOMINICANA

MÉXICO

CUBA

PUERTO
RICO

Bahía de
Campeche

América Central I: Guatemala, El Salvador, Honduras

HONDURAS

Mar Caribe

GUATEMALA

NICARAGUA

EL SALVADOR

PANAMÁ

COSTA
RICA

OCÉANO
PACÍFICO

AMÉRICA
DEL SUR

Take a virtual tour
with the Interactive
Globe.

«Al hombre mayor,
dale honor».

Refrán: Respect your elders.

Rigoberta Menchú recibió el Premio Nobel
por su lucha por los derechos humanos de los
indígenas de Guatemala.

Tikal, Guatemala, es uno de los sitios más
importantes de la civilización maya.

Primera parte

¡Así lo decimos! VOCABULARIO

¡Así es la vida! Una tamalada

Las mujeres de la familia Suárez preparan tamales para la fiesta de cumpleaños del abuelo.

CLARA: Suegra, ¿qué servimos con los tamales?

CHELA: Suegra, ¿qué piensas que prefiere tomar el abuelo?

ANITA: Tía Chela, tenemos refrescos, ¿no?

¿COMPRENDES?
Check your comprehension online!

Los hombres de la familia Suárez esperan la comida.

JOAQUÍN: Feliz cumpleaños, papá.

EL ABUELO
(DON RAMÓN): Gracias, hijo. ¡Qué deliciosos van a estar los tamales de tu mamá!

TOMÁS: ¡Salud!

TOMASITO: Papi, ¿cuándo vamos a almorzar? ¡Tengo hambre!

Vocabulario Miembros de la familia

Variaciones

In Mexico, **padre** is used as an adjective to mean *awesome*, as in **¡Qué padre!, Está muy padre,** or **¡Padrísimo!** The term **madre** is used in a lot of Mexican slang, so much so that it often is avoided in favor of **mamá** when speaking about someone's mother.

Variaciones

In Spain, the terms **tío/tía** have a colloquial meaning roughly equivalent to American English *guy/gal, dude, buddy.*

Explore visual vocabulary online!

Miembros de la familia — Family members

el/la **abuelo/a**   *grandfather/grandmother*
el/la **cuñado/a**   *brother-in-law/sister-in-law*
el/la **esposo/a**   *husband/wife*
el/la **hermanastro/a**   *stepbrother/stepsister*
el/la **hermano/a**   *brother/sister*
el/la **hijo/a**   *son/daughter*
la **madrastra**   *stepmother*
la **madre**   *mother*
el/la **nieto/a**   *grandson/granddaughter*
el/la **novio/a**   *boyfriend/girlfriend, groom/bride*
la **nuera**   *daughter-in-law*
el **padrastro**   *stepfather*
el **padre**   *father*
el/la **perro/a**   *dog*
el/la **primo/a**   *cousin*
el/la **sobrino/a**   *nephew/niece*
el/la **suegro/a**   *father-in-law/ mother-in-law*
el/la **tío/a**   *uncle/aunt*
el **yerno**   *son-in-law*

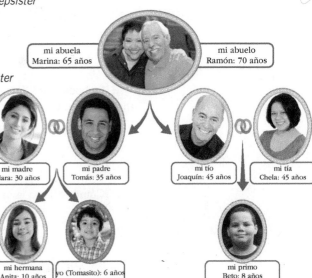

mi abuela
Marina: 65 años

mi abuelo
Ramón: 70 años

mi madre
Clara: 30 años

mi padre
Tomás: 35 años

mi tío
Joaquín: 45 años

mi tía
Chela: 45 años

mi hermana
Anita: 10 años

yo (Tomasito): 6 años

mi primo
Beto: 8 años

Verbos — Verbs

almorzar (ue)   *to have lunch*
costar (ue)   *to cost*
dormir (ue)   *to sleep*
empezar (ie)   *to begin*
encontrar (ue)   *to find*
entender (ie)   *to understand*
ganar   *to earn*
jugar a (ue)   *to play*
pasar   *to spend (time)*
pensar (ie) en   *to think (about)*
pensar (ie) (+infinitive)   *to plan (to do something)*
pedir (i)   *to ask for, to request*
perder (ie)   *to lose*
poder (ue)   *to be able, can*
preferir (ie)   *to prefer*
querer (ie)   *to want, to love*
recordar (ue)   *to remember*
repetir (i)   *to repeat, to have a second helping*
servir (i)   *to serve*
soñar (ue) (con)   *to dream (about)*
venir (ie)   *to come*
volver (ue)   *to return*

Adjetivos — Adjectives

casado/a   *married*
divorciado/a   *divorced*
mayor   *older*
menor   *younger*
soltero/a   *single, unmarried*
unido/a   *close, close-knit*

Otras palabras y expresiones útiles

algún día   *someday*
la comida   *food*
conmigo   *with me*
contigo   *with you*
el refresco   *soft drink*

APLICACIÓN

4-1 ¿Quién es quién?   Look at Tomasito's family tree on the previous page and explain the relationships between the members.

MODELO: Tomasito y Anita.
> *Son hermanos. Anita es la hermana de Tomasito y él es el hermano de ella.*

1. don Ramón y doña Marina
2. Chela y Beto
3. Chela y don Ramón
4. Anita y Beto
5. Beto y Tomás
6. don Ramón y Anita
7. Joaquín y Clara
8. Tomás y don Ramón y doña Marina

4-2 La boda (*wedding*) de Clara y Tomás.   Answer the following questions based on the invitation to the wedding of Clara Sosa Sánchez and Tomás Suárez Ferrero.

1. ¿Quiénes son los novios?

2. ¿Cómo se llama el padre de la novia?[1]

3. ¿Cómo se llama la madre de la novia?

4. ¿Quiénes son los futuros suegros de Clara?

5. ¿Dónde es la ceremonia? ¿Y la recepción?

6. ¿En qué fecha y a qué hora es la ceremonia?

José Sosa Beléndez
Elena Sánchez de Sosa
y
Ramón Suárez Buenahora
Marina Ferrero de Suárez
tienen el honor de invitarle
al matrimonio de sus hijos
Clara y Tomás
el viernes veintisiete de mayo
de dos mil once
a las tres de la tarde
Misa Nupcial en
Iglesia San Jorge
San Salvador, El Salvador
Recepción y cena
Salón Real, Hotel Princesa

---

[1]See **Perfiles: Nombres, apellidos y apodos** in **Capítulo 2** for information on Hispanic last names.

4-3 **Entre familia.** Learn about Clara's family before she married Tomás.

Paso 1 Listen as Clara describes her family and complete her family tree by writing the names of the three generations of family members that live at home.

Clara

Paso 2 Take another look at the family tree you completed in **Paso 1** and give the relationships for each of these people.

MODELO: *Clara es la hija de José Luis...*(etc.)

4-4 **Tu árbol genealógico.** Draw a family tree, based on your own family, in which some of the members are real and some are fictitious. Take turns describing your family and deciding if each is telling the truth about family members.

MODELO: E1: *Mi abuelo se llama don Juan. Es moreno, muy guapo y bastante rico. Es muy popular entre las mujeres.*

E2: *No es verdad. No te creo. / ¿De verdad? Cuéntame más.* (Tell me more.)

4-5 **¿Cómo es tu familia?** With a classmate, take turns asking and answering questions about your families.

MODELO: E1: *¿Viven tus abuelos con tu familia?*

E2: *Sí, viven con nosotros. ¿Y tus abuelos?*

E1: *No, mis abuelos no viven con nosotros.*

1. ¿Viven tus abuelos con tu familia?

2. ¿Dónde vive tu familia?

3. ¿Cuántos hermanos o hermanas tienes?

4. ¿Trabajan o estudian tus hermanos?

5. ¿Cuántos primos tienes?

6. ¿Viven cerca tus primos?

7. ¿...?

☑ **¡Así lo hacemos!** ESTRUCTURAS

 1. The present tense of stem-changing verbs: *e → ie,
e → i, o → ue*

¿Quiere un sándwich de pollo?

No señor, prefiero una hamburguesa.

You have already learned how to form the present tense of regular **-ar,
-er,** and **-ir** verbs and a few irregular verbs. The following verbs require
a change in the stem vowel[1] of the present forms, except in **nosotros/as**
and **vosotros/as.** There are three main stem changes: **e** to **ie; e** to **i; o**
to **ue.** There is one verb, **jugar,** that has a **u** to **ue** stem change.

El cambio e → ie

- In this stem-changing pattern, the **e** of the stem changes to **ie** in all
  forms except **nosotros/as** and **vosotros/as.**

querer (*to want, to love*)			
yo	quiero	nosotros/as	queremos
tú	quieres	vosotros/as	queréis
Ud.	quiere	Uds.	quieren
él/ella	quiere	ellos/as	quieren

- The following are some common **e → ie** verbs.

empezar	*to begin*
entender	*to understand*
pensar (en)	*to think (about)*
pensar (+ *infinitive*)	*to plan (to do something)*
perder	*to lose*
preferir	*to prefer*

Te **quiero,** cariño.	*I love you, dear.*
Siempre **pensamos en** nuestro abuelo.	*We always think about our grandfather.*
Pienso ver una película esta noche.	*I plan to see a movie tonight.*
¿A qué hora **empieza** la función?	*At what time does the show start?*

- Like **tener,** the verb **venir** (*to come*) has an additional irregularity in **yo.**

tener			
yo	**tengo**	nosotros/as	tenemos
tú	tienes	vosotros/as	tenéis
Ud.	tiene	Uds.	tienen
él/ella	tiene	ellos/as	tienen

venir			
yo	**vengo**	nosotros/as	venimos
tú	vienes	vosotros/as	venís
Ud.	viene	Uds.	vienen
él/ella	viene	ellos/as	vienen

Tengo que pasar por mi novia a las ocho.	*I have to stop by for my girlfriend at eight.*
Si Ester y Rubén **vienen** el viernes, yo **vengo** también.	*If Ester and Rubén come Friday, I'll come too.*

---

[1] In these forms the stem contains the stressed syllable.

El cambio e → i

- Another stem-changing pattern changes the stressed **e** of the stem to **i** in all forms except **nosotros/as** and **vosotros/as.**

pedir (*to ask for, to request*)			
yo	pido	nosotros/as	pedimos
tú	pides	vosotros/as	pedís
Ud.	pide	Uds.	piden
él/ella	pide	ellos/as	piden

¡Repito! ¡No estoy enojada contigo!

- All **e → i** stem-changing verbs have the **-ir** ending. The following are some other common **e → i** verbs.

repetir	*to repeat, to have a second helping*
servir	*to serve*

La instructora **repite** las instrucciones solo una vez.	*The instructor repeats the instructions only one time.*
¿**Servimos** la sopa primero?	*Do we serve the soup first?*

El cambio o → ue

- Another category of stem-changing verbs is one in which the **o** changes to **ue.** As with **e → ie** and **e → i,** there is no stem change in the **nosotros/as** and **vosotros/as** forms.

volver (*to return, to come back*)			
yo	v**ue**lvo	nosotros/as	volvemos
tú	v**ue**lves	vosotros/as	volvéis
Ud.	v**ue**lve	Uds.	v**ue**lven
él/ella	v**ue**lve	ellos/as	v**ue**lven

Ella siempre sueña que está en la playa.

- Other commonly used **o → ue** stem-changing verbs include the following:

almorzar	*to have lunch*
costar[1]	*to cost*
dormir	*to sleep*
encontrar	*to find*
jugar[2] **a**	*to play*
poder	*to be able, can*
recordar	*to remember*
soñar (con)	*to dream (about)*

Mañana **juego** al tenis con mi tía.	*Tomorrow I'm playing tennis with my aunt.*
Almorzamos con mis abuelos todos los domingos.	*We have lunch with my grandparents every Sunday.*
¿**Sueñas con** ser rico algún día?	*Do you dream about being rich someday?*
No **recuerdo** a mi tía muy bien.	*I don't remember my aunt very well.*

¿COMPRENDES?
Check your comprehension online!

---

[1]**Costar** is conjugated only in the third person of singular and plural.
[2]**Jugar** follows the same pattern as **o → ue** verbs, but the change is **u → ue.**

APLICACIÓN

Presencia hispana

Many immigrants from Central America have been reluctant to become involved in politics because in their home countries it was dangerous to organize politically. Newly arrived immigrants are not always welcomed by established Hispanic communities. When you think about Hispanics in the U.S. and Canada, do you distinguish between nationalities?

4-6 Una entrevista con Rigoberta Menchú. Rigoberta Menchú won the Nobel Peace Prize in 1992 for her work with the indigenous peoples of Guatemala.

Paso 1 Read the interview with her and underline all of the stem-changing verbs.

REPORTERA: Señora Menchú, usted es famosa por su trabajo con los indígenas de Guatemala. También tiene un Premio Nobel por sus esfuerzos[1]. ¿Qué piensa hacer ahora?

RIGOBERTA: Pienso trabajar por los derechos humanos[2] para las personas oprimidas[3] del mundo.

REPORTERA: ¿Viene a Washington este año?

RIGOBERTA: No, este año no pienso ir porque estoy en Nueva York. Sirvo en un comité de las Naciones Unidas.

REPORTERA: Veo que usted no pierde la oportunidad de continuar su trabajo y el Premio Nobel de la Paz confirma su dedicación. Por cierto, ¿cómo recuerda la ceremonia de los Premios Nobel?

RIGOBERTA: Pues, recuerdo muy bien la ceremonia, pero no puedo recordar los nombres de toda la gente[4]. Algún día voy a volver a Estocolmo para visitar los museos y pasar más tiempo con la gente.

REPORTERA: ¿Con qué sueña usted?

RIGOBERTA: Sueño con un mundo mejor y pido paz para todos.

REPORTERA: Encuentro admirable su generosidad. Gracias.

---

[1]*efforts*   [2]*human rights*   [3]*oppressed*   [4]*people*

Paso 2 Answer the following questions based on the interview.

1. ¿Por qué es famosa Rigoberta Menchú?

2. ¿Qué piensa hacer este año?

3. ¿Qué hace en Nueva York?

4. ¿Qué no recuerda bien de su tiempo en Estocolmo?

5. ¿Por qué quiere volver a Estocolmo?

6. ¿Con qué sueña ahora?

7. ¿Para quiénes pide paz?

4-7 **Ana María y Antonio hacen planes.** Antonio has invited his friend, Ana María, to visit him in Ciudad de Guatemala. Complete her explanation with the correct forms of logical verbs from the list. (You may use some verbs more than once.)

costar	jugar	perder	poder
entender	pensar	preferir	querer

Antonio y yo (1) _____ hacer planes para el viernes. Nosotros
(2) _____ ir al cine. Antonio (3) _____ ver una película nueva
de El Salvador que se llama *Sobreviviendo Guazapa*[1]. Yo (4) _____ las películas
francesas, pero Antonio no (5) _____ francés. Su madre (6) _____
que debemos jugar al tenis. Antonio (7) _____ jugar al tenis, pero yo no
(8) _____ muy bien. A Antonio le gusta jugar conmigo porque yo siempre
(9) _____. También hay un concierto de música hondureña el viernes, pero los
boletos (*tickets*) (10) _____ mucho. ¡Es mejor pasar el viernes en casa con la
familia!

4-8 **Desafío: Entre familia.** Using the verbs listed below, race to write as many meaningful sentences in Spanish as you can. Each sentence must have a different subject, verb, and complement, and must include family members. The first person who believes he/she has six correct sentences calls out *¡TENGO!* The rest of the group will judge if your sentences are correct.

MODELO: *(Yo) Almuerzo con mis primos en la universidad.* (correcto)

costar	jugar (a)	poder	recordar
dormir	pedir	preferir	soñar (con)
empezar	pensar	querer	volver (a)

---

[1]See *Páginas* for a review of this movie.

Cultura en vivo

Tamales are a favorite food throughout Central America and Mexico. They are made with corn mass stuffed with a **relleno** (*filling*) of chicken or pork, then wrapped in corn husks or plantain leaves and steamed. In some countries, **tamales** are usually reserved for Christmas and other special occasions when friends and family get together for a **tamalada**, a **tamal**-making party. The **tamalada** is a special time for everyone to share news and events while they work. What food traditions bring your family together?

4-9 **En casa.** Every household is different.

Paso 1 First write complete sentences as they are true for your household. Be sure to conjugate the verbs to agree with their subjects.

MODELO: En casa nosotros (**servir**)… (refrescos; café; agua; cerveza…) con la cena (*dinner*).
En casa, servimos refrescos con la cena.

En casa…

1. Yo (**almorzar**)… (solo/a; con mi novio/a; con mi familia; con mis amigos/as…).

2. Durante la cena, mi familia (**preferir**)… (ver la televisión; hablar de política; escuchar la radio; hablar de fútbol…).

3. Nosotros (**dormir**) la siesta… (después de la cena; todos los días; por una hora; cuando tenemos sueño…).

4. Mis (amigos/hermanos) (no) (**poder**)… (comer conmigo; ver la televisión conmigo; estudiar conmigo; trabajar conmigo…).

5. Mañana nosotros (**pensar**) preparar comida … (mexicana; italiana; francesa; americana…).

6. Cuando hay una comida especial, mis (padres; hermanos; amigos) (**volver**)… (tarde; temprano; a tiempo).

7. Hoy, yo (no) (**querer**)… (preparar la cena; jugar al tenis; ir a la biblioteca…).

8. Esta noche, mis amigos (**soñar**) con… (ir a un concierto; tener una fiesta; jugar a…).

Paso 2 Now compare your households to see what you have in common.

MODELO: E1: *En mi casa, servimos refrescos con la cena. ¿Y en tu casa?*
E2: *Bueno, en mi casa servimos agua o café.*

En mi casa servimos tamales en Navidad.

4-10 Festival de cine. Take a look at the announcement below to see what movies will be shown during the Latino film festival. Then in groups, discuss which movies you prefer to see and why. Which is the most popular among your group? Use the different types of movies listed to help in your discussion.

En el cine

Los abrazos rotos (2009, España) ★★★★★
Director: Pedro Almodóvar
Género: Filme negro
Interpretación: Penélope Cruz, Lluis Homar...
Cuatro personajes en una historia de amor, poder, secretos, engaño[1] y venganza[2]...
Reseñas: 👍 "Todo Almodóvar; sin igual."
👍 "Almodóvar define el cine moderno."
👍 "Sin duda, otro Óscar para Cruz."

Corazón marchito (2007, México) ★★★
Director: Eduardo Lucatero
Género: Comedia romántica
Interpretación: Mauricio Ochmann, Ana Seradilla
Como todos sus amigos, él siempre busca el amor verdadero. Ella es la mujer perfecta, pero...
Reseñas: 👍 "Encantadora." 👍 "Graciosa."
👎 "Un poco predecible".

Amorosa soledad (2008, Argentina) ★
Género: Comedia dramática
Director: Martín Carranza; Victoria Galardi
Interpretación: Inés Efron
Una chica fracasa en el amor y decide suicidarse, pero...
Reseñas: 👎 "Poco original." 👎 "No representa el mejor cine argentino."
👎 "Ni cómica ni romántica."

Crónica de una fuga (2008, Argentina) ★★★★
Género: Drama
Director: Adrián Caetano
Interpretación: Rodrigo Sendero
Un futbolista es secuestrado[3] y torturado por la policía secreta. Ahora decide escaparse de un centro de detención...
Reseñas: 👍 "Suspensiva." 👍 "Cuenta sobre una época lamentable en Argentina." 👍 "¡Que no se repita jamás esta triste historia!"

[1]*deceit* [2]*revenge* [3]*kidnapped*

películas...	de acción
	sentimentales
	de 3D
	de misterio
	trágicas
	humorísticas
	del director español Almodóvar
	de suspenso
	mexicanas/argentinas/españolas...

MODELO: *Quiero ver* Corazón marchito *porque prefiero las comedias sentimentales.*

2. Direct objects, the personal *a*, and direct object pronouns

Los complementos directos

- A direct object is the noun that generally follows and receives the action of the verb. The direct object is identified by asking *whom* or *what* about the verb. Note that the direct object can either be an inanimate object (**un carro**) or a person (**su amigo Luis**).

Pablo va a comprar **un carro.**	*Pablo is going to buy a car.*
Anita llama **a su amigo Luis.**	*Anita calls her friend Luis.*

La *a* personal

- When the direct object is a definite person or persons, an **a** precedes the noun in Spanish. This is known as the personal **a.** However, the personal **a** is usually omitted after the verb **tener.**

Quiero mucho **a** mi papá.	*I love my father a lot.*
Julia y Ricardo tienen un hijo.	*Julia and Ricardo have a son.*

- The personal **a** is not used with a direct object that is an unspecified or indefinite person.

Ana quiere un novio inteligente.	*Ana wants an intelligent boyfriend.*

- The preposition **a** followed by the definite article **el** contracts to form **al.**

Alicia visita **al** médico.	*Alicia visits the doctor.*

- When the interrogative **quién(es)** requests information about the direct object, the personal **a** precedes it.

¿A quién llama Elisa?	*Whom is Elisa calling?*

- The personal **a** is required before every specific human direct object in a series.

Visito **a** Emilio y **a** Lola.	*I visit Emilio and Lola.*

Los pronombres de complemento directo

A direct object noun is often replaced by a direct object pronoun. The chart below shows the forms of the direct object pronouns.

Singular		Plural	
me	*me*	**nos**	*us*
te	*you* (inf.)	**os**	*you* (inf.)
lo/la	*you* (for.) (masc./fem.)	**los/las**	*you* (for.) (masc./fem.)
lo/la	*him/her, it* (masc./fem.)	**los/las**	*them* (masc./fem.)

- Direct object pronouns are generally placed directly before the conjugated verb. If the sentence is negative, the direct object pronoun goes between **no** and the verb.

¿Me buscas?	*Are you looking for me?*
No, no **te** busco.	*No, I'm not looking for you.*

- Third-person direct object pronouns agree in gender and number with the nouns they replace.

> Quiero **el dinero.** → **Lo** quiero.
> Necesitamos **los cuadernos.** → **Los** necesitamos.
> Llamo **a Mirta.** → **La** llamo.
> Buscamos **a las chicas.** → **Las** buscamos.

- Direct object pronouns are commonly used in conversation when the object is established or known. When the conversation alternates between first and second persons (*me, us, you*), remember to make the proper transitions.

> Hijo, ¿cuándo **nos** llamas?   *Son, when will you call us?*
> **Los** llamo esta noche, padre.   *I'll call you tonight, father.*
> Querida, ¿**me** quieres de verdad?   *Dear, do you really love me?*
> Sí, **te** quiero con todo el corazón.   *Yes, I love you with all my heart.*

- In constructions that use the infinitive, direct object pronouns may either precede the conjugated verb or be attached to the infinitive.

> Adolfo va a llamar **a Ana.**   *Adolfo is going to call Ana.*
> Adolfo va a llamar**la.** ⎫
> Adolfo **la** va a llamar. ⎭   *Adolfo is going to call her.*

- In negative sentences, the direct object pronoun is placed between **no** and the conjugated verb, or is attached to the infinitive.

> Adolfo no **la** va a llamar. ⎫
> Adolfo no va a llamar**la.** ⎭   *Adolfo is not going to call her.*

APLICACIÓN

 **4-11 Una visita al Museo Popol Vuh.** This museum houses an impressive collection of art and artifacts.

Paso 1 Read about the museum and underline all direct objects.

El Museo Popol Vuh reúne una de las mejores colecciones de arte prehispánico y colonial de Guatemala. La colección incluye obras maestras[1] del arte maya elaboradas en cerámica, piedra[2] y otros materiales. Además, posee un importante conjunto[3] de obras de platería[4] e imaginería[5] colonial.

    El museo está en el Campus Central de la Universidad Francisco Marroquín, en Ciudad de Guatemala. Este museo ofrece una oportunidad única para apreciar la historia y cultura de Guatemala. Si visitas esta ciudad, tienes que visitar el museo y apreciar sus artefactos mayas.

> *Dirección:* Avenida La Reforma, 8-60, Zona 9, 6° piso.
> *Horario:* de lunes a sábado de 9:00 a 16:30 hrs.

---

[1]*masterpieces*   [2]*stone*   [3]*group*   [4]*silver*   [5]*statuary*

Paso 2 ¿Cómo es el museo? Now answer questions based on what you have read above.

1. ¿Dónde está el museo?

2. ¿Por qué es importante?

3. ¿A qué hora lo abren de lunes a sábado? ¿Y los domingos?

4-12 En la Universidad Francisco Marroquín. Juan Antonio is a student at the Universidad Francisco Marroquín in Ciudad de Guatemala. Read the conversation between him and Ana María; underline the direct objects and write the personal **a** (or **al**) wherever necessary.

ANA MARÍA: Oye, Juan Antonio. ¿(1) _____ quién ves todos los días?

JUAN ANTONIO: Yo siempre veo (2)_____ Tomás en la universidad. Tomamos (3) _____ café todas las tardes.

ANA MARÍA: ¿Ven (4) _____ muchos amigos allí?

JUAN ANTONIO: Sí, claro. Siempre vemos (5) _____ Mercedes y (6) _____ Gustavo. A veces (*Sometimes*) sus compañeros de cuarto toman (7) _____ un refresco con nosotros también.

ANA MARÍA: ¿Son interesantes sus compañeros de cuarto?

JUAN ANTONIO: Tomás y Gustavo tienen (8) _____ un compañero de cuarto muy simpático y la compañera de cuarto de Mercedes es muy sociable. Esta noche todos, menos Gustavo, vamos a ver (9) _____ una película muy buena. Gustavo no puede ir porque tiene que visitar (10) _____ padre de su novia.

ANA MARÍA: ¿Invitas (11) _____ mi amigo Héctor también?

JUAN ANTONIO: ¡Claro que sí!

4-13 Servicio en una escuela rural hondureña. Students from several universities in the U.S., Mexico, and Canada often perform service in rural Honduras. Complete the exchanges between Ester and the director of this school in Concepción. First underline the direct object in each question and then answer the questions using a direct object pronoun.

MODELO: DIRECTOR: ¿Tienes la cámara para sacar fotos de los niños?
　　　　　ESTER: *Sí, la tengo.*

DIRECTOR: ¿Tienes las medicinas para los niños?

ESTER: 1. _____

DIRECTOR: ¿Quieres ver la biblioteca de la escuela?

ESTER: 2. _____

DIRECTOR: ¿Tienes tu cuaderno para escribir tus observaciones?

ESTER: 3. _____

DIRECTOR: ¿Ves a los niños que vienen a saludarte?

ESTER: 4. _____

DIRECTOR: ¿Deseas visitar la clínica ahora?

ESTER: 5. _____

Los estudiantes en Concepción posan para la cámara.

DIRECTOR: ¿Quieres visitar el mercado de artesanías de los estudiantes?

ESTER: 6. _____

4-14A **Una entrevista para _Prensa Libre_.** _Prensa Libre_ is an independent newspaper in Guatemala. You are reporters who are preparing to interview the **Presidente de la República.** Ask and respond logically to each other's questions, being careful to use correct object pronouns and verb forms. **Estudiante B,** please see **Appendix 1,** page A-6.

MODELO: Estudiante A: _¿Tienes tu cámara?_
Estudiante B: _Sí, la tengo._

Estudiante A

Mis preguntas	Mis respuestas a las preguntas de mi compañero/a
1. ¿Tienes la dirección de la casa del presidente?	_____ Claro, quiere verlo.
2. ¿El presidente tiene la lista de preguntas?	_____ No lo toca bien, pero le gusta la música.
3. ¿Necesitamos fotografías de la familia?	_____ Sí, pero no lo juega muy bien.
4. ¿El presidente habla inglés?	_____ Sí, lo recibe en el palacio presidencial.
5. ¿Escucha música clásica?	_____ No, no tiene tiempo para leerla.
6. ¿El presidente y su familia van a visitar El Salvador en mayo?	_____ Si, voy a llamarlo ahora.

4-15 **En tu familia.** Ask each other who does the following activities in your family. Be careful to conjugate the verbs in boldface and use the correct object pronouns in your responses.

MODELO: siempre **leer** novelas románticas
E1: _En tu familia, ¿quién siempre lee novelas románticas?_
E2: _Mi hermana siempre las lee._

1. **ver** mucho la televisión
2. **llamarte** por teléfono constantemente
3. siempre **buscar** su celular
4. siempre **necesitar** dinero
5. **querer** ver videos de acción
6. **estudiar** muchas lenguas extranjeras
7. **preferir** música _rock_
8. **pedir** café en un restaurante

¿Cuánto saben?

With two or three classmates, act out the following scenarios. Ask and respond to at least four questions in each situation.

✓ CAN YOU . . .

☐ talk about your family?

☐ express desires and preferences?

☐ plan activities?

WITH YOUR CLASSMATE(S) . . .

Situación: En el centro estudiantil
Ask about each other's families, what they do, and what they're like.
Para empezar: _¿Cómo es tu...? ¿Qué hace tu...?_

Situación: Por teléfono
Call a friend on the phone to make plans to do something tomorrow. Use stem-changing verbs like **preferir, querer, costar, jugar, perder, poder,** etc.
Para empezar: _¿Aló...? Habla... ¿Quieres ver una película o prefieres...?_

Situación: Una fiesta
Make plans for a party. Discuss several options, stating what you are going to serve and do for the party. Ask and respond to questions using direct objects and direct object pronouns, **lo, la, los, las.**
Para empezar: _¿Vamos a servir tamales o pizza? ¡Tamales y pizza! Vamos a comprarlos en la pizzería hondureña..._

Perfiles

Mi experiencia

4-16 Para ti. Which family members do you consider to be part of your immediate family? How many of them live at home? Would any of your family members ever consider moving away for economic reasons? Do you know any non-traditional couples? Read the following response from a young Honduran woman to a posting on Pregunta.com asking about the typical Hispanic family. Do you think there is such a thing as a typical Hispanic family?

Chicacuriosa pregunta: ¿Hay una familia típica hispana?
Mejor respuesta:
Maríahondureña responde:

Desde mi punto de vista, hay tanta variedad que es imposible generalizar el concepto de "familia hispana". Además,[1] con la globalización, la movilidad y los cambios culturales durante los últimos[2] años, el término "familia" es muy dinámico. Primero, tenemos que considerar la migración, especialmente en los países centroamericanos por razones económicas y políticas. En mi país, Honduras, es común que los padres y los hijos mayores dejen[3] a sus familias y busquen trabajo para luego mandarles[4] dinero. Las mujeres, como mi mamá y yo, tenemos que trabajar para mantener a los niños más pequeños. Sin embargo, tenemos el apoyo[5] familiar de mis tíos y de mis abuelos para mantener la unidad familiar. Segundo, con el aumento[6] del nivel de educación de la mujer, el índice de natalidad[7] ha bajado[8] de más de cuatro hijos por mujer a solo tres. Así que la idea del núcleo familiar con madre, padre e hijos no es universal y es imposible decir que hay un solo modelo.

    Un cantautor popular hondureño que habla de este tema de la globalización es Guillermo Anderson. Me gustan mucho sus canciones porque combina el humor con la realidad.

[1]*In addition* [2]*recent* [3]*leave behind* [4]*send them* [5]*support* [6]*increase* [7]*birthrate* [8]*has decreased*

4-17 En su opinión. Take turns reacting to each of the following statements.

MODELO: Me gusta vivir en casa con mis padres.
    Estoy de acuerdo (I agree). / *No estoy de acuerdo.*

1. Para mí, el núcleo familiar consiste en los padres, los hijos, los abuelos y toda la familia política (*in-laws*).

2. Me gusta vivir cerca de mi familia.

3. Tengo una buena relación con mis primos.

4. Los recién casados (*newlyweds*) deben vivir lejos de los suegros.

5. Es importante que la mujer sea económicamente independiente.

6. Creo que es natural permitir el matrimonio entre parejas homosexuales.

Mi música

"EL ENCARGUITO" (GUILLERMO ANDERSON, HONDURAS)

Guillermo Anderson was born in the port town of La Ceiba, where all Caribbean cultures of Honduras are in evidence: descendants of Mayans and other indigenous people, the **garífuna** slaves from West Africa, European settlers, and **mestizos.** His music reflects all of these ethnic groups.

"El encarguito" is a humorous piece about **un encarguito** (*care package*) that a person sends to a family member abroad.

Antes de ver y escuchar

4-18 Comida hondureña. Use context and cognates to match some of the foods mentioned in the song with their English meaning. Have you ever seen or tasted any of them?

1. _____ un chicharrón con yuca
2. _____ una sopa de capirotadas
3. _____ los nacatamales
4. _____ dos libras de cuajada
5. _____ pan de yema y pan de rosa
6. _____ leche de burra

a. two pounds of cheese curd
b. donkey milk
c. type of tamal
d. egg bread and rose bread
e. cracklings (fried pig skin) with yucca
f. a soup made with broth and corn fritters with eggs and cheese

Para ver y escuchar

4-19 La canción. Connect with the Internet to search for a link to Guillermo Anderson performing this song. He expresses concerns about getting his **encarguito** safely through customs (*la aduana*). Which of the following likely represents his dilemma?

> **Busca:** guillermo anderson video encarguito; guillermo anderson letra encarguito

1. _____ El encarguito es demasiado (*too*) grande.
2. _____ No se permite entrar con comida ni bebidas (*drinks*) de otro país.
3. _____ La persona que lleva el encarguito lo va a comer en el viaje.
4. _____ La persona que recibe el encarguito ha cambiado de casa (*changed address*).

Después de ver y escuchar

4-20 Investigación: La garífuna. In the 17th century, several slave ships destined for Central America sank in storms, but some of the slaves were rescued by the indigenous Caribs who quickly assimilated them into their culture. The West Africans contributed instruments and rhythms to Latin music. Search the Internet for an example of **garífuna** music, and then write a paragraph describing the music, performers and your impressions. Use at least five different verbs from **Capítulo 4, Primera parte.**

> **Busca:** musica garifuna video

Segunda parte

¡Así lo decimos! VOCABULARIO

¡Así es la vida! Una invitación

Raúl invita a Laura a ver una película.

RAÚL: Laura, soy Raúl. Te llamo para ver si quieres ir al cine esta noche.

LAURA: Me gustaría... ¿Sabes qué película ponen?

RAÚL: Sí, hay una película nueva en el Rialto de El Salvador. No sé si la conoces. Se llama *Sobreviviendo Guazapa*. Es a las siete. ¿Vamos?

LAURA: Un momento, me llama mi madre. Te llamo en unos minutos.

Pasan unos minutos y Laura llama a Raúl.

LAURA: Hola Raúl, lo siento, pero no puedo salir esta noche. ¿Qué tal si vamos mañana?

RAÚL: Sí, claro. Nos vemos mañana.

¿COMPRENDES?
Check your comprehension online!

Vocabulario Lugares de ocio

Variaciones

Although **entrada** (from **entrar,** *to enter*) is understood in most countries, in Mexico and areas of South America **boleto** is more common and generally refers to occupying a seat.

Variaciones

In Spain you'll hear **peli** for **película.** Also, the adjective phrase **de película** colloquially means *fantastic, dream,* as in **una casa de película** (*a dream house*).

Explore visual vocabulary online!

Variaciones

When you answer the phone in many Spanish-speaking countries, you'll use **¿Aló?** However, in Mexico, you're more likely to use **¿Bueno?,** and in Spain, **¿Diga?** or **¿Dígame?**

El ocio — Leisure time

el café (al aire libre)	*(outdoor) cafe*
el centro	*downtown*
el cine	*movie theater*
el concierto	*concert*
la entrada	*admission ticket*
la función	*show*
la orquesta	*orchestra*
el parque	*park*
el partido	*game*
la película	*movie*

Verbos — Verbs

conocer	*to know (someone), to be familiar with (something)*
invitar	*to invite*
pasear	*to take a walk*
poner	*to put, to place*
poner una película	*to show a movie*
saber	*to know something*
saber + infinitive	*to know how to do something*
salir	*to leave, to go out*
tocar	*to play (an instrument, music)*
traer	*to bring*

Para hacer una invitación — Extending invitations

¿Qué tal si...?	*How about . . . ?*
¿Quieres ir a...?	*Do you want to go to . . . ?*
¿Te gustaría (+ infinitive)...?	*Would you like (+ infinitive) . . . ?*
¿Vamos a...?	*Should we go . . . ?*

Para aceptar una invitación — Accepting invitations

De acuerdo.	*Fine with me, Okay.*
Me encantaría.	*I would love to.*
Paso por ti.	*I'll come by for you, I'll pick you up.*
Sí, claro.	*Yes, of course.*

Para rechazar una invitación — Rejecting invitations

Estoy muy ocupado/a.	*I'm very busy.*
Gracias, pero no puedo...	*Thanks, but I can't . . .*
Lo siento, tengo que...	*I'm sorry, I have to . . .*

Toman un refresco en un café al aire libre.

Escuchan la música clásica que toca la orquesta.

Piensan asistir a una función.

Word stress and written accent marks in Spanish

Most words in Spanish (for example, all nouns, verbs, adjectives, and adverbs) carry word stress, where one syllable in the word is given special emphasis. In Spanish, word stress always falls on one of the last three syllables of the word: **tra-ba-ja-dor, in-te-li-gen-te, sim-pá-ti-co.** In some cases, word stress is indicated in writing with an accent mark, or **acento (ortográfico),** according to the following rules:

- Usually, words ending in a consonant (except **n** or **s**) are stressed on the *last syllable*.

  a-brir   ins-truc-tor   es-pa-ñol   re-loj   us-ted   ac-triz

  Exceptions to this rule require a written accent mark.

  Víc-tor   ú-til   di-fí-cil   fút-bol   lá-piz   sánd-wich

- Usually, words ending in a vowel or the consonant **n** or **s** are stressed on the *second to last syllable*.

  bo-ni-ta   tra-ba-jo   tra-ba-jan   jo-ven   tra-ba-jas   no-so-tros

  Exceptions to this rule require a written accent mark.

  es-tá   a-quí   es-tán   lec-ción   es-tás   in-glés

- Words with stress on the *third to last syllable* always require a written accent mark.

  nú-me-ro   mú-si-ca   bo-lí-gra-fo   jó-ve-nes   miér-co-les

- Some words are identical in spelling but different in emphasis and meaning. In such cases, words with emphasis are marked with a written accent to differentiate them from the versions without emphasis, which have a different meaning.

  él = *he*   **tú** = *you*   **mí** = (to) *me*   **¿Qué?** = *What?*   **¿Có-mo?** = *How?*
  el = *the*   **tu** = *your*   **mi** = *my*   **que** = *that*   **co-mo** = *as, like*

- A written accent mark also is used with an **i** or **u** to indicate hiatus (that is, when one of these letters, adjacent to another vowel, represents a separate syllable).

  dí-a   grú-a   pa-ís   Ra-úl

APLICACIÓN

e **4-21 Una invitación.**   State whether each statement is **cierto** or **falso** or **no se sabe** (no information) based on the conversation between Laura and Raúl in **¡Así es la vida!** Correct any false statements.

1. _____ Raúl invita a Laura al cine.

2. _____ Raúl sabe qué película ponen.

3. _____ La película es a las siete y media.

4. _____ Laura pasa por la casa de Raúl.

Una Cordial Invitación

Te invito a...

e **4-22 Otras actividades.**   Complete this paragraph about Raúl and Laura's day together with logical words or expressions from **¡Así lo decimos!**

Raúl y Laura van al (1) _____ para ver una película. Llegan unos minutos antes para comprar (2) _____. Después de la película, caminan por (3) _____ y toman refrescos en un café (4) _____. La música que toca la (5) _____ es maravillosa. El día siguiente, Laura invita a Raúl a ir a un (6) _____ de béisbol.

4-23 **Marilú invita a José.** Listen as Marilú and José talk on the telephone. Then complete each statement based on their conversation.

1. Marilú invita a José a _____.

   a. comer 　　　　 b. bailar 　　　　 c. pasear por el parque

2. José acepta la invitación para _____.

   a. esta noche 　　　　 b. mañana 　　　　 c. las tres de la tarde

3. Los chicos también van a ver _____.

   a. un partido 　　　　 b. una película 　　　　 c. un programa de televisión

4. Es evidente que los chicos son _____.

   a. hermanos 　　　　 b. amigos 　　　　 c. novios

5. Marilú y José no tienen que estudiar porque _____.

   a. mañana no hay clases 　　 b. su clase es fácil 　　 c. no hay tarea para mañana

Cultura en vivo

In Spanish-speaking countries, it is common for one person to pay for each round of drinks or a meal rather than for each person to pay for his or her own. Additionally, it is normal for a person who is celebrating a birthday to invite everyone else rather than be invited. Do you invite or get invited on your birthday?

4-24 **Ahora tú.** Take turns inviting each other to do something together. Ask what day, where, what time, and so on. The model will give you some ideas of questions you can ask in your conversation.

MODELO: E1: *Oye, ... ¿Quieres ir...?*
E2: *No sé. (¿Cuándo? / ¿Dónde? / ¿A qué hora? / ¿Por qué? / ¿Con quiénes?)*
E1: ...

4-25A **¡Estoy aburrido/a!** Tell a classmate that you are bored so that he/she will invite you to do something. Reject at least three of the invitations, making excuses. Accept one or more that seem the most interesting. **Estudiante B,** please see **Appendix 1,** page A-6.

MODELO: Estudiante A: *Estoy aburrido/a.*
Estudiante B: *¿Quieres ir a bailar?*
Estudiante A: *Me encantaría. ¡Vamos! / Gracias, pero no puedo. No tengo dinero.*

Estudiante A:

Algunas excusas:		
(**estar**) cansado/a	no (**tener**) carro	no (**tener**) dinero
no (**tener**) ganas	no (**tener**) tiempo	(**tener**) mucho trabajo

4-26 **El fin de semana.** In groups of three or four, make plans for this weekend. Use the questions below as a guide for your conversation. Then, prepare a summary for the class.

¿Adónde quieren ir?	¿Qué necesitan?	¿Con quiénes van?
¿Qué quieren hacer?	¿Qué día?	¿Quién paga?
¿Cómo es?	¿A qué hora empieza?	¿A qué hora vuelven a casa?

MODELO: *Vamos a un partido de fútbol el sábado a la una de la tarde. Después vamos a pasear por el centro y ver a nuestros amigos. Los invitamos a tomar un refresco en el Café Luna. Luego, volvemos a casa en autobús. Llegamos a casa a las siete y media.*

¡Así lo hacemos! ESTRUCTURAS

 3. Demonstrative adjectives and pronouns

Adjetivos demostrativos

Demonstrative adjectives point out people and objects and the relative position and distance between the speaker and the object or person modified. The chart below shows the forms of demonstrative adjectives in Spanish.

	Singular	Plural		Related adverbs
masculine	**este**	**estos**	*this/these (close to me)*	**aquí** (*here*)
feminine	esta	estas		
masculine	**ese**	**esos**	*that/those (close to you)*	**allí** (*there*)
feminine	esa	esas		
masculine	**aquel**	**aquellos**	*that/those (over there,*	**allá** (*over there*)
feminine	aquella	aquellas	*away from both of us)*	

Este chico es muy guapo.

Sí, pero aquel es muy rico.

- Demonstrative adjectives are usually placed before a modified noun and agree with them in number and gender.

  ¿De quién son **esos** refrescos?   *To whom do those soft drinks belong?*

- Note that the **ese/esos** and **aquel/aquellos** forms, as well as their feminine counterparts, are equivalent to the English *that/those*. In normal, day-to-day usage, these forms are interchangeable, but the **aquel** forms are preferred to point out objects and people that are relatively further away than others.

  ¿Cuánto cuestan **esas** rosas   *How much are those roses and those*
  y **aquellas** violetas?   *violets (further away, over there).*

- Demonstrative adjectives are usually repeated before each noun in a series.

  Esta película y **estos** actores   *This movie and these actors are*
  son mis favoritos.   *my favorites.*

Pronombres demostrativos

- When you omit the noun, the adjective becomes a pronoun (this one, those ones, etc.) and maintains the same form as the adjective.

  ¿Ves a **ese** hombre alto?   *Do you see that tall man?*
  ¿Cuál? ¿**Ese** o **aquel**?   *Which one? That one (closer) or*
      that one (farther away)?

- The neuter forms **esto, eso,** and **aquello** do not have plural forms. They are used to point out ideas, actions, or concepts, or to refer to unspecified objects or things.

  Aquello no me gusta.   *I don't like that.*
  No comprendo **eso**.   *I don't understand that.*
  Esto está mal.   *This is wrong.*

- These forms are also used to ask for a definition of something.

  ¿Qué es **esto** /**eso**?   *What's this/that?*
  Es un teatro.   *It's a theater.*

¿COMPRENDES?
Check your comprehension online!

APLICACIÓN

4-27 **Información: San Salvador.**   Laura is visiting San Salvador for the first time and is gathering information about what she should do during her stay.

Paso 1   Read the conversation between Laura and a Tourist Information agent who explains some of the most popular points of interest. Underline the demonstrative adjectives and pronouns.

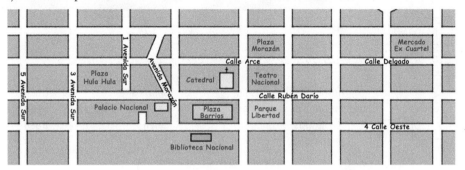

AGENTE: Este es un mapa del centro de la ciudad y algunos puntos de interés.

LAURA: Ah, verdad. ¿Qué es esto enfrente de la Plaza Barrios?

AGENTE: Bueno, hay tres edificios enfrente de la Plaza. Ese, cerca de usted, es la Biblioteca Nacional, donde mucha gente hace investigación sobre la historia de El Salvador. Este, cerca de mí, es el Palacio Nacional.

LAURA: ¿Y aquella iglesia?

AGENTE: Aquella es la Catedral. Usted debe visitarla.

LAURA: ¿Y el mercado?

AGENTE: Es aquel edificio en la Calle Delgado. Si quiere, puede ir en taxi o caminar unas cuadras. En ruta, puede comprar entradas para un concierto en aquel edificio, el Teatro Nacional.

LAURA: ¡Mil gracias por toda esta información!

Paso 2   Using the information about San Salvador from **Paso 1,** discuss with your partner what places you would like to visit. Use the drawing above to ask and respond to questions about the city.

MODELO: E1: *¿Quieres visitar esta catedral?*
E2: *No, prefiero visitar aquel parque.*

4-28 **¿Qué es esto?**   Take turns asking each other to identify at least three classroom objects.

MODELO: E1: (point to table close to both of you) *¿Qué es esto?*
E2: *Es una mesa. ¿Y aquello (away from both of you)?*
E1: *Es...*

4-29 **Mi familia.**   Bring in a photo of your family or make a drawing of an imaginary family. Hold up your photo/drawing for the others to see and take turns asking and telling about family members.

MODELO: E1: *¿Quién es esa señora?*
E2: *Esta es mi madre. Es alta y delgada. Tiene... años.*
E3: *¿Cómo se llama aquel señor?*

Presencia hispana

El Salvador has a population of 6 million people. It is estimated that due to political, social, and economic strife, some 2.5 million have emigrated to the U.S. and some 160,000 to Canada. This means that hundred of thousands of families left behind in El Salvador have been affected as well. Many fear that the massive migration has led to the deterioration of those families and contributed to the country's widespread delinquency. How can families maintain cohesion when members are forced to be separated?

4. The present tense of *poner*, *salir*, and *traer*

> ¿Traes la comida ahora?

> Sí, la pongo en la mesa en un momento.

You have already learned some Spanish verbs that are irregular only in the **yo** form of the present indicative tense (**hacer → hago; ver → veo**). With these verbs, all other forms follow the regular conjugation patterns.

	poner *(to put, to place)*	salir *(to leave, to go out)*	traer *(to bring)*
yo	**pongo**	**salgo**	**traigo**
tú	pones	sales	traes
Ud.	pone	sale	trae
él/ella	pone	sale	trae
nosotros/as	ponemos	salimos	traemos
vosotros/as	ponéis	salís	traéis
Uds.	ponen	salen	traen
ellos/as	ponen	salen	traen

Si **traes** tu libro, te ayudo.　　　　*If you bring your book, I'll help you.*
Siempre **salgo** a las ocho.　　　　　*I always go out at eight.*

EXPANSIÓN

More on *salir*

Each of the following expressions with **salir** has its own meaning.

salir de: *to leave a place, to leave on a trip*
　　Salgo de casa a las siete.　　　*I leave home at seven.*

salir para: *to leave for (a place), to depart*
　　Mañana **salen para** Tegucigalpa.　*Tomorrow they leave for Tegucigalpa.*

salir con: *to go out with, to date*
　　Diana **sale con** Lorenzo.　　　　*Diana goes out with Lorenzo.*

salir a (+ infinitive): *to go out (to do something)*
　　Salen a cenar los sábados.　　　*They go out to have dinner on Saturdays.*

¿COMPRENDES?
Check your comprehension online!

APLICACIÓN

4-30 Un correo electrónico de mamá.　Clara's parents like to stay in touch.

Paso 1　Read the e-mail and underline the forms of **poner, salir,** and **traer.**

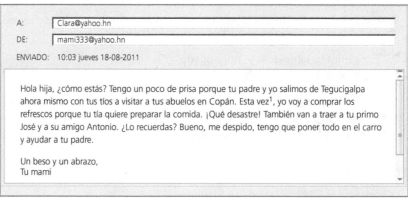

A:	Clara@yahoo.hn
DE:	mami333@yahoo.hn
ENVIADO:	10:03 jueves 18-08-2011

Hola hija, ¿cómo estás? Tengo un poco de prisa porque tu padre y yo salimos de Tegucigalpa ahora mismo con tus tíos a visitar a tus abuelos en Copán. Esta vez[1], yo voy a comprar los refrescos porque tu tía quiere preparar la comida. ¡Qué desastre! También van a traer a tu primo José y a su amigo Antonio. ¿Lo recuerdas? Bueno, me despido, tengo que poner todo en el carro y ayudar a tu padre.

Un beso y un abrazo,
Tu mami

[1]*This time*

Paso 2 Now, answer the following questions based on the e-mail.

1. ¿Dónde viven los padres de Clara? ¿Dónde viven sus abuelos?

2. ¿Qué hacen los padres de Clara hoy?

3. ¿Quién compra los refrescos?

4. ¿Qué hacen a las diez de la mañana?

5. ¿Quién prepara la comida?

6. ¿Quiénes más van con los padres de Clara?

Si estás en Copán, debes visitar las ruinas mayas.

4-31 Tomás y Clara van a San Salvador. Complete the following paragraph about a business trip Clara is taking with her husband using the correct forms of logical verbs from the list below. **¡OJO!** (*Watch out!*) You will have to use the infinitive form for one of them.

poner	salir	traer	ver

Esta tarde mi esposo Tomás y yo (1) _____ para la capital de El Salvador. Antes de (2) _____, (yo) (3) _____ la guía turística en mi maleta[1]. Después, (4) _____ las noticias en la televisión para escuchar el pronóstico meteorológico para la capital. En mi oficina, mi secretaria me (5) _____ el itinerario con la información del hotel y las fechas. Ella (6) _____ todos mis papeles en el maletín[2]. Ahora todo está en orden para salir. Mi esposo y yo vamos al aeropuerto dos horas antes del vuelo[3]. Desafortunadamente, cuando quiero pagar al taxista, veo que no (7) _____ dinero. Afortunadamente, mi esposo tiene dinero, y yo después, (8) _____ a buscar un cajero automático[4].

————————
[1]*suitcase* [2]*briefcase* [3]*flight* [4]*ATM*

4-32 En una fiesta familiar. You and your partner are getting ready for a family gathering, which you both will attend tonight. Separately, write four questions about who is responsible for what tasks in preparation for the party. Use a different subject, verb, and complement in each question. Then ask each other your questions, being careful to respond with an appropriate subject.

MODELO: E1: *¿Quién pone las flores en la mesa?*
E2: *Mi padre las pone.*

Acción necesaria:	Persona(s) responsable(s):
comprar los nachos	los invitados (*guests*)
hacer los sándwiches	tú
poner la comida en la mesa	mi hermana
preparar los refrescos	todos nosotros
salir a buscar más sillas	mis tíos
traer la música	los padres
invitar al novio de Ana	mi primo

4-33 ¿Con quién sale...? Have fun imagining who is dating whom these days. Take turns asking each other about the following people, and add other names you want to spoof. Then ask for additional information, such as where they are going, what time they are leaving, and why they are going.

tú	Miguel Cabrera	el presidente de Guatemala
John Leguizamo	Beyoncé	Wilmer Valderrama
Miley Cyrus	Uds.	su esposo/a
Rigoberta Menchú	el ministro de cultura de Honduras	la esposa del presidente de El Salvador
Batman	Mario López	¿...?

MODELO: Shakira

E1: *¿Con quién sale Shakira ahora?*
E2: *Sale con Gerard Piqué.*
E1: *¿Adónde van?*
E2: *Van a Colombia.*
E1: *¿A qué hora salen? ¿Por qué van?*
E2: *Salen a la medianoche. Van porque quieren visitar a los padres de ella.*

4-34 Planes. Take turns finding out about each other's plans for the weekend.

MODELO: ¿A qué hora **salir** (tú) para...?

E1: *¿A qué hora sales para la casa de tu familia?*
E2: *Salgo para su casa a las diez de la mañana.*

1. ¿Adónde **salir** (tú) ...?
2. ¿Con quiénes **ir** (tú) a...?
3. ¿Quién **hacer**...?
4. ¿Dónde **poner** (tú)...?
5. ¿Quién **traer**...?
6. ¿Qué **ver**(tú)...?

4-35 ¿Quiénes? Walk around the classroom and ask your classmates questions using the information in the chart below. Make sure you ask each person a different question. Then write their response in the box.

MODELO: **poner** sus libros en la mochila

E1: *Becky, ¿pones tus libros en la mochila?*
E2: *Sí, los pongo en la mochila. (No, no los pongo.)*
YOU WRITE: *Becky (no) pone sus libros en la mochila.*

poner tomate en su hamburguesa	**traer** su libro a clase	**salir** tarde para sus clases
_____	_____	_____
salir los sábados con los amigos	**ver** a su familia este fin de semana	**ver** películas españolas
_____	_____	_____
traer dinero hoy	**poner** azúcar en su café	**traer** su teléfono celular
_____	_____	_____
ver el fútbol en la televisión	**salir** para su casa este fin de semana	**poner** chocolate en su leche (*milk*)

5. *Saber* and *conocer*

Although the verbs **saber** and **conocer** can both mean *to know*, they are not interchangeable. Note that both verbs have irregular **yo** forms while all other forms follow the regular conjugation patterns.

	saber (*to know*)	conocer (*to know*)
yo	**sé**	**conozco**
tú	**sabes**	**conoces**
Ud.	**sabe**	**conoce**
él/ella	**sabe**	**conoce**
nosotros/as	**sabemos**	**conocemos**
vosotros/as	**sabéis**	**conocéis**
Uds.	**saben**	**conocen**
ellos/as	**saben**	**conocen**

¡Ellos saben bailar muy bien!

- The verb **saber** means *to know a fact* or *to have knowledge or information about someone or something.*

¿**Sabes** dónde está el cine?	*Do you know where the movie theater is?*
No **sé**.	*I don't know.*

- With an infinitive, the verb **saber** means *to know how to do something.*

La tía Berta **sabe** bailar tango.	*Aunt Berta knows how to dance the tango.*

- **Saber** may be followed with an interrogative word or **si** (*if*).

¿**Sabes dónde** es la fiesta?	*Do you know where the party is?*
No **sé si** mis padres quieren salir esta noche.	*I don't know if my parents want to go out tonight.*

- **Conocer** means *to be acquainted* or *to be familiar* with a person, place, or thing.

Tina **conoce** a mis abuelos.	*Tina knows (is acquainted with) my grandparents.*
Conozco San Salvador.	*I know (am acquainted with) San Salvador.*

María, conoces a Pablo, ¿verdad?

- Use the personal **a** with **conocer** to express that *you know a specific person.*

La profesora **conoce a** mis tíos.	*The professor knows my aunt and uncle.*

Study tips for *saber* and *conocer*

saber

- knowing a fact or information
- knowing a skill (how to do something)
- may be followed by an infinitive or interrogative word or **si**

conocer

- knowing people
- knowing a place
- *never* followed by an infinitive or **si**

¿COMPRENDES?
Check your comprehension online!

APLICACIÓN

e **4-36 Una chica extraordinaria.** Julia Catalina Flores has an extraordinary talent for a girl her age.

Paso 1 First read the article about Julia and answer the questions based on the reading.

Julia Catalina Flores: la charanguista más joven de El Progreso

Julia Catalina Flores Ramírez sabe tocar la guitarra y desde la edad de 6 años toca en la banda de su papá. (Foto por Suyapa Carias)

¿Conoces a Julia? Pues si la ves en el grupo de su padre, vas a saber que es una chica extraordinaria. Aunque es pequeña y tímida, es una experta tocando el *charango*, un instrumento hondureño similar a la guitarra. Ella dice que conoce su charango como a un miembro de su familia.

Julia vive en el pueblo de El Progreso en el norte de Honduras donde todos la conocen. Cuando las personas la escuchan tocar, están maravilladas por su talento. Ella dice que le gusta tocar con su familia y hacer feliz a la gente. Ya sabe tocar más de 200 canciones. Si la quieres escuchar, el grupo cobra unos 25 lempiras por canción. Pero tienes que viajar a Honduras, porque ella es muy joven para salir de viaje como música profesional.

1. ¿Dónde vive Julia?

2. ¿Cómo es?

3. ¿Qué sabe hacer?

4. ¿Cuántas canciones sabe?

5. ¿La puedes escuchar en tu ciudad?

6. ¿Quieres conocerla algún día? ¿Por qué?

Cultura en vivo

Instruments used in Salvadoran popular music include marimba, flutes, drums, scrapers, and gourds, as well more recently imported guitars and other instruments. Political chaos tore El Salvador apart in the late twentieth century, and music was often suppressed, especially that with strong indigenous influences. Why is music censored?

Paso 2 Now use the correct forms of **saber** and **conocer** to complete the following conversation between Marcela and Carmiña, who would like to meet Julia.

MODELO: Mi primo *conoce* a Julia Catalina Flores.

MARCELA: ¿(1) (tú) _____ a Julia también?

CARMIÑA: No, yo no la (2) _____ personalmente pero (3) _____ que es hondureña.

MARCELA: Todos (4) _____ que ella toca muy bien el charango, ese instrumento musical similar a la guitarra.

CARMIÑA: Marcela, ¿(5) _____ si Julia vive en El Progreso?

MARCELA: Sí, vive allí. Su familia es muy famosa. Mi esposo y yo (6) _____ a su tío, pero no (7) _____ dónde viven exactamente.

CARMIÑA: Quiero invitarlos a una fiesta, pero no (8) _____ si pueden ir. ¿(9) (tú) _____ si tienen planes este fin de semana?

MARCELA: Seguramente su tío lo (10) _____; voy a llamarlo ahora. (11) (yo) _____ que tengo su número de teléfono en casa.

CARMIÑA: ¿(12) _____ (tú) cuántos años tiene Julia ahora?

MARCELA: (Yo) No (13) _____ exactamente, pero (14) _____ que es muy joven.

4-37A **Entrevista.** Read the following profile about the person you will be role-playing. Answer your partner's questions based on the information you have. Then interview your partner using the questions below to find out about him/her. Write down his/her answers. **Estudiante B,** please see **Appendix 1,** page A-7.

MODELO: ESTUDIANTE A: *¿Conoces alguna* (any) *persona famosa?*
ESTUDIANTE B: *Sí, conozco a Ricky Martin. Soy amigo/a de él.*

Estudiante A:

> Soy intérprete personal del presidente de Honduras.
>
> Juego muy bien al tenis.
>
> Voy mucho a El Salvador y a Honduras y muy poco a EE. UU.
>
> El músico Guillermo Anderson es un buen amigo.
>
> Hablo inglés y francés.
>
> Estudio la política y los gobiernos de Centroamérica.

1. ¿Sabes hablar alguna lengua indígena?
2. ¿Conoces las ruinas mayas en Guatemala?
3. ¿Qué instrumento sabes tocar?
4. ¿Sabes jugar bien al béisbol?
5. ¿Conoces alguna persona famosa de Costa Rica?
6. ¿Qué ciudades centroamericanas conoces?

4-38 **Desafío: Un sabelotodo (*know it all*).** Write three truthful sentences in Spanish about things you and others know or know how to do, and three about people and places you know. Each sentence must have a different subject and complement. The first person who thinks he/she has three correct sentences with **saber** and three with **conocer** calls out *¡TENGO!* The rest of the group will judge if your sentences are correct.

MODELO: *Mi hermano sabe tocar la guitarra.*
Yo no conozco a Guillermo Anderson. (etc.)

Clara y Tomás no conocen bien la ciudad.

¿Tus amigos saben bailar?

¿Quién? Ask as many classmates as possible questions regarding the topic in each box in the chart below. Write the name of each person on the chart, noting his/her answer (as **sí** or **no**). **¡OJO!** Be sure to use the correct verbs (**sabes/sé** or **conoces/conozco**) and the personal **a** as needed in your questions and responses.

MODELO: la fecha de hoy
E1: *¿Sabes la fecha de hoy?*
E2: *Sí, la sé. Es 15 de noviembre.*
E2: *¿Conoces el restaurante mexicano de esta ciudad?*
E1: *No, no conozco el restaurante mexicano de esta ciudad. (No, no lo conozco.)*

la fecha de mañana	el número de teléfono del/de la profesor/a	si hay un restaurante salvadoreño	una persona hispana
_____	_____	_____	_____
el restaurante español	una persona de Centroamérica	cuándo hay examen	dónde vive el presidente de Guatemala
_____	_____	_____	_____
cantar en español	jugar al béisbol	la capital de Honduras	preparar café
_____	_____	_____	_____
bailar bien	una ciudad interesante	un actor famoso	mi nombre
_____	_____	_____	_____

¿Cuánto saben?

With two or three classmates, act out the following scenarios.
Ask and respond to at least four questions in each situation.

✓ CAN YOU . . .	WITH YOUR CLASSMATE(S) . . .
☐ extend invitations?	**Situación: Por teléfono** Call a friend and invite him or her to do something with you. Decide between you what you want to do, when, and who else you should invite. **Para empezar:** *¿Aló...? ¿Te gustaría...?*
☐ point out people and things to others?	**Situación: Actores y músicos** You are at a party with celebrities. Use demonstrative adjectives and pronouns (**este, ese, aquel** and their various forms) to talk about some of the people you see close by, farther away, and far away from you. Be sure to use gestures to illustrate the demonstratives. **Para empezar:** *Esta fiesta es muy buena, pero no me gusta ese actor. Aquella señorita que está allá es muy bonita...*
☐ discuss things and people you know?	**Situación: Chismes (*Gossip*)** Try to one-up each other by saying what and whom you know and what you know how to do, using **conocer** and **saber**. **Para empezar:** *Conozco a Peyton Manning...*

Observaciones

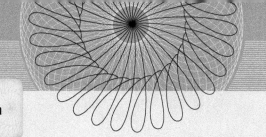

¡Pura vida! EPISODIO 4

 Review what you have learned with ¡Pura vida!

In this episode you'll learn more about Felipe's family and an upcoming wedding.

Antes de ver el video

4-40 Una boda. In her blog, Marcela tells about a wedding she'll attend in her hometown in Mexico. Read her description and answer the questions that follow in Spanish.

Los mariachis tocan en una boda mexicana.

> Mi primo Tomás se casa con su novia Carolina el mes que viene. En mi pueblo, en el estado de Michoacán, una boda es un evento de tres días o más. Primero, hay fiestas familiares con amigos en las que los novios reciben regalos[1] para su nuevo hogar[2]. La boda es muy solemne; generalmente se celebra en una iglesia con una misa[3]. Después hay una gran fiesta con música de mariachis, baile y grandes cantidades de comida. Se sirven tamales, chiles rellenos y muchas cosas más. ¡Y claro, un pastel[4] grande! Esta fiesta dura hasta la madrugada[5] cuando todos desayunamos juntos. Las bodas en México son eventos de mucha fiesta y felicidad.

[1]gifts [2]home [3]mass [4]cake [5]dawn

1. ¿Dónde vive Marcela?

2. ¿Cuántos días dura una boda en su pueblo?

3. ¿Qué pasa después de la ceremonia en la iglesia?

4. ¿Cuántos días duran las bodas que tú conoces?

A ver el video

4-41 Hay una boda. Watch the fourth episode of **¡Pura vida!** You will hear Felipe and Marcela discuss an upcoming wedding. Complete the statements that follow.

Felipe recibe un traje (*suit*)

Marcela

Felipe

1. La boda es el _____.

2. Claudia es la _____ de Felipe.

3. Marcela tiene una _____, la hija de la segunda esposa de su papá.

4. En Madrid, Felipe tiene muchos _____.

5. Elvira es la _____ de Felipe.

Después de ver el video

4-42 Los mariachis. Connect with the Internet to search for more photos of mariachis and to hear their music. What instruments do you hear?

> ➤ **Busca:** mariachis foto; mariachis video

_____ la guitarra   _____ el violín   _____ el tambor

_____ la trompeta   _____ el piano   _____ el guitarrón (guitarra grande)

Nuestro mundo

 Panoramas

América Central I: Guatemala, El Salvador, Honduras

El paisaje (*landscape*), la economía y el modo de vivir en Guatemala, El Salvador y Honduras presentan contrastes notables. Los tres son países en vías de desarrollo (*developing*). La población, mayormente mestiza, todavía conserva muchas tradiciones de su pasado indígena.

Concepción, Honduras

Es evidente el contraste de la vida en zonas rurales y en las ciudades grandes. Por razones económicas, muchas personas buscan mejores oportunidades en la capital o en el extranjero (*abroad*). Las remesas (envíos monetarios) que mandan representan una significante proporción de la economía de los países centroamericanos.

Centro comercial Miraflores, Ciudad de Guatemala

Estas niñas usan hermosos huipiles tejidos (*woven*) y bordados a mano (*embroidered by hand*) como sus antepasados mayas.

En las zonas remotas, es común usar la antigua manera de moler (*grind*) el maíz.

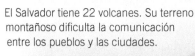

El Salvador tiene 22 volcanes. Su terreno montañoso dificulta la comunicación entre los pueblos y las ciudades.

Guatemala, El Salvador, Honduras

	GT	SV	HN
Población:	14,6 millones	6,1 millones	8,5 millones
Tasa de natalidad:	3 (hijos/mujer)	1.95	2.86
PIB[1] per cápita:	$5.300	$7.500	$4.800
Remesas:	12% (de la economía)	18%	25%
Otros sectores:	agricultura (69%)	turismo (80%)	agricultura (80%)

4-43 Identifica. Use the photos and the information from the Fact Box to identify or explain the following:

1. un producto agrícola importante en la dieta de Centroamérica

2. la gran civilización que dominaba mucho de Centroamérica en la época precolombina

3. qué es un huipil

4. la importancia de remesas (*monetary remittances*) en la economía de estos países

5. dónde viven los ricos en estos países

4-44 Desafío. Use the map above to identify these characteristics and places.

1. las capitales de estos tres países
2. el país que tiene frontera con México
3. el país más grande de los tres
4. los países con costa en el mar Caribe

4-45 Proyecto: Guatemala, El Salvador, Honduras. Choose from the following places or themes: **Copán, el Petén, Guillermo Anderson, la topografía y el clima, Chichicastenango, el ecoturismo en El Salvador** or another that interests you and research more about the cultures of these countries. Write a summary of what you find; include the information that follows.

- su nombre y dónde está
- por qué es importante
- cómo es
- si quieres visitarlo o verlo algún día y por qué
- si piensas estudiar más sobre este tema
- una foto representativa

> **Busca:** [*nombre del lugar*]; ecotourism el salvador; guillermo anderson; topography [*nombre del lugar*]; etc.

MODELO: *La cultura maya es evidente en el sitio arqueológico de El Petén…*

---

[1]**PIB:** *Producto Interno Bruto* (GDP: Gross Domestic Product) is the market value of all final goods and services made within the borders of a country in a year. This figure is often positively correlated with standard of living.

Páginas

Sobreviviendo Guazapa, Cinenuevo

From 1980–1992 in El Salvador, the right-wing military forces and the left-wing guerilla coalition FMLN engaged in a bloody civil war. The most infamous assassination was that of Archbishop Óscar Romero while he was celebrating mass in 1980. Much has been written about the culprits and victims of the war. *Sobreviviendo Guazapa* is the first feature-length film written and produced in El Salvador with a full cast of Salvadoran, primarily novice actors.

ANTES DE LEER

4-46 Pistas extratextuales (*Extra-textual clues*). The publication in which you find an article often gives away its content. The following selection comes from a web site called Cinenuevo. Think about these clues before you read the selection.

1. ¿Quiénes crees que visitan la página web Cinenuevo?

2. En tu opinión, ¿cuáles de estas películas **no** aparecen en Cinenuevo?

   las clásicas   las de Hollywood   las independientes   las premiadas (*award-winning*)

A LEER

4-47 Las secciones. As you read the review, identify the headings you see. What other headings would you expect?

GÉNERO: Aventura/Drama
DIRECTOR/PRODUCTOR: Roberto Dávila
DURACIÓN: 1 hora, 53 minutos
AUDIO: Español, Digital Surround

Sinopsis

Dos combatientes enemigos entre sí[1], atrapados en el caos de los ataques al volcán de Guazapa, se unen para salvar sus vidas. En el camino se encuentran con una niña perdida[2] y deciden ayudarla a volver con su familia. A partir de ese momento, enfrentan juntos múltiples pruebas de sobrevivencia[3].

Sobre la película

Es la primera película salvadoreña de ficción sobre la guerra civil realizada por salvadoreños. El inicio del rodaje[4], se vio retrasado por los huracanes *Wilma*, *Stan* y *Katrina*. Para el *casting* hubo convocatoria abierta a través de periódicos locales. Varios de los actores seleccionados no tenían experiencia, pero se destacaron[5] en la prueba.

Actores y extras recibieron entrenamiento militar previo al rodaje. Hubo dos accidentes durante el rodaje en que resultaron lastimados[6] los actores principales. La realización de la película tomó tres años.

Premios

Sobreviviendo Guazapa ha sido Selección Oficial en más de seis festivales internacionales de cine, galardonada con un Premio Especial en el Festival de Cine Hispano de Toronto, honrada como Premio de Apertura del Festival de Cine de Viena, Austria y ganadora de Premio a Mejor Actor en el Festival Ícaro.

Según el crítico Héctor Ismael Sermeño (*Trazos culturales*): Su gran logro[7] es ver la guerra a la distancia, sin pasiones personales, ideologías partidarias o sentimentales… Dávila no quiere reflejar la historia, la utiliza como marco[8] para contar su argumento y lo hace con dignidad.

[1]*themselves* [2]*lost* [3]*survival* [4]*filming* [5]*they stood out* [6]*injured* [7]*achievement* [8]*framework*

4-48 ¿Comprendiste? Respond briefly in Spanish to the following questions according to what you have read.

1. ¿Cuánto tiempo duró (*lasted*) la realización de la película?

2. ¿Por qué hubo (*were there*) demoras?

3. ¿Qué entrenamiento recibieron (*received*) los actores?

4. ¿Qué premios tiene?

5. ¿Qué opinión tiene de la película el crítico Héctor Ismael Sermeño?

4-49 En su opinión. Work together to express your opinions about these issues. Use the following statements in your discussion.

Estoy de acuerdo.	No opino.	No estoy de acuerdo.

1. En la guerra (*war*), son las familias las que sufren más.
2. No hay "guerra justa".
3. Los políticos verdaderamente no entienden el costo de una guerra.
4. Las mujeres deben participar con los hombres en la defensa de la patria.

El arzobispo Óscar Romero denunció la violencia militar de los años 70 en El Salvador. Este monumento a la Memoria y la Verdad en el parque Cuscatlán, San Salvador conmemora su vida y obras.

Taller

4-50 Una invitación. In this activity, you will write a short e-mail, similar to the one below, to invite a friend to spend the weekend with you.

A:	Pilardelagloria@fusion.com
DE:	Maluisa1996@ecorreo.hn
ASUNTO:	fin de semana en La Ceiba
ENVIADO:	30-5-2016, 21:00

¡Querida Pilar!
¿Qué tal? Aquí estamos toda la familia en La Ceiba, Honduras, para pasar dos semanas de vacaciones. Conoces a mi amigo, Pancho, ¿verdad? Pues, el 7 de junio es su cumpleaños y queremos invitarte a pasar el fin de semana con nosotros aquí en la costa...

ANTES DE ESCRIBIR

- Provide the information you plan to include in your invitation using the following list as a guide. Make a list based on the following information.

dónde estás ahora	¿Con quiénes?	¿Por cuánto tiempo?
la invitación	¿Cuándo?	cosas que necesita traer
algunas actividades	¿Por qué?	¿más información?

A ESCRIBIR

- **Saludo.** Use the e-mail format of the sample invitation above, including the headers and greeting. Choose from the following greetings: **Mi querido/a amigo/a** (*My dear friend*), **Queridísima familia** (*Dearest family*), **Querido/a...** (*Dear . . .*)

- **El mensaje.** Incorporate the information you listed above. Use words such as **y**, **pero**, and **porque** to link your ideas.

- **Respuesta.** Ask for a reply to your letter: **Responde pronto.**

- **Despedida.** Close the letter with a farewell. Choose from: **Un abrazo** (*A hug*), **Un beso** (*A kiss*), **Afectuosamente** (*Affectionately*), **Con cariño** (*With affection*), **Saludos de** (*Best wishes from*)

DESPUÉS DE ESCRIBIR

- **Revisar.** Review the following elements in your letter:
  - ☐ use of stem-changing verbs **poner, salir,** and **traer**
  - ☐ use of **saber** and **conocer** and the personal **a**
  - ☐ use of direct objects and direct object pronouns
  - ☐ use of demonstratives (**este, ese, aquel,** etc.)
  - ☐ correct spelling, including accents

- **Intercambiar**
  Exchange your invitation with a classmate's; make grammatical corrections and content suggestions. Then respond to the invitation.

- **Entregar**
  Rewrite your original invitation, incorporating your classmate's suggestions. Then turn in your original invitation and the response from your classmate to your instructor.

En este capítulo...

Go to **MySpanishLab** to review what you have learned in this chapter. Practice with the following:

Flashcards	Games	Oral Practice	Practice Test / Study Plan
amplifire Dynamic Study Modules	Tutorials	Videos	Extra Practice

 ## Vocabulario

Primera parte

Miembros de la familia **Family members**

el/la abuelo/a	*grandfather/grandmother*
el/la cuñado/a	*brother-in-law/sister-in-law*
el/la esposo/a	*husband/wife*
el/la hermanastro/a	*stepbrother/stepsister*
el/la hermano/a	*brother/sister*
el/la hijo/a	*son/daughter*
la madrastra	*stepmother*
la madre	*mother*
el/la nieto/a	*grandson/granddaughter*
el/la novio/a	*boyfriend/girlfriend, groom/bride*
la nuera	*daughter-in-law*
el padrastro	*stepfather*
el padre	*father*
el/la perro/a	*dog*
el/la primo/a	*cousin*
el/la sobrino/a	*nephew/niece*
el/la suegro/a	*father-in-law/mother-in-law*
el/la tío/a	*uncle/aunt*
el yerno	*son-in-law*

Verbos **Verbs**

almorzar (ue)	*to have lunch*
costar (ue)	*to cost*
dormir (ue)	*to sleep*
empezar (ie)	*to begin*
encontrar (ue)	*to find*
entender (ie)	*to understand*
ganar	*to earn*
jugar a (ue)	*to play*
pasar	*to spend (time)*
pensar (ie) (en)	*to think (about)*
pensar (ie) (+infinitive)	*to plan (to do something)*
pedir (i)	*to ask for, to request*
perder (ie)	*to lose*
poder (ue)	*to be able, can*
preferir (ie)	*to prefer*
querer (ie)	*to want, love*
recordar (ue)	*to remember*
repetir (i)	*to repeat, to have a second helping*
servir (i)	*to serve*
soñar (ue) (con)	*to dream (about)*
venir (ie)	*to come*
volver (ue)	*to return*

Adjetivos **Adjectives**

casado/a	*married*
divorciado/a	*divorced*
mayor	*older*
menor	*younger*
soltero/a	*single, unmarried*
unido/a	*close, close-knit*

Otras palabras y expresiones útiles

algún día	*someday*
la comida	*food*
conmigo	*with me*
contigo	*with you*
el refresco	*soft drink*

Segunda parte

El ocio **Leisure time**

el café (al aire libre)	*(outdoor) café*
el centro	*downtown*
el cine	*movie theater*
el concierto	*concert*
la entrada	*admission ticket*
la función	*show*
la orquesta	*orchestra*
el parque	*park*
el partido	*game*
la película	*movie*

Verbos **Verbs**

conocer	*to know (someone), to be familiar with (something)*
invitar	*to invite*
pasear	*to take a walk*
poner	*to put, to place*
poner una película	*to show a movie*
saber	*to know something*
saber + *infinitive*	*to know how to do something*
salir	*to leave, to go out*
tocar	*to play (an instrument, music)*
traer	*to bring*

Hacer una invitación **Extending invitations**

¿Qué tal si...?	*How about . . . ?*
¿Quieres ir a...?	*Do you want to go to . . . ?*
¿Te gustaría (+ inf.)...?	*Would you like (+ inf.) . . . ?*
¿Vamos a...?	*Should we go . . . ?*

Para aceptar una invitación **Accepting invitations**

De acuerdo.	*Fine with me, Okay.*
Me encantaría.	*I would love to.*
Paso por ti.	*I'll come by for you, I'll pick you up.*
Sí, claro.	*Yes, of course.*

Para rechazar una invitación **Rejecting invitations**

Estoy muy ocupado/a.	*I'm very busy.*
Gracias, pero no puedo...	*Thanks, but I can't . . .*
Lo siento, tengo que...	*I'm sorry, I have to . . .*

Direct object pronouns *See page 124.*   **Demonstrative adjectives and pronouns** *See page 134.*

5

¿Cómo pasas el día?

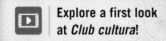
Explore a first look at *Club cultura*!

América Central II: Costa Rica, Nicaragua, Panamá

ESTADOS UNIDOS

OCÉANO ATLÁNTICO

Golfo de California

MÉXICO

Golfo de México

Bahía de Campeche

REPÚBLICA DOMINICANA

CUBA

PUERTO RICO

HONDURAS

Mar Caribe

GUATEMALA

NICARAGUA

EL SALVADOR

PANAMÁ

COSTA RICA

OCÉANO PACÍFICO

AMÉRICA DEL SUR

Take a virtual tour with the Interactive Globe.

«Un lugar para cada cosa y cada cosa en su lugar».

Refrán: A place for everything and everything in its place.

Los sensacionales paisajes y la increíble diversidad de flora y fauna atraen a muchos visitantes a Costa Rica, Nicaragua y Panamá todos los años.

Las molas tienen su origen en las islas de San Blas, Panamá, pero son populares por toda Centroamérica. Estos hermosos textiles representan la flora y la fauna de la región.

¡Así lo decimos! VOCABULARIO

¡Así es la vida! El arreglo personal

Fabián tiene cita con Rosario a las nueve de la mañana. Ahora son las nueve y quince.

FABIÁN:	¿Sí?
ROSARIO:	¡Hola, Fabián!
FABIÁN:	¿Sí? ¿Quién es?
ROSARIO:	¡Yo! ¡Rosario! Estoy aquí en el Café Solo. ¿Dónde estás tú?
FABIÁN:	¡Ay! En la cama. Llego en cinco minutos. Solo tengo que levantarme, ducharme, afeitarme, peinarme, vestirme…
ROSARIO:	¡Fabián! ¡Eres un caso!

Rosario toma su desayuno y piensa…

ROSARIO: A veces este Fabián me pone furiosa. Nunca se despierta a tiempo. Bueno, también es un buen amigo y siempre nos divertimos juntos.

¿COMPRENDES?
Check your comprehension online!

Vocabulario Las actividades diarias

Variaciones

Levantarse can mean *to get up (in the morning)* or *to stand up (from a sitting position)*. In parts of Latin America, however, to stand up is often expressed with **pararse**.

Explore visual vocabulary online!

Actividades diarias · Daily activities

acostarse (ue) *to go to bed*
afeitarse *to shave*
bañarse *to take a bath*
cepillarse (los dientes) *to brush (your teeth)*
despertarse (ie) *to wake up*
dormirse (ue, u) *to fall asleep*
ducharse *to take a shower*
lavarse (la cara) *to wash (your face)*
levantarse *to get up, to stand up*
maquillarse *to put on makeup*
peinarse (el pelo) *to comb (your hair)*
quitarse (la camisa) *to take off (your shirt)*
secarse *to dry oneself*
sentarse (ie) *to sit down*
vestirse (i, i) *to get dressed*

Ramón se afeita con una navaja.

Algunas partes del cuerpo · Some parts of the body

la cara *face*
los dientes *teeth*
la mano *hand*
la nariz *nose*
el ojo *eye*
el pelo *hair*

María se maquilla después de bañarse.

Algunas emociones · Some emotions

ponerse contento/a *to become happy*
furioso/a *angry*
molesto/a *annoyed*
sentirse (ie, i) *to feel*

Artículos de uso personal · Personal care items

el brillo de labios *lip gloss*
el champú *shampoo*
la crema (de afeitar) *(shaving) cream*
el jabón *soap*
el maquillaje *makeup*
la máquina de afeitar *electric razor*
la navaja de afeitar *razor*
el peine *comb*
el secador *hair dryer*

José se cepilla los dientes.

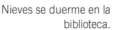

Nieves se duerme en la biblioteca.

APLICACIÓN

5-1 Rosario está molesta. Contesta las preguntas basadas en la conversación entre Rosario y Fabián.

1. ¿Dónde está Rosario?

2. ¿Dónde está Fabián?

3. ¿Por qué está molesta Rosario?

4. ¿Qué tiene que hacer Fabián?

5. ¿Cuánto tiempo dice Fabián que necesita para llegar al café?

6. ¿Crees que Rosario va a ponerse furiosa al llegar Fabián al café?

7. ¿Cuánto tiempo necesitas normalmente para arreglarte (*get ready*) por la mañana?

5-2 ¿Qué tienen que hacer? Identifica qué tienen que hacer estas personas cada día. Añade (*Add*) más información sobre cada dibujo (*drawing*).

MODELO: *Pancho tiene que acostarse temprano porque mañana tiene que ir a la escuela.*

Pancho

1. **Juanito**   2. **Maribel**   3. **Alonso**   4. **Tomás**

5. **Carlos**   6. **Sara**   7. **doña María**   8. **tía Luisa**

5-3 ¿Qué asocian con…? Formen dos equipos (*teams*) para ver cuántas palabras o expresiones pueden asociar con las siguientes actividades.

MODELO: afeitarse

la cara, la crema de afeitar, la navaja,…

1. bañarse	5. despertarse	9. ponerse impaciente
2. mirarse	6. cepillarse	10. ponerse nervioso/a
3. secarse	7. sentarse	11. maquillarse
4. peinarse	8. levantarse	12. sentirse cansado/a

Capítulo 5 ¿Cómo pasas el día?

5-4 El arreglo personal. Hay una gran variedad de productos de maquillaje y arreglo personal.

Paso 1 Conéctate a Internet y busca un producto de arreglo personal. Descríbelo e incluye cuánto cuesta. ¿Es para hombres o para mujeres? ¿Es un producto bueno en tu opinión? ¿Quieres comprarlo? ¿Por qué?

> **Busca:** productos belleza; maquillaje; secadores pelo; jabones; maquinas afeitar

MODELO: *Toja Sensible es una crema de afeitar para hombres. La compro porque...*

Paso 2 Ahora diseña un anuncio para vender un producto original. Usa el modelo.

! ¿Quieres una cara joven y bella?

¡Necesitas usar CremaBella todos los días!
Fórmula original de los antiguos mayas.
La diferencia en solo 8 días.
¡Resultados garantizados!

La puedes comprar en www.cremabella.com
Oferta especial por Internet: 3 meses por solo $19,95 al mes.

5-5 Los señores Rodríguez. Escucha la descripción de la rutina diaria de la familia Rodríguez. Indica a quién(es) se refiere cada oración a continuación: al Sr. Rodríguez, a la Sra. Rodríguez o a los dos.

La actividad	El señor	La señora	Los dos
1. Debe levantarse temprano todos los días.	____	____	____
2. Trabaja en una oficina.	____	____	____
3. Le gusta bañarse por la mañana.	____	____	____
4. Tiene que afeitarse.	____	____	____
5. Toma café en el desayuno.	____	____	____
6. Almuerza con otras personas.	____	____	____
7. Hace ejercicio después de comer.	____	____	____
8. Prepara la cena.	____	____	____

5-6A Compras para su clóset del baño. Tienen que equipar el clóset de su baño y no quieren gastar (*spend*) mucho dinero. Tú tienes una lista de productos; tu compañero/a tiene el volante (*flier*) con los productos en venta. Decidan qué productos van a comprar. ¿Cuánto gastan en total? **Estudiante B,** por favor ve al **Apéndice 1,** página A-7.

MODELO: ESTUDIANTE A: *Necesitamos... ¿Cuánto cuesta(n)?*
ESTUDIANTE B: *Está(n) en venta esta semana por... / Lo siento, no está(n) en venta esta semana.*
ESTUDIANTE A: *Bien, vamos a comprar... por... en total. / Entonces, necesitamos...*

Estudiante A:

> **Lista de compras:**
>
> ☐ 2 cepillos de dientes   ☐ jabón de mano   ☐ 2 peines de plástico
> ☐ champú para rubios   ☐ brillo de labios   ☐ secador eléctrico
> ☐ crema para afeitar   ☐ 2 navajas de afeitar   ☐ loción

⚙ 1. Reflexive constructions: Pronouns and verbs

A reflexive construction is one in which the subject is both the performer and the receiver of the action expressed by the verb.

- The drawing on the left depicts a reflexive action (Isabel is combing her own hair); the drawing on the right depicts a nonreflexive action (Isabel is combing her sister's hair).

Isabel **se peina.**
Isabel combs her hair.

Isabel **peina** a su hermana.
Isabel combs her sister's hair.

Los pronombres reflexivos

- Reflexive constructions require the reflexive pronouns.

Subject pronoun	Reflexive pronoun	Verb (lavarse)
yo	**me** (*myself*)	**lavo**
tú	**te** (*yourself*)	**lavas**
Ud.	**se** (*yourself*)	**lava**
él/ella	**se** (*himself, herself*)	**lava**
nosotros/as	**nos** (*ourselves*)	**lavamos**
vosotros/as	**os** (*yourselves*)	**laváis**
Uds.	**se** (*yourselves*)	**lavan**
ellos/as	**se** (*themselves*)	**lavan**

- Reflexive pronouns have the same forms as direct object pronouns, except for the third-person singular and plural. The reflexive pronoun of the third-person singular and plural is **se.**

  Paco **se** baña. *Paco bathes.*
  Los niños **se** levantan temprano. *The children get up early.*

- As with object pronouns, reflexive pronouns are placed immediately before the conjugated verbs. In Spanish the definite article, not the possessive adjective, is used to refer to parts of the body and articles of clothing.

  Me lavo **las** manos. *I wash my hands.*
  Pedro se pone **el** sombrero. *Pedro puts on his hat.*

- With infinitives, reflexive pronouns are either attached to the infinitives or placed in front of the conjugated verbs.

  Sofía, ¿vas a maquillar**te** ahora?
  Sofía, ¿**te** vas a maquillar ahora? } *Sofía, are you going to put on your makeup now?*

- In English, reflexive pronouns are frequently omitted, but in Spanish, reflexive pronouns are required in all reflexive constructions.

  Pepe **se afeita** antes de acostarse. *Pepe shaves before going to bed.*
  Marina siempre **se baña** a las ocho. *Marina always bathes at eight.*

Los verbos reflexivos

- Verbs that describe personal care and daily habits carry a reflexive pronoun if the same person performs and receives the action.

Me voy a acostar temprano.   *I'm going to bed early.*
Mis hermanos se despiertan tarde todas las mañanas.   *My brothers wake up late every morning.*

- Such verbs can also be used nonreflexively when someone other than the subject receives the action.

Elena **acuesta** a su hija menor.   *Elena puts her youngest daughter to bed.*
¿**Despiertas** a tu compañero de cuarto?   *Do you wake up your roommate?*

- In Spanish, verbs that express feelings, moods, and conditions are often used with reflexive pronouns. A reflexive pronoun is usually not required in English. Instead, verbs such as *to get* or *to become* or other nonreflexive verbs are used.

alegrarse (de)	*to become happy*
divertirse (ie, i)	*to have fun*
enamorarse (de)	*to fall in love (with)*
enfermarse	*to become sick*
enojarse (con)	*to get angry*
olvidarse (de)	*to forget*

Me alegro de ganar.   *I am happy to win.*
Siempre **nos divertimos** en la fiesta.   *We always have fun at the party.*
Luis **va a enamorarse de** Ana.   *Luis is going to fall in love with Ana.*
Jorge **se enoja** si pierde.   *Jorge gets angry if he loses.*
Me olvido de todo cuando la veo.   *I forget everything when I see her.*

- Some verbs have different meanings when used with reflexive pronouns.

Nonreflexive		**Reflexive**	
acostar (ue)	*to put to bed*	**acostarse (ue)**	*to go to bed*
dormir (ue, u)	*to sleep*	**dormirse (ue, u)**	*to fall asleep*
encontrar	*to find*	**encontrarse (con)**	*to meet up with someone*
enfermar	*to make sick*	**enfermarse**	*to become sick*
ir	*to go*	**irse**	*to go away, to leave*
levantar	*to lift*	**levantarse**	*to get up*
llamar	*to call*	**llamarse**	*to be called (as when giving your name)*
poner	*to put, to set*	**ponerse**	*to put on (clothing), to become*
quitar	*to remove*	**quitarse**	*to take off (clothing)*
vestir (i, i)	*to dress*	**vestirse (i, i)**	*to get dressed*

Las construcciones recíprocas

- The plural reflexive pronouns **nos, os,** and **se** may be used with verbs that take direct objects to express reciprocal actions. The verbs can be reflexive or nonreflexive verbs, and these actions are conveyed in English with *each other* or *one another.*

Nos queremos mucho.   *We love each other a lot.*
Los novios **se ven** todos los días.   *The sweethearts see one another every day.*

APLICACIÓN

5-7 Mariano Rivera, un panameño en Nueva York. Mariano Rivera era uno de los beisbolistas más destacados (*prominent*) de los Yankees.

Paso 1 Lee sobre la vida de Mariano Rivera y su hijo y subraya (*underline*) los verbos reflexivos. Indica cuál es el sujeto (*subject*) de cada verbo.

MODELO: Los beisbolistas <u>se alegran</u> cuando ganan un partido. (sujeto: los beisbolistas)

Mariano Rivera Sr.

Hasta que se jubiló (*retired*) en 2013, después de jugar 19 temporadas (*seasons*) con los New York Yankees, Mariano Rivera era (*was*) su lanzador estrella (*star pitcher*). Su hijo, Mariano Jr., ahora juega para los Yankees. Su vida es muy activa. Tiene que levantarse temprano porque tiene que practicar béisbol todos los días para estar en buenas condiciones físicas. Después de practicar, se sienta en su club para ver la televisión. Por la tarde, se divierte con sus amigos en un café y se pone muy contento cuando tocan música latina, especialmente la de sus compatriotas Los Rabanes. Por la noche, después de hacer ejercicio en un gimnasio, se baña y se acuesta temprano, pues al día siguiente se despierta a las seis de la mañana porque tienen un partido en Boston esa noche. Seguramente todos van a divertirse mucho después de ganar el partido.

Paso 2 Ahora, prepara cuatro preguntas para hacerle a otro miembro de la clase y contesta las de él/ella.

MODELO: E1: *¿Dónde vive Mariano Rivera Jr.?*
E2: *Vive en Nueva York.*

5-8 ¿En qué orden lo haces? Pon (*put*) estas actividades en orden lógico según (*according to*) tu rutina diaria. Después, compara tu orden con el de un/a compañero/a. ¿Son similares o diferentes?

_____ me duermo   _____ me peino

_____ me lavo   _____ me cepillo los dientes

_____ me afeito   _____ me despierto

_____ me acuesto   _____ me lavo la cara

5-9 Parejas famosas. Describe la relación que tienen las siguientes personas.

Algunas parejas		Algunas relaciones
Peter Griffin y Brian Griffin (*Family Guy*)		quererse
Javier Bardem y Penélope Cruz		llamarse
Jay y Gloria (*Modern Family*)		escribirse
los republicanos y los demócratas		verse
los perros (*dogs*) y los gatos (*cats*)	(**no**)	admirarse
Carrie Mathison y Nicholas Brody (*Homeland*)		detestarse
Tú y yo		adorarse
¿...?		tolerarse

MODELO: Romeo y Julieta
Romeo y Julieta se quieren mucho.

Los guacamayos se quieren mucho.

5-10 Nuestras rutinas. ¿Tienes mucho en común con tu compañero/a de clase?

Paso 1 Primero, indica si haces las siguientes actividades e incluye cuándo y cómo.

> despertarse antes de las siete de la mañana
>
> ducharse por la noche o por la mañana
>
> maquillarse todos los días
>
> acostarse temprano o tarde los fines de semana
>
> divertirse en una fiesta
>
> afeitarse con navaja o con máquina de afeitar

MODELO: *Siempre me despierto antes de las siete de la mañana.*

Paso 2 Ahora, pregúntale a tu compañero/a si hace estas mismas cosas (*same things*). Incluye dos preguntas originales. Después, describan qué tienen ustedes en común: **Mi compañero/a y yo nos ....**

MODELO: E1: *Siempre me despierto antes de las siete de la mañana. Y tú, ¿cuándo te despiertas?*
E2: *Normalmente, me despierto antes de las siete también. / No me despierto antes de las siete. Me despierto a las ocho.*

5-11 **Las emociones y las reacciones.** Túrnense para hacerse preguntas sobre cómo se sienten en las siguientes situaciones.

MODELO: llegas tarde a clase

E1: *¿Qué pasa cuando llegas tarde a clase?*

E2: *Me pongo nervioso/a.*

- sacas una "A" en un examen
- conoces a una persona importante
- pierdes tu libro de texto
- ves un programa violento en la televisión
- estás en una clase aburrida
- ves el "Daily Show" o "South Park" en *Comedy Central*
- te olvidas de la tarea
- el/la profesor/a llega tarde para un examen

5-12 **Una relación especial.** Túrnense para hacerse preguntas sobre relaciones especiales que tienen con algunas personas. Puede ser con un/a novio/a, un/a amigo/a o un familiar.

MODELO: E1: *¿Se conocen bien?*

E2: *Sí, nos conocemos bastante bien.*

1. ¿Con qué frecuencia se ven?
2. ¿Dónde se encuentran generalmente?
3. ¿Cuántas veces al día se llaman por teléfono?
4. ¿Qué se dicen cuando se ven?
5. ¿Se quieren mucho?
6. ¿Cuándo se mandan (*send*) textos por teléfono?
7. ¿Se entienden bien?
8. ¿Se respetan mucho?

5-13 **Rétense (*Challenge each other*).** Formen dos equipos y un miembro de la clase hace de árbitro (*referee*). Cada equipo tiene que escribir cinco preguntas para el otro equipo usando verbos reflexivos. Una persona diferente del equipo contesta para su equipo y el árbitro decide si contesta bien. Al final, el equipo que tiene el mayor número de respuestas correctas gana.

MODELO: Equipo 1: *¿Cúando te enojas?*

Equipo 2: *Me enojo cuando no tengo razón.*

Árbitro: *¡Correcto! / Lo siento, no es correcto.*

2. Comparisons of equality and inequality

Comparaciones de igualdad

- To compare things that are equal, English uses *as . . . as.* In Spanish, you make comparisons of equality with adjectives and adverbs by using the following construction.

> **tan** + *adjective/adverb* + **como**

Joaquín es **tan** amable **como** Roberto.	*Joaquín is as nice as Roberto.*
María no habla **tan** despacio **como** su hermana.	*María doesn't speak as slowly as her sister.*

- Make comparisons of equality with nouns by using the following construction. Note that **tanto** is an adjective and agrees in gender and number with the noun or pronoun it modifies.

> **tanto/a(s)** + *noun* + **como**

Marta tiene **tantos** amigos **como** ustedes.	*Marta has as many friends as you.*
Tú tienes **tanta** paciencia **como** Eugenio.	*You have as much patience as Eugenio.*

- Make comparisons of equality with verbs by using the following construction.

> *verb* + **tanto como**

Mis hermanos se enamoran **tanto** **como** tú.	*My brothers fall in love as much as you.*

¿COMPRENDES?
Check your comprehension online!

Comparaciones de desigualdad

- A comparison of inequality expresses *more than* or *less than.* Use this construction with adjectives, adverbs, or nouns.

> **más/menos** + *adjective/adverb/noun* + **que**

adjective

Mercedes es **menos** responsable **que** Claudio.	*Mercedes is less responsible than Claudio.*

adverb

Yo me visto **más** rápidamente **que** tú.	*I get dressed faster than you.*

noun

Esta casa tiene **menos** cuartos **que** la otra.	*This house has fewer rooms than the other.*

- Make comparisons of inequality with verbs using the following construction:

> *verb* + **más/menos** + **que**

Estudio **más que** tú.　　　　　　*I study more than you (do).*

- With numerical expressions, use **de** instead of **que**.

Tengo **más de** cinco buenos amigos. *I have more than five good friends.*

Resumen (*Summary*) de las comparaciones de igualdad y de desigualdad

Equal comparisons

nouns:	**tanto/a(s)** + *noun* + **como** + *noun* or *pronoun*
adjectives/adverbs:	**tan** + *adj./adv.* + **como** + *noun* or *pronoun*
verbs:	*verb* + **tanto como** + *noun* or *pronoun*

Unequal comparisons

adjs./advs./nouns:	**más/menos** + *adj./adv./noun* + **que** + *noun* or *pronoun*
verbs:	*verb* + **más/menos** + **que** + *noun* or *pronoun*
with numbers:	**más/menos** + **de** + *number*

Los adjetivos comparativos irregulares

Some Spanish adjectives have both regular and irregular comparative forms. The irregular forms do not require *más/menos*:

Adjective	Regular form	Irregular form	
bueno/a	más bueno/a	mejor	*better*
malo/a	más malo/a	peor	*worse*
viejo/a	más viejo/a	mayor	*older*
joven	más joven	menor	*younger*

- The irregular forms **mejor** and **peor** are more commonly used than the regular forms.

Esta casa es **mejor** que esa.	*This house is better than that one.*
Rafael es **peor** que Luis.	*Rafael is worse than Luis.*
Me siento **mejor** hoy.	*I feel better today.*
Dormimos **peor** cuando hace calor.	*We sleep worse when it is hot.*

- **Mayor, menor,** and **más joven** are commonly used with people; **más viejo** may be used with inanimate objects.

Manuel es **menor** que Berta y yo soy **mayor** que Manuel.	*Manuel is younger than Berta and I am older than Manuel.*
San José, Costa Rica, es **más vieja** que Managua, Nicaragua.	*San José, Costa Rica, is older than Managua, Nicaragua.*

¿COMPRENDES?
Check your comprehension online!

APLICACIÓN

5-14 Dos chismosas (*gossips*). Estás en una fiesta cuando escuchas una conversación entre dos personas chismosas.

Paso 1 Subraya (*Underline*) las comparaciones de igualdad y de desigualdad en la conversación.

MODELO: La blusa de doña Carmen es <u>más fea que</u> la de doña Luisa.

CARLOTA: Creo que el champú que usa Elena es peor que el que uso yo.

ÁNGELA: Es verdad que su pelo no es tan bonito como el tuyo[1].

CARLOTA: ¿Crees que ella es tan rica como dice?

ÁNGELA: No, pero creo que es más rica que nosotras. Sin embargo, es menos rica que su esposo.

CARLOTA: Pero su esposo no tiene tantos carros como tú.

ÁNGELA: Es cierto, pero mis carros son menos grandes y elegantes que los carros de su esposo.

CARLOTA: ¿Y quién crees que es mayor? ¿Tú o Elena?

ÁNGELA: ¡Qué barbaridad! Yo soy mucho más joven que ella. Ella tiene más de cincuenta años. Yo tengo menos de cuarenta.

CARLOTA: Bueno, estoy aburrida. Vamos a casa. No me gusta la comida aquí. En casa la comida es mejor que la comida que hacen aquí.

ÁNGELA: Tienes razón. ¡Esta comida es peor que la comida nuestra! ¡Vamos!

CARLOTA: Perdón, Elena, pero estamos muy cansadas y tenemos que levantarnos más temprano que de costumbre[2] mañana. Gracias, su fiesta es perfecta. ¡La comida está deliciosa!

---

[1]*yours*   [2]*usual*

Paso 2 Ahora, túrnense para hacer y contestar preguntas sobre la conversación y añadir (*add*) más detalles.

MODELO: E1: *¿Cómo es el champú que usa Elena?*
E2: *Es peor que el champú que usa Carlota.*
E1: *¿Por qué?*
E2: *Porque no es tan caro. Elena compra el champú en Econo Mart.*

5-15 Los Grammy. Ustedes son reporteros/as para la ceremonia de los Grammy en Hollywood y ven llegar a las estrellas (*stars*). Cada uno/a debe hacer por lo menos cinco comparaciones según los datos publicados sobre estas personas. Añadan otros detalles basados en sus fotos.

Enrique Iglesias

Fecha de nacimiento: 1975
Estatura: 1,91 m
Número de premios Grammy: 2
Número de álbumes vendidos: 4 millones

Paulina Rubio

Fecha de nacimiento: 1971
Estatura: 1,63 m
Número de premios Grammy: 0
Número de álbumes vendidos: 25 millones

Rubén Blades

Fecha de nacimiento: 1948
Estatura: 1,80 m
Número de premios Grammy: 8
Número de álbumes vendidos: 75 millones

Gloria Estefan

Fecha de nacimiento: 1957
Estatura: 1,58 m
Número de premios Grammy: 6
Número de álbumes vendidos: 16 millones

Juanes

Fecha de nacimiento: 1972
Estatura: 1,72 m
Número de premios Grammy: 22
Número de álbumes vendidos: 12 millones

Christina Aguilera

Fecha de nacimiento: 1980
Estatura: 1,56 m
Número de premios Grammy: 5
Número de álbumes vendidos: 20 millones

MODELO: *Enrique Iglesias es más guapo que Rubén Blades.*

5-16 Sus preferencias. En grupos de tres, hablen de sus preferencias sobre los siguientes temas y por qué prefieren uno más que otro. Antes de empezar, preparen sus preferencias y opiniones. Usen comparaciones para expresar sus opiniones.

> las escuelas privadas *vs.* las escuelas públicas
> una casa *vs.* un apartamento
> vivir en la ciudad *vs.* vivir en las afueras
> los programas de cable *vs.* los de NBC, CBS o ABC
> los correos electrónicos *vs.* los mensajes de texto
> las películas de acción *vs.* las sentimentales

MODELO: E1: *Yo creo que las escuelas públicas son más baratas que las escuelas privadas.*
E2: *Sí, pero las clases en las escuelas privadas son más pequeñas.*
E3: *Pues yo prefiero las escuelas públicas porque tienen más deportes.*

Cultura en vivo

In contrast with people in the U.S. and Canada, people in Latin America tend to prefer living in the city where they have easy access to public transportation, schools, and shopping. Instead of inner-city slums, the poor areas of a city are in the outskirts. Do you see trends changing in your city or town? Why or why not?

¿Cuánto saben?

Primero, pregúntate si puedes llevar a cabo (*carry out*) las siguientes funciones comunicativas en español. Después, júntate con dos o tres compañeros/as de clase para presentar las situaciones. Hagan y respondan a por lo menos cuatro preguntas en cada situación.

✓ CAN YOU ...

☐ describe your daily routine and habits?

☐ express needs related to personal care?

☐ express emotional states?

☐ compare objects and people?

WITH YOUR CLASSMATE(S) ...

Situación: Un apartamento
Entrevista a otro/a estudiante para ver si son compatibles como compañeros/as de apartamento. Usen verbos reflexivos como **levantarse, acostarse** y **dormirse** para describir sus rutinas diarias y hábitos. Al final, decidan si son o no son compatibles.
Para empezar: *Me gusta levantarme... Siempre me despierto...*

Situación: Un producto nuevo
Son un/a vendedor/a y un/a cliente interesado/a en una línea nueva de productos para el arreglo personal. Uno/a presenta los productos (**maquillaje, un secador, una máquina de afeitar,** etc.) y explica por qué son una buena compra. El/La otro/a estudiante hace preguntas sobre los productos.
Para empezar: *Usted debe comprar esta máquina de afeitar. Cuesta solo cien dólares y es super cómoda...*

Situación: Confesiones
Conversen sobre cómo reaccionan en diferentes situaciones. Usen verbos como **sentirse, alegrarse** y **ponerse.**
Para empezar: *Siempre me pongo nervioso/a cuando la profesora me hace una pregunta en clase. ¿Y tú?...*

Situación: En una fiesta
Conversen sobre las personas que observan en una fiesta y sus acciones. Usen comparaciones de adjetivos, adverbios y sustantivos.
Para empezar: *En esta fiesta hay tantos chicos como chicas. Creo que Ramón baila mejor que Luis, pero Luis es mucho más guapo...*

Perfiles

Mi experiencia

ECO VOLUNTARIADO EN COSTA RICA

5-17 Para ti. ¿Hay parques nacionales en tu país que se dedican a conservar especies en peligro de extinción? ¿En qué lugares es popular hacer ecoturismo o eco voluntariado? Para ti, ¿qué diferencias hay entre el turismo y el ecoturismo? ¿Te interesa la naturaleza? ¿Por qué? Lee la entrada de Ramón Vázquez en un foro sobre el eco voluntariado.

> Foro   Eco voluntariado en Tortuguero
>   29-sep-2014
>
> ¡Hola! Acabo de tener otra experiencia súper emocionante aquí en Tortuguero, Costa Rica, uno de los parques nacionales más importantes del mundo para la protección de las tortugas marinas. Soy de Panamá pero cada año viajo hasta Tortuguero como voluntario para ayudar en la protección de esta especie de tortugas que está en peligro de extinción. Todos los años las tortugas llegan aquí entre julio y septiembre para poner sus huevos[1]. Participo con mis amigos en los programas de criadero[2] dirigidos por un grupo de naturalistas. Durante las masivas arribadas (así es como se llama la llegada de las tortugas a la playa), voluntarios como yo desenterramos[3] los huevos y los llevamos a un lugar seguro hasta que nacen las crías[4]. De esta manera aseguramos que un gran número de crías sobrevivan[5]. Después, recogemos las crías en cubetas[6] y vamos hasta la orilla del mar donde, con mucho cuidado, las depositamos. ¡Tienes que ver cómo corren las pequeñas tortugas hacia el mar! Repito esta experiencia todos los años aunque[7] es un viaje de más de setecientos kilómetros en carro desde Panamá, pero como voy con amigos y escuchamos música de nuestros grupos favoritos (Los Rabanes por ejemplo), el viaje es más entretenido. Acampamos por el camino y hasta[8] a veces dormimos en la playa. ¿Te animas[9]?
>
> Ramon Vázquez
> Panamá

[1]*lay their eggs* [2]*hatchery* [3]*dig up* [4]*hatchlings* [5]*survive* [6]*buckets* [7]*even though* [8]*even* [9]*Are you game*

5-18 En su opinión. Túrnense para expresar y anotar sus opiniones. ¿En qué puntos están de acuerdo?

1. Cuando voy de vacaciones, me levanto temprano.	Sí	No
2. Me gusta el ecoturismo.	Sí	No
3. Es bueno proteger las especies en peligro de extinción.	Sí	No
4. Me gustaría hacer eco voluntariado algún día.	Sí	No
5. No es importante ducharme todos los días cuando estoy de vacaciones.	Sí	No
6. Prefiero la ciudad al campo como destino cuando viajo.	Sí	No

5-19 Una visita a Tortuguero. Conéctate a Internet para ver imágenes o videos de Tortuguero y usa comparaciones para escribir tres observaciones en forma de *blog* sobre el lugar.

> **Busca:** video tortuguero

MODELO: *La playa es más bonita que las playas de California.*

Mi música

Los Rabanes es un grupo panameño ganador de un Grammy Latino. Original-mente tocaba en bares y clubes, pero rápidamente se conoció su música por todo el mundo. Hoy se le considera el grupo más popular de Panamá. Sus canciones mezclan letras (*lyrics*) en español y en inglés, pero muchas veces las palabras que usan en inglés son irónicas o sarcásticas. Su música combina reggaetón y rock. Los miembros son Emilio Regueira Pérez (voz y guitarra), Christian Torres (voz, bajo y guitarra) y Javier Saavedra (percusión).

Antes de ver y escuchar

5-20 Comparaciones. Usando comparaciones de igualdad y de desigualdad, escribe oraciones en español para comparar estas cosas o conceptos.

MODELO: bailar / cantar (fácil)
Es más fácil bailar bien que cantar bien.

1. tocar guitarra / cantar (interesante)
2. ir en carro / ir en autobús (rápido)
3. las vacaciones en la playa / las vacaciones en el campo (divertido)
4. bailar en una fiesta / observar a la gente en una fiesta (agradable)
5. escuchar música / ver un video musical (aburrido)

Para ver y escuchar

5-21 La canción. Conéctate a Internet para buscar un video de "Everybody" de Los Rabanes cantando esta canción. Escribe una descripción de los cantantes y las acciones en la canción. ¿Cómo son físicamente? ¿Cuántos años tienen? ¿Cómo es la canción? ¿Cómo es el ritmo? ¿Qué hacen los cantantes en el video? ¿Se divierten?

Busca: everybody rabanes video; everybody rabanes letra

Después de ver y escuchar

5-22 ¿Cómo se comparan? Escribe un mínimo de cinco comparaciones iguales y/o desiguales que se te ocurran (*that occur to you*) al ver el video. Puedes incluir algunos de estos temas.

- la música
- el baile
- los músicos
- las personas que bailan
- el medio de transporte
- los animales

MODELO: *En el video hay tantas mujeres como hombres...*

Segunda parte

¡Así lo decimos! VOCABULARIO

¡Así es la vida! Vamos a limpiar

Vera quiere invitar a algunos amigos esta noche para una fiesta en el apartamento donde vive con sus tres amigos. Desgraciadamente, la casa está muy desordenada.

Ahora Vera está enojada y les escribe una nota a sus compañeros.

ENRIQUE— Debes vaciar el lavaplatos y sacar la basura.

ROGELIO— Tienes que recoger la ropa del piso y pasar la aspiradora en la sala.

ESTELA— Necesitas lavar el piso de la cocina y poner la mesa.

Yo voy a comprar los refrescos y vuelvo a las seis.

— Vera

¿COMPRENDES?
Check your comprehension online!

Vocabulario Los quehaceres domésticos

Aparatos domésticos | Household appliances

la aspiradora *vacuum cleaner*
la lavadora *washing machine*
el lavaplatos *dishwasher*
la plancha *iron*
la secadora *clothes dryer*

Tomás va a recoger la ropa del piso.

Muebles y accesorios | Furniture and accessories

la cama *bed*
la cómoda *dresser*
el cuadro *painting*
el estante *bookcase*
la lámpara *lamp*
la mesa de noche *nightstand*
el sillón *armchair, overstuffed chair*
el sofá *sofa, couch*

Explore visual vocabulary online!

Teresa pone la mesa.

Las partes de una casa | Parts of a house

el baño *bathroom*
la casa *house, home*
la cocina *kitchen*
el comedor *dining room*
el cuarto *room, bedroom*
el dormitorio *bedroom*
el garaje *garage*
el jardín *garden*
el pasillo *hallway*
el patio *patio, backyard*
el piso *floor*
la sala *living room*
la terraza *terrace*

Variaciones

Depending on where you are, **piso** can mean *floor,* or *story* (*of a building*). You will hear **piso** for *floor* (*of a room*) in Latin America, but in Spain **suelo** for *floor,* and **piso** for *apartment.* How then do you find an apartment in other countries? Use **departamento** in Mexico and Argentina, and **apartamento** in Colombia and other places.

Los quehaceres domésticos | Household chores

hacer la cama *to make the bed*
lavar (el piso/los platos) *to wash (the floor / the dishes)*
limpiar/ordenar la casa *to clean / to straighten up the house*
llenar/vaciar el lavaplatos *to fill / to empty the dishwasher*
pasar la aspiradora *to vacuum*
poner/quitar la mesa *to set / to clear the table*
recoger la ropa (del piso / de la secadora) *to pick up / to collect clothes (from the floor / from the dryer)*
sacar la basura *to take out the garbage*

Salva tiene que pasar la aspiradora.

The consonant *h* and the sequence *ch* in Spanish

In Spanish, the letter **h** is silent. In other words, it is a letter for which there is no corresponding sound.

ho-la   **ha**-cer   **ho**m-bre   **he**r-mo-sa   que-**ha**-ce-res

In the sequence **ch**, however, the letters **c** and **h** combine to create one single sound **ch**, which is pronounced the same as in English *church*.

mu-**cho**   no-**che**   plan-**cha**   cu-**chi**-lla   mu-**cha**-**cho**

APLICACIÓN

🔲 **5-23 En el apartamento de Vera.**   Completa las siguientes frases lógicamente según las instrucciones de Vera en **¡Así es la vida!**

MODELO: Estela tiene que lavar... *el piso de la cocina.*

1. _____ Vera se pone...	a. el lavaplatos.
2. _____ Limpian la casa antes de...	b. los quehaceres.
3. _____ Enrique necesita vaciar...	c. la basura.
4. _____ Enrique tiene que sacar...	d. del piso.
5. _____ Es necesario pasar...	e. la mesa.
6. _____ Rogelio necesita recoger la ropa...	f. la fiesta.
7. _____ Estela tiene que poner...	g. enojada.
8. _____ Vera escribe una lista de...	h. la aspiradora.

🔲 **5-24 ¡Emparejar!**   ¿Dónde encuentras las siguientes cosas? Empareja (*Match*) la letra del lugar con el objeto lógico y di (*say*) dónde está.

MODELO: el carro
            El carro está en el garaje.

1. _____ la bicicleta	a. el comedor
2. _____ el sofá	b. la cocina
3. _____ la ropa	c. la sala
4. _____ la cama	d. la cómoda
5. _____ el lavaplatos	e. el garaje
6. _____ la mesa y las sillas	f. el dormitorio

👥 **5-25 ¿Quién lo hace en tu casa?**   Túrnense para decir quién hace estos quehaceres en su casa y decidan cuál de ustedes es más trabajador/a.

MODELO: lavar los platos
            E1: *Mi hermano los lava.*
            E2: *Pues, en mi casa yo los lavo. Creo que soy más trabajador que tú.*

1. pasar la aspiradora	4. poner la mesa	7. lavar la ropa
2. hacer las compras	5. sacar la basura	8. ordenar la casa
3. vaciar el lavaplatos	6. hacer las camas	9. limpiar el baño

5-26 **¡Todo lo que necesita para la casa!** Escucha el siguiente anuncio de radio sobre los productos para la casa. Escribe el nombre y el precio de cada producto debajo del dibujo correspondiente.

MODELO: *Una silla: $19*

1.

_____

2.

_____

3.

_____

4.

_____

5.

_____

6.

_____

Cultura en vivo

Because electricity is a comparatively expensive commodity, electrical appliances are not as common in many Latin American homes as in the U.S. and Canada. However, middle-class homes are more likely to have hired help to assist with daily chores. Would you prefer to have the latest electrical appliances, or hired help to assist you with your chores?

5-27A **En la agencia de bienes raíces (*real estate*).** Buscas una casa o apartamento en Panamá para ti y algunos compañeros. A continuación tienes información para contestar las preguntas del/de la agente de bienes raíces. **Estudiante B,** por favor ve al **Apéndice 1,** página A-8.

MODELO: ESTUDIANTE A: *Busco una casa o un apartamento.*
ESTUDIANTE B: *¿Para cuántas personas?*
ESTUDIANTE A: *Para cinco, y las mujeres quieren...*

Estudiante A:

- hay cinco personas: dos hombres y tres mujeres
- las mujeres quieren habitaciones privadas
- todos quieren estar cerca de la playa
- quieren una cocina grande y un patio
- tienen un perro
- la casa debe tener un garaje para un carro y cuatro bicicletas
- debe tener por lo menos dos baños, uno con ducha
- quieren estar cerca de la línea de autobús
- pueden pagar entre $1.000 y $1.200 al mes, luz y gas incluidos

5-28 **El plan (*floor plan*) de mi casa.** Dibuja (*Draw*) el plan de tu casa o apartamento (real o imaginario) en una hoja. Incluye los cuartos, los pasillos y los muebles. Descríbeselo a tu compañero/a para que él/ella lo reproduzca en su papel. Comparen los resultados. ¿Se comunican bien? Ahora escucha y dibuja la descripción de tu compañero/a.

MODELO: *Mi apartamento es pequeño. Tiene...*

EXPANSIÓN
Preposiciones de lugar
To describe the location of a person or an object, use the following prepositions:

arriba de *above*
contra *against*
debajo de *under, below*
dentro de *within, inside of*
sobre *on*

¡Así lo hacemos! ESTRUCTURAS

3. The superlative

- A superlative statement expresses the highest or lowest degree of a quality: for example, the most, the greatest, the least, or the worst. To express the superlative in Spanish, the definite article is used with **más** or **menos.** Note that the preposition **de** is the equivalent of *in* or *of* after a superlative.

> *definite article* + **más** or **menos** + *adjective* + **de**

Antonio es **el más alto de** mis hermanos.	*Antonio is the tallest of my brothers.*
Este jabón es **el menos caro de** todos.	*This soap is the least expensive of all.*

- When a noun is used with the superlative, the definite article precedes the noun in Spanish.

Mi brillo de labios es **el** brillo de labios **más** caro que venden aquí.	*My lip gloss is the most expensive lip gloss they sell here.*
La casa de Carlos es **la** casa **más** popular **del** barrio.	*Carlos's house is the most popular house in the neighborhood.*

- Adjectives and adverbs that have irregular forms in the comparative use the same irregular forms in the superlative.

Juan es **el mejor de** mis amigos.	*Juan is the best of my friends.*
La tía Isabel es **la mayor de** mis tías.	*Aunt Isabel is the oldest of my aunts.*

¿COMPRENDES?
Check your comprehension online!

APLICACIÓN

 5-29 **El Canal de Panamá.** La nación de Panamá controla el canal desde el 31 de diciembre de 1999.

Más de 14.000 barcos pasan por el canal cada año.

Paso 1 Lee el párrafo siguiente y subraya los superlativos.

El Canal de Panamá no es el más largo, ni el más ancho[1], ni el más profundo[2], ni el más antiguo del mundo. Pero sí es el único que conecta dos océanos: el Atlántico y el Pacífico, y aún hoy es la vía de agua navegable más importante del mundo. Al principio, enfermedades como la malaria, la fiebre[3] amarilla y el cólera causaron los problemas más graves de la construcción del canal. De todos, primero los franceses y después los norteamericanos, George Goethals fue el ingeniero que tuvo más éxito[4] en terminar el proyecto. Cuando completó el canal en 1914, era[5] el peor momento de esa época: el comienzo de la Primera Guerra Mundial. Hoy en día, el canal todavía es una de las obras de ingeniería más impactantes del mundo.

[1]*widest* [2]*deepest* [3]*fever* [4]*success* [5]*it was*

Paso 2   Contesta las siguientes preguntas sobre el artículo para después escribir un breve resumen (*brief summary*) de la importancia que tiene el Canal de Panamá.

1. ¿Qué conecta el canal?
2. ¿Por qué es importante?
3. ¿En qué año se completó?
4. ¿Cuáles eran (*were*) los problemas más graves al principio?
5. ¿Cuál fue el ingeniero que tuvo (*had*) más éxito?
6. ¿Qué otro evento importante también comenzó en 1914?

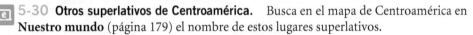 **5-30 Otros superlativos de Centroamérica.**   Busca en el mapa de Centroamérica en **Nuestro mundo** (página 179) el nombre de estos lugares superlativos.

MODELO: el país de Centroamérica más montañoso
> *Honduras es el país más montañoso de Centroamérica.*

1. el país más grande de Centroamérica
2. el lago más grande de Nicaragua
3. el país más pequeño de Centroamérica
4. el país más estrecho (*narrow*)

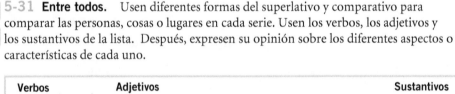 **5-31 Entre todos.**   Usen diferentes formas del superlativo y comparativo para comparar las personas, cosas o lugares en cada serie. Usen los verbos, los adjetivos y los sustantivos de la lista. Después, expresen su opinión sobre los diferentes aspectos o características de cada uno.

Verbos	Adjetivos		Sustantivos
actuar	caro/a – económico/a	grande – pequeño/a	actor/actriz
cantar	delicioso/a	lujoso/a (*luxurious*)	deporte
costar	divertido/a	mejor – peor	persona
maquillarse	emocionante	mayor – menor	
ser	generoso/a – tacaño/a	rápido/a	
vestirse	gordo/a – delgado/a	ridículo/a	

MODELO: Bill Gates – Carlos Slim – Helen Mirren
> E1: *Creo que Bill Gates es más rico que Helen Mirren.*
> E2: *Y Carlos Slim es el más rico de los tres.*
> E3: *Pero Helen Mirren es la más elegante de los tres...*

1. Queen Latifah – Oprah – Beyoncé
2. Penélope Cruz – Daisy Fuentes – Mariah Carey
3. Enrique Iglesias – Juanes – Los Rabanes
4. los carros japoneses – los carros alemanes – los carros norteamericanos
5. la comida mexicana – la comida italiana – la comida francesa
6. el béisbol – el fútbol – el básquetbol
7. la ciudad de Miami – la ciudad de Chicago – la ciudad de San Francisco

Presencia hispana

Waves of immigration from Central American countries to the U.S. and Canada have been largely due to political upheaval in the home countries of immigrants, with the notable exceptions of those from Costa Rica and Panama. Costa Rican immigrants are often university-educated scholars who come for research opportunities not available at home. In the U.S. and Canada, they do not typically form **barrios** to the extent other immigrants do. In addition to political stability, what other factors would encourage a person to stay in his or her home country?

4. The present progressive

Están llamándose por teléfono.

- The present progressive tense describes an action that is in progress at the time the statement is made. It is formed using the present indicative of **estar** as an auxiliary verb and the present participle (the **-ando/-iendo** form) of the main verb. The present participle is invariable regardless of the subject. It never changes its ending. Only **estar** is conjugated when using the present progressive forms.

Present progressive of *hablar*			
yo	**estoy hablando**	nosotros/as	**estamos hablando**
tú	**estás hablando**	vosotros/as	**estáis hablando**
Ud.	**está hablando**	Uds.	**están hablando**
él/ella	**está hablando**	ellos/as	**están hablando**

- To form the present participle of regular **-ar** verbs, add **-ando** to the verb stem:

> hablar + -ando → **hablando**

Los niños **están bailando** en la sala.   *The children are dancing in the living room.*

- To form the present participle of **-er** and **-ir** verbs, add **-iendo** to the verb stem:

> comer + -iendo → **comiendo**   escribir + -iendo → **escribiendo**

Los niños **están bebiendo** leche.   *The children are drinking milk.*
Estoy escribiendo la composición.   *I'm writing the composition.*

- **Leer** has an irregular present participle. The **i** from **-iendo** changes to **y.**

> leer + iendo → **leyendo**

- **-Ir** verbs with a stem change will also have a change in the participle. This change will be indicated when you first encounter the infinitive.

dormir (ue, u)	*to sleep*	→	**durmiendo**	*sleeping*
pedir (i, i)	*to ask for*	→	**pidiendo**	*asking for*
servir (i, i)	*to serve*	→	**sirviendo**	*serving*

- Reflexive pronouns and object pronouns can either precede **estar** or be attached to the participle. Add an accent when the pronoun is attached to the participle.

Carlos está vistiéndo**se**.
Carlos **se** está vistiendo.   } *Carlos is getting dressed.*

Estamos mirándo**te**.
Te estamos mirando.   } *We're looking at you.*

¿COMPRENDES?
Check your comprehension online!

APLICACIÓN

5-32 ¿Qué estamos haciendo? Empareja el lugar donde estamos con la actividad más lógica que estamos haciendo.

MODELO: Estamos en el laboratorio de ciencias.
Estamos estudiando para un examen de biología.

1. _____ Estamos en un café.
2. _____ Estamos en el sofá.
3. _____ Estamos en el parque.
4. _____ Estamos en un concierto.
5. _____ Estamos en clase.
6. _____ Estamos en un partido.
7. _____ Estamos en la biblioteca.
8. _____ Estamos en casa a las dos de la mañana.

a. Estamos viendo la televisión.
b. Estamos escuchando música.
c. Estamos escribiendo apuntes en un cuaderno.
d. Estamos jugando al tenis.
e. Estamos leyendo un libro.
f. Estamos tomando un refresco.
g. Estamos durmiendo.
h. Estamos haciendo un picnic.

5-33 ¡Imagínate! Escribe dónde te imaginas que están estas personas y lo que están haciendo ahora. Puedes usar las actividades de la lista.

asistir	dormir	jugar	pasar
cantar	escribir	lavarse	ponerse
cepillarse	hablar	limpiar	preparar
despertarse	hacer	maquillarse	vestirse

MODELO: el presidente de México
El presidente de México está en Washington. Está visitando al presidente de Estados Unidos.

Personajes

1. Eli Manning y Peyton Manning
2. Joaquín Phoenix
3. Miguel Cabrera
4. George Clooney y Amal Alamuddin
5. Pedro Almodóvar
6. Michael Phelps
7. Ricky Martin y Shakira
8. el vicepresidente de EE.UU.

5-34 Lo siento, no está disponible (*available*). Ustedes son recepcionistas en un hotel de cinco estrellas en Ciudad de Panamá. Túrnense para inventar excusas para explicar por qué algunos de los huéspedes (*guests*) importantes no pueden atender las llamadas.

MODELO: E1: *Buenos días. ¿Me permite hablar con el presidente Obama?*
E2: *Lo siento; el señor Obama no está disponible ahora. Está hablando con el presidente de Panamá.*

Algunos de los huéspedes importantes

Mariah Carey y Paulina Rubio	Michelle Obama	Kobe Bryant
Venus y Serena Williams	Eminem y Kanye West	Stephen Colbert
la chef Rachael Ray	Roselyn Sánchez (*Without a Trace*)	Homer y Marge Simpson

EXPANSIÓN
When making excuses, there are several fillers you can use to stall for time and come up with a reasonable response:

este... *uhh . . .*
bueno... *well . . .*
el problema es que... *the problem is that . . .*
lo siento, pero... *I'm sorry, but . . .*

5-35A ¿Qué estoy haciendo? Mientras (*While*) actúas una de las siguientes situaciones, tu compañero/a trata de adivinar (*guess*) lo que estás haciendo. Túrnense para actuar y adivinar. **Estudiante B,** por favor ve al **Apéndice 1,** página A-9.

MODELO: afeitarse
ESTUDIANTE A: (act out shaving)
¿Qué estoy haciendo?
ESTUDIANTE B: *Estás afeitándote.*

Estudiante A:

1. (**cepillarse**) los dientes
2. (**maquillarse**)
3. (**bañarse**)
4. (**sacar**) la basura
5. (**acostarse**)
6. (**ponerse**) nervioso/a

Estoy afeitándome.

¿Cuánto saben?

Primero, pregúntate si puedes llevar a cabo (*carry out*) las siguientes funciones comunicativas en español. Después, júntate (*get together*) con dos o tres compañeros/as de clase para presentar las situaciones. Hagan y respondan a por lo menos cuatro preguntas en cada situación.

✓ CAN YOU . . .

☐ talk about what you do around the house?

☐ describe people or things using superlatives?

☐ describe what is happening at the moment?

WITH YOUR CLASSMATE(S) . . .

Situación: En casa
Decidan entre ustedes quién se encarga de (*is responsible for*) los quehaceres de la casa.
Para empezar: *Paco tiene que...*

Situación: Alquilo apartamento
Uno/a de ustedes quiere alquilar (*to rent*) su apartamento. Túrnense para describirlo y hacer preguntas sobre dónde está el apartamento, sus habitaciones y los muebles. Usen comparaciones y superlativos en su descripción.
Para empezar: *Mi apartamento es más grande que otros en el barrio y también es el más económico...*

Situación: Por teléfono
Observen a sus compañeros/as de clase y explíquense lo que están haciendo en este momento.
Para empezar: *Ana está escribiendo en su portátil...*

Observaciones

 Review what you have learned with ¡Pura vida!

¡Pura vida! EPISODIO 5

En este episodio hay conflicto entre Hermés y Marcela.

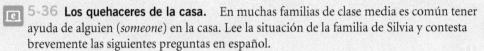
Una casa de apartamentos en Madrid.

Antes de ver el video

5-36 Los quehaceres de la casa. En muchas familias de clase media es común tener ayuda de alguien (*someone*) en la casa. Lee la situación de la familia de Silvia y contesta brevemente las siguientes preguntas en español.

> Vivimos en Madrid. Como[1] mi padre y mi madre trabajan fuera[2] de casa, tenemos una señora que nos ayuda con los quehaceres. Se llama Ana y viene todos los lunes, miércoles y viernes. Pasa tres o cuatro horas lavando la ropa, ordenando la casa, lavando los platos y limpiando los pisos. Algunas veces, también va al mercado y hace las compras para la cena, pero mi mamá siempre prepara la comida. Con frecuencia tenemos visita[3] los viernes por la noche: mis abuelos y mis tíos o algunos amigos de la oficina de mis padres. En esas ocasiones, Ana prepara algo especial, como una paella o una torta. Gracias a la ayuda de Ana, el día siguiente solo tenemos que vaciar el lavaplatos.

[1]*Since*   [2]*outside*   [3]*guests*

1. ¿Dónde vive la familia de Silvia?
2. ¿Por qué necesitan a una señora que les ayuda a mantener la casa?
3. ¿Cuáles son los quehaceres de Ana?
4. ¿Quién normalmente prepara la cena?
5. Si hay visita el viernes, ¿qué tiene que hacer la familia los sábados?

A ver el video

5-37 Hay conflicto en casa. Mira el quinto episodio de **¡Pura vida!** para identificar el conflicto entre Marcela y Hermés. Luego, empareja (*pair*) las frases para formar oraciones lógicas.

Marcela

Marcela y Hermés

La lista de quehaceres

1. _____ Hermés trabaja...
2. _____ A Marcela le molestan...
3. _____ Hermés dice que siempre...
4. _____ Marcela dice que ella siempre...
5. _____ Según Silvia, cada uno...

a. los papeles que están en el piso.
b. saca la basura.
c. plancha su ropa y hace su cama.
d. lavando platos en un restaurante.
e. limpia el baño.

Después de ver el video

5-38 Servicio de limpieza. Conéctate a Internet para buscar un servicio de limpieza. Escoge uno que te guste y anota los servicios y el costo, si se incluye.

➤ **Busca:** servicio domestico; servicio limpieza domestica

Explore more about Costa Rica, Nicaragua and Panamá with *Club cultura* **online.**

Nuestro mundo

 Panoramas

América Central II:
Costa Rica, Nicaragua, Panamá

Los primeros habitantes de estas regiones llegaron (*arrived*) hace más de 30.000 años. Los españoles llegaron hace poco más de 500.

Según una leyenda salvadoreña, durante la colonia española una erupción de este volcán facilitó el triunfo de los campesinos sobre los ricos terratenientes (*landowners*) españoles.

En el 2014, Pananá celebra el centenario de la construcción del Canal y en el 2015, su expansión. La nueva vía (*lane*) va a acomodar las súper naves que antes eran demasiado grandes para navegar el Canal.

La gran variedad de flora y fauna en las selvas centroamericanas se ve representada tanto en artefactos precolombinos como en artesanías indígenas.

Costa Rica,
Nicaragua, Panamá

	Costa Rica	Nicaragua	Panamá
Población:	4,7 millones	5,8 millones	3,6 millones
Población urbana:	64,7%	57,5%	75,3%
Servicio militar:	No tiene fuerzas militares.	Voluntario	No tiene fuerzas militares.
PIB per cápita:	$12.900	$4.500	$16.500

5-39 Identifica. Identifica lo siguiente.

1. el país con la mayor población en las ciudades
2. el país con el menor PIB por persona
3. el tema (*theme*) de muchas de las artesanías
4. lo que pasa en los años 2014 y 2015
5. un fenómeno natural relacionado con una leyenda (*legend*)
6. los países sin fuerzas militares

5-40 Desafío. Usa el mapa para identificar estos lugares y sus características.

1. las capitales de estos tres países
2. sus costas
3. el país más grande de los tres
4. el país con frontera con Honduras
5. la ruta del Canal (del norte al sur o del oeste al este)

5-41 Proyecto: América Central: Costa Rica, Nicaragua, Panamá. Estos tres países contribuyen mucho a la economía, la política y la cultura de la región. Escoge uno de los siguientes lugares, personas o temas, u otro que te interese, para investigar: **el Canal de Panamá, el ecoturismo, Óscar Arias, los indios Guna, el fútbol en Costa Rica, una casa o apartamento en Costa Rica/Nicaragua/Panamá.** Usa el Modelo para escribir un resumen en el que incluyas lo siguiente:

- su nombre y dónde está
- por qué es importante o interesante
- cómo es
- si quieres visitarlo o verlo algún día y por qué
- si piensas estudiar más sobre este tema
- una foto representativa

Busca: canal panama; oscar arias; guna, etc.

MODELO: *El país de Costa Rica es muy popular entre muchos estadounidenses y canadienses para invertir* (invest) *en una segunda casa y eventualmente vivir allí....*

Páginas

Playa Cacao

ANTES DE LEER

5-42 Lo que ya sabes. Lo que (*What*) ya sabes es importante para entender lo que lees. Por ejemplo, en la construcción de una casa, los materiales dependen del clima y de otros factores como el gusto (*taste*) de la persona, su situación económica, etc. Antes de leer la descripción de la casa que aparece a continuación, piensa en tus preferencias para comprar una casa.

Para mí, la casa debe...

1. _____ tener muchos dormitorios
2. _____ respetar el medio ambiente (*environment*)
3. _____ estar cerca de buenas escuelas
4. _____ estar en un barrio seguro (*safe*)
5. _____ tener una cocina bien equipada
6. _____ costar más (menos) de $150.000
7. _____ otros requisitos (*requirements*)...

A LEER

5-43 Esta casa. Mientras lees la descripción de esta casa, compárala con tu casa ideal. ¿Qué tiene la casa que te gusta? ¿Qué tiene la casa que no te gusta?

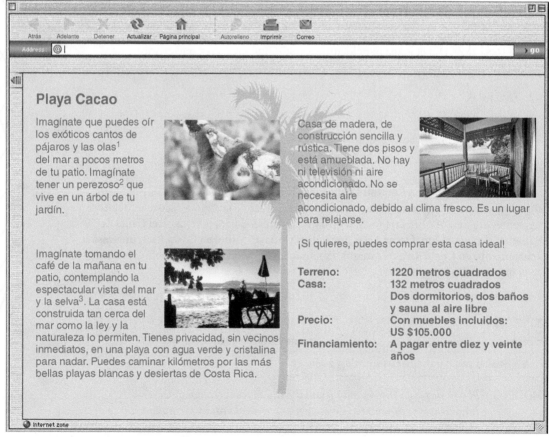

Playa Cacao

Imagínate que puedes oír los exóticos cantos de pájaros y las olas[1] del mar a pocos metros de tu patio. Imagínate tener un perezoso[2] que vive en un árbol de tu jardín.

Imagínate tomando el café de la mañana en tu patio, contemplando la espectacular vista del mar y la selva[3]. La casa está construida tan cerca del mar como la ley y la naturaleza lo permiten. Tienes privacidad, sin vecinos inmediatos, en una playa con agua verde y cristalina para nadar. Puedes caminar kilómetros por las más bellas playas blancas y desiertas de Costa Rica.

Casa de madera, de construcción sencilla y rústica. Tiene dos pisos y está amueblada. No hay ni televisión ni aire acondicionado. No se necesita aire acondicionado, debido al clima fresco. Es un lugar para relajarse.

¡Si quieres, puedes comprar esta casa ideal!

Terreno:	1220 metros cuadrados
Casa:	132 metros cuadrados Dos dormitorios, dos baños y sauna al aire libre
Precio:	Con muebles incluidos: US $105.000
Financiamiento:	A pagar entre diez y veinte años

[1]*waves* [2]*sloth* [3]*jungle*

5-44 ¿Comprendiste? Resume (*Summarize*) las características de la casa que aparece en la página web.

1. dónde está   _____

2. número de dormitorios   _____

3. accesorios incluidos   _____

4. número de pisos   _____

5. número de baños   _____

6. ¿A/C?   _____

7. precio (*price*)   _____

8. ¿vista (*view*)?   _____

5-45 ¿Compras esta casa? Hablen sobre si piensan comprar o no esta casa y por qué.

MODELO: E1: *Compro esta casa porque...*

    E2: *Pues, yo no la compro porque...*

5-46 Comprar casa. Conéctate a Internet y busca una casa o un apartamento que se vende en Costa Rica, Panamá o Nicaragua. Escribe la información de la casa o apartamento en la lista a continuación.

> **Busca:** comprar casa costa rica, etc.

Dónde está: _____

El número de dormitorios: _____

Los metros cuadrados (o pies cuadrados): _____

El número de baños: _____

¿Tiene algo especial? _____

El precio: _____

¿Es una buena casa para tu familia? Explica por qué sí o por qué no. _____

Compro esta casa porque
tiene un patio muy bonito.

Taller

5-47 Un anuncio de venta. En esta actividad vas a diseñar (*design*) un anuncio o página web para vender una casa como la que aparece en **Páginas**.

ANTES DE ESCRIBIR

- Comienza con una lista para dar más información sobre tu casa o condominio.
  - ☐ su ubicación (ciudad, país, cerca de...)
  - ☐ los metros cuadrados
  - ☐ los dormitorios y su descripción
  - ☐ los accesorios incluidos
  - ☐ los accesorios extras: patio, piscina (*pool*), vista, cancha de tenis, etcétera
  - ☐ las actividades que uno puede hacer en la casa o en la comunidad
  - ☐ el precio
  - ☐ las fotos o dibujos para ilustrar la casa o condominio

A ESCRIBIR

- **Descripción.** Ahora escribe dos párrafos para describir la casa. Recuerda, deseas venderla.

DESPUÉS DE ESCRIBIR

- **Revisar.** Revisa la descripción para verificar los siguientes puntos:
  - ☐ el uso correcto de los verbos reflexivos
  - ☐ el uso de comparativos y superlativos
  - ☐ el uso del presente progresivo
  - ☐ la ortografía, incluidos los acentos
- **Intercambiar**
  Intercambia tu anuncio con el de un/a compañero/a y comenten sobre el diseño de cada anuncio y si es efectivo.
- **Entregar**
  Revisa tu anuncio e incorpora las sugerencias de tu compañero/a. Después, dale el anuncio y las respuestas de tu compañero/a a tu profesor/a.

En este capítulo...

Go to **MySpanishLab** to review what you have learned in this chapter. Practice with the following:

Flashcards | Games | Oral Practice | Practice Test / Study Plan
amplifire Dynamic Study Modules | Tutorials | Videos | Extra Practice

🔊 Vocabulario

Primera parte

Las actividades diarias   Daily activities

acostarse (ue)   *to go to bed*
afeitarse   *to shave*
bañarse   *to bathe*
cepillarse   *to brush*
despertarse (ie)   *to wake up*
dormirse (ue, u)   *to fall asleep*
ducharse   *to take a shower*
lavarse   *to wash*
levantarse   *to get up, to stand up*
maquillarse   *to apply makeup*
peinarse   *to comb*
quitarse (la camisa)   *to take off (your shirt)*
secarse   *to dry oneself*
sentarse (ie)   *to sit down*
vestirse (i, i)   *to get dressed*

Algunas emociones   Some emotions

ponerse contento/a   *to become happy*
     furioso/a   *angry*
     molesto/a   *annoyed*
sentirse (ie, i)   *to feel*

Algunas partes del cuerpo   Some parts of the body

la cara   *face*
los dientes   *teeth*
la mano   *hand*
la nariz   *nose*
el ojo   *eye*
el pelo   *hair*

Artículos de uso personal   Personal care items

el brillo de labios   *lip gloss*
el champú   *shampoo*
la crema (de afeitar)   *(shaving) cream*
el jabón   *soap*
el maquillaje   *makeup*
la máquina de afeitar   *electric razor*
la navaja de afeitar   *razor*
el peine   *comb*
el secador   *hair dryer*

Segunda parte

Los accesorios y los muebles   Furniture and accessories

los aparatos domésticos   *household appliances*
la aspiradora   *vacuum cleaner*
la cama   *bed*
la cómoda   *dresser*
el cuadro   *painting*
el estante   *bookcase*
la lámpara   *lamp*
la lavadora   *washing machine*
el lavaplatos   *dishwasher*
la mesa de noche   *nightstand*
la plancha   *iron*
la secadora   *clothes dryer*
el sillón   *armchair, overstuffed chair*
el sofá   *sofa, couch*

Los quehaceres domésticos   Household chores

hacer la cama   *to make the bed*
lavar (los platos / el piso)   *to wash (the dishes / the floor)*
limpiar/ordenar la casa   *to clean / straighten up the house*
llenar el lavaplatos   *to load the dishwasher*
pasar la aspiradora   *to vacuum*
poner la mesa   *to set the table*
quitar la mesa   *to clear the table*
recoger la ropa (del piso / de la secadora)   *to pick up / collect clothes (from the floor / dryer)*
sacar la basura   *to take out the garbage*
vaciar el lavaplatos   *to empty the dishwasher*

Las partes de una casa   Parts of a house

el baño   *bathroom*
la casa   *house, home*
la cocina   *kitchen*
el comedor   *dining room*
el cuarto   *room, bedroom*
el dormitorio   *bedroom*
el garaje   *garage*
el jardín   *garden*
el pasillo   *hallway*
el patio   *patio, backyard*
el piso   *floor*
la sala   *living room*
la terraza   *terrace*

Reflexive pronouns   *See page 156.*
Comparisons of equality and inequality   *See pages 161–162.*

Verbs that express feelings, moods, and conditions   *See page 157.*
Prepositions of place   *See page 171.*

Expressions with the noun *vez*   *See page 160.*
The superlative   *See page 172.*

B Activities

CAPÍTULO 1

1-5B **¿Cómo está usted?** Your partner will assume the role of instructor; you are his/her student. Act out the following conversation using the information provided to complete your end of the conversation.

MODELO: Estudiante A: *Buenos días...*
Estudiante B: *Hola...*

Estudiante B:

- Answer your instructor. Then ask him/her how he/she feels.
- Say that you are not feeling very well.
- Respond and then say good-bye to your instructor, that you'll see him/her later.

1-9B **Otra vez, por favor (*please*).** Take turns spelling out your words in parentheses to your partner while he/she writes them down. Be sure to say in what category they belong. If you need to hear the spelling again, ask your partner to repeat by saying **Repite, por favor.**

MODELO: cosa (*thing*) (quesadilla)
Estudiante A: *Es una cosa, cu – u – e – ese – a – de – i – ele – ele – a*
Estudiante B: (After writing down the word) *¿Es una quesadilla?*
Estudiante A: *¡Correcto!*

Estudiante B:

I say and spell . . .	I write . . .
1. persona famosa (Salma Hayek)	1. persona famosa: _____
2. ciudad (Tampa)	2. ciudad (*city*): _____
3. cosa (café)	3. cosa: _____
4. ciudad (San Francisco)	4. ciudad: _____

1-17B Los días, los meses y las estaciones. Take turns asking each other questions to fill in the missing days, dates, and months on each of your grids.

MODELO: ESTUDIANTE A: (You need) *¿Un mes de otoño?*
ESTUDIANTE B: (You have) *octubre*

Estudiante B:

You need . . .	My partner gives me . . .	Your partner needs . . .
1. un mes de primavera		miércoles
2. el primer día de la semana		el 4 de julio
3. un mes con veintiocho o veintinueve días		domingo
4. el Día de San Valentín		septiembre
5. un mes con cinco letras		agosto

1-29B ¡Escucha bien! Take turns telling each other in Spanish what to do using the cues in English and acting out the commands.

MODELO: (Open your book)
ESTUDIANTE A: *Abre el libro.*
ESTUDIANTE B: (opens his/her book)
ESTUDIANTE A: *Correcto.*

Estudiante B:

You say in Spanish:
1. (Close your book)
2. (Take out your homework)
3. (Go to the chalkboard)

1-30B Un pedido (*order*) por teléfono. You are a student worker in the bookstore. A departmental worker calls you to give a supply order over the phone. Below is a list of items you have. Respond whether you have enough and mark the items the caller would be able to purchase. When you finish, compare your lists.

MODELO: ESTUDIANTE A: *Necesitamos cinco calculadoras. ¿Hay cinco calculadoras?*
ESTUDIANTE B: *Sí, tengo diez. / No, solo (only) hay cuatro.*

Estudiante B:

Hay...	Necesita...	Hay...	Necesita...	Hay...	Necesita...
79 bolígrafos	_____	30 lápices	_____	95 cajas de tiza	_____
22 libros	_____	96 mapas	_____	90 cajas de papel	_____
11 sillas	_____	1 mesa	_____	15 diccionarios	_____
14 cuadernos	_____			2 relojes	_____

CAPÍTULO 2

2-9B **¿A qué hora?**   Complete your calendar by asking your partner when events with missing times take place. To ask your partner to repeat something, remember to say: **Repite, por favor.**

MODELO: la fiesta (20:30)
   ESTUDIANTE A: *¿A qué hora es la fiesta?*
   ESTUDIANTE B: *Es a las ocho y media de la noche.*

Hora	Actividad
_____	la clase de historia
10:30	la clase de arte
_____	la clase de español
13:30	la conferencia[1]
_____	la reunión
16:30	el examen
_____	el partido de fútbol
20:00	el programa "Ídolo americano" en la televisión
_____	la fiesta
24:00	el programa de noticias en la televisión

[1]*lecture*

2-16B **¿Quién eres? ¿Cómo eres?**   Ask questions to learn about your partner's new identity.

Paso 1   Assume the identity of one of the people outlined below and read through the information.

Estudiante B:

♂	♀
Juan López García	María Jiménez Cruz
Universidad Complutense de Madrid	Universidad Autónoma Nacional
España	México
arte	sociología
el profesor Sánchez	la profesora Alvarado
muy interesante	fantástica
25 estudiantes en la clase	15 estudiantes en la clase
alto y guapo	alta y simpática

1. ¿ _____ te llamas?
2. ¿ _____ estudias?
3. ¿ De _____ eres?
4. ¿ _____ eres?
5. ¿ _____ es tu clase de...?
6. ¿ _____ es el profesor de...?
7. ¿ _____ es tu clase favorita?
8. ¿ _____ estudiantes hay en la clase?

Paso 2   Ask each other about yourselves to find out what you have in common. Use interrogatives such as **qué, dónde, cómo, cuántos/as,** and **cuál** in the prompts above to help you form your questions.

MODELO: ESTUDIANTE A: *¿Dónde estudias?*
   ESTUDIANTE B: *Estudio en la Universidad Nacional. ¿Y tú?*
   ESTUDIANTE A: *Estudio...*

2-26B **¿De dónde eres?** Take turns identifying the country your partner is from based on the language he/she tells you he/she speaks. Remember that in Spanish, the masculine form of the nationality corresponds to the language spoken there.

MODELO: Estudiante A: *Hablo italiano.*
Estudiante B: *¿Eres de Italia?*
Estudiante A: *Sí, es verdad.*

Estudiante B:

Hablo...	Mi compañero/a es de...
1. español	Corea
2. japonés	Inglaterra
3. chino	Portugal
4. alemán	Rusia

2-35B **Entrevistas.** Ask each other questions to share the information below. Be sure to respond using complete sentences and logical information.

MODELO: Estudiante A: *¿A qué hora llegas a clase?*
Estudiante B: (1:30 p.m.) *Llego a la una y media de la tarde.*

Estudiante B:

Mis preguntas	Mis respuestas
1. ¿Dónde estudias?	• todos los días
2. ¿Aprendes mucho en clase?	• tenis
3. ¿Qué música escuchas?	• solo los lunes, miércoles y viernes
4. ¿Qué comes en un restaurante?	• inglés, y un poquito de español
5. ¿Qué programa ves en la televisión?	• el *New York Times*

2-39B **¿Tienes?** Take turns asking each other if you have the items on your list. If your partner has the item you want, you make a pair. The first person who has five pairs of items wins.

MODELO: ☐ un libro de historia
Estudiante A: *¿Tienes un libro de historia?*
Estudiante B: *Sí, tengo. (No, no tengo libro de historia, pero tengo un libro de física).*

Estudiante B:

☐ un cuaderno verde	☐ una novela de Hemingway	☐ un examen difícil
☐ una mochila negra	☐ un reloj grande	☐ un/a profesor/a inteligente
☐ un libro de francés	☐ un lápiz rojo	☐ un libro viejo
☐ una pintura de Dalí	☐ un cuaderno viejo	☐ un buen amigo

CAPÍTULO 3

3-7B **Inventario en el almacén (*warehouse*).** You and your classmate are stock workers compiling end-of-year inventory figures. Each of you is missing data. Take turns asking each other questions to fill in the missing parts on each of your grids. **¡OJO!** (*Watch out!*) Watch for agreement. Then check all your figures by calling out each item and quantity.

MODELO: ESTUDIANTE A: (You need) *¿Cuántas mesas tienes?*
ESTUDIANTE B: (You have) *Tengo setecientas cuarenta y siete mesas.*

Estudiante B:

600.450 CD	11.399 lápices
_____ diccionarios	2.700.000 bolígrafos
110 sillas	_____ cuadernos
5.002 escritorios	672 computadoras
2.400 libros de texto	_____ calculadoras
_____ pizarras	52 mapas

3-27B **Las materias, la hora, el lugar.** Take turns asking and answering questions in order to complete the missing information on your class schedules.

MODELO: ESTUDIANTE A: *¿A qué hora es la clase de...?*
ESTUDIANTE B: *¿Qué clase es a la/s...?*
ESTUDIANTE A: *¿Dónde es la clase de...?*
ESTUDIANTE B: *¿Quién es el/la profesor/a de...?*

Estudiante B:

Hora	Clase	Lugar	Profesor/a
8:30	cálculo	Facultad de Informática	
9:00			Ramón Sánchez Guillón
10:00	biología	Facultad de Medicina	
	lingüística	Facultad de Letras	
1:55		Facultad de Ingeniería	Carlos Santos Pérez

3-36B **¿Dónde estoy?** Take turns acting out your situations while your partner tries to guess where you are. Then challenge other members of the class to guess where you are by acting out what you are doing.

MODELO: ESTUDIANTE A: (act out reading a book) *¿Dónde estoy?*
ESTUDIANTE B: *Estás en la biblioteca.*

Estudiante B:

1. (working out in gym)
2. (playing tennis on the tennis courts)
3. (painting a picture in art class)
4. (looking at the stars through a telescope in the observatory)
5. ¿...?

3-39B ¿Quién es? Take turns describing the following people using **ser, estar,** and **tener** and guessing who the person is.

MODELO: ESTUDIANTE A: *Es una mujer. Tiene unos treinta años. Es muy inteligente. Está aquí en la clase con nosotros...*
ESTUDIANTE B: *¡Es la profesora!*

Estudiante B:

1. Lil Wayne (rapper)	3. Lady Gaga (pop singer)
2. Miley Cyrus (actress, pop singer)	4. ¿...?

CAPÍTULO 4

4-14B Una entrevista para *Prensa Libre*. *Prensa Libre* is an independent newspaper in Guatemala. You are reporters who are preparing to interview the **Presidente de la República.** Ask and respond logically to each other's questions, being careful to use the correct object pronouns and verb forms.

MODELO: ESTUDIANTE A: *¿Tienes tu cámara?*
ESTUDIANTE B: *Sí, la tengo.*

Estudiante B:

Mis preguntas	Mis respuestas a las preguntas de mi compañero/a
1. ¿Vas a llamar al secretario antes de ir?	_____ La escucha cuando está cansado.
2. ¿El presidente quiere ver el artículo antes de publicarlo?	_____ No, lo van a visitar en junio.
3. ¿La esposa del presidente quiere leer la entrevista también?	_____ No, no las necesitamos.
4. El presidente juega al fútbol, ¿verdad?	_____ Sí, la tiene.
5. ¿También toca el piano?	_____ Sí, la tengo.
6. ¿El presidente recibe al embajador norteamericano mañana?	_____ Sí, lo habla perfectamente bien.

4-25B ¡Estoy aburrido/a! Your partner is bored. Invite him/her to do something that he/she might enjoy. Continue offering suggestions until he/she accepts one.

MODELO: ESTUDIANTE A: *Estoy aburrido/a.*
ESTUDIANTE B: *¿Quieres ir a bailar? (¿Te gustaría...? ¿Prefieres...?)*
ESTUDIANTE A: *Me encantaría. ¡Vamos! / Gracias, pero no puedo. No tengo dinero.*

Estudiante B:

Algunas actividades:	
(**almorzar**) conmigo	(**pasear**) por el centro
(**correr**) por el parque	(**tener**) una fiesta
(**ir**) al cine / al partido de...	(**tomar**) un café
(**ir**) al parque	(**venir**) a mi casa
(**jugar**) al...	(**ver**) una película de acción
(**llamar**) por teléfono a...	(**visitar**) a amigos / a la familia

4-37B Entrevista. First, interview your partner using the questions below to find out about him/her. Write down his/her answers. Then, read the profile about the person you will be role-playing. Answer your partner's questions based on the information you have.

MODELO: ESTUDIANTE A: *¿Conoces alguna* (any) *persona famosa?*
ESTUDIANTE B: *Sí, conozco a Ricky Martin. Soy amigo/a de él.*

1. ¿Conoces a algún político importante?
2. ¿A qué artistas famosos conoces?
3. ¿Qué idiomas sabes hablar?
4. ¿Qué países conoces muy bien?
5. ¿Estudias biología?
6. ¿Juegas bien al fútbol?

Estudiante B:

> Soy amigo/a del presidente de Costa Rica.
>
> Toco muy bien el piano.
>
> No practico mucho los deportes.
>
> Vivo y trabajo en Ciudad de Guatemala.
>
> Hablo español y una lengua maya.
>
> Soy arqueólogo/a y estudio las pirámides mayas.

CAPÍTULO 5

5-6B Compras para su clóset del baño. Tienen que equipar el clóset de su baño. Tú tienes el volante (*flier*) del periódico con los productos en venta esta semana; tu compañero/a tiene una lista de posibles productos para comprar. Decidan qué productos van a comprar según los precios. ¿Cuánto gastan en total?

MODELO: ESTUDIANTE A: *Necesitamos… ¿Cuánto cuesta(n)?*
ESTUDIANTE B: *Está(n) en venta esta semana por… / Lo siento, no está(n) en venta esta semana.*
ESTUDIANTE A: *Bien, vamos a comprar… por… en total. / Entonces, necesitamos…*

Estudiante B:

Volante del periódico			
máquina de afeitar	$29	navajas desechables (*disposable*)	$3
desodorante superseco masculino	$3	loción perfume de rosa	$6
cepillos para el pelo	$5	loción sin perfume	$4
champú Todopelo	$3,50	crema Barbasol	$1,50
jabón desodorante	$0,50	cepillo de dientes	$1,50
secador ultrarápido	$15	maquillaje "La Linda"	$10

5-27B En la agencia de bienes raíces (*real estate*).   Eres un/a agente de bienes raíces en Panamá y tienes un cliente que busca una casa o apartamento. A continuación tienes varias posibilidades, pero tienes que hacerle preguntas a tu cliente para decidir cuál es la mejor opción para su situación.

Casa Linda

cuatro dormitorios, cocina grande,
dos baños; centro ciudad;
$1.200/mes,
luz y gas incluidos

Apartamento en la playa

tres dormitorios; un baño grande,
uno pequeño con ducha; cocina pequeña,
patio; se permiten perros. $1.300/mes,
luz y gas incluidos

Apartamento con vista al mar

cuatro dormitorios, dos baños con ducha, cocina,
patio pequeño; se permiten perros;
parking en la calle. $1.200/mes,
luz y gas incluidos

Casa cerca de la playa

tres dormitorios, cocina grande,
patio, tres baños; cerca de la línea de autobuses,
garaje para dos carros;
se permite un perro pequeño; $1.000/mes,
luz y gas extra

Apartamento en zona exclusiva

con gimnasio y acceso a la playa.
Seguridad las 24 horas; tres habitaciones grandes;
tres baños; garaje para un carro y espacio para bicicletas;
terraza; cerca de la línea de autobuses;
se permiten gatos; 1.200/mes,
luz y gas incluidos

MODELO: ESTUDIANTE A: *Busco una casa o un apartamento.*
ESTUDIANTE B: *¿Para cuántas personas?*
ESTUDIANTE A: *Para cinco. Queremos...*

Estudiante B:

- ¿Cuántos dormitorios necesitan?

- ¿Cuántos baños prefieren?

- ¿Cuánto quieren pagar al mes?

- ¿Necesitan estar cerca del transporte público?

- ¿Tienen mascotas (*pets*)?

- ¿Tienen carro?

- ¿Qué más necesitan?

- Entonces, creo que tengo una buena opción para ustedes. Es un apartamento/una casa....

5-35B **¿Qué estoy haciendo?** Mientras (*While*) actúas una de las siguientes situaciones, tu compañero/a trata de adivinar (*guess*) lo que estás haciendo. Túrnense para actuar y adivinar.

MODELO: afeitarse

ESTUDIANTE A: (act out shaving) *¿Qué estoy haciendo?*
ESTUDIANTE B: *Estás afeitándote.*

Estudiante B:

1. (**secarse**) el pelo	4. (**lavarse**) las manos
2. (**ponerse**) el desodorante	5. (**dormirse**)
3. (**levantarse**) de la cama	6. (**ponerse**) impaciente

CAPÍTULO 6

6-12B **Las especialidades de la casa.** Túrnense para hacer el papel (*play the role*) de mesero/a y cliente en los restaurantes de su lista. El/La mesero/a le tiene que recomendar a su cliente algunos platos que sirven en su restaurante. El/La cliente tiene que pedir una de las recomendaciones.

MODELO: ESTUDIANTE A: *Por favor, ¿qué me recomienda Ud. aquí en Casa Roma?*
ESTUDIANTE B: *Nuestra especialidad es la comida italiana. Le recomiendo la pasta con marisco o la pizza Margarita.*
ESTUDIANTE A: *¿Me trae por favor la pizza Margarita?*
ESTUDIANTE B: *¡Enseguida!*

Estudiante B:

Restaurantes que visito:	Restaurantes donde trabajo y sus especialidades:
Casa Miguel	**Cocina Cándida:** Comida chilena. Pescado frito o a la parrilla. Sopa de mariscos.
Cafetería Universo	**El Unicornio:** Comida vegetariana. Tortilla de papa, arroz con frijoles, pastel de maíz, yogur de frutas.
El Rincón Argentino	**Café del Diablo:** Postres. Cafés de todo el mundo. Helado, pasteles, galletas, flanes. Jugos de frutas exóticas. Chocolate caliente.

6-26B **El arroz con pollo.** El arroz con pollo es un plato muy conocido en todo el mundo hispano. **Estudiante A** tiene la receta y tú tienes la lista de los ingredientes y utensilios que hay en tu cocina. Escriban una lista de los ingredientes que necesitan comprar y los utensilios que necesitan pedir prestados (*borrow*) para preparar este plato.

MODELO: Estudiante A: *Necesitamos una taza de arroz.*
Estudiante B: *No tenemos suficiente arroz. Tenemos que comprarlo.*

Estudiante B:

Ingredientes en tu cocina	Utensilios en tu cocina
aceite de maíz	un tazón de plástico
media taza de arroz	una cuchara
sal	un cuchillo pequeño
un pimiento rojo	una cazuela
un pollo pequeño	
una taza de jugo de tomate	
una cabeza de ajo	
una cebolla pequeña	
Para comprar: *arroz*	Para pedir prestado (*borrow*):

6-32B **Charadas.** Túrnense para representar estas y otras acciones en el pasado para ver si su compañero/a puede adivinar la acción.

MODELO: Estudiante A: (Act out: *Corté el pan.*)
Estudiante B: *Cortaste el pan.*

Estudiante B:

Pelé una banana.	Freí un huevo en una sartén.
Mezclé dos huevos en un tazón.	Calenté la comida en el microondas.
Le eché azucar y leche al café.	¿…?

6-36B ¿Qué pasó? Túrnense para preguntarse qué pasó en algunas situaciones. Contesta usando actividades lógicas de la lista.

MODELO: en la fiesta familiar
ESTUDIANTE A: *¿Qué pasó en la fiesta familiar?*
ESTUDIANTE B: *Mi mamá sirvió nuestra comida favorita.*

Estudiante B:

Algunas actividades:	Situaciones:
• no (**oír**) el diálogo	1. anoche
• (**dormirse**)	2. en el restaurante el sábado
• (**servir**) arroz con pollo	3. en el museo

CAPÍTULO 7

7-6B Una invitación a un concierto de Jennifer López (J.Lo) y Marc Anthony.
Responde a la invitación de tu compañero/a. Usa las preguntas de la lista e incluye otras dos tuyas (*of your own*). Puedes preguntar cómo van a ir al concierto, si puedes invitar a otros amigos, si tu amigo/a quiere ir a cenar antes del concierto, etc.

MODELO: ESTUDIANTE A: *¿Quieres ir a un concierto de J.Lo y Marc Anthony?*
ESTUDIANTE B: *¡Estupendo! ¿A qué hora empieza?*

Estudiante B:

¿Qué día es?	¿Quiénes van?	¿A qué hora volvemos?
¿Dónde es?	¿Cuánto cuesta?	¿Vamos a cenar antes? etc.

7-9B Una fiesta sorpresa. En el foro de un amigo, hay entradas (*entries*) sobre una fiesta sorpresa que hubo. Cada uno/a de ustedes tiene parte de la información sobre la fiesta. Háganse preguntas para saber qué pasó en la fiesta.

Estudiante B:

La información que necesito:	La información que tengo:
1. ¿Quién dio la fiesta?	**Buscar**
2. ¿Quiénes estuvieron en la fiesta?	Juan Tiburón
3. ¿Qué sirvieron?	La fiesta para Luisita
4. ¿Quiénes no fueron? ¿Por qué?	Regalos[1]: Carlos y su novia–un CD de Juan Luis Guerra; Ramón–boletos para un partido de fútbol; Yo–una novela cubana
	Salió temprano: el hermano de Ramón
	Luisita: muy sorprendida y feliz
	[1]*gifts*

7-21B **Consejos.** Explíquense cómo se sienten y pidan consejos sobre lo que deben hacer. Pueden aceptar o rechazar los consejos, pero es necesario dar excusas si no los aceptan.

MODELO: ESTUDIANTE A: *Estoy aburrido/a. ¿Qué hago?*
ESTUDIANTE B: *¿Qué tal si das un paseo?*
ESTUDIANTE A: *No quiero. No me gusta salir de noche.*
ESTUDIANTE B: *Bueno, yo voy contigo. ¿Está bien?*
ESTUDIANTE B: *¡Perfecto!*

Estudiante B:

Situaciones	y mis reacciones	Sugerencias para mi compañero/a
Te sientes muy solo/a.	• ¡Fabuloso!	hacer un picnic
Estás en la oficina todo el día sin salir.	• No me gusta(n)...	jugar al voleibol
Quieres conocer al golfista Phil Mickelson.	• ¡Ideal!	escuchar música
Tienes mucho calor.	• ¡Qué buena idea!	trabajar en la biblioteca
Compraste una raqueta nueva.	• Me da igual.	ver la televisión
	• ¡Qué mala idea!	volar un papalote
	• No quiero porque...	tomar un té verde

7-24B **Una película excepcional.** Ayer tu amigo salió con una amiga al cine y lo pasaron muy bien. Quieres saber los detalles de lo que hicieron esa noche.

Paso 1 Primero conjuga los verbos en cada pregunta en el pretérito.

MODELO: ¿A quién **invitar** (tú) al cine? *¿A quién invitaste al cine?*

Estudiante B:

- ¿Qué (**ver**) ayer en el cine?
- ¿Cómo (**saber**) (tú) de la película?
- ¿A qué hora (**ir**) ustedes al cine?
- (¿**Poder**) ustedes llegar temprano a la película?
- ¿Qué (**decir**) tu amiga después de la película?
- ¿Adónde (**ir**) ustedes?
- ¿Cómo (**ser**)?
- ¿Qué (**hacer**) ustedes después?

Paso 2 Ahora hazle tus preguntas a tu compañero/a. Toma apuntes para poder informarle a la clase.

7-27B **¿Tienes?** Eres asistente deportivo. El/La entrenador/a te pide cosas para el partido. Si las tienes, dile que se las vas a traer. Si no las tienes, dile que se las vas a buscar.

MODELO: ESTUDIANTE A: *¿Tienes las botellas de agua para los jugadores?*
ESTUDIANTE B: *Sí, tengo botellas de agua. / No, no tengo botellas de agua.*
ESTUDIANTE A: *¿Me las traes? / ¿Me las buscas?*
ESTUDIANTE B: *Sí, te las traigo. / Sí, te las busco.*

Estudiante B:

Tengo...			
los boletos para el partido	el bate de aluminio	los uniformes del equipo	las botellas de agua
las pelotas	los guantes	el bolígrafo del/de la entrenador/a	la lista de los jugadores
las galletas	las naranjas	los lentes de sol del/de la entrenador/a	el cuaderno del/de la entrenador/a

CAPÍTULO 8

8-3B **¿Tienes?** ¿Qué compró Sara para su viaje a Machu Picchu? Túrnense para completar la informacion que falta en su recibo. Usen las siguientes preguntas para llenar su recibo: **¿Qué compró por...? ¿Qué compró de la talla...? ¿De qué talla es/son...?** Después confirmen las compras que hizo Sara y cuánto gastó.

MODELO: ESTUDIANTE A: *¿Qué compró por veinte nuevos soles?*
ESTUDIANTE B: *Compró una camiseta de algodón. ¿De qué talla es?*
ESTUDIANTE A: *Es de la talla cuarenta.*
ESTUDIANTE B: *Así que compró una camiseta de algodón de la talla cuarenta por veinte nuevos soles.*

falabella

DOCUMENTO DE VENTA

0UFDSYEVW9NG0LWI9T0D20J

Vendedor	T.T	EmpCent	Operac.	Fecha	Hora	EdPIZN	T
51106219	9	001006	0367886	12/12/2010	19:16	0100000	00

Descripción	Talla	Importe (NUEVOS SOLES)
camiseta de algodón	40	NS 20
blusa de manga corta	36	_____
_____	40	NS 75
suéter de lana	____	NS 80
_____	42	NS 200
zapatos de tacón alto	39	NS 39
_____	50	NS 100

TOTAL COMPRA NS _____

Gracias por su compra.
Visítenos en www.falabella.com

Estudiante B:

8-8B ¿Qué pasaba en el almacén ayer?   Cada uno/a de ustedes tiene una versión diferente de lo que pasaba ayer en el almacén. Describan lo que ven en su dibujo para encontrar seis diferencias.

MODELO: ESTUDIANTE A: *Una mujer se probaba zapatos.*
ESTUDIANTE B: *Es cierto. Una mujer se probaba zapatos.*

Estudiante B:

8-11B Atención al cliente (*Customer service*).   Cada uno/a de ustedes tiene información del directorio del almacén Saga Falabella. Túrnense para pedir información sobre dónde comprar los siguientes productos o cumplir (*carry out*) algún deber. Añadan más información cuando sea posible.

MODELO: una blusa para tu mamá
ESTUDIANTE A: *Quiero comprar una blusa para mi mamá porque es su cumpleaños.*
ESTUDIANTE B: *La puede buscar en el segundo piso, en Ropa de mujer.*
ESTUDIANTE A: *Muchas gracias.*

Estudiante B:

1. platos y vasos	4. una botella de aceite de oliva
2. una camisa barata	5. dónde pagar tu cuenta
3. un televisor grande de plasma	6. un suéter para tu sobrino que tiene dos años

saga falabella.

1.ᵉʳ piso Ropa de hombre Calzado (zapatos, botas, sandalias)	**6.° piso**
2.° piso *Ropa de mujer (trajes, vestidos, ropa informal)*	**7.° piso** Ropa formal (trajes de noche, vestidos de noche) Trajes de novia
3.ᵉʳ piso	**8.° piso** Restaurante
4.° piso Equipo deportivo (ropa, pelotas, bates)	**9.° piso**
5.° piso	**10.° piso** Oficinas de administración Cambio de moneda

8-28B Artículos encontrados.   Ustedes trabajan en la oficina de Artículos encontrados en un almacén. Comparen lo que encontraron con lo que la gente perdió. Cada uno/a tiene parte de la información.

MODELO: un guante
ESTUDIANTE A: *Encontré un guante.*
ESTUDIANTE B: *¿Era pequeño?*
ESTUDIANTE A: *Sí, era pequeño y de lana.*
ESTUDIANTE B: *Ah, una señora perdió un guante pequeño de cuero. No es de ella.*

Estudiante B:

Encontré:	Alguien perdió:	¿Se encontró?
MODELO: *un guante (pequeño; de lana)*	• *Una señora perdió un guante (pequeño; de cuero)*	*NO*
1. una blusa (blanca; de seda; talla 10)	• Un chico perdió unos vaqueros (para hombre; talla mediana)	_____
2. un zapato (de cuero; número 9; de hombre)	• Una chica perdió unos calcetines (de algodón; de mujer)	_____
3. un bolso (rojo; con una billetera negra)	• Una mujer perdió unas sandalias (amarillas; de tacón alto)	_____
4. una camiseta (de algodón; que decía "Ecuador"; amarilla)	• Un hombre perdió una camisa (azul; talla 38)	_____
5. un collar (de plata; largo)	• Una chica perdió una sudadera (negra; sin capucha)	_____

8-31B Ofertas esta semana. Cada uno/a de ustedes tiene parte de un anuncio sobre las ofertas esta semana en el almacén. Usen una construcción impersonal con **se** en sus preguntas sobre los artículos, los descuentos y los precios para conseguir la información que falta.

MODELO: cadenas de plata

        Estudiante A: *¿Se venden cadenas de plata?*
        Estudiante B: *Sí, se venden cadenas de plata en el departamento de joyería.*
        Estudiante A: *¿Qué descuentos se dan?*
        Estudiante B: *Se dan descuentos del 25 al 50 por ciento.*

Estudiante B:

Saga Falabella Ofertas Fin de Temporada		
Ofertas por departamento	**Artículos que necesito**	**Descuentos que recibo**
Joyería: *Plata y oro: cadenas, aretes… Descuentos del 25% al 50%*	*cadenas de plata*	*del 25% al 50%*
Joyería:	relojes de pulsera	
Departamento juvenil: Ropa de niños para el verano, descuentos del 40%		
Departamento para mujeres chic:	faldas de diseñador	
Departamento para hombres: Camisas, trajes, corbatas, descuentos del 20% al 40%, tallas 36 a 42		
Departamento de calzado:	sandalias botas de invierno	
Departamento deportivo: Todo equipo deportivo (pelotas, raquetas, bates, trajes de baño), descuentos del 10% al 40%		

CAPÍTULO 9

9-5B **En el mostrador de AVIANCA.**   Eres un/a viajero/a en el mostrador (*counter*) de la aerolínea AVIANCA (aerolínea colombiana). Primero, responde a las preguntas del / de la agente y después, pregúntale la siguiente información.

MODELO: ESTUDIANTE A: *Buenas tardes. ¿Tiene su tarjeta de embarque?*
ESTUDIANTE B: *No, pero tengo el número de mi reservación.*

Estudiante B:

Información para el/la agente:	Preguntas para el/la agente:
destino = Caracas	1. la hora de salida (¿A qué hora...?)
equipaje = dos maletas	2. el número del vuelo (¿Cuál es...?)
solo dos botellas de champú	3. el número de la puerta de embarque (¿Cuál es...?)
el asiento = de ventanilla	4. la hora de abordar el avión (¿A qué hora debo...?)
comprar un billete	5. si se sirve comida en el vuelo (¿Sirven...?)

9-10B **¡Planes para las vacaciones de primavera!**   Hablen sobre los viajes que van a hacer en la primavera, usando las categorías del modelo. Luego, háganse las preguntas siguientes e intenten convencer (*convince*) al otro / a la otra para ir juntos/as.

Estudiante B:

	Mi viaje	El viaje de mi compañero/a
Transporte:	avión, taxi	
Destino:	Cancún	
Fecha de llegada:	el 2 de marzo	
Ruta:	Houston	
Propósito:	tomar el sol, divertirme, visitar Chichén Itzá	
Duración del viaje:	cinco días	

1. ¿Adónde vas?

2. ¿Por qué ruta vas a viajar?

3. ¿Cómo vas a viajar, por tren, por carro, por...?

4. ¿Cuándo es el viaje?

5. ¿Por cuánto tiempo vas?

6. ¿Para qué vas?

Al final, para convencer a tu compañero/a:

7. ¿Por qué no vienes conmigo? Creo que mi viaje va a ser...

9-12B El robo en el museo. Hubo un robo en un museo en Colombia y ustedes creen que encontraron algunos de los objetos robados. Túrnense para hacerse preguntas y descubrir (*discover*) qué objeto encontró cada uno. Contesten cada pregunta con un adverbio que termina en **-mente**.

MODELO: Encontré una pintura de Picasso (**enorme**) valiosa.
ESTUDIANTE A: *¿Qué encontraste?*
ESTUDIANTE B: *Encontré una pintura de Picasso enormemente valiosa.*

Estudiante B:

Preguntas para mi compañero/a	Respuestas para mi compañero/a
1. ¿Qué encontraste?	• Se escapó (**difícil**), por una ventana.
2. ¿Cómo lo encontraste?	• (**Seguro**) lo robó un empleado del museo.
3. ¿Qué valor crees que tiene?	• Es (**particular**) hermosa.
4. ¿Qué hiciste cuando encontraste el objeto?	• Encontré una figura (**exquisito**) hecha de oro.
5. ¿Qué hicieron los directores del museo?	• La puse (**tranquilo**) en mi mochila.

Figura de oro de los indios muiscas del Museo del Oro

9-25B Desafío (*Challenge*). Cada uno/a de ustedes tiene una lista de verbos diferentes en el indicativo y el subjuntivo. Dile a tu compañero/a el indicativo del verbo, y él/ella debe darte el presente de subjuntivo de ese verbo. Después, muéstrense su lista de respuestas y ayúdense a corregir las incorrectas.

MODELO: ESTUDIANTE A: *Indicativo: tomamos*
ESTUDIANTE B: *Subjuntivo: tomemos*
ESTUDIANTE A: *Correcto.*

Estudiante B:

Digo:	Mi compañero/a debe decir:	Yo marco:	
Indicativo	Subjuntivo	Correcto	Incorrecto
tomamos	*tomemos*	✓	
vemos	veamos		
voy	vaya		
lees	leas		
dormimos	durmamos		
ponen	pongan		
quiere	quiera		
siguen	sigan		

9-31B ¿Qué hacer? Cuando tienen un problema, es normal pedirle consejos a un/a amigo/a. Túrnense para explicarle algún problema a su compañero/a. Él/Ella debe responder de una manera lógica con el subjuntivo. Luego, reaccionen a la recomendación.

MODELO: Te recomiendo que (**estudiar**) mucho.
ESTUDIANTE A: *Tengo un examen de química mañana.*
ESTUDIANTE B: *Te recomiendo que <u>estudies</u> mucho.*
ESTUDIANTE A: *Buena idea. / No tengo tiempo. / No puedo porque...*

Estudiante B:

Mis problemas:	Consejos para mi compañero:
1. Mi casa está en desorden y tengo invitados este fin de semana.	• Es difícil que (tú) (**encontrar**) un buen trabajo si no estudias más.
2. A mi mejor amigo no le gustan las películas que a mí me gustan.	• Te sugiero que (**buscar**) trabajo, o que les (**pedir**) dinero a tus padres.
3. Quiero estudiar en el extranjero, pero las clases son en español.	• Te aconsejo que (**buscar**) los libros en línea.
4. Mi trabajo no me da tiempo para estudiar.	• Me encanta México. Quiero que me (**invitar**) a mí al crucero.

CAPÍTULO 10

10-5B **Consejos médicos.** Habla con tu compañero/a para que te dé consejos sobre los siguientes síntomas.

MODELO: Estudiante A: *Me duelen los pulmones.*
Estudiante B: *Debes dejar de fumar.*

Estudiante B:

Mis síntomas:	Consejos para mi compañero/a:
1. Tengo gripe.	• (**tomar**) antiácidos
2. Tengo náuseas.	• (**tomarse**) la temperatura
3. Tengo un dolor de cabeza terrible.	• (**tomar**) más café
4. Toso mucho.	• (**ir**) de vacaciones
5. No tengo energía.	• no (**caminar**) tanto y usar más el carro
6. Tengo alergia a los mariscos.	• (**comprar**) *Kleenex*

10-9B **En la sala de urgencias.** Ustedes tienen que decidir qué deben hacer en situaciones urgentes. Un/a estudiante presenta unas situaciones. El/La otro/a responde con instrucciones lógicas de su lista, usando mandatos formales. Túrnense, cambiando de papel.

MODELO: Estudiante A: *El niño tiene gripe.*
Estudiante B: *Déle muchos liquídos como jugo o agua.*

Estudiante B:

Situaciones urgentes	Acciones
1. La paciente se rompió una pierna.	• (**buscar**) un tanque de oxígeno
2. El señor viejo está muy ansioso.	• (**darle**) un antiácido
3. La niña tiene resfriado.	• (**ponerle**) una inyección de penicilina
4. La señora tiene dolor de cabeza.	• (**tomarle**) la temperatura
5. Al joven le duele una muela.	• (**darle**) un jarabe para controlar la tos
6. ¿...?	• ¿...?

10-24B Te recomiendo que... Un/a estudiante presenta los siguientes problemas y el/la otro/a ofrece recomendaciones. Túrnense, cambiando de papel. Pueden usar **te/le/les recomiendo que** más el subjuntivo.

MODELO: ESTUDIANTE A: *Estoy muy flaco/a.*
ESTUDIANTE B: *Te recomiendo que comas tres comidas completas todos los días.*

Estudiante B:

Mis problemas:	Recomendaciones para mi compañero/a:
1. Mi jefe/a padece de úlceras.	• (**tomar**) una aspirina
2. A mi abuelo/a le preocupa su alto nivel de colesterol.	• (**practicar**) juegos para la memoria
3. A mi amigo/a le falta energía.	• (**hacer**) jogging
4. No quiero engordar cuando voy de vacaciones.	• (**dejar**) de fumar
5. Creo que tengo una infección en la garganta.	• no (**comer**) postres

10-31B ¿Qué piensan? Tienes una revista sobre la salud con información que puede ser cierta o no. Tu compañero/a te va a hacer preguntas que puedes contestar según las afirmaciones a continuación. Luego ustedes van a dar su opinión sobre las afirmaciones.

MODELO: ESTUDIANTE A: *¿Hay algún consejo para una persona que tiene problemas cardíacos?*
ESTUDIANTE B: *Según la revista, la aspirina es buena para el corazón.*
ESTUDIANTE A: *No creo que sea buena idea tomar mucha aspirina.*
ESTUDIANTE B: *Pues, es cierto que es bueno tomar una por día.*

Estudiante B:

La información que tengo:	Para reaccionar:
• Puedes hacer más ejercicio si tomas mucha agua.	• (no) creo
• Los bolivianos tienen una cura para el resfriado común.	• (no) dudo
• Hay una pastilla para mejorar la memoria.	• (no) es verdad
• Puedes bajar cinco kilos en ocho días comiendo solo pan y mantequilla.	• ojalá
• Un vaso de vino diario protege el corazón.	• (no) estoy seguro/a
• Hay una hierba paraguaya para mantenerte siempre joven.	• (no) niego
	• es lógico
	• es interesante
	• me alegro de
	• tal vez
	• es bueno (malo)

CAPÍTULO 11

11-9B **¡Socorro! (*Help!*)**   En el trabajo surgen (*arise*) situaciones urgentes. Responde de una manera apropiada a las urgencias que te presenta tu compañero/a.

MODELO: ESTUDIANTE A: *La reunión es ahora, pero no hay café.*
    ESTUDIANTE B: *¡(Llamar) al restaurante ahora mismo! ¡Llama al restaurante ahora mismo!*

Estudiante B:

Mis situaciones urgentes:	Posibles soluciones para mi compañero/a:
1. El gerente quiere el informe rápidamente.	• ¡(**Apagarlo**) ahora mismo!
2. El secretario pide seis semanas de vacaciones inmediatamente.	• ¡(**Ponerte**) traje mañana!
3. Hay agua por todas partes en el baño.	• ¡(**No dársela**) nunca!
4. La contadora dice que hay una gran discrepancia en nuestra cuenta.	• ¡(**Decirle**) que no puede trabajar en mi oficina ahora!
5. Necesitamos un intérprete para los invitados de China.	• ¡(**Decirle**) al electricista que venga enseguida!

11-30B **Lo que quiero.**   Háganse y contesten preguntas sobre qué tipo de cosa, persona o lugar buscan.

MODELO: carro
    ESTUDIANTE A: *¿Qué tipo de carro buscas?*
    ESTUDIANTE B: *Busco un carro que tenga cuatro puertas y que sea rojo.*

Estudiante B:

Mis preguntas:	Mis respuestas:
1. puesto	• no (**empezar**) hasta las diez de la mañana
2. película	• (**tener**) un lago para pescar y una playa bonita
3. sueldo	• (**tener**) buenos actores y poca violencia
4. apartamento	• no (**cerrarse**) hasta la medianoche
5. periódico	• (**tener**) una bella vista de las montañas

CAPÍTULO 12

12-6B **Un producto innovador.**   Cada uno de ustedes tiene anuncios para dos aparatos nuevos, pero les falta alguna información. Háganse preguntas para completar la información y luego, decidan cuál desean comprar según sus características y su costo.

Posibles preguntas:

¿Cuántos/as...?   ¿Hay....?
¿Qué tipo de...?   ¿Cómo es/son...?

MODELO: ESTUDIANTE A: *El aparato "Mora" puede contener 7.000 canciones. ¿Cuántos gigabytes de memoria tiene?*
    ESTUDIANTE B: ...

Estudiante B:

	Aparato "Mora"	Aparato "Fresa"
Memoria	32 gigabytes	
Características		40.000 canciones
	40 horas de video	
		Auriculares con mando remoto y micrófono
Velocidad	Más rápido que el modelo original	
Fecha de envío (*shipping*)		en 24 horas
Costo de envío	$10	
Regalo extra		Antes del 31 de diciembre bajar gratis 100 canciones
Costo	$269	

12-28B **¿Qué harás?** Túrnense para preguntarse qué harán en estas circunstancias.

MODELO: ESTUDIANTE A: *Acabas de comprar un DVD nuevo.*
ESTUDIANTE B: (**ponerlo** en tu lector de DVD para verlo) *Lo pondré en mi lector de DVD para verlo.*

Estudiante B:

Las circunstancias de mi compañero/a	Lo que haré yo
1. Hay un aparato nuevo e innovador que no tienes.	• (**hacer**) planes para el futuro con esa persona
2. Has organizado un grupo para reciclar envases y papel.	• (**bajar**) un programa antivirus de la Internet
3. Has encontrado un anuncio para un buen empleo.	• (**buscar**) uno por un precio razonable
4. Tienes que terminar una tarea importante para mañana.	• (**volver**) a casa hasta que encuentre trabajo

12-31B **Soledad O'Brien.** Soledad O'Brien ha sido premiada por sus documentales en CNN. Eres el/la jefe/a de una planta nuclear y la asistente de Soledad O'Brien te entrevista sobre algunos problemas en tu planta nuclear. Contesta sus preguntas con la información que tienes.

MODELO: (**reciclar**) los desechos de su planta
ESTUDIANTE A: *Usted dijo que reciclaría los desechos de su planta...*
ESTUDIANTE B: *Es verdad. Pero también dije que este proyecto tomaría su tiempo.*
ESTUDIANTE A: *Es verdad, pero...*

Estudiante B:

Respuestas del/de la jefe/a
Yo dije que...
1. (**implementar**) todos los cambios para el año 2015   4. (**tener**) que conseguir nueva maquinaria
2. (**hacerlo**) en colaboración con el estado   5. (**necesitar**) la ayuda de la comunidad
3. (**ser**) difícil hacerlo en menos de un año   6. (**poder**) filmar en cualquier momento

CAPÍTULO 13

13-10B **Cuando eran más jóvenes.** Túrnense para hacer y contestar las preguntas sobre lo que sus padres les permitían o les prohibían que hicieran cuando eran más jóvenes. Usen el imperfecto de subjuntivo en sus respuestas.

MODELO: ESTUDIANTE A: *¿Qué querían tus padres que hicieras los fines de semana?*
ESTUDIANTE B: *Querían que yo limpiara mi cuarto.*

Estudiante B:

Mis preguntas	Posibles respuestas a las preguntas de mi compañero/a
1. ¿Qué esperaban que leyeras en Internet?	• mis tareas
2. ¿Qué sitios te prohibían que visitaras en Internet?	• solo libros serios
3. ¿Qué carrera sugirieron que hicieras en la universidad?	• salir solo/a
4. ¿Qué deseaban que escucharas en la radio?	• solo los programas educativos

13-34B **¿Qué harías si...?** Túrnense para reflexionar sobre lo que harían en estas situaciones hipotéticas.

MODELO: (subir) los precios de las entradas del cine
ESTUDIANTE A: *¿Qué harías si subieran los precios de las entradas del cine?*
ESTUDIANTE B: *Pues, iría menos...*

Estudiante B:

Mis preguntas	Posibles respuestas a las preguntas de mi compañero/a
¿Qué harías si...?	• (**consultar**) a un amigo que sabe mucho sobre aparatos electrónicos
1. (yo) no (**tener**) dinero para ir a un concierto	• (**ir**) sin duda
2. (tú) (**tener**) dos entradas para el teatro	• (**pedirle**) su autógrafo
3. (tú) (**tener**) la oportunidad de participar como extra en una película	• (**invitar**) a todos mis amigos a cenar
4. (**llamarte**) una estrella de cine	• (**visitar**) el Teatro Chino *Grauman*
5. alguien (**ofrecerte**) un millón de dólares por una novela que escribiste	

CAPÍTULO 14

14-8B **¿Cuánto tiempo hace que...?** A continuación tienen información sobre dos famosos artistas hispanos en el mundo del jazz.

Paso 1 Háganse y contesten preguntas sobre cuánto tiempo hace que participan en su arte o que hicieron algunas actividades en el pasado. Tomen apuntes de la información sobre los dos artistas.

MODELOS: Miguel Zenón estudia jazz desde 1995
ESTUDIANTE A: *¿Cuánto tiempo hace que Miguel Zenón estudia jazz?*
ESTUDIANTE B: *Hace... años que lo estudia. Empezó en 1995.*

Dafnis Prieto hizo su última gira por Europa en 1999

ESTUDIANTE B: *¿Cuánto tiempo hace que Dafnis Prieto hizo una gira por Europa?*

ESTUDIANTE A: *Hace... años que hizo una gira. Fue en 1999.*

Estudiante B:

Miguel Zenón

Dafnis Prieto

Perfil de Miguel Zenón:	Preguntas sobre Dafnis Prieto:
• Profesión: saxofonista y percusionista de jazz	¿Cuál es la profesión de Dafnis Prieto?
• Lugar/fecha de nacimiento: Puerto Rico/ 1976	¿Cuántos años hace que nació? ¿Dónde nació?
• recibió el premio Guggenheim en 2008; el MacArthur Genius Award en 2008	¿Cuántos años hace que decidió salir de Cuba?
• participa en el conjunto SF Jazz Collective desde 2004	¿Cuántos años hace que llegó a Nueva York?
	¿Cuántos años hace que tocó en el MOMA?
• hizo una gira por África: 2003	¿Cuántos años hace que le gusta vivir en Nueva York?
• fue nombrado el mejor artista de jazz por la revista *Jazz Times* en 2006	¿Cuántos años hace que fue nominado al Grammy Latino?
• fue nominado al Grammy en 2009; 2010	
• es profesor de música en el Conservatorio de New England desde 2009	¿Cuántos años hace que da clases? ¿Dónde?

CAPÍTULO 15

15-20B **Una entrevista a un/a candidato/a.** Eres reportero/a y tu compañero/a es candidato/a en las próximas elecciones municipales. Trata de conseguir toda la información posible sobre su plataforma a la vez que contestas sus preguntas.

Estudiante B:

1. ¿Cómo piensa usted resolver el problema de la economía en su distrito?
2. ¿Nos puede explicar su posición sobre el seguro social?
3. ¿Quién será responsable de administrar las donaciones a su campaña?
4. ¿Cómo va a resolver el tráfico de drogas en esta ciudad?
5. ¿Por qué quiere usted ser candidato/a?

Appendix 2

EXPANSIÓN GRAMATICAL

The **Expansión gramatical** appendix includes grammar points that were included as part of the chapter content in the fifth edition of *¡Arriba!* By moving them to the newly created appendix, we lighten the grammar load in **Capítulos 10** through **15,** and are able to include more language input to reinforce and expand students' lexicon and cultural understanding. Furthermore, these grammar points are less frequent in everyday speech; therefore, we do not compromise students' communicative abilities by placing them in the appendix.

The explanation and activities in this section use the same format used throughout the text in **¡Así lo hacemos!** in order to facilitate their incorporation into the core lessons of the program. Additional practice activities are available in the Student Activities Manual in the Appendix.

These grammar points along with their corresponding communicative objectives include:

1. Indirect commands (Making suggestions indirectly)

2. The present perfect subjunctive (Expressing opinions about what **has** happened)

3. The future perfect and the conditional perfect (Talking about what **will have** happened in the future and what **would have** happened in the past)

4. The pluperfect subjunctive and the conditional perfect (Conjecturing about what **would have** been if something different **had happened**)

5. The passive voice (Relating what is or was caused by someone or something)

1. Indirect commands

Commands may be expressed indirectly, either to the person with whom you are speaking or to express what a third party should do.

- The basic format of an indirect command is as follows.

> **Que** + *subjunctive verb* (+ *subject*)

¿Quién va a llamar al Dr. Estrada?	*Who is going to call Dr. Estrada?*
Que lo **llames** tú.	*You call him.*
Que lo **haga** Alicia.	*Let (Have) Alicia do it.*
Que no me **moleste** más el enfermero.	*Have the nurse not bother me anymore.*

- This construction is also used to express your wishes for someone else.

¡Que no **te duela** la garganta mañana!	*I hope that your throat doesn't hurt you tomorrow!*

- Object and reflexive pronouns always precede the verb. In a negative statement, **no** also precedes the verb.

¡Que **se** vayan!	*Let them leave!*
¡Que papá **no se** tome la presión después de comer!	*Don't let Dad take his blood pressure after eating!*

- When a subject is expressed, it generally follows the verb.

¡Que lo hagas **tú!**	*You do it!*
¿La inyección? Que se la ponga **la enfermera.**	*The shot? Let the nurse give it to him.*

APLICACIÓN

EG-1 **Viracocha, el dios creador.**   Según la mitología inca, Viracocha, el dios supremo, creó el mundo y a los seres humanos.

Paso 1   Lee el monólogo de Viracocha y subraya todos sus deseos expresados con mandatos indirectos. Luego escribe el infinitivo del verbo.

MODELO: ¡Que <u>haya</u> luz!
haber

Hoy voy a crear el mundo y a sus habitantes. Que se abran las aguas y que surjan[1] montañas además de los llanos[2]. Que aparezcan los pájaros en el aire, los animales en la tierra y toda clase de insectos. Que se creen el sol y la luna, el hombre y la mujer, y que ellos procreen hijos. Que salga el sol, que llueva mucho y que crezcan los alimentos en abundancia. Que no haya guerra y que reine la paz por todo el mundo.

[1]*rise* [2]*plains*

Paso 2   Ahora, escribe cuatro de los deseos de Viracocha.

MODELO: *Quiere que se abran las aguas.*

EG-2 **¿Y tú?**   Escribe cinco mandatos indirectos que representen tus deseos para el futuro.

MODELO: *Que tenga éxito en los exámenes.*

⚙ 2. The present perfect subjunctive

Espero que hayas buscado trabajo hoy.

- The present perfect subjunctive is formed with the present subjunctive of the auxiliary verb **haber** + the past participle.

	Present subjunctive of *haber*	Past participle
yo	**haya**	
tú	**hayas**	
Ud.	**haya**	
él/ella	**haya**	tomado
		comido
nosotros/as	**hayamos**	vivido
vosotros/as	**hayáis**	
Uds.	**hayan**	
ellos/as	**hayan**	

- The present perfect subjunctive, like the present subjunctive, is used when the main clause expresses a wish, emotion, doubt, denial, etc., pertaining to the subject of another clause. Generally, the verb in the main clause is in the present tense.

> **Dudamos** que Antonio Villaraigosa **haya sido** nominado para gobernador.
>
> *We doubt that Antonio Villaraigosa has been nominated for governor.*

> **Espero** que el teléfono celular **haya funcionado** bien.
>
> *I hope that the cellular phone has worked well.*

APLICACIÓN

EG-3 Un comité de búsqueda (*search*). La empresa Ecomundo fabrica productos para conservar el medio ambiente. Cuatro ejecutivos de la empresa conversan sobre los candidatos al puesto de ingeniero del medio ambiente que necesitan. Primero subraya los verbos en el presente perfecto y luego explica por qué se usa el indicativo o el subjuntivo.

MODELO: Espero que <u>hayamos recibido</u> suficientes solicitudes para el puesto.
Se usa el subjuntivo después de un verbo de emoción cuando hay un cambio de sujeto en los verbos.

RAMÓN: Aquí tienen todas las solicitudes que han llegado hasta hoy. Ojalá que hayan solicitado los mejores candidatos.

CARIDAD: Hemos recibido más de 20 solicitudes. ¿Quiénes han tenido tiempo para leerlas todas?

RAMÓN: Yo he leído 10, pero hay pocas que me han impresionado tanto como la que leí ayer por la tarde de Gabriela González.

CLEMENCIA: Yo creo que Gabriela González es un buen ejemplo. Es una ingeniera que ha sobresalido[1] en sus estudios y ha tenido mucho éxito en su carrera. Pero ya tiene un buen trabajo y realmente dudo que ella haya solicitado este puesto en serio.

URBANO: Bueno, vamos a entrevistar a los cinco mejores candidatos, a menos que ustedes hayan identificado a otros.

CARIDAD: De acuerdo. Creo que los mejores ya han presentado sus solicitudes. Vamos a cerrar la búsqueda para identificar a los finalistas. ¿Les parece bien?

---

[1]excelled

EG-4 Gabriela decide solicitar el puesto.   Aunque Gabriela ya tiene un buen puesto con otra empresa, ha decidido solicitar el puesto de ingeniero del medio ambiente. Esa noche, Gabriela le cuenta a su amigo sobre la entrevista con Ecomundo. Empareja las frases para completarlas de una manera lógica.

MODELO: Gabriela: *Espero que les haya gustado mi currículum vítae.*

SAÚL: No hay duda que...	• he aprendido mucho en esta entrevista.
GABRIELA: Ojalá que...	• les has impresionado favorablemente.
SAÚL: Es bueno que...	• hayan pasado varios días.
GABRIELA: No los llamo hasta que...	• no te hayan avisado de inmediato.
SAÚL: Es una lástima que...	• no hayan contratado a otro candidato.
GABRIELA: Es cierto que...	• hayas tenido mucha experiencia.

EG-5 En su experiencia.   Usen expresiones como: **es necesario, es bueno, es malo, es lógico** o **es excepcional,** para decir algo que hayan hecho antes de su primera entrevista para un trabajo.

MODELO: Es bueno que... (yo) *haya investigado sobre esa empresa.*

1. Es verdad que...

2. Es malo que...

3. Es cierto que...

4. Es necesario que...

5. Es verdad que...

⚙ 3. The future perfect and the conditional perfect

El futuro perfecto

The future perfect is formed with the future of the auxiliary verb **haber** + *past participle*.

Para el próximo año, habrán producido más películas con actores hispanos.

	Future	Past participle
yo	**habré**	
tú	**habrás**	
Ud.	**habrá**	
él/ella	**habrá**	tomado
		comido
nosotros/as	**habremos**	vivido
vosotros/as	**habréis**	
Uds.	**habrán**	
ellos/as	**habrán**	

- The future perfect is used to express an action which will have occurred by a certain point.

  ¿**Habrá hecho** Salma Hayek otra película para el año que viene? — *Will Salma Hayek have made another film by next year?*

  Sí, **habrá hecho** dos. — *Yes, she will have made two.*

  ¿Cuándo **habrás terminado** el editorial? — *When will you have finished the editorial?*

  Lo **habré terminado** en diez minutos. — *I will have finished it in ten minutes.*

El condicional perfecto

Habría podido bailar toda la noche.

- The conditional perfect is formed with the conditional of the auxiliary verb **haber** + *past participle*.

	Conditional	Past participle
yo	**habría**	
tú	**habrías**	
Ud.	**habría**	
él/ella	**habría**	tomado
		comido
nosotros/as	**habríamos**	vivido
vosotros/as	**habríais**	
Uds.	**habrían**	
ellos/as	**habrían**	

- The conditional perfect is used to express an action that would or should have occurred but did not.

  Habría visto el drama, pero preferí la comedia. — *I would have seen the drama, but I preferred the comedy.*

  Habríamos grabado el programa, pero no teníamos grabadora. — *We would have recorded the program, but we didn't have a recorder.*

APLICACIÓN

EG-6 ¿Qué habrá pasado? Expresa tus conjeturas sobre las situaciones siguientes.

MODELO: En el teatro todos están aplaudiendo.
Habrá terminado la obra.

1. _____ El dramaturgo está muy frustrado.
2. _____ El director está enojado.
3. _____ El galán está muy triste.
4. _____ El actor no está en su camerino (*dressing room*).
5. _____ El protagonista está en el suelo.
6. _____ La televidente está muy contenta.

a. Habrá descubierto que tiene canas (*gray hair*).
b. Le habrá gustado el programa que veía.
c. Habrá terminado de vestirse.
d. Los actores no habrán memorizado el guion.
e. Habrá perdido el guion de la obra.
f. Alguien lo habrá asesinado.

EG-7 Para el año 2025... ¿Qué habrán hecho ustedes para el año 2025? ¿Qué no habrán hecho? Túrnense para contarse sus planes para el futuro. ¿Tienen algunas metas en común?

aprender	conseguir	escribir	terminar	visitar
conocer	empezar	ganar	trabajar	vivir

MODELO: terminar
E1: *Para el año 2025 habré terminado mis estudios.*
E2: *¿Sí? ¿En qué?*

EG-8 Habría hecho algo diferente. Conversen entre ustedes para decidir cómo habría sido diferente sus vidas en las siguientes situaciones.

MODELO: tener mucho dinero
E1: *Habría viajado por todo el mundo antes de empezar mis estudios.*
E2: *Habría dejado mi puesto.*

1. vivir en España
2. ser actor/actriz
3. ser periodista
4. trabajar en un teatro
5. escribir drama
6. ser presentador/a
7. ser rico/a
8. ver a Jorge Ramos o a Soledad O'Brian en la calle

4. The pluperfect subjunctive and the conditional perfect

El pluscuamperfecto del subjuntivo

- The pluperfect subjunctive is formed with the imperfect subjunctive of the auxiliary verb **haber** + *the past participle*.

	Imperfect subjunctive	Past participle
yo	**hubiera**	
tú	**hubieras**	
Ud.	**hubiera**	tomado
él/ella	**hubiera**	comido
		vivido
nosotros/as	**hubiéramos**	
vosotros/as	**hubierais**	
Uds.	**hubieran**	
ellos/as	**hubieran**	

- The pluperfect subjunctive is used in dependent clauses under the same conditions as the present perfect subjunctive. However, the pluperfect subjunctive is used to refer to an event prior to another past event. Compare the following sentences with the time line.

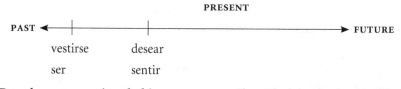

PAST ◄———————————————————————► FUTURE

PRESENT

vestirse   desear

ser   sentir

Deseaba que su novio se **hubiera vestido** mejor para la fiesta.

She wished that her boyfriend had dressed better for the party.

Sentíamos que el desfile de moda **hubiera sido** tan malo.

We were sorry that the fashion show had been so bad.

Si me hubieras presentado antes a tu hermana, habría podido bailar con ella.

El condicional perfecto y el pluscuamperfecto de subjuntivo

The conditional perfect and pluperfect subjunctive are used in **si** clauses that express contrary-to-fact information that occurred before another point in the past. In the following example, the point in the past is probably the day of the concert or ticketed event. Before then, the problem was not explained, and the speaker did not look for other tickets.

Si me **hubieras explicado** el problema con las entradas, **habría buscado** otras.

If you had explained to me the problem with the tickets, I would have looked for others.

- The pluperfect subjunctive can also be used with **Ojalá** to express a contrary-to-fact situation that has already happened.

Ojalá hubieras conocido al cantante después del concierto.

I wish you had met the singer after the concert.

Ojalá no **hubieran cancelado** el baile.

I wish they hadn't cancelled the dance.

APLICACIÓN

EG-9 Si hubiera sabido... Lee la conversación entre la directora y los miembros de la orquesta y subraya el pluscuamperfecto del subjuntivo y el condicional perfecto.

DIRECTORA: Vamos a empezar la pieza de Manuel de Falla, uno... dos... y...

VIOLINISTA: Disculpe, maestra. Si hubiera sabido que íbamos a ensayar esa pieza, habría traído la partitura[1].

CHELISTA: Sí, maestra. Yo también habría practicado más, si usted nos hubiera informado que íbamos a ensayar esa pieza hoy.

PERCUSIONISTA: Disculpe, maestra. Se me rompió un palillo[2]. Si no se me hubiera roto, habría estado mejor preparado para el ensayo.

CLARINETISTA: Maestra, si no hubiera perdido mi clarinete, habría llegado a tiempo para el ensayo.

DIRECTORA: Entonces, no vamos a ensayar. Si los organizadores me hubieran dicho que ustedes estaban tan mal preparados, nunca habría aceptado este puesto.

TROMPETISTA: Maestra, no importa. ¡Toquemos la pieza, por favor!

---

[1]*sheet music* [2]*stick*

EG-10 ¿Por qué le fue mal a la directora? Vuelve a leer la conversación de la actividad EG-9 y explica por qué todo le salió mal a la directora.

MODELO: *La violinista... no sabía que debía traer la partitura.*

El chelista...

La clarinetista...

A la percusionista...

La directora...

EG-11 El desfile de modas en Caracas, Venezuela. Explica qué habría sido diferente durante un desfile de modas que tuvo lugar en Caracas, según la información siguiente.

MODELO: Las modelos no llegaron a tiempo porque hubo un atasco (*traffic jam*) en la carretera.
Las modelos habrían llegado a tiempo si no hubiera habido un atasco.

1. No tuvimos asientos porque no planearon las cosas bien.
2. Muchas personas se enojaron porque no pudieron entrar a la casa de diseños.
3. El conjunto musical estaba tenso porque no había ensayado en ese lugar.
4. El público se quejó porque no había champán durante el desfile de modas.
5. No había suficientes programas para todos porque muchos se mojaron por la lluvia.
6. La casa de diseños perdió mucho dinero porque no pudieron vender todos los diseños.

EG-12 ¡Ojalá! Túrnense para explicar momentos incómodos o vergonzosos (*embarrassing*) que tuvieron en el pasado. Su compañero/a debe hacer un comentario, usando **Ojalá** para expresar compasión por algo que les ocurrió en el pasado.

MODELO: E1: *Me puse el mismo vestido que otra estudiante para el baile formal de la universidad.*
E2: *¡Ojalá no te hubieras puesto ese vestido!*

⊙ 5. The passive voice

La pirámide fue construida por los mayas en . . .

Spanish and English both have active and passive voices. In an active voice construction, the subject of the sentence is the doer of the action.

Óscar Arias fundó el Centro para la Paz. *Óscar Arias founded the Center for Peace.*

Los dos bandos hicieron la guerra. *The two sides waged war.*

- In the passive voice, the agent of the action can be expressed in a prepositional phrase most often introduced by **por.**

El Centro para la Paz fue fundado **por** Óscar Arias. *The Center for Peace was founded by Óscar Arias.*

La guerra fue hecha **por** los dos bandos. *The war was waged by the two sides.*

- The passive voice construction in Spanish is very similar to that in English. The direct object of the active sentence becomes the subject of the verb **ser. Ser** is followed by the *past participle* of the active verb. The past participle agrees in gender and number with the subject because it is used as an adjective.

ACTIVE VOICE

El congreso **aprobó la abolición** del ejército panameño en 1994. *The congress approved the abolition of the Panamanian army in 1994.*

PASSIVE VOICE

La abolición del ejército panameño **fue aprobada** por el Congreso en 1994. *The abolition of the Panamanian army was approved by Congress in 1994.*

ACTIVE VOICE

La sociedad civil **ha tratado** muy mal a **las mujeres** centroamericanas. *Civil society has treated Central American women very poorly.*

PASSIVE VOICE

Las mujeres centroamericanas **han sido tratadas** muy mal por la sociedad civil. *Central American women have been treated very poorly by civil society.*

- Generally the passive voice is used less frequently in spoken language in Spanish than in written narratives and documents.

EXPANSIÓN

More on structure and usage

Passive *se*

Remember that in *Capítulo 8* you learned that if the subject of the passive voice statement is an object and the agent is not expressed, the pronoun *se* is more commonly used than the passive voice.

Se cerró la fundación. *The foundation was closed.*

Se abrieron los centros. *The centers were opened.*

APLICACIÓN

EG-13 Botero lleva "la violencia" a Panamá. Hubo una exposición importante del pintor colombiano Fernando Botero.

Paso 1 Lee el artículo y subraya las oraciones en voz pasiva y explica en cada caso quién hizo (**H**) la acción y quién(es) la recibieron (**R**).

MODELO: *La exposición fue organizada por la directora del museo.*

> *H: la directora; R: La exposición*

Una exposición del pintor colombiano se inauguró la semana pasada

PANAMÁ – Una exposicón de 50 pinturas y dibujos del pintor colombiano Fernando Botero fue inaugurada por el Mueso de Arte Contemporáneo de Panamá, en la que el drama de la violencia en Colombia es expresado por hombres y mujeres gordos.

La colección *La violencia en Colombia* está compuesta por 23 óleos y 27 dibujos que Botero donó al Museo Nacional de Colombia. La colección fue traída al país por la galerista Carmen Alemán. Ella comentó que era la primera vez que se exhibían obras de Botero en Panamá.

El Museo de Arte Contemporáneo tuvo que hacer cambios relativos a la humedad, aire acondicionado, iluminación y reforzar el sistema de seguridad para albergar la obra de Botero, que se exhibirá hasta el 30 de abril.

La colección ya fue llevada por los organizadores a ciudades colombianas como Barranquilla, Manizales y Medellín, así como a Quito, Ecuador.

Paso 2 Ahora contesta las siguientes preguntas.

1. ¿Qué se organizó?
2. ¿Dónde tuvo lugar?
3. ¿Quién es Fernando Botero?
4. ¿Cuál es el tema de la exposición?
5. ¿Cómo son las personas representadas?
6. ¿Has visto otras piezas de Botero? ¿Cuál era el tema?

EG-14 La guía del Palacio de la Moneda. Completa las siguientes oraciones de la guía del Palacio de la Moneda (el palacio presidencial) de Chile con la construcción pasiva. Usa el pretérito del verbo **ser.**

MODELO: El Palacio de la Moneda (visitar) <u>*fue visitado por*</u> miles de turistas el año pasado.

1. Estos retratos (**pintar**) _____ grandes pintores.
2. Estos muebles (**hacer**) _____ un famoso diseñador del siglo XIX.
3. Estos libros (**escribir**) _____ escritores españoles.
4. Esta carta (**firmar**) _____ Michelle Bachelet.
5. Este discurso (**escribir**) _____ Salvador Allende.
6. Estos platos (**regalar**) _____ el rey de España.

EG-15 En tu ciudad. Escribe una guía de tu ciudad o de otra ciudad interesante en la que incluyas cinco lugares de interés. Usa la voz pasiva para contestar estas preguntas. Preséntale tu guía a la clase.

1. ¿Por quién fue diseñado/a (construido/a)?
2. ¿Para quién(es) fue construido/a?
3. ¿Por cuántas personas es visitado/a cada año?
4. ¿Es conocido/a en otras partes?

VERB CHARTS

Regular Verbs: Simple Tenses

Infinitive Present Participle Past Participle	Indicative					Subjunctive		Imperative
	Present	Imperfect	Preterit	Future	Conditional	Present	Imperfect	Commands
hablar hablando hablado	hablo hablas habla hablamos habláis hablan	hablaba hablabas hablaba hablábamos hablabais hablaban	hablé hablaste habló hablamos hablasteis hablaron	hablaré hablarás hablará hablaremos hablaréis hablarán	hablaría hablarías hablaría hablaríamos hablaríais hablarían	hable hables hable hablemos habléis hablen	hablara hablaras hablara habláramos hablarais hablaran	habla (tú), no hables hable (usted) hablemos hablad (vosotros), no habléis hablen (Uds.)
comer comiendo comido	como comes come comemos coméis comen	comía comías comía comíamos comíais comían	comí comiste comió comimos comisteis comieron	comeré comerás comerá comeremos comeréis comerán	comería comerías comería comeríamos comeríais comerían	coma comas coma comamos comáis coman	comiera comieras comiera comiéramos comierais comieran	come (tú), no comas coma (usted) comamos comed (vosotros), no comáis coman (Uds.)
vivir viviendo vivido	vivo vives vive vivimos vivís viven	vivía vivías vivía vivíamos vivíais vivían	viví viviste vivió vivimos vivisteis vivieron	viviré vivirás vivirá viviremos viviréis vivirán	viviría vivirías viviría viviríamos viviríais vivirían	viva vivas viva vivamos viváis vivan	viviera vivieras viviera viviéramos vivierais vivieran	vive (tú), no vivas viva (usted) vivamos vivid (vosotros), no viváis vivan (Uds.)

Regular Verbs: Perfect Tenses

	Indicative					Subjunctive	
	Present Perfect	Past Perfect	Preterit Perfect	Future Perfect	Conditional Perfect	Present Perfect	Past Perfect
	he	había	hube	habré	habría	haya	hubiera
	has hablado	habías hablado	hubiste hablado	habrás hablado	habrías hablado	hayas hablado	hubieras hablado
	ha comido	había comido	hubo comido	habrá comido	habría comido	haya comido	hubiera comido
	hemos vivido	habíamos vivido	hubimos vivido	habremos vivido	habríamos vivido	hayamos vivido	hubiéramos vivido
	habéis	habíais	hubisteis	habréis	habríais	hayáis	hubierais
	han	habían	hubieron	habrán	habrían	hayan	hubieran

Irregular Verbs

Infinitive / Present Participle / Past Participle	Indicative					Subjunctive		Imperative
	Present	Imperfect	Preterit	Future	Conditional	Present	Imperfect	Commands
andar andando andado	ando andas anda andamos andáis andan	andaba andabas andaba andábamos andabais andaban	anduve anduviste anduvo anduvimos anduvisteis anduvieron	andaré andarás andará andaremos andaréis andarán	andaría andarías andaría andaríamos andaríais andarían	ande andes ande andemos andéis anden	anduviera anduvieras anduviera anduviéramos anduvierais anduvieran	anda (tú), no andes ande (usted) andemos andad (vosotros), no andéis anden (Uds.)
caer cayendo caído	caigo caes cae caemos caéis caen	caía caías caía caíamos caíais caían	caí caíste cayó caímos caísteis cayeron	caeré caerás caerá caeremos caeréis caerán	caería caerías caería caeríamos caeríais caerían	caiga caigas caiga caigamos caigáis caigan	cayera cayeras cayera cayéramos cayerais cayeran	cae (tú), no caigas caiga (usted) caigamos caed (vosotros), no caigáis caigan (Uds.)
dar dando dado	doy das da damos dais dan	daba dabas daba dábamos dabais daban	di diste dio dimos disteis dieron	daré darás dará daremos daréis darán	daría darías daría daríamos daríais darían	dé des dé demos deis den	diera dieras diera diéramos dierais dieran	da (tú), no des dé (usted) demos dad (vosotros), no deis den (Uds.)
decir diciendo dicho	digo dices dice decimos decís dicen	decía decías decía decíamos decíais decían	dije dijiste dijo dijimos dijisteis dijeron	diré dirás dirá diremos diréis dirán	diría dirías diría diríamos diríais dirían	diga digas diga digamos digáis digan	dijera dijeras dijera dijéramos dijerais dijeran	di (tú), no digas diga (usted) digamos decid (vosotros), no digáis digan (Uds.)

Irregular Verbs (continued)

Infinitive / Present Participle / Past Participle	Indicative					Subjunctive		Imperative
	Present	Imperfect	Preterit	Future	Conditional	Present	Imperfect	Commands
estar estando estado	estoy estás está estamos estáis están	estaba estabas estaba estábamos estabais estaban	estuve estuviste estuvo estuvimos estuvisteis estuvieron	estaré estarás estará estaremos estaréis estarán	estaría estarías estaría estaríamos estaríais estarían	esté estés esté estemos estéis estén	estuviera estuvieras estuviera estuviéramos estuvierais estuvieran	está (tú), no estés esté (usted) estemos estad (vosotros), no estéis estén (Uds.)
haber habiendo habido	he has ha hemos habéis han	había habías había habíamos habíais habían	hube hubiste hubo hubimos hubisteis hubieron	habré habrás habrá habremos habréis habrán	habría habrías habría habríamos habríais habrían	haya hayas haya hayamos hayáis hayan	hubiera hubieras hubiera hubiéramos hubierais hubieran	
hacer haciendo hecho	hago haces hace hacemos hacéis hacen	hacía hacías hacía hacíamos hacíais hacían	hice hiciste hizo hicimos hicisteis hicieron	haré harás hará haremos haréis harán	haría harías haría haríamos haríais harían	haga hagas haga hagamos hagáis hagan	hiciera hicieras hiciera hiciéramos hicierais hicieran	haz (tú), no hagas haga (usted) hagamos haced (vosotros), no hagáis hagan (Uds.)
ir yendo ido	voy vas va vamos vais van	iba ibas iba íbamos ibais iban	fui fuiste fue fuimos fuisteis fueron	iré irás irá iremos iréis irán	iría irías iría iríamos iríais irían	vaya vayas vaya vayamos vayáis vayan	fuera fueras fuera fuéramos fuerais fueran	ve (tú), no vayas vaya (usted) vamos, no vayamos id (vosotros), no vayáis vayan (Uds.)
oír oyendo oído	oigo oyes oye oímos oís oyen	oía oías oía oíamos oíais oían	oí oíste oyó oímos oísteis oyeron	oiré oirás oirá oiremos oiréis oirán	oiría oirías oiría oiríamos oiríais oirían	oiga oigas oiga oigamos oigáis oigan	oyera oyeras oyera oyéramos oyerais oyeran	oye (tú), no oigas oiga (usted) oigamos oíd (vosotros), no oigáis oigan (Uds.)

Irregular Verbs (continued)

Infinitive Present Participle Past Participle	Indicative					Subjunctive		Imperative
	Present	Imperfect	Preterit	Future	Conditional	Present	Imperfect	Commands
poder pudiendo podido	puedo puedes puede podemos podéis pueden	podía podías podía podíamos podíais podían	pude pudiste pudo pudimos pudisteis pudieron	podré podrás podrá podremos podréis podrán	podría podrías podría podríamos podríais podrían	pueda puedas pueda podamos podáis puedan	pudiera pudieras pudiera pudiéramos pudierais pudieran	
poner poniendo puesto	pongo pones pone ponemos ponéis ponen	ponía ponías ponía poníamos poníais ponían	puse pusiste puso pusimos pusisteis pusieron	pondré pondrás pondrá pondremos pondréis pondrán	pondría pondrías pondría pondríamos pondríais pondrían	ponga pongas ponga pongamos pongáis pongan	pusiera pusieras pusiera pusiéramos pusierais pusieran	pon (tú), no pongas ponga (usted) pongamos poned (vosotros), no pongáis pongan (Uds.)
querer queriendo querido	quiero quieres quiere queremos queréis quieren	quería querías quería queríamos queríais querían	quise quisiste quiso quisimos quisisteis quisieron	querré querrás querrá querremos querréis querrán	querría querrías querría querríamos querríais querrían	quiera quieras quiera queramos queráis quieran	quisiera quisieras quisiera quisiéramos quisierais quisieran	quiere (tú), no quieras quiera (usted) queramos quered (vosotros), no queráis quieran (Uds.)
saber sabiendo sabido	sé sabes sabe sabemos sabéis saben	sabía sabías sabía sabíamos sabíais sabían	supe supiste supo supimos supisteis supieron	sabré sabrás sabrá sabremos sabréis sabrán	sabría sabrías sabría sabríamos sabríais sabrían	sepa sepas sepa sepamos sepáis sepan	supiera supieras supiera supiéramos supierais supieran	sabe (tú), no sepas sepa (usted) sepamos sabed (vosotros), no sepáis sepan (Uds.)
salir saliendo salido	salgo sales sale salimos salís salen	salía salías salía salíamos salíais salían	salí saliste salió salimos salisteis salieron	saldré saldrás saldrá saldremos saldréis saldrán	saldría saldrías saldría saldríamos saldríais saldrían	salga salgas salga salgamos salgáis salgan	saliera salieras saliera saliéramos salierais salieran	sal (tú), no salgas salga (usted) salgamos salid (vosotros), no salgáis salgan (Uds.)

Irregular Verbs (continued)

Infinitive / Present Participle / Past Participle	Indicative					Subjunctive		Imperative
	Present	Imperfect	Preterit	Future	Conditional	Present	Imperfect	Commands
ser siendo sido	soy eres es somos sois son	era eras era éramos erais eran	fui fuiste fue fuimos fuisteis fueron	seré serás será seremos seréis serán	sería serías sería seríamos seríais serían	sea seas sea seamos seáis sean	fuera fueras fuera fuéramos fuerais fueran	sé (tú), no seas sea (usted) seamos sed (vosotros), no seáis sean (Uds.)
tener teniendo tenido	tengo tienes tiene tenemos tenéis tienen	tenía tenías tenía teníamos teníais tenían	tuve tuviste tuvo tuvimos tuvisteis tuvieron	tendré tendrás tendrá tendremos tendréis tendrán	tendría tendrías tendría tendríamos tendríais tendrían	tenga tengas tenga tengamos tengáis tengan	tuviera tuvieras tuviera tuviéramos tuvierais tuvieran	ten (tú), no tengas tenga (usted) tengamos tened (vosotros), no tengáis tengan (Uds.)
traer trayendo traído	traigo traes trae traemos traéis traen	traía traías traía traíamos traíais traían	traje trajiste trajo trajimos trajisteis trajeron	traeré traerás traerá traeremos traeréis traerán	traería traerías traería traeríamos traeríais traerían	traiga traigas traiga traigamos traigáis traigan	trajera trajeras trajera trajéramos trajerais trajeran	trae (tú), no traigas traiga (usted) traigamos traed (vosotros), no traigáis traigan (Uds.)
venir viniendo venido	vengo vienes viene venimos venís vienen	venía venías venía veníamos veníais venían	vine viniste vino vinimos vinisteis vinieron	vendré vendrás vendrá vendremos vendréis vendrán	vendría vendrías vendría vendríamos vendríais vendrían	venga vengas venga vengamos vengáis vengan	viniera vinieras viniera viniéramos vinierais vinieran	ven (tú), no vengas venga (usted) vengamos venid (vosotros), no vengáis vengan (Uds.)
ver viendo visto	veo ves ve vemos veis ven	veía veías veía veíamos veíais veían	vi viste vio vimos visteis vieron	veré verás verá veremos veréis verán	vería verías vería veríamos veríais verían	vea veas vea veamos veáis vean	viera vieras viera viéramos vierais vieran	ve (tú), no veas vea (usted) veamos ved (vosotros), no veáis vean (Uds.)

Stem-Changing and Orthographic-Changing Verbs

Infinitive / Present Participle / Past Participle	Indicative Present	Indicative Imperfect	Indicative Preterit	Indicative Future	Indicative Conditional	Subjunctive Present	Subjunctive Imperfect	Imperative Commands
almorzar (ue) (c) almorzando almorzado	almuerzo almuerzas almuerza almorzamos almorzáis almuerzan	almorzaba almorzabas almorzaba almorzábamos almorzabais almorzaban	almorcé almorzaste almorzó almorzamos almorzasteis almorzaron	almorzaré almorzarás almorzará almorzaremos almorzaréis almorzarán	almorzaría almorzarías almorzaría almorzaríamos almorzaríais almorzarían	almuerce almuerces almuerce almorcemos almorcéis almuercen	almorzara almorzaras almorzara almorzáramos almorzarais almorzaran	almuerza (tú) no almuerces almuerce (usted) almorcemos almorzad (vosotros) no almorcéis almuercen (Uds.)
buscar (qu) buscando buscado	busco buscas busca buscamos buscáis buscan	buscaba buscabas buscaba buscábamos buscabais buscaban	busqué buscaste buscó buscamos buscasteis buscaron	buscaré buscarás buscará buscaremos buscaréis buscarán	buscaría buscarías buscaría buscaríamos buscaríais buscarían	busque busques busque busquemos busquéis busquen	buscara buscaras buscara buscáramos buscarais buscaran	busca (tú) no busques busque (usted) busquemos buscad (vosotros) no busquéis busquen (Uds.)
corregir (i, i) (j) corrigiendo corregido	corrijo corriges corrige corregimos corregís corrigen	corregía corregías corregía corregíamos corregíais corregían	corregí corregiste corrigió corregimos corregisteis corrigieron	corregiré corregirás corregirá corregiremos corregiréis corregirán	corregiría corregirías corregiría corregiríamos corregiríais corregirían	corrija corrijas corrija corrijamos corrijáis corrijan	corrigiera corrigieras corrigiera corrigiéramos corrigierais corrigieran	corrige (tú) no corrijas corrija (usted) corrijamos corregid (vosotros) no corrijáis corrijan (Uds.)
dormir (ue, u) durmiendo dormido	duermo duermes duerme dormimos dormís duermen	dormía dormías dormía dormíamos dormíais dormían	dormí dormiste durmió dormimos dormisteis durmieron	dormiré dormirás dormirá dormiremos dormiréis dormirán	dormiría dormirías dormiría dormiríamos dormiríais dormirían	duerma duermas duerma durmamos durmáis duerman	durmiera durmieras durmiera durmiéramos durmierais durmieran	duerme (tú), no duermas duerma (usted) durmamos dormid (vosotros), no durmáis duerman (Uds.)
incluir (y) incluyendo incluido	incluyo incluyes incluye incluimos incluís incluyen	incluía incluías incluía incluíamos incluíais incluían	incluí incluiste incluyó incluimos incluisteis incluyeron	incluiré incluirás incluirá incluiremos incluiréis incluirán	incluiría incluirías incluiría incluiríamos incluiríais incluirían	incluya incluyas incluya incluyamos incluyáis incluyan	incluyera incluyeras incluyera incluyéramos incluyerais incluyeran	incluye (tú), no incluyas incluya (usted) incluyamos incluid (vosotros), no incluyáis incluyan (Uds.)

Stem-Changing and Orthographic-Changing Verbs (continued)

Infinitive / Present Participle / Past Participle	Indicative					Subjunctive		Imperative
	Present	Imperfect	Preterit	Future	Conditional	Present	Imperfect	Commands
llegar (gu) llegando llegado	llego llegas llega llegamos llegáis llegan	llegaba llegabas llegaba llegábamos llegabais llegaban	llegué llegaste llegó llegamos llegasteis llegaron	llegaré llegarás llegará llegaremos llegaréis llegarán	llegaría llegarías llegaría llegaríamos llegaríais llegarían	llegue llegues llegue lleguemos lleguéis lleguen	llegara llegaras llegara llegáramos llegarais llegaran	llega (tú), no llegues llegue (usted) lleguemos llegad (vosotros), no lleguéis lleguen (Uds.)
pedir (i, i) pidiendo pedido	pido pides pide pedimos pedís piden	pedía pedías pedía pedíamos pedíais pedían	pedí pediste pidió pedimos pedisteis pidieron	pediré pedirás pedirá pediremos pediréis pedirán	pediría pedirías pediría pediríamos pediríais pedirían	pida pidas pida pidamos pidáis pidan	pidiera pidieras pidiera pidiéramos pidierais pidieran	pide (tú), no pidas pida (usted) pidamos pedid (vosotros), no pidáis pidan (Uds.)
pensar (ie) pensando pensado	pienso piensas piensa pensamos pensáis piensan	pensaba pensabas pensaba pensábamos pensabais pensaban	pensé pensaste pensó pensamos pensasteis pensaron	pensaré pensarás pensará pensaremos pensaréis pensarán	pensaría pensarías pensaría pensaríamos pensaríais pensarían	piense pienses piense pensemos penséis piensen	pensara pensaras pensara pensáramos pensarais pensaran	piensa (tú), no pienses piense (usted) pensemos pensad (vosotros), no penséis piensen (Uds.)
producir (zc) (j) produciendo producido	produzco produces produce producimos producís producen	producía producías producía producíamos producíais producían	produje produjiste produjo produjimos produjisteis produjeron	produciré producirás producirá produciremos produciréis producirán	produciría producirías produciría produciríamos produciríais producirían	produzca produzcas produzca produzcamos produzcáis produzcan	produjera produjeras produjera produjéramos produjerais produjeran	produce (tú), no produzcas produzca (usted) produzcamos producid (vosotros), no produzcáis produzcan (Uds.)
reír (i, i) riendo reído	río ríes ríe reímos reís ríen	reía reías reía reíamos reíais reían	reí reíste rio reímos reísteis rieron	reiré reirás reirá reiremos reiréis reirán	reiría reirías reiría reiríamos reiríais reirían	ría rías ría riamos riáis rían	riera rieras riera riéramos rierais rieran	ríe (tú), no rías ría (usted) riamos reíd (vosotros), no riáis rían (Uds.)

Stem-Changing and Orthographic-Changing Verbs (continued)

Infinitive Present Participle Past Participle	Indicative					Subjunctive		Imperative
	Present	Imperfect	Preterit	Future	Conditional	Present	Imperfect	Commands
seguir (i, i) (ga) siguiendo seguido	sigo sigues sigue seguimos seguís siguen	seguía seguías seguía seguíamos seguíais seguían	seguí seguiste siguió seguimos seguisteis siguieron	seguiré seguirás seguirá seguiremos seguiréis seguirán	seguiría seguirías seguiría seguiríamos seguiríais seguirían	siga sigas siga sigamos sigáis sigan	siguiera siguieras siguiera siguiéramos siguierais siguieran	sigue (tú), no sigas siga (usted) sigamos seguid (vosotros), no sigáis sigan (Uds.)
sentir (ie, i) sintiendo sentido	siento sientes siente sentimos sentís sienten	sentía sentías sentía sentíamos sentíais sentían	sentí sentiste sintió sentimos sentisteis sintieron	sentiré sentirás sentirá sentiremos sentiréis sentirán	sentiría sentirías sentiría sentiríamos sentiríais sentirían	sienta sientas sienta sintamos sintáis sientan	sintiera sintieras sintiera sintiéramos sintierais sintieran	siente (tú), no sientas sienta (usted) sintamos sentid (vosotros), no sintáis sientan (Uds.)
volver (ue) volviendo vuelto	vuelvo vuelves vuelve volvemos volvéis vuelven	volvía volvías volvía volvíamos volvíais volvían	volví volviste volvió volvimos volvisteis volvieron	volveré volverás volverá volveremos volveréis volverán	volvería volverías volvería volveríamos volveríais volverían	vuelva vuelvas vuelva volvamos volváis vuelvan	volviera volvieras volviera volviéramos volvierais volvieran	vuelve (tú), no vuelvas vuelva (usted) volvamos volved (vosotros), no volváis vuelvan (Uds.)

Appendix 4

SPANISH-ENGLISH VOCABULARY

A

abandonar to abandon 7
abarcar to extend to 14
abogar to advocate 7
abolir to abolish 15
abordar to board 9
abrazar to embrace 10
abrazo, el hug; embrace 2
abrigo, el coat 8
abril April 1
abrir to open 1, 2, 12
abstener to abstain 9
abuelita, la grandma (diminutive) 4
abuelo/a, el/la grandfather/grandmother 4
abundar to abound 6
aburrido/a boring 1
aburrir to bore; to tire 6
abuso, el abuse 15
acabar (de) (+ inf.) to finish; to have just (done something) 5, 11, 12
académico/a academic 3
acampar to camp 5
acceder to accede 15
accessorio, el accessory 8
accidente, el accident 10
acción, la action 15
aceite (de oliva), el (olive) oil 6
aceituna, la olive 6
acelerar to accelerate 15
aceptar to accept 4
acerca de with respect to 8
acertado/a correct 12
acomodar to accommodate 5
acompañante, el/la escort; companion 7
acompañar to accompany 6
aconsejar to advise 9
acontecimiento, el event 7
acordeón, el accordion 14
acostar (ue) to put in bed 5
acostarse (ue) to go to bed 5
acostumbrar to be accustomed to 13
acostumbrarse to become accustomed 8
actividad, la activity 8
activista, el/la activist 15
activo/a active 2
actor, el actor 5
actriz, la actress 1

actual current 10, 15
actualidad, la current events 13
actuar to act 5, 13
acuático/a aquatic 9
acudir to present oneself 11
acueducto, el aqueducto 2
acuerdo, el accord 15
acupuntura, la acupuncture 10
adaptador eléctrico, el electrical adaptor 9
adecuado/a adequate 7
adelgazar to lose weight 10
ademán, el gesture 11
además in addition 4, 9
Adiós. Good-bye. 1
adivinar to guess 5
administración, la administration 2
administración de empresas, la business administration 3
admiración, la admiration 9
admirador/a, el/la admirer 9
admitir to admit 7
¿Adónde...? To where . . . ? 2
adoptivo/a adoptive 14
adorar to adore 14
adornado/a adorned 8
adornar to adorn 9
adquirir (ie, i) to acquire 13
aduana, la customs 9
advertir (ie, i) to warn 14
aeróbico/a aerobic 10
aerolínea, la airline 9
aeropuerto, el airport 9
afectar to affect 9
afectuoso/a affectionate 4
afeitarse to shave 5
afianzar (c) to strengthen; to fortify 15
aficionado/a, el/la fan 7
a fin de que in order that 11
afirmación, la statement 12
afirmar to affirm 6
afrodisíaco, el aphrodisiac 6
afrontar to face 15
afueras, las outskirts 9
agarrar to grab 11
agencia de viajes, la travel agency 9
agente de viajes, el/la travel agent 9
agosto August 1

agradable agreeable 5
agradecer to thank 13
agregar to add 10
agrícola agricultural 4
agua (mineral), el (fem.) (mineral) water 6
aguacate, el avocado 6
águila, el (fem.) eagle 12
ahora (mismo) (right) now 2
ahorrar to save 12
aire acondicionado, el air conditioning 5
aire libre, al outside 4
ajo, el garlic 6
ajustar to adjust 11
alabanza, la praise 12
albergar to house 3
álbum, el album 5
alcalde/sa, el/la mayor 15
alcanzable reachable 12
alcanzar to reach 2
alegrarse (de) to become happy; to be glad 5, 10
alegremente happily 9
alejarse to go away 11
alemán, el German 2
alergia, la allergy 10
alérgico/a allergic 10
álgebra, el (fem.) algebra 3
algo something; anything 3, 6, 7
algodón, el cotton 8
alguien someone 7
algún día someday 4
alguno/a/os/as some 5, 7
alimentación, la nutrition 6
alimentar to nourish 11
alimentos, los foods 10
aliviado/a alleviated 14
aliviar to alleviate 10
allá there 9
alma, el (fem.) soul 8
almacén, el department store 8
almorzar (ue) to eat lunch 8
almuerzo, el lunch 2, 6
alpinismo, el mountain climbing 6, 7
alquilar to rent 5
alquiler, el rent 15
alrededor about; around 12

alta costura, la high fashion 14
altavoz, la speaker 7
alternarse to alternate 8
altiplano, el high plateau 10
alto/a tall 2
altura, la altitude 8
aluminio, el aluminum 7
amado/a beloved 13
amanecer, el dawn 11
amante, el/la lover 6
amar to love 6
amarillo/a yellow 1
amasar to mix 10
ambiental environmental 10
ambiente, el atmosphere 6
ambigüedad, la ambiguity 11
ambulancia, la ambulance 10
a menos (de) que unless 11
americana, la blazer (Spain) 8
amigo/a, el/la friend 1
amor, el love 6
amoroso/a amorous 6
ampliar to expand 6
amplio/a wide; ample 10
amueblado/a furnished 5
análisis, el analysis 3
analista (de sistemas), el/la (systems) analyst 11
anaranjado/a orange 1
ancho/a wide 5
anciano/a, el/la old person 12
andino/a Andean 8
anécdota, la anecdote 6
anfitrión/anfitriona, el/la host/hostess 7
angosto/a narrow 12
anillo de oro, el gold ring 8
animadamente enthusiastically 9
animado/a animated 9
animal, el animal 3
animar to encourage; to cheer 3
animarse to be game 5
aniversario, el anniversary 6
anoche last night 6, 8
anotar to note; to write down 5
ansioso/a anxious 9
ante before 7
anteayer day before yesterday 6, 8

antena parabólica, la satellite dish **12**

antepasado/a, el/la ancestor **4**

antes (de) before **2**

antes (de) que before **11**

antiácido, el antacid **10**

antibiótico, el antibiotic **10**

anticipación, la anticipation **9**

anticipar to anticipate **8**

antiguo/a ancient **3, 5**

antioxidantes, los antioxidants **10**

antropología, la anthropology **3**

anualmente yearly **7**

anudado/a knotted **15**

anunciar to announce **8**

anuncios clasificados, los classified ads **13**

añadir to add **6**

año, el year **1**

años, tener... to be . . . years old **3**

apagar (fuegos/incendios) to turn off; to put out; to extinguish (fires) **11, 12**

aparato, el appliance **6**

aparatos electrónicos, los electronics **12**

aparecer (zc) to appear **9**

aparencia, la appearance **1**

aparente apparent **15**

aparentemente apparently **15**

apartamento, el apartment **3**

apasionar to impassion **6**

apellido, el surname **2**

aprender to learn **7**

aperitivo, el appetizer **2**

apetecer (zc) to feel like; to appeal to **6**

aplaudir to applaud **14**

apoderarse to take hold **15**

apodo, el nickname **2**

aporte, el contribution **15**

apoyar to support **8, 15**

apoyo, el support **4**

apreciado/a appreciated **11**

apreciar to appreciate **4**

aprender to learn **2**

apropriado/a appropriate **10**

aprovechar to take advantage of **12**

aproximadamente approximately **3**

apunte, el note **5**

aquel/la that (over there) **4**; that one (over there) **4**

aquello that (*neuter*) (over there) **4**

aquellos/as those (over there) **4**

aquí here **1**

aquietar to calm down **15**

árabe, el Arab; Arabic **2**

araña, la spider **8**

árbitro, el referee **5**

árbol, el tree **4**

archipiélago, el archipelago **8**

archivar to file; to save **12**

arco, el bow **8**

arder to burn **15**

ardilla, la squirrel **8**

área, el (*fem.*) **7**

arenisca, la sandstone **9**

aretes (de diamantes), los (diamond) earrings **8**

argentino/a Argentine **2**

argumento, el argument **4**

aria, el (*fem.*) aria **14**

arma, el (*fem.*) weapon **15**

armado/a armed **15**

armar to assemble; to furnish **8**

arpa, el (*fem.*) harp **5, 14**

arqueólogo, el archeologist **8**

arquitecto/a, el/la architect **2, 11**

arquitectura, la architecture **7**

arrancar to yank **1**

arreglo, el arrangement **5**

arrepentido/a repentant **10**

arribada, la arrival **5**

arriba de above **5**

arrojar to throw **10**

arroz, el rice **6**

arte, el art **3**

artefacto, el artifact **5**

artesanía, la handicraft **3**

artesano/a, el/la artisan **3**

artículo, el article **7, 13**

artritis, la arthritis **10**

arzobispo, el archbishop **4**

ascendencia, la ancestry **10**

ascendente ascending **6**

ascender (ie) to promote; to move up **11**

asco, el disgust **6**

asegurar to assure **5**

asesinato, el murderer **15**

asesor/a, el/la consultant; advisor **15**

asiento (de ventanilla/de pasillo), el (window/aisle) seat **9**

asistente, el/la assistant **7**

asistente de vuelo, el/la flight attendant **9**

asistir (a) to attend **2**

asma, el (*fem.*) asthma **10**

asociación, la association **7**

asociar to associate **2**

aspecto, el aspect **8**

aspiración, la aspiration **15**

aspiradora, la vacuum cleaner **5**

aspirante, el/la job candidate **11**

aspirina, la aspirin **10**

asunto, el matter **15**

atacar to attack **10**

ataque, el attack **4**

atención al cliente, la customer service **8**

atentamente sincerely yours **11**

aterrizar to land **9**

a tiempo on time **3**

atletismo, el track and field **7**

atmósfera, la atmosphere **3**

atracción, la attraction **9**

atractivo/a attractive **3**

atraer to attract **6**

atrapar to trap **4**

atrás behind **7**

a través along **8**

atrevido/a sassy; daring **12**

atribuir to attribute **14**

audición, la audition **14**

audio parlantes, los speakers **8**

auditorio, el auditorium **3**

aumentar to increase **6, 15**

aumento, el raise; increase **4, 6, 11**

aunque although **4**; even though **7**

auriculares, los earbuds **12**

ausente absent **15**

auténtico/a authentic **14**

auto, el car **9**

autobiográfico autobiographical **2**

autobús, el bus **5, 9**

autógrafo, el autograph **14**

autónomo/a autonomous **2**

autor/a, el/la author **2**

autoridad, la authority **14**

autorretrato, el self-portrait **3**

avanzado/a advanced **8**

ave, el (*fem*) bird **3**

avenida, la avenue **12**

aventura, la adventure **4**

avergonzado/a ashamed **10**

avión, el plane **9**

aviso, el notice; announcement **13**

avisos clasificados, los classified ads **11**

ayer yesterday **6**

ayuda, la help **5**

ayudante, el/la assistant **6**

ayudar to help **2**

azúcar, el sugar **3, 6**

azucena, la lily **10**

azul blue **1**

B

bailable danceable **9**

bailar to dance **2**

bailarín/a, el/la dancer **14**

baile, el dance **3, 14**

baile de salón, el ballroom dancing **14**

bajar to decrease; to download; to lower **4, 12**

bajar de peso to lose weight **10**

bajarse (de) to get off (of); to get down (from) **9**

bajo, el bass **3**

bajo/a short (in stature) **2**

balada, la ballad **13**

balboa, el monetary unit of Panama **5**

ballet, el ballet **1, 14**

balón, el (soccer, basket) ball **7**

banana, la banana **6**

banco, el bank; bench **8**

banda, la band **4, 14**

banquete, el banquet **7**

bañarse to bathe **5**

baño, el bathroom **5**

bar, el bar **2**

barato/a cheap; inexpensive **1**

barbaridad, la outrage **5**

barco, el boat **5, 9**

barítono/a baritone **14**

barrio, el neighborhood **3**

basado/a based **6**

básquetbol, el basketball **5, 7**

bastante quite; fairly **3**

bastar to be enough **8**

basurero, el garbage can **5**

batalla, la battle **1**

bate, el bat **7**

batería, la drums **8, 14**

batir to beat **6**

bebida, la beverage **6**

bebidas alcohólicas, las alcoholic beverages **10**

béisbol, el baseball **4**

beisbolista, el baseball player **2**

belleza, la beauty 9
bellísimo/a really beautiful 6
bello/a beautiful 2
beneficio/s, el/los benefit/s 11
benéfico/a charitable 14
beso, el kiss 4
biblioteca, la library 2
bibliotecario/a, el/la librarian 15
bicicleta, la bicycle 2
bien well 1
bien, el good 6
bienes, los goods 5
bienes raíces, los real estate 5
bienestar, el well-being 6
bien hecho/a well made 14
bienvenida, la welcome 2
bilingüe bilingual 12
billetera, la wallet 8
biografía, la biography 2
biología, la biology 3
biológico/a biological 10
biosfera, la biosphere 3
bistec, el steak 6
blanco/a white 1
bloque, el block 8
blusa, la blouse 8
boca, la mouth 10
bocadillo, el sandwich 6
boda, la wedding 3
boicot, el boycott 15
boleto (electrónico), el (e-)ticket 3, 4, 9
bolígrafo, el pen 1
bolívar, el Colombian currency 9
bolsa, la (big) bag 7
bolso, el bag; purse 7, 8
bomba (nuclear), la (nuclear) bomb 15
bomba, la firetruck; fire station (Chile); gas station (Andes) 15
bomba, ser una to be gorgeous 15
bombero/a, el/la firefighter 10, 11
bondad, la goodness 7
bonificación anual, la yearly bonus 11
bonito/a pretty; cute 2
booby con patas azules, el blue-footed booby 8
bordar to embroider 4
bordo, a aboard 6
bosque, el forest 9, 10, 12
bosque pluvial, el rain forest 12
botas, las boots 8
botella, la bottle 7

brasileño/a Brazilian 2
brazo, el arm 10
breve brief 6
brillante brilliant 3
brillar to shine 8
brillo de labios, el lip gloss 5
broma, la joke 11
bucear to scuba dive; snorkel 9
buche, el belly 8
budista Buddhist 14
Buenas noches. Good evening. 1
Buenas tardes. Good afternoon. 1
¿Bueno? Hello? (on the phone) 4
bueno... well . . . 5
bueno/a good 1, 9, 10
Buenos días. Good morning. 1
¡Buen provecho! Enjoy your meal! 6
buscador, el search engine 12, 13
buscar to look for 1, 2
búsqueda, la search 11
búsqueda de empleo, la job search 11

C

cabecear to make a head shot 7
cabeza, la head 10
cacique, el chief 9
cada each 5
cadáver, el cadaver 14
cadena (de plata), la (silver) chain 8
caerse to fall down 15
café (al aire libre), el (outdoor) café 4
café, el coffee 6
cafeína, la caffeine 6
cafetera, la coffee maker 6
cafetería, la cafeteria 2
caída, la fall 11
caja, la box; cash register 8
cajero automático, el ATM (automatic teller machine) 4, 8, 12
calabaza, la gourd; squash 11
calamar, el squid 2, 6
calavera, la skull 3
calcetines, los socks 8
calcio, el calcium 10
calculadora, la calculator 1
calcular to calculate 7
cálculo, el calculus 3
calentamiento, el warm-up 10

calentamiento global, el global warming 12
calentar (ie) to heat 6
calidad, la quality 13
caliente hot 6
calle, la street 2
calmante, el tranquilizer, pain killer 10
calor, hace it is hot 7
calor, tener to be hot 3
caloría, la calorie 6
calzado, el footwear 8
calzar to wear a shoe size 8
cama, la bed 5, 10
cámara, la camera 4
cámara de video, la video camera 9
cámara digital, la digital camera 9
camarero/a, el/la waiter/waitress 6
camarones, los shrimp 6, 10
cambiar to change 4
cambio, el change; exchange 4
caminar to walk 2
camino, el path; road 2
camión, el pickup truck; van 9 truck; bus (Mexico) 8
camioneta, la pickup truck; van 1
camisa, la shirt 8
camiseta (sin mangas), la t-shirt (tank top) 8
campamento, el camp 9
campaña, la campaign 12, 15
campeón/campeona, el/la champion 7
campesino, el peasant; farmer 5
campo, el country 5
Canadá Canada 6
canadiense Canadian 2
canal, el canal; channel 13
canas, tener to be gray-haired 4
cancelar to cancel 9
cáncer, el cancer 10
cancha (de tenis), la (tennis) court 2, 3
canción, la song 2
candidato/a, el/la candidate 6, 15
cansado/a tired 4
cansancio, el fatigue 10
cansar to tire 7
cantante, el/la singer 1
cantar to sing 5
cantautor/a, el/la songwriter 2

cantero de jardín, el flower bed 14
cantidad, la quantity 6
caña, la small beer 2; reed
capacidad, la capacity 11
capaz capable 11
capilla, la chapel 8
capital, la capital city 1, 2
capucha, la hood 8
cara, la face 5
carácter, el character 13
característica, la characteristic 11
carbohidratos, los carbohydrates 10
cárcel, la jail 15
cardiólogo, el cardiologist 10
cardo, el thistle/nettle 1
cargador, el charger 9
cargo, el position 11
cargo político, el political post 15
caricatura política, la political cartoon 13
cariño, con with affection 4
caritativo/a charitable 9
carnaval, el Mardi Gras 9
carne, la meat 6
carnero, el mutton 6
caro/a expensive 1
carpintero/a, el/la carpenter 11
carrera, la career 3
carro, el car 3, 9
carta comercial, la business letter 11
carta de presentación, la cover letter 11
carta de recomendación, la letter of recommendation 11
cartel, el poster 7
cartelera, la entertainment section 13
cartero/a, el/la mail carrier 11
casa, la house 4, 5
casado/a married 4
casarse to marry 4
cascadas, las cascades 9, 11
casco, el helmet; headphone 12
casi almost 10
caso, hacer to pay attention 13
castaño/a brown; brunette 2
castigar to punish 10
castillo, el castle 13
cataratas, las falls 11 waterfall 9
catedral, la cathedral 9

católico/a Catholic 9
causa, la cause 7
causar to cause 5
cavar to dig 14
caza, la hunting 10
cazuela, la stewpot; casserole 6
cebolla, la onion 3, 6
cebolleta, la shallot 6
celebración, la celebration 7
celebrar to celebrate 5
celebridad, la celebrity 7
celofán, el cellophane 14
celos, los jealousy 11
celos, tener to be jealous 11
celoso/a jealous 11
celta Celtic 2
cementerio, el cemetery 14
cena, la dinner 2, 6
cenar to have dinner 6
cenizas, las ashes 9
censo, el census 13
censura, la censorship 13
censurar to censure 13
centenares, los hundreds 4
centenario, el centennial 5
centro, el downtown 3, 4
centro comercial, el shopping center; mall 8
centro estudiantil, el student union 3
centro histórico, el historical center 9
cepillarse to brush 5
cepillo de dientes, el toothbrush 8
cerámica, la ceramic 4
cerca (de) nearby; close (to) 2
cercano/a nearby 8
cerdo, el pork 10
ceremonia, la ceremony 4
cerrado/a closed 3
cerrar (ie) to close 1
cerveza, la beer 3, 6
cesta, la basket 3
¡Chaito! So long! 14
champán, el champagne 8
champú, el shampoo 5
chancla, la flip-flop 8
chaqueta, la jacket 8
charada, la charade 6
charango, el guitar-like instrument 4
chelista, el/la chellist 14
chelo, el cello 14
chévere super 7
chicano/a Mexican-American 12
chico/a, el/la boy/girl 3

chileno/a Chilean 2
chimichurri, la sauce popular in Argentina 6
chinchilla, la chinchilla 14
chino, el Chinese 2
chismoso/a gossipy 5
chispa, la spark 10
chofer, el chauffeur 11
chorizo, el sausage 2
chubasco, el heavy rain; shower 7
ciclismo, el cycling 7
cielo, el heaven; sky 8
ciencia, la science 2
ciencia ficción, la science fiction 7
ciencias políticas, las political science 3
ciencias sociales, las social science 3
científico/a, el/la scientist 1, 8
cien(to) hundred 5
cierto/a certain 10 true; certain 2
cigarra, la cricket 8
cine, el film; movie theater 2, 13
cinematografía, la cinematography 13
cinematógrafo/a, el/la cinematographer 13
ciprés, el cypress 14
circulación, la circulation 13
cita, (hacer una) (to make an) appointment 10, 11
ciudad, la city 1, 2
ciudadanía, la citizenship 12
ciudadano/a, el/la citizen 15
civilización, la civilization 3
clarinete, el clarinet 14
claro of course 4
claro/a clear; light (color) 1, 6
clase, la class 1
clase turista, la coach class 9
clásico/a classic 14 classical 4
cláusula, la clause 10
clavar to drive; to thrust 15
clave, la key 11
claxon, el horn 15
cliente, el/la client; customer 2
clima, el climate 4, 5
clínica, la clinic 11
cobardía, la cowardice 1
cobrar to charge 4
cobre, el copper 6
coche, el car 9
cochinillo, el suckling pig 8
cocina, la cuisine; kitchen 3 kitchen 5

cocinar to cook 6
cocinero/a, el/la chef; cook 6, 11
coco, el coconut 6
cocodrilo, el crocodile 9
codazo, el elbow jab 15
codicia, la greed 10
código, el code 15
coincidir to coincide 13
cola, hacer to stand in line 9
cola, la line 9
colaborar to collaborate 9
colección, la collection 3
colega, el/la colleague 11
cólera, el cholera 5
colesterol, el cholesterol 10
colgar (ue) to hang 3
collar, el necklace 8
colombiano/a Colombian 2
colonia, la colony; cologne 8
colonizador/a, el/la colonizer 9
color café, el brown 1
colorido/a brightly colored; coloring 9
combatiente, el/la combatant 4
combatir to combat 9, 15
combinación, la combination 10
comedia (musical), la (musical) comedy 4, 13, 14
comedor, el dining room 5
comentar to comment 5
comentario, el commentary 3
comentarista, el/la newscaster; commentator 7, 13
comentarista deportivo, el/la sportscaster 13
comenzar (ie) to begin 7
comer to eat 2, 6, 8, 9, 10, 11, 12
comerciar to trade 9
comercio, el commerce 3
comestibles, los provisions; groceries 9
cometer to commit 14
cómico/a comic 4
comida, la food; meal 2, 3, 4, 6
comida basura, la junk food 10
comida chatarra, la junk food 10
comienzo, el beginning 5
comisión, la fee; commission 8
comité, el committee 4
cómo how; what 1, 2

como since; as 5
¿Cómo...? How . . . ? 2
cómoda, la dress 5 dresser 5
comodidad, la comfort 14
comodidades, las comforts 9
cómodo/a comfortable 9
¿Cómo estás? How are you? (inf.) 1
¿Cómo está usted? How are you? (for.) 1
¿Cómo se llama usted? What's your name? (for.) 1
¿Cómo se escribe...? How do you spell . . . ? 1
compañero/a de clase, el/la classmate 8
compañero/a de reparto, el/la co-star 13
compañía, la company; firm 13
comparación, la comparison 5
comparar to compare 5
compartir to share 2
compatriota, el/la compatriot 5
competir (i, i) to compete 10
complacer (zc) to please 11
complejo/a complex 10
complementar to complement 3
completo/a complete 6
complicado/a complicated 3
complicar to complicate 11
componer to compose 14
composición, la composition 2
compositor/a, el/la composer 7, 14
comprar to buy 2, 8, 9, 11
compras, ir de to go shopping 8
comprender to understand 2, 7
comprensión, la comprehension 13
comprobar (ue) to prove 15
compromiso, el commitment; obligation 7, 11
computación, la computer science 3
computadora, la computer 1, 3, 12
computadora portátil, la laptop computer 1
común common 1
comunicaciones, las communications 3
comunidad, la community 3
con with 1
con cariño with affection 4
conceder to grant 2

concepto, el concept 4
concienciar al público to raise public consciousness 15
concierto, el concert 2, 3, 4
concordancia, la agreement 10
concreto/a concrete 7
concurso, el contest; game show; pageant 13
condenado/a condemned 13
condenar to condemn 11
condición, la condition 5
cóndor, el condor 8
conducir to drive 2
conductora, el/la conductor 15
conectar to connect 5
conexión, la connection 12
confeccionar to make up 15
conferencia, la lecture 2
conferencia de prensa, la press conference 15
confianza, la trust; confidence 10
conflicto, el conflict 8, 15
confundir to confuse 10
congelador, el freezer 6
congestionado/a congested 10
congregar to gather 15
congresista, el/la congressman/woman 15
congreso, el congress 15
conjetura, la conjecture 12
conjunto, el outfit; group 4, 8, 14
conmemorar to commemorate 3
conmigo with me 4
conocedor, el/la connoisseur 6
conocer (zc) to know (someone); to be familiar with 4
conocido/a known 6
conocimiento, el knowledge 2
conquista, la conquest 3
consecuencias, las consequences 15
conseguir (i, i) to get; to obtain 9, 11
consejo, el advice 7, 10
consenso, el consensus 14
conservador/a conservative 13
conservar to conserve; to preserve 7, 8, 12
considerado/a considered; considerate 15
considerar to consider 3
construcción, la construction 2, 5
construir to construct 2
consultar to consult 9

consultorio, el doctor's office 10
consultorio sentimental, el advice column 13
consumidor/a, el/la consumer 1
consumir to consume 12
consumo, el consumption 6
contabilidad, la accounting 3
contactar to contact 10
contador/a, el/la accountant 11
con tal (de) que provided (that) 11
contaminación, hay there is pollution; there is smog 7
contaminar to contaminate; to pollute 12
contar (ue) to tell (a story) 4
contemporáneo/a contemporaneous 6
contenedor, el container 13
contener (ie) to contain 3
contenido, el content 10
contento/a happy 5
contestar to answer 1
contigo with you 4
continuación, a following 6
continuar to continue 6
contra, (en) against 5
contrabajo, el bass 14
contrario, por el on the contrary 8
contraste, el contrast 6
contratar to contract 13 to hire 11
contrato, el contract 9, 11
contribuir to contribute 9
contrincante, el/la opponent 15
controlar to control 13
control de seguridad, el security checkpoint 9
convencer to convince 2
convencional conventional 13
convenio, el agreement 13
conversación, la conversation 7
conversar to converse 3
convertir (ie, i) to convert 9
convicción, la conviction 15
cooperar to cooperate 8
coordinador/a, el/la coordinator 11
copado/a cool 12
copia, la copy 7
corazón, el heart 1
corbata, la tie 8
cordialmente cordially yours 11

coreano, el Korean 2
coreografiar to choreograph 14
coreógrafo/a, el/la choreographer 14
corneta, la cornet 14
corredor, el corridor 12
correo, el mail 2
correr to run; to fire someone (Mexico) 2
corresponsal, el/la correspondent 12
corriente, la electric current 9
corrupción, la corruption 15
cortar to cut 6
cosa, la thing 1
cosecha, la harvest 15
cosmopolita cosmopolitan 11
cosquillas, hacer (a) to tickle 7
costa, la coast 2, 6
costar (ue) to cost 2
costarricense Costa Rican 3
costo, el cost 13
costoso/a costly; expensive 7
costumbre, la custom 6
costura, la fashion 14
creador/a, el/la creator 8
crear to create 6
creatividad, la creativity 2
creciente growing 15
creencia, la belief 2
creer to believe 2, 6, 10, 12
crema (de afeitar), la (shaving) cream 5
cría, la raising; chick 5
criadero, el hatchery 5
criar to raise 7
criarse to grow up 4
crimen, el crime 14
criollo/a creole 6
cristalino/a clear; crystalline 5
cristianizar to christianize 10
cristiano/a Christian 9
crítico/a, el/la critic 13
crónico/a chronic 10
cronología, la chronology 11
crucero, el cruise 9
cruzar to cross 14
cuaderno, el notebook 1
cuadra, la block 3
cuadrado/a square 5
cuadro, el picture; painting 5
cuadros, de plaid 8
cual/es which (one/s) 2
¿Cuál(es)...? Which (one/ones) . . . ? 2
cualidad, la quality 11, 14

cualificaciones, las qualifications 11
cualquier/a any/one 9
cuando when 2, 11
¿Cuándo...? When . . . ? 2
¿Cuánto/a/s...? How much/many . . . ? 1
Cuaresma, la Lent 9
cuarteto, el quartet 14
cuarto, el room 5
cuarto/a fourth; quarter 2, 8
cuarto doble, el double room 9
cubano/a Cuban 2
cubeta, la bucket 5
cubierto/a covered; enclosed 8
cubrir to cover 8, 12
cuchara, la spoon 6
cucharada, la tablespoon 6
cucharadita, la teaspoon 6
cuchillo, el knife 6
cuello, el neck; collar 15
cuenta, la bill; account; bead 6
cuenta, por su on one's own 7
cuentista, el/la storyteller 11
cuento, el story 12
cuerda, la cord 14
cuero, el leather 2, 8
cuerpo, el body 5, 10
cuestas, a on the back 14
cuestionario, el questionnaire 10
cueva, la cave 9
cuidado, tener to be careful 3
cuidadoso/a careful 9
cuidar(se) to take care (of oneself) 10
culebra, la snake 8
culinario/a culinary 6
culto/a cultured 14
cultura, la culture 4
cumpleaños, el birthday 1
cumplir to complete 1
cumplir (con) to make good (on a promise); to fulfill (a promise) 15
cuñado/a, el/la brother-in-law/sister-in-law 4
curar to cure 10
curioso/a curious 7
currículum vítae, el curriculum vitae (vita) 11
curso, el course 3
curvado/a curved 9

D

danza (moderna), la (modern) dance 14
dañarse to break down 15
daño, el damage; harm 15

dar to give 1, **6**
dar igual to be the same **7**
dar la vuelta to turn **6**
dar una mirada rápida to skim through **13**
dar un paseo to go out; to take a walk **7**
dato, el data; information **1**
de acuerdo fine with me; okay; in agreement; agreed **4**
debajo (de) under; below **5**
debate, el debate **15**
debatir to debate 14, **15**
deber (+ inf.) to owe (to ought to do something) **2**
deber, el duty **15**
débil weak **10**
debut, el debut **14**
debutar to debut **10**
década, la decade **14**
decidir to decide **2**
décimo tenth **8**
decir (i) to say 6, **7** to tell **9, 12**
declaración, la declaration **6**
decoración, la decoration **3**
dedicado/a dedicated **9**
dedicar to dedicate **7**
dedo (del pie), el finger (toe) **10**
¿De dónde...? From where . . . ? **2**
defecto, el defect **13**
defender (ie) to defend **7**
defensa propia, la self-defense **14**
definir to define **4**
deforestación, la deforestation **12**
defraudar to disillusion **15**
dejar (de) to leave (behind); to quit (doing something) **3, 6, 10, 11**
delante de in front of 2, **3**
delgado/a thin **2**
delicia, la delight **6**
delicioso/a delicious **2**
demás, los the rest **10**
demasiado too much **9**
democracia, la democracy **15**
democratización, la democratization **15**
demográfico/a demographic **13**
demora, la delay 9, **9**
De nada. You're welcome. **1**
dentista, el/la dentist **10**
dentro de within; inside of **5**
denunciar to denounce **4**
departamento, el department **8**

dependiente/a, el/la sales clerk **8**
deporte, el sport 1, **7**
deportiva, la sección sports section **13**
deportivo/a sporting **7**
depósito, el deposit **9**
¿De quién(es)...? Whose . . . ? **2**
derecha, a la to/on the right **3**
derecho, el law; right 3, **15**
derechos humanos, los human rights 4, 8, **15**
de repente suddenly **8**
derivar to derive **6**
derredor, en around **15**
desafío, el challenge **3**
desanimado/a discouraged; lifeless **12**
desaparecer to disappear **9**
desarmar to disarm **15**
desarme, el disarmament **15**
desarrollar to develop **3**
desarrollo, el development **6, 12**
desastre (natural), el natural disaster 13, **15**
desayunar to have breakfast **4, 6**
desayuno, el breakfast 2, **6**
descafeinado/a decaffeinated **2**
descansar to rest **10**
descanso, el rest **10**
descender (ie) to descend **11**
descendiente, el/la descendants **3**
describir to describe **1**
descripción, la description **5**
descubierto/a discovered **13**
descubrir to discover **6, 12**
descuento, el discount **8**
desde from; since **2**
desear to desire 3 to wish; to desire **9**
desechos, los waste **12**
desempleo, el unemployment **6, 11, 15**
desengaño, el disillusionment **10**
desenlace, el conclusion **11**
desenterrar to dig up **5**
deseo, el desire **13**
desfile, el parade **2**
desfile de moda, el fashion show **14**
desgarrador/a heartrending **11**
desgraciadamente unfortunately **5**
deshonesto/a dishonest **15**
deshonrar to dishonor **11**

desierto, el desert **4**
desierto/a deserted **5**
desilusionar to disillusion **15**
desodorante, el deodorant **8**
desorden, el disorder **8**
desordenado/a disorganized **5**
desorientado/a disoriented **10**
despacho, el office **11**
despacio slowly **5**
despedida, la closing; farewell 1, 4, **11**
despedir (i, i) to fire **11**
despedirse (i, i) to say good-bye **4**
despegar to take off **9**
despejado/a clear **8**
despertarse (ie) to wake up **5**
despoblación, la depopulation **12**
despojar to strip **11**
desprender to loosen; detach **10**
después (de) (que) after 3, 7, **11**
destacado/a outstanding **12**
destacar to stand out **4**
destinatario/a, el/la addressee **11**
destino, el destination **2**
destruir to destroy **12**
desventaja, la disadvantage **6, 11**
detalle, el detail **6**
detener (ie) to arrest; to detain **11**
deteriorar to deteriorate **12**
detestar to detest **11**
detrás (de) behind **3**
deuda pública, la public debt **15**
¿De verdad? Really? **1**
devolver (ue) to return (something) **8, 9**
día, el day **1**
diabetes, la diabetes **10**
diagnóstico, el diagnosis **10**
diamantes, de diamond **8**
diario/a daily **2**
dibujar to draw **5**
dibujo, el drawing **5**
diccionario, el dictionary **1**
diciembre December **1**
dictador/a, el/la dictator **15**
dictadura, la dictatorship **15**
dientes, los teeth; cloves of garlic 5, 6, **10**
diestro/a skilled **15**
dieta, estar a to be on a diet **10**

dieta, la diet 6, **10**
dieta, seguir una to follow a diet **10**
diferente different **8**
difícil difficult 2, 6, **10**
dificultar to make difficult **4**
¿Diga? Hello? (*on the phone*) **4**
¿Dígame? Hello? (*on the phone*) **4**
dignidad, la dignity **4**
dignificar to dignify **11**
dilema, el dilemma **10**
dinámico/a dynamic **4**
dinero, el money **4**
dios, el god 8, **9**
directamente directly **7**
director/a, el/la director; conductor 9, 11, 14 editor-in-chief **13**
director/a de escena, el/la stage manager **14**
dirigido/a directed **13**
dirigir to conduct; to direct 9, **14**
discapacitado/a, el/la disabled person **3**
disco compacto, el compact disc (CD) **8**
disco duro (externo), el (external) hard drive **12**
discoteca, ir a una to go to a nightclub **7**
discreto/a discrete **13**
disculparse to apologize **15**
discurso, el speech 6, 7, **15**
discusión, la argument; discussion **8**
diseñador/a, el/la designer **14**
diseñar to design **2**
diseño, el design **3**
disfraz, el disguise; costume **14**
disfrutar de to enjoy **6**
disminuir to diminish; to lessen **13**
disparar to shoot **11**
disponible available **5**
dispuesto/a willing; ready; disposed 13, **14**
disputar to dispute **7**
distancia, la distance **8**
distinto/a different **6**
diva, la diva **14**
diversidad, la diversity **2**
divertido/a fun **3**
divertirse (ie, i) to enjoy oneself; to have fun 5, **7**
divorciado/a divorced **4**
doble double **9**

docencia, la teaching 13
doctor/a, el/la doctor 10
doctorado, el doctorate 3
documental, el documentary 13
dólar, el dollar 6
doler (ue) to hurt 10
dolor, el pain; ache 10
dolor de cabeza, el headache 10
doméstico/a domestic 3
dominar to dominate 12
domingo, el Sunday 1
dominicano/a Dominican 2
donar to donate 7
donde where 2, 11
¿Dónde...? Where . . . ? 2
dormir (ue, u) to sleep 4
dormirse (ue, u) to fall asleep 5
dormitorio, el bedroom 5
dote, el/la dowry 15
drama, el drama 13
dramático/a dramatic 13
dramatizar to dramatize 11
droga, la drug 14
drogadicción, la drug addiction 15
ducha, la shower 5
ducharse to shower 5
duda, la doubt 2
dudar to doubt 10
dudoso/a doubtful 10
dueño/a, el/la owner 15
dulces, los sweets 10
durabilidad, la durability 14
duradero/a lasting 15
durante during 2
durar to last 7
DVD, el DVD 12

E

echar to add; to throw in 6, 12
ecológico/a ecological 8
economía, la economy 3
económico/a economic 6
ecoturismo, el ecotourism 4
eco voluntariado, el eco-volunteering 5
ecuatoriano/a Ecuadorian 2
edad, la age 4
edición, la edition 13
edificio, el building 8
editar to edit 12
editor, el editor 13
editorial, el editorial (page) 13
educación, la education 6

educar to educate 10
EE. UU. United States 6
efectivo, en in cash 8
efectivo/a effective 5
efectuar to bring into effect 10
eficiente efficient 11
ejecución, la execution 14
ejecutivo/a, el/la executive 3
ejemplo, el example 2
ejercer to exercise 15
ejercicio, hacer to exercise 7
ejercicios aeróbicos aerobics 10
ejército, el army 15
él he 1
el the 1
elaboración, la elaboration 15
elaborado/a elaborated 4
elaborar to elaborate 15
elástico, el elastic 14
elección, la election 7
electo/a elected 6
electricidad, la electricity 10
electricista, el/la electrician 11
eléctrico/a electrical 3, 9
electrizante electrifying 14
electrónico/a electronic 2, 12
elegir (i, i) to elect; to choose 13, 15
eliminación, la elimination 15
eliminar to end 15
ella she 1
ellos/as they 1
emanar to emanate 15
embajada, la embassy 15
embajador/a, el/la embassador 7
embalse, el dam 10
emisora, la radio station (business entity) 7
emoción, la emotion 8
emocional emotional; exciting 11
emocionante exciting 2
empanada (empanadilla), la turnover 6
empaquetado/a packaged 10
emparejar to pair 5
empatar to tie (the score) 7
empezar (ie) to begin 1, 3, 4, 7, 9
empleado/a, el/la employee 11
empresa, la company; firm 2, 11
empresario, el impresario 10
enamorarse (de) to fall in love (with) 5
encabezar to head 12

encajar to fit 8
Encantado/a. Delighted.; Pleased to meet you. 1
encantador/a enchanting; delightful 2, 4, 14
encantar to delight; to be extremely pleasing 6
encanto, el charm; delight 7
encargar to take on 14
encargarse de to be responsible for 5
en caso de que in case 11
encender (ie) to turn on 12
encerrar (ie) to enclose 12
encoger draw up 8
encontrar (ue) to find 1, 3, 4
encontrarse (ue) con to meet up with someone 5
en cuanto as soon as 11
encuentro, el encounter 8
encuesta, la survey; poll 10
enemigo/a, el/la enemy 3
energía (alternativa/solar), la (alternative/solar) energy 7, 12
enero January 1
enfermar to make sick 5
enfermarse to become sick 5
enfermedad, la illness 5, 6, 10
enfermero/a, el/la nurse 11
enfrentar to confront 7
enfrente in front 12
enfrente de facing; across from 3, 14
engañar to deceive 13
engaño, el deceit 4
engordar to gain weight 10
enlace, el hyperlink 12
enlozado/a tiled 12
enojar to anger 10
enojarse (con) to get angry (with) 5, 14
enojo, el anger 15
enorme enormous 3
ensalada, la salad 6
ensayar to rehearse 11, 13
ensayo, el rehearsal 10, 13
enseguida right away 6
enseñar to teach 2, 7
entender (ie) to understand 4
enterarse to become aware 15
enterrar (ie) to bury 14
entonación, la intonation 14
entonces then 7
entrada, la appetizer 6 ticket 4
entre between 3
entregar to deliver; to turn in 1
entrenador/a, el/la trainer; coach 7

entrenamiento, el training 4, 11
entrenar to train 6
entre sí themselves 4
entretener (ie) to entertain 5
entretenimiento, el entertainment 7
entrevista, la interview 2, 11
entrevistador/a, el/la interviewer 7
entusiasta enthusiastic 2
envase (de aluminio), el (aluminum) container 12
enviar to send; to post online 12
en vías de desarrollo developing 4
envío, el shipment 4
época, la epoch 4
equidad, la equity 15
equipaje, el baggage 9
equipo, el team; equipment 5
equivocado/a mistaken 15
equivocarse to make a mistake 9
erradicar to eradicate 6
erupción, la eruption 5
escala, la stopover 9
escalar to climb 9
escalofrío, el chill 10
escalón, el step 12
escándalo, el scandal 13
escáner, el scanner 12
escaparse to escape 4
escasez, la shortage 12
escaso/a scarce 10
escena, la scene 8
escenario, el stage 8, 14
esclavo/a, el/la slave 9
escoger to choose 5
escolar scholastic 12
escribir to write 1, 2, 8, 10, 11, 12
escritor/a, el/la writer 6
escritorio, el desk 15
escuchar to listen 1, 2
escuela, la school 5
escultor/a, el/la sculptor 9
escultura, la sculpture 8
ese/a that; that one 4
esencial essential 13
esfuerzo, el effort 4, 15
esmeralda, la emerald 9
esmoquin, el tuxedo 14
esos/as those 4
espaguetis, los spaghetti 10
espalda, la back 10
España Spain 2

español, el Spanish 2
español/a Spanish 1, 2
español/a, el/la Spaniard 9
espátula, la spatula 6
especial special 5
especialidad de la casa, la
   house specialty 6
especializar to specialize 6
especialmente especially 8
especie, la species 3, 5, 12
especies en peligro de
   extinción, las endangered
   species 12
espectacular spectacular 5
espectáculo, el show
   business 7
espectador/a, el/la spectator
   13
esperanza, la hope 8
esperar to hope; to wait for 7,
   10 to wait for 9
espiar to spy 11
espíritu, el spirit 11
esposo/a, el/la husband; wife
   1, 3, 4
esquí (acuático), el (water)
   skiing 7
esquiar to ski 7
esquina, la corner 3
establecer (zc) to establish 12
estación, la season; station
   1, 8
estacionar to park 11
estación de radio, la radio
   station 13, 13
estadía, la stay 9
estadio, el stadium 3
estadísticas, las statistics 3
estado, el state 7
estado libre asociado, el
   commonwealth 7
estancia, la ranch 11
estandarte, el standard 15
estante, el bookcase 5
estar to be 3, 5, 7, 9
estar seguro/a (de) to be sure
   of 10
estatua, la statue 9
estatura, la height 5
esta vez this time 4
este... uhh . . . 5
este/a this; this one 4
estereotipo, el stereotype 12
estilo, el style 6, 14
estimado/a esteemed 11
estimularse to stimulate 9
estímulo, el stimulus 11
Estocolmo Stockholm 4
estómago, el stomach 10

estornudar to sneeze 10
estos/as these; these ones 4
estratégico/a strategic 7
estrechar (la mano) to extend
   one's hand) 15
estrecho/a narrow; tight
   (clothing) 5, 8
estrella, la star 5
estrenar to debut 13
estrés, el stress 10
estricto/a strict 6
estudiante, el/la student 1
estudiantil student (adj.) 6
estudiar to study 1, 2
estudio, el studio; study 3, 13
estufa, la stove 6
estupendo/a terrific 7
etapa, la stage 3
eterno/a eternal 8
ética, la ethics 11
etnia, la ethnicity 13
étnico/a ethnic 10
eusquera, el Basque
   language 2
evento, el event 7
evitar to avoid 10
evolución, la evolution 8
exagerar to exaggerate 6
examen, el exam 3
examen físico, el medical
   checkup 10
excelente excellent 2
excepcional exceptional 7
excesivo/a excessive 12
excursión, ir de to go on
   an outing; to tour 9
excursión, la excursion 6, 9
excusa, la excuse 5
exhausto/a exhausted 8
exhibir to exhibit 14
exigente challenging;
   demanding 3
existir to exist 8
éxito, el success 5
éxito, tener to be successful 12
exótico/a exotic 1, 5
expediente, el dossier 11
experiencia, la experience 5
experimentar to experience 2
explicar to explain 5
explícito/a explicit 13
explotación, la exploitation 7
explotar to exploit 15
exponer to explain 15
exportar to export 6
exposición, la exposition; show 3
expresar to express 15
expresarse to express oneself 11
extender (ie) to extend 3

extenso/a extensive 3
extinción, la extinction 5
extranjero, el abroad 4, 9
extranjero/a foreign 7
extranjero/a, el/la foreigner 7
extraño/a strange 10
extraordinario/a
   extraordinary 11
extremo/a extreme 6
extrovertido/a outgoing 1

F

fábrica, la factory 12
fabricante, el manufacturer 12
fabricar to make; to fabricate
   14 to manufacture 12
fábula, la fable 8
fabuloso/a fabulous; great 2, 7
fácil easy 2, 6, 7, 10
facilidad, la facility 11
facilitar to facilitate 5
fácilmente easily 9
factor, el factor 10
facturar el equipaje to check
   luggage 9
Facultad de Arte, la School of
   Art 3
Facultad de Ciencias, la
   School of Sciences 3
Facultad de Derecho, la
   School of Law 3
Facultad de Ingeniería,
   la School of Engineering 3
Facultad de Matemáticas, la
   School of Mathematics 3
Facultad de Medicina, la
   School of Medicine 3
falda, la skirt; slope 8
fallar to fail (computer disk) 12
falso/a false 2
falta, la lack 12
faltar to be missing; to be
   lacking 8
familia, la family 3, 4
familia política, la in-laws 4
familiarizarse to familiarize
   oneself 14
fanático/, el/la fanatic 2
fantasía, la fantasy 14
fantástico/a fantastic 7, 10
farmacia, la pharmacy 8
fascinante fascinating 1
fascinar to be fascinating 6
fatiga, la fatigue 10
favor, a in favor of 15
febrero February 1
fecha, la date 1, 5
fecha de vencimiento, la
   expiration date 10

felicidad, la happiness 4
feliz happy 1
femenino/a feminine 6
feminidad, la femininity 14
feo/a ugly 2
feria, la fair 9
feroz ferocious 10
fibra, la fiber 10
ficción, la fiction 4
fiebre, la fever 5, 10
fiesta, la party; celebration
   1, 3
figura, la figure 3, 9
figurar to represent 2
filarmónico/a philharmonic 14
filmación, la filming 13
filmar to film 13
filme negro, el film noir 4
filosofía, la philosophy 15
fin, el end 7
final, al finally 5
final, el end 13
financiera, la sección
   business section 13
financiero/a financial 3
finanzas, las finance 3
fingir to pretend 11
firma, la signature 11
firmar to sign 7, 15
física, la physics 3
físico/a physical 5
flaco/a skinny 2
flamenco, el flamingo 3
flamenco/a flamenco
   (dance) 2, 14
flan, el custard dessert 6
flanquear to flank 15
flauta, la flute 14
flecha, la arrow 8
flor, la flower 7, 9
florecer (zc) to flourish 15
florería, la flower shop 8
folleto, el brochure 9
fondo, el bottom;
   background 14
fondos, los funds 14
footing, hacer to go
   jogging 7
forma, en in shape 10
formación, la education 11
formar to form 8
fórmula, la formula 5
formular to formulate 3
formulario, el form 11
foro, el forum 7, 14
fortalecer (zc) to
   strengthen; to fortify 6, 15
fortaleza, la fortress 7
foto, la photograph 7

fotocopiadora, la photocopier 12
fotocopiar to photocopy 12
fotógrafo/a, el/la photographer 1
fragmento, el fragment 12
francés, el French 2
francés/esa French 1
Francia France 2
frase, la phrase 5
fraude (electoral), el (electoral) fraud 15
frecuencia, con frequently 5, 8
frecuente frequent 11
frecuentemente frequently 8
freír (i, i) to fry 6
fresco, hace it is cool 7
fresco/a fresh 6
frigorífico, el refrigerator 6
frijoles, los beans 6
frío, hace it is cold 7
frío, tener to be cold 3
frío/a cold 6
frito/a fried 6
frontera, la frontier; border 3, 8
frutas, las fruits 6
fruto, el fruit; benefit; profit 10
fuego, el fire 10
fuegos artificiales, los fireworks 9
fuente, la source 13
fuera outside 5
fuerte strong 6
fuerza, la force 15
fumar to smoke 8, 10
función, la show; function; event 4
funcionar to function; to work 10, 12
fundación, la founding; foundation 7, 13
fundado/a founded 9
fundar to found 7
furgoneta, la van 9
furia, la fury 10
furibundo/a raging 14
furioso/a angry 5
fusión, la fusion 14
fusionar to fuse 3
fútbol (americano), el soccer (football) 2, 5, 7
futuro, el future 12

G

gabardina, la gabardine (lightweight wool) 14
gabinete, el cabinet 11

gafas, las glasses 15
galán, el leading man 13
galápago, el tortoise 8
galletas, las cookies 6, 10
ganador/a, el/la winner 2
ganar to earn; to win 2, 4, 7
ganas de, tener + inf. to be eager (to); feel like (doing something) 3
ganga, la bargain; good deal 8, 9
garaje, el garage 5
garantizado/a guaranteed 5
garantizar to guarantee 15
garganta, la throat 10
garza, la crane 8
gasolina, la gasoline 12
gastado/a worn out; spent 10
gastar to spend 5, 8
gasto, el expense 5
gato/a, el/la cat 5, 8
gaucho, el Argentine cowboy 11
gemelo/a, el/la twin 10
genealógico/a genealogical 4
generación, la generation 7
generalizar to generalize 4
generalmente generally 9
generar to generate 15
género, el genre 4
generoso/a generous 5
genético/a genetic 10
gente, la people 1, 8, 13
geografía, la geography 3
geología, la geology 3
gerente, el/la manager 9, 11
gesto, el gesture 14
gimnasia, la gymnastics 7
gimnasio, el gymnasium 3
gira, la tour 9
gitano/a, el/la gypsy 14
globalización, la globalization 4
gloria, la glory 7
gobernador/a, el/la governor 15
gobierno, el government 2, 6, 12, 15
gol, el goal 7
golf, el golf 2, 7
golpe, de suddenly 12
golpear to thump 14
golpe de estado, el coup d'état 15
gordo/a chubby; fat 2, 5
gorra, la cap 8
gorro, el winter cap 8
gozar de to enjoy 9
grabación, la recording 9

grabado/a recorded 13
grabadora de DVD, la DVD recorder 12
grabar to record 7, 13
Gracias. Thank you. 1, 4
gracioso/a funny 4
gradas, las bleachers 15
grado, el degree 10
gramática, la grammar 13
grande big 1, 2
Gran Depresión, la Great Depression 3
granja, la farm 15
granjero, el farmer 15
grasa, la fat 6, 10
grasas monoinsaturadas (poliinsaturadas), las monounsaturated (polyunsaturated) fats 10
grasas saturadas (trans), las saturated (trans) fats 10
gratis free 10
grave serious 7
gripa, la flu (Mexico) 10
gripe, la flu 10
gripe porcina, la swine flu 10
gris gray 1
gritar to yell 11
grito, el cry; shout 11
grosero/a crude; rough 15
grupo, el group 5, 14
guacamayo, el macaw 5
guante, el glove 7
guapo/a good-looking 2
guaraní, el Guarani 10
guardar to save; to keep 6, 10
guardar cama to stay in bed 10
guardar la línea, la to stay trim; to watch one's figure 10
guardería, la nursery; daycare center 11
guardia, el/la guard 9
guay super 13
guayabera, la men's shirt typical of the Caribbean 12
gubernamental governmental 12
guerra, la war 3, 5, 15
Guerra Civil, la Civil War 3
guerrero, el warrior 3
guía, el/la tour guide 6, 7, 9
guiar to guide 10
guía turística, la guidebook 9
guión, el script 12, 13
guionista, el/la script writer 13
guitarra, la guitar 3, 14

gustar to like 2, 6
gusto, el taste; pleasure 5

H

haber (auxiliary verb) 12, 14
habilidad, la ability 8
habitación, la room 9
habitante, el/la inhabitant 8
habitar to inhabit; to live 6
hábito, el habit 5
hablar to speak 2, 7, 8, 10
hace (in time expressions) ago; since 5, 14
hacer to do; to make 2
hacer (las maletas) to pack (the suitcases) 9
hacer cola to stand in line 9
hacer juego (con) to match; to go well with 8
hacer la cama to make the bed 5
hacerse daño to hurt oneself (Spain) 10
hacer una cita to make an appointment 10
hacer un crucero to take a cruise 9
hacia toward 7
hamaca, la hammock 8
hambre, tener to be hungry 3
hamburguesa, la hamburger 6
harina, la flour 6
hasta until 6
Hasta luego. See you later. 1
Hasta mañana. See you tomorrow. 1
Hasta pronto. See you soon. 1
hasta que until 11
hay there is/are 1, 7
hay que one must 8
haz do; make (inf. command) 9
heladera, la cooler 7
heladería, la ice cream shop 8
helado, el ice cream 6
helicóptero, el helicopter 9
heno, el hay 11
herencia, la heritage 15
hermanastro/a, el/la stepbrother/stepsister 4
hermano/a, el/la brother/sister 3, 4
hermoso/a beautiful 6
híbrido/a hybrid 3
hielo, el ice 7
hierro, el iron 6
hijo/a, el/la son/daughter 4, 6
hipermercado, el hypermarket 6

hipervínculo, el hyperlink **12**
hipótesis, la hypothesis **3**
hipotético/a hypothetical **13**
hispano/a Hispanic **1**
historia, la history **3**
histórico/a historical **6**
hockey, el hockey **7**
hogar, el home **4**
hoja, la leaf **5**
hoja electrónica, la
  spreadsheet **12**
hojear to leaf through **13**
Hola. Hello; Hi. **1**
holandés/esa Dutch **7**
hombre, el man **1**
hombre de negocios, el
  businessman **11**
hombre/mujer del tiempo,
  el/la meteorologist **13**
hombro, el shoulder **12**
homeopatía, la homeopathy **10**
honestidad, la honesty **15**
honesto/a honest **11**
honradez, la honesty **15**
honrado/a honest; honored **11**
horario, el schedule **2, 3**
hornear to bake; to roast **6**
horno, el oven **6**
horóscopo, el horoscope **13**
horrorizado/a horrified **14**
hospital, el hospital **3**
hostal, el inn **9**
hotel (de lujo), el (luxury)
  hotel **9**
hoy today **2**
hoy en día nowadays **3**
huelga, la strike **15**
huelguista, el/la striker **15**
huella, la trace **12**
hueso, el bone **10**
huésped, el/la guest **5**
huevo, el egg **5, 6**
huir to flee **14**
humanidad, la humanity **11**
humanista humanist **8**
humano/a human **10**
humedad, hace to be humid **7**
humildad, la humility **15**
humilde humble **6**
humo, el smoke **12**
humorístico/a humoristic **4**
huracán, el hurricane **4**

I

ibero/a Iberian **2**
ida y vuelta roundtrip **9**
ideal ideal **1**
idealista idealistic **1**

identidad, la identity **13**
identificar to identify **7**
ideología, la ideology **4**
idioma, el language **7**
iglesia, la church **7**
igualdad, la equality **5**
igual de equally **7**
igualmente likewise **1**
ilegalidad, la illegality **7**
ilógico/a illogical **10**
iluminar to illuminate **8**
ilusión, la illusion **9**
ilustrar to illustrate **10**
imagen, la image **8**
imaginar to imagine **10**
imaginería, la statuary **4**
impaciente impatient **1**
impactante stunning **5**
imperio, el empire **8**
implementar to implement **12**
importante important **9**
importar to import **12**
imposible impossible **9, 10**
impresionante impressive **14**
impresionar to impress **6**
impresora, la printer **12**
imprimir to print **12**
improvisar to improvise **14**
impuestos, los taxes **11, 15**
impulsar to push; to
  promote **15**
inacabado/a unfinished **13**
inaugurar to inaugurate **5**
inca Inca **15**
incendio, el fire **11**
incentivo, el incentive **11**
incluir to include **4**
incluso even; including **9**
incógnito/a unknown **7**
incómodo/a uncomfortable **9**
incorporar incorporate **6**
incorporarse to join **7**
increíble incredible **7, 10**
indefinido/a indefinite **7**
indicar to indicate **6**
índice, el index; sign **13**
índice de natalidad, el
  birthrate **4**
indiferente indifferent **8**
indígena indigenous **3**
indispensable crucial **9**
industria, la industry **6**
inesperado/a unexpected **15**
infantil childish **8**
infección, la infection **10**
inflación, la inflation **15**
influencia, la influence **3**
influido/a influenced **12**

influir to influence **2**
influyente influential **9, 13**
informar to inform **7** to
  report **13**
informática, la computer
  science **3**
ingeniería (eléctrica), la
  (electrical) engineering **2, 3**
ingeniero/a, el/la engineer **3,**
  5, 11
inglés, el English **2**
ingrediente, el ingredient **6**
iniciado/a initiated **9**
iniciar to begin **9** to initiate **13**
iniciativa, la initiative **11**
inicio, el beginning; home
  (*website*) **4**
injusticia, la injustice **15**
inmediatamente
  immediately **9**
inmediato/a immediate **9**
inmenso/a immense **8**
inmigración, la
  immigration **15**
inmoralidad, la immorality **7**
inmunología, la
  immunology **1**
innecesario/a unnecessary **10**
innovador/a innovative **14**
inolvidable unforgettable **7**
insertar to insert **8**
insistir (en) to insist (on) **9**
inspeccionar to inspect **14**
inspector/a de aduanas, el/la
  customs inspector **9**
inspiración, la inspiration **6**
inspirador/a inspiring **14**
instalar to install **12**
instar to urge **15**
instrumento, el instrument
  2, 14
intacto/a intact **3**
integración, la integration **11**
inteligente intelligent **1**
intendente, el/la mayor **15**
intenso/a intense **8**
intercambiar to exchange **1**
intercambio, el exchange **2**
interés, el interest **8**
interesante interesting **1, 3**
interesar to be interesting **6**
internacional international **2**
internado, el internship **10**
interpretar to perform
  (*Spain*) **14**
intérprete, el/la interpreter
  4, 11
intervención, la intervention **15**

íntimo/a intimate **10**
intriga, la intrigue **10**
introvertido/a introverted **1**
invasión, la invasion **7**
inventar to invent **5**
invertir (ie, i) to invest **15**
investigación, la research;
  investigation **3**
investigador/a, el/la
  researcher **3**
investigar to investigate **6** to
  research **8**
invierno, el winter **1**
invitación, la invitation **4**
invitar to invite **3, 4**
involucrar to be involved **13**
inyección, la shot **10**
ir to go **1, 3, 8, 10, 12**
ir de excursión to go on an
  outing; to tour **9**
irlandés/esa, el/la Irish **9**
irónico/a ironic **14**
irse to go away; to leave **5**
isla, la island **2, 7, 9**
italiano, el Italian **2**
itinerario, el itinerary **4**
izquierda (de), a la to/on the
  left of) **3**

J

jabón, el soap **5**
jaguar, el jaguar **9**
jamás never **4**
jamón, el ham **6**
japonés, el Japanese **2**
jarabe, el cough syrup **10**
jardín, el garden **5**
jeans, los jeans **8**
jefe/a, el/la boss **9, 11**
jefe/a ejecutivo/a, el/la CEO **11**
jesuita, el Jesuit **10**
jogging, hacer to go jogging **7**
jornalero, el day laborer **15**
joven young **2**
joven, el/la youth **6**
joya, la jewel **8**
joyería, la jewelry store **8**
jubilado/a, el/la retiree **3**
jubilarse to retire **11**
judías verdes, las green
  beans; string beans **6**
judío/a Jewish **14**
judío/a, el/la Jew **2**
juego electrónico, el
  computer (electronic)
  game **12**
Juegos Olímpicos, los
  Olympic Games **3**

jueves, el Thursday 1
juez/a, el/la judge 8, **15**
jugador/a, el/la player 2
jugar (ue) a to play 4
jugo, el juice 6
julio July 1
junio June 1
juntarse to get together 5
juntos/as together 4
jurado, el jury 14
justicia, la justice 7, **15**
justificar to justify 14
justo/a just 11
juvenil juvenile 7
juventud, la youth 1

K
kilo, el kilogram 6

L
la/s the 1
labio, el lip 5
laboral work (*adj.*) 7
laboratorio (de lenguas/de idiomas), el (language) laboratory 2, **3**
lácteo/a milky 10
lado (de), al next to 3
lado, el side 7
lago, el lake 8, **9**
lágrima, la tear 8
lamentable regrettable 10
lamentar to regret 10
lámpara, la lamp 5
lana, la wool 8
languidecer (zc) to languish 11
lanza, la lance 10
lanzar to launch 7
lápida, la tombstone 14
lápiz, el pencil 1
largo long 5
lástima, la shame 10
lastimarse to hurt oneself 10
latir to beat 15
lavadora, la washing machine 5
lavaplatos, el dishwasher 5
lavar la ropa to wash clothes 5
lavar los platos to wash dishes 5
lavarse to wash 5
le him/her (*masc./fem.*); you (*for.*) (*masc./fem.*) 6
lección, la lesson; moral 1
leche, la milk 6
lechuga, la lettuce 6
lector/a, el/la reader 7, **13**

lector de CD/DVD, el CD/DVD player 12
leer to read 1, 2, 7, **12**
legumbre, la vegetable 3
lejano/a faraway 11
lejos (de) far 3
lema publicitario, el motto 13, **15**
lengua, la tongue; language 2, **10**
lentamente slowly 9
lentejuelas, las sequins 14
lentes, los glasses 12
lentes de natación, los swim goggles 7
lentes de sol, los sunglasses 7
lento/a slow 9
les them (*masc./fem.*); you (*for. pl.*) 6
lesión, la injury 10
letra, la letter; lyric 2, **3**
letrero, el sign 9
levantar to lift 5
levantarse to get up; to stand up 5
léxico, el lexicon 15
ley, la law 6, **15**
leyenda, la legend 5
liberar to liberate 9
libra, la pound 10
libre free 4
librería, la bookstore 3
libro, el book 1
licencia por enfermedad/maternidad sickness/maternity leave 11
licenciatura, la degree 3
líder, el/la leader 15
liderazgo, el leadership 9
limitar to limit 10
límite, el limit 6
limón, el lemon 6
limonada, la lemonade 6
limosina, la limousine 14
limpiar (la casa) to clean (the house) 5
limpio/a clean 6
lindo/a pretty 12
línea, la line; figure 5, **10**
línea ecuatorial, la equator 8
lingüístico/a linguistic 13
liquidación, la clearance sale 8
listo/a clever; ready 9
literatura, la literature 3
llama, la flame 10
llamar to call 5
llamarse to be called 5
llave, la key 12

llegada, la arrival 2, 3, **9**
llegar to arrive 2
llenar el lavaplatos to fill the dishwasher 5
llevar to take; to wear; to spend time in 5, 6, **8**
llevar a cabo to carry out 5
llorar to cry 7
lloroso/a teary 10
llover (ue) to rain 7
lluvia, la rain 7
lobo, el wolf 8
lobo marino, el sea lion 6
loco/a crazy 9
locutor/a, el/la announcer 13
lógico/a logical 5, 7, **10**
logotipo, el emblem 12
lograr to achieve 12, **15**
logro, el achievement 4
lo/la you (*for.*); him/her it (*masc./fem.*) 4
lo que what; that which 5, **15**
loro, el parrot 9
Lo siento. I'm sorry. 4, 5
los/las you (*for. pl.*); them (*masc./fem.*) 1, **4**
Lo(s)/La(s) saluda atentamente,... Very truly yours,... 11
lucha, la struggle 15
lucir to shine 14
luego later 1
luego que as soon as 11
lugar, el place 7
lujo, el luxury 9
lujoso/a luxurious 5
luna, la moon 8
lunes, el Monday 1
luto, el mourning 6
luz, la light 5

M
machacar to crush 11; to mash 11
madera, la wood 3
madrastra, la stepmother 4
madre, la mother 4
madrugada, la dawn 4
maduro/a mature 6
maestro/a, el/la master/mistress; teacher 15
magia, la magic 14
magnífico/a great; wonderful 7
maíz, el corn 6
mal bad 1
malcrianza, la rudeness 12
maleta, la suitcase 4, **9**

maletas, (hacer) las (to pack) the suitcases 9
maletín, el briefcase 4
malo/a bad 1, **10**
mamá, la mom 4
manantial, el spring 10
mandar to send 4, 6, **9**
mandato, el command 11
manera, la way 3, 6
manga, la sleeve 8
manga, sin sleeveless 8, **8**
manga corta/larga, de short-/long-sleeved **8**
manifestación, la protest 15
mano, a by hand 4
mano, la hand 1, 5, **10**
¡Manos a la obra! Let's get to work! 11
mantener (ie) to maintain, to support (a family, etc.) 4, 12, **15**
mantenerse (ie) en forma to stay in shape 10
mantequilla, la butter 6
manzana, la apple; block (*Spain*) 3, **6**
mañana, la morning; tomorrow 1, 2, **8**
mapa, el map 1
Mapoma Marathon in Madrid 1
maquiladora, la assembly plant 15
maquillaje, el makeup 5
maquillarse to apply makeup 5
máquina, la machine 11
máquina de afeitar, la electric razor 5
mar, el sea; ocean 2, 6, **7**
maracas, las maracas 14
maratón, el marathon 6
maravillado/a surprised 4
maravillosamente marvelously 9
maravilloso/a marvelous 4
marca, la brand 12
marcador, el marker 1
marcar to mark 7
marcharse to go away 9
marco, el framework 4
margen, el margin 11
mariachi, el mariachi musician (*Mexico*) 3
marimba, la marimba 14
marino/a marine 6
mariscos, los seafood 2, **6**
martes, el Tuesday 1
marzo March 1

más... que more . . . than **5**
mascota, la pet **6**
masivo/a massive **5**
Más o menos. So-so; More or less. **1**
matar to kill **10**
matemáticas, las mathematics **2, 3**
materia, la academic subject; course **3**
matrimonio, el matrimony **4**
mayo May **1**
mayor older **4**
me me **4**
mecánico/a, el/la mechanic **11**
mecánicos, los jeans (Cuba) **8**
Me da igual. It's all the same to me. **7**
medianoche, la midnight **2**
mediante through; by way of **15**
medicina, la medicine **3, 10**
médico/a medical **10**
médico/a el/la doctor **10**
medida, la measurement; measure **12**
medio/a half **2**
medio ambiente, el environment **5, 12**
medio de transporte, el mode of transportation **5**
mediodía, el noon **2**
medios, los means; media **13, 14**
medir (i, i) to measure **6**
Me encantaría. I would love to. **4**
Me gusta/n I like **2**
mejor better **3, 5, 9, 10**
mejorar to improve **6, 7, 15**
mejorarse to get better; to get well **10**
Me llamo... My name is . . . **1**
memoria, la memory **6**
memoria USB, la flash drive **12**
memorizar to memorize **10**
mencionar to mention **6**
menor younger **4, 5**
menos less **2**
menos, por lo at least **6**
menos... que less . . . than **5**
mensaje, el message **2**
mente, en in mind **15**
mentiroso/a lying **6**
menú, el menu **6**
menú de degustación, el tasting menu **6**
menudo, a often **8**

mercado (al aire libre), el (open-air) market **8**
mercado, el market **5**
mercado callejero, el flea market **8**
mercado global, el global markets **15**
merecer (zc) to deserve **2**
merengue, el Caribbean dance **7**
merienda, la snack **6**
mérito, el merit **11**
mes, el month **1**
mesa, la table **1**
mesa de noche, la nightstand **5**
mesero/a, el/la waiter/waitress **3, 6**
mestizo/a of mixed race **4**
meta, la goal **7, 11**
meteorólogo/a, el/la weatherman/woman **13**
meterse to get involved in **12**
metro, el meter **8**
mexicano/a Mexican **2**
mezcla, la mixture **2**
mezclar to mix **5, 6**
mezclilla, de mixed fibers **8**
mí me **6**
mi/s my **1, 3**
micrófono, el microphone **15**
microondas, el microwave **6**
microscopio, el microscope **1**
miedo, tener (ie) to be afraid **3, 10**
miembro, el member **4**
mientras while **5**
mientras que as long as **11**
miércoles, el Wednesday **1**
migración, la migration **4**
migrante migrant **15**
milenio, el millennium **3**
militar military **4**
milla, la mile **15**
millón/millones, el/los million/s **2**
(mini)falda, la (mini-) skirt **8**
mínimo, el minimum **5**
mínimo/a minimum **9**
ministro/a, el/la minister **4, 6, 15**
Mi nombre es... My name is . . . **1**
minoría, la minority **13**
minuto, el minute **6**
mío/a/os/as mine; my; (of) mine **13**
mirada, la glance **13**
mirar to look at; to watch **2**

misa, la Mass **7**
miseria, la misery **8**
mismo/a same **5**
misterio, el mystery **1**
misterioso/a mysterious **1**
mito, el myth **10**
mochila, la backpack **1**
moda, de in style **8**
moda, la fashion; style **14**
modelo, el/la model **14**
moderación, la moderation **10**
moderno/a modern **3**
modo (de, vestir), el way/manner (of dressing) **4, 14**
mola, la Panamanian embroidery **5**
moler (ue) to grind **4**
molestar to be a bother; to annoy **6, 10**
molesto/a annoyed **5**
monarquía, la monarchy **15**
moneda, la coin **8**
monjita, la little nun **14**
monótono/a monotonous **11**
montaña, la mountain **2, 9**
montañoso/a mountainous **4**
montar mount **11** to ride **11**
montar a caballo horseback riding **9**
montar en bicicleta to go bike riding **7, 9**
montón, el pile **11**
monumento, el monument **8, 9**
morado/a purple **1**
moraleja, la moral of the story **8**
moralidad, la morality **2**
moreno/a dark (skin/hair) **2**
morir (ue, u) to die **7, 8, 12**
moro/a, el/la Moor (Arab) **13**
mostrador, el counter **9**
mostrar (ue) to show **8**
motivar to motivate **13**
motivo, el motive **10**
movilidad, la mobility **6**
movimiento, el movement **8**
muchacho/a, el/la boy/girl **2**
Mucho gusto. Pleased to meet you. **1**
mudanza, la move **14**
muebles, los furniture **5**
muela, la molar **10**
muerte, la death **3**
muestra, la sample **15**
mujer, la woman **1**

mujer de negocios, la businesswoman **11**
multa, la fine **12**
multar to fine **12**
multinacional multinational **15**
mundial world (*adj.*) **15**
mundialmente worldwide **9**
mundo, el world **1**
muralista, el/la muralist **3**
muralla, la wall **9**
músculo, el muscle **10**
musculoso/a muscular **13**
museo, el museum **2, 3**
música, la music **1, 14**
músico/a, el/la musician **8, 14**
musulmán/ana, el/la Muslim **13**
mutuo/a mutual **6**
muy very **1**

N

nacer (zc) to be born **2**
nacimiento, el birth **1**
nación, la nation **1**
nacionalidad, la nationality **2**
Naciones Unidas, las United Nations **7**
nada nothing **6, 7**
nadar to swim **5, 7**
nadie no one; nobody **7**
naranja, la orange **6**
nariz, la nose **5**
narración, la narration **12**
narrador/a, el/la narrator **14**
naturaleza, la nature **5, 12**
naturaleza muerta, la still life **6**
náusea, la nausea **10**
navaja de afeitar, la razor blade **5**
navegable navigable **5**
navegante, el/la navigator **7**
navegar a vela to sail **9**
Navidad, la Christmas **4**
necesario/a necessary **7, 9**
necesitado/a in need **7**
necesitar to need **1, 9**
necio/a, el/la fool **10**
negar (ie) to deny **10**
negativo/a negative **7**
negocio, el business **3**
negro/a black **1**
neoyorquino/a New Yorker **12**
nervioso/a nervous **3, 5**
nevar (ie) to snow **7**
nevera, la refrigerator **6**
ni... ni neither . . . nor **7**

nido, el nest 11
niebla, la fog 9
nieto/a, el/la grandson/granddaughter 4
nilón, el nylon 14
ninguna vez never 7
ningún/ninguna none 7
ninguno/a no one; none 6, 7
niños/as, los/las children 1, 7
nivel, el level 10
nobleza, la nobility 15
noche, la night 2
Nochevieja, la New Year's Eve 9
noción, la notion 13
nocivo/a harmful 15
No comprendo. I don't understand. 1
no creer to not believe 10
no estar seguro/a (de) to not be sure of 10
nombrar to name 7
nombre, el name 1
nominación, la nomination 13
no pensar (ie) to not think 10
normalmente normally 9
norteamericano/a American (US) 2
nos us 4, 6
No sé. I don't know. 1
nosotros/as we 1, 14
nota, la grade 3
No te preocupes. Don't worry. 10
noticias, las news 13
noticias en línea, las news online 13
noticiero, el newscast 13
notificar to notify 14
novedad, la news 13
novedoso/a new 12
novela, la novel 2, 7
novelista, el/la novelist 2
noveno/a ninth 8
noviembre November 1
novio/a, el/la boyfriend/girlfriend; groom/bride 3, 4
nube, la cloud 8
nublado/a cloudy 7
núcleo, el nucleus 4
nudo, el knot 15
nuera, la daughter-in-law 4
nuestro/a/os/as our (of) ours 3, 13
nuevo/a new 2
número, el number; size 5, 8
nunca never 7

Ñ

ñandutí, el cloth woven with a spider web pattern 10

O

o or 1
o… o either . . . or 7
objeto, el object 9
obligación, la obligation 15
obligar to oblige 6
obra, la play (theater); work 2, 13
obra maestra, la masterpiece 4
obrero/a de construcción, el/la construction worker 11
observar to observe 5
observatorio, el observatory 3
obtener (ie) to obtain 11
océano, el ocean 5
ocio, el leisure 4
octavo/a eighth 8
octubre October 1
ocupado/a busy 4
ocupar to occupy 7
ocurrir to occur 5, 7
odio, el hatred 10
oferta, la offer 1
oficial official 12, 13
oficina, la office 2
oficio, el trade 11
ofrecer (zc) to offer 3
oído, el inner ear 10
oír to hear 6, 8, 12
Ojalá I hope; God willing 9, 10
ojo, el eye 5
ola, la wave 5
olor, el perfume; odor; smell 8
olvidar(se) (de) to forget 5, 7
ONU, la UN 12
ópera, la opera 1, 14
opinar to express an opinion 5
opinión, la opinion 2
oportunidad, la opportunity 4
oportuno/a opportune 13
opresión, la oppression 15
optimista optimistic 1
opulencia, la opulence 4
oración, la sentence 6, 7
orden, el order 4
ordenar la casa to clean the house 5
oreja, la outer ear 10
orgánico/a organic 6
organización, la organization 7
orgulloso/a proud 2
orientación, la orientation 10
origen, el origin 3
originalidad, la originality 13

orilla, la bank; shore 5
orinar to urinate 10
ornamento, el ornament 8
oro, el gold 1, 8
orquesta (sinfónica), la (symphony) orchestra 4, 14
ortiga, la prickly plant 1
ortografía, la spelling 6
os you (inf. fam. Spain) 4, 6
oscuro/a dark 8
oso, el bear 3
otorgar to be granted 13
otra vez again 5
otro/a other; another 2
oveja, la sheep 11
oxígeno, el oxygen 10
Oye. Listen. (command) 7
oyente de podcast, el/la podcast listener 13
oyeres whatever you hear 13

P

paciente patient 1
paciente, el/la patient 10
pacifista, el/la pacifist 15
padecer (zc) (de) to suffer (from) 10
padrastro, el stepfather 4
padre awesome 4
padre, el father 4
padres, los parents 2
pagar (en efectivo) to pay (in cash) 8
página, la page 1
página web, la web page 6, 12
pago, el payment 3
país (en vías de desarrollo), el (developing) country 2, 8, 15
paisaje, el landscape 1
paisano, el countryman 15
paja, la straw 14
pájaro, el bird 5, 9
palabra, la word 2
palacio, el palace 3
palmada, la clap 14
pampas, las plains (of Argentina) 11
pan, el bread 6
pana, la corduroy 14
panameño/a Panamanian 2
pandereta, la tambourine 8
pandillero, el gang member 12
panqueques, los pancakes 10
pantalla, la screen 12
pantalones (cortos), los pants (shorts) 8
pantalones de mezclilla, los jeans (Mexico) 8
papalote, el kite 7

papas, las potatoes 6
papas fritas, las potato chips; French fries 10
papel, el paper; role 1 role (play, movie, or television) 13
papelería, la stationery shop 8
papel maché, el papier mâché 3
para for; in order to 1, 9
para colmo to make matters worse 13
paraíso, el paradise 2
parapente, hacer to hang glide 9
para que in order that; so that 11
pardo/a brown 8
parecer (zc) to appear; to seem 9
pareja, la couple; partner 4
pariente, el/la relative (family) 4
parlamento, el parliament 15
paro, el strike (Latin America); unemployment (Spain) 15
paro, estar en el to be out of work 11
parodia, la parody 13
parque, el park 1
párrafo, el paragraph 5
parrilla, la grill 6
parrillada, la grill 11
parte, la part 3
participante, el/la participant 1
participar to participate 5
particularmente particularly 9
partidario/a partisan 4
partidario/a, el/la supporter 13
partido, (ir a un) (to go to a) game 2
partido, el game; match 5
partir to split; to divide 11
pasa, la raisin
pasado, el past 15
pasado/a last 6
pasaje (de ida y vuelta), el (roundtrip) fare; ticket 9
pasajero/a, el/la passenger 9
pasaporte, el passport 9
pasar to pass (a test); to approve 5
pasar la aspiradora to vacuum 5
pasarlo bien/mal/de maravilla to have a good/bad/wonderful time 7, 9

pasarlo bomba to have a great time 15
pasar por (...) to pass through (. . .) 9
pasatiempo, el pastime 7
paseador/a de perros, el/la dog walker 11
pasear to take a walk 4
paseo, dar un to take a walk 7
paseo, el stroll 1 walk 7
pasillo, el hallway; aisle 5
pasión, la passion 4, 13
paso, el step 4
Paso por ti. I'll come by for you. 4
pasta de dientes, la toothpaste 8
pastel, el cake; pie 6
pastilla, la pill; lozenge 10
patear to kick 7
patinaje, el skating 7
patinar to skate 7
patio, el yard; patio 5
pato, el duck 8
patrimonio, el heritage 10
patrocinador/a, el/la sponsor 12
patrocinar to sponsor 13
patronato, el board of trustees 1
pavo, el turkey 6
paz, la peace 1, 4, 10, 15
pecho, el chest 10
pedagogía, la teaching 3
pedazo, el piece 6
pedicura, la pedicure 10
pedido, el request 9
pedir (i, i) to ask 9 to ask for; to request 6, 9, 10, 11
pedir prestado to borrow 6
peinarse to comb one's hair 5
peine, el comb 5
pelar to peel 6
peli, la movie; film 4
película, la movie; film 4, 7
película, poner una to show a movie 4
peligro, el danger 5, 9, 12
peligroso/a dangerous 2
pelo, el hair 5
pelota, la baseball 7
peluquero/a, el/la hairstylist 11
pena, la pity; sorrow 8
penalización, la punishment 15
pendón, el banner 15
penicilina, la penicillin 10
península, la peninsula 3
pensamiento, el thought 3

pensar (ie) to think 3, 4, 9, 10, 11
pensar (en) to think about 3, 4, 9, 10, 11
pensar + inf. to intend to do something 3, 4, 9, 10, 11
peor worse 5
pequeño/a small 1
percusión, la percussion 14
percusionista, el/la percussionist 14
perder (ie) to lose; to miss (someone) 4
pérdida, la loss 10
perdido/a lost 4
peregrino/a, el/la pilgrim 13
perejil, el parsley 6
perezoso, el sloth 5
perezoso/a lazy 1
perfeccionar to perfect 10
perfecto/a perfect 2, 7
perfil, el profile 1
perfume, el perfume 8
perfumería, la perfume shop 8
periódico, el newspaper 2, 4, 7
periódico digital, el online newspaper 13
periodista, el/la journalist 10, 11, 13
perjudicar to damage; to harm 12
perlas, las pearls 8
permancer (zc) to remain 2
permanente permanent 3
permiso, el permit 3
permitir to permit 2, 7, 9
pero but 2, 3, 15
perro/a, el/la dog 4, 5, 8
perseverancia, la perseverance 13
persona, la person 1
personaje, el character 1
personal, el personnel 11
personalidad, la personality 7
pertenencias, las belongings 13
peruano/a Peruvian 2
perversidad, la perversity 7
pesado/a heavy 12
pesas, levantar to lift weights 7
pescado, el fish 6
pescar to fish 9
pesimista pessimistic 1
peso, el weight 10
pesquero/a fishing 6
pesticidas, los pesticides 12
petróleo, el oil 9
piano, el piano 14
PIB, el GDP 9

picante spicy 6
picar to chop 6
pícnic, hacer un to have a picnic 7
pico, el beak 8, 9
pie, el foot 10
piedra, la stone 4, 9
piel, la skin; leather; fur 10, 14
pierna, la leg 10
pieza (musical), la (musical) piece 3, 14
pijama, la pajamas 12
pila, la battery 9
piloto, el/la pilot 9
pimienta, la pepper 6
pincho, el bar snack 2
pingüino, el penguin 6
pintado/a painted 3
pintor/a, el/la painter 1
pintura, la painting 2
pirámide, la pyramid 3
pirata, el pirate 7
piratear to pirate 11
piropo, el compliment 9
pisar to step on 11
piscina, la pool 7 swimming pool 5
piso, el floor 5, 8
pizarra, la chalkboard 1
pizca, la pinch 6
placer, el pleasure 6
plancha, la iron; metal sheet 5
planchar to iron 5
plan de retiro, el retirement plan 11
planear to plan 14
plano de la ciudad, el city map 9
planta nuclear, la nuclear plant 12
plantar to plant 12
plástico, el plastic 3
plata, la silver 1, 8
plataforma, la platform 15
plátano, el banana 6, 8
platería, la silver 4
plato, el plate 6
playa, la beach 5
pleno/a long form 13
plomero/a, el/la plumber 11
plumaje, el plumage 9
población, la population 2
pobre poor 2
pobreza, la poverty 6, 9, 15
poder (ue) to be able; can 4, 7
poder, el power 11, 15
poeta, el/la poet 2
polémica, la controversy 12
policía, la police 9

poliéster, el polyester 14
política, la politics 15
político/a, el/la politician 15
político/a political 6, 15
pollo, el chicken 6, 10
poner to put 4, 7, 12
poner la mesa to set the table 5
poner los ojos en blanco to role one's eyes 15
ponerse to become 5
ponerse en forma to get in shape 10
por for; through; during; by 9
por ahora for now 9
por aquí around here 9
por casualidad coincidentally 10
por Dios for heaven's (lit. God's) sake 9
por ejemplo for example 6, 9
por eso that's why; therefore 2, 7, 9
por favor please 1, 7, 9
por fin finally; at last 6, 9
por lo general in general 9
porque because. 2
¿Por qué...? Why . . . ? 2, 9
porquerías, las junk food 10
por supuesto of course 7, 9
portada, la front page 13
portar to carry 15
portátil, la computadora laptop computer 1
portugués, el Portuguese 2
portugués/esa, el/la Portuguese person 9
por último finally 9
posar to perch 13
posible possible 10
pozo de petróleo, el oil well 12
practicar (un deporte) to practice (a sport) 2
precio, el price 2, 5, 8
precioso/a precious 6
preciso/a essential 9
precolombino/a pre-Columbian 5
predecesor/a, el/la predecessor 6
predecible predictable 4
predominante predominant 9
predominar to predominate 8
preferencia, la preference 5
preferir (ie, i) to prefer 2, 4
pregunta, la question 1
preguntar to ask 6
prehispánico/a prehispanic 3
prehistórico/a prehistoric 3
premiar to reward 11

premio, el prize 4, 5, 8, **13**
prenda, la garment 9, **14**
prensa, la press 4, **13**
preocupación, la preoccupation 10
preocuparse to worry 8
preparación, la preparation 6
preparar to prepare 2
presenciar to present 14
presentación introduction 1
presentador/a, el/la moderator 12, **13**
presidencia, la presidency 15
presidente/a, el/la president 5, **15**
presidir to preside 15
presión, la blood pressure 10
prestación, la service 2
préstamo, el loan 11
prestar to lend 15
prevaleciente prevalent 15
prevenible preventable 7
previo/a previous 2
primavera, la spring 1
primera actriz, la leading lady 13
primera plana, la front page 13
primer/o/a first 2, **7, 8**
primo/a, el/la cousin 4
princesa, la princess 7
príncipe, el prince 2
principio, al at first 5
principio, el beginning 3, **13**
prioridad, la priority 13
prisa, tener (ie) to be in a hurry 3
prístino/a pristine 9
privacidad, la privacy 5
privado/a private 3
probablemente probably 3
probador, el fitting room 8
probar (ue) to try 6
probarse (ue) to try on 8
problema, el problem 5
procesión, la procession 1
proceso, el process 15
producir (zc) to produce 6
producto, el product 2, 8
productor/a, el/la producer 13
productos lácteos dairy products 6
profesión, la profession 11
profesor/a, el/la professor 1
profundamente profoundly 10
profundo/a deep; profound 5
programación, la programming 13

programador/a programmer 12
programar to program 4, **12**
programas sociales, los social welfare programs **15**
progreso, el progress 15
prohibido/a prohibited 6
prohibir to prohibit 8, **9**
prolífico/a prolific 2
promedio, el average 11
promesa, la promise 6
prometer to promise 6
prominente prominent 9
promoción, la promotion 11
promocionar to promote 10
promover (ue) to promote 15
pronóstico, el forecast 4
pronto soon 1
pronunciar to pronounce 6
propiedad, la property 10
propina, la tip (monetary) 6
propio/a own 13
proponer to propose 6
proporcionar to proportion; to provide 1, 10
propósito, el goal; objective 7
protagonista, el/la protagonist; star 13
protección, la protection 10
proteger (j) to protect 5, 6, 8, **12**
protegido/a protected 6
proteínas, las proteins 6, **10**
protestar to protest 15
provenir (ie) to orginate; to arise from 9
provocar to provoke 10
próximo/a nearby; close; next 2, 7
proyecto, el project 5, 9
prueba, la test; trial; sample 4, 10
psicología, la psychology 3
psicólogo/a, el/la psychologist 11
púas, las barbs 12
publicar to publish 6
publicidad, la publicity 6
publicista, el/la publicist 7
publicitario/a publicity (adj.) 13
público, el public; audience 12, 13
público/a public 3
pueblo, el people 2 town; the people; the masses 4, 10, **15**
puerta, la door 1
puerta de embarque, la boarding gate **9**

puertorriqueño/a Puerto Rican 2
pues well; because 3
puesto, el place; stall; position (job) 11 position 2 stall 8
pulir to polish 12
pulmones, los lungs 10
pulsera, la bracelet 8
puntiagudo/a sharp 9
punto, el point of view 6
punto, en on the dot 2
puntualmente punctually 9
pureza, la purity 1
puro/a pure 7

Q
que that; which; who; whom 15
qué what 1, 2
¿Qué tal? What's up? *(inf.)* 1
¿Qué...? What . . . ? 2
¡Qué asco! How revolting! 6
¿Qué barbaridad? What nonsense! 1
¡Qué bárbaro! How terrific! 9
quedar to be left; to be remaining; to fit 6, 8
quedarse to stay (somewhere); to remain 7, 9
¡Qué estudiantes! What students! 1
quehaceres, los chores 5
¿Qué hora es? What time is it? 2
¿Qué húbole? What's up? *(Venezuela)* 9
quejar to complain 14
quena, la Andean flute 8
¡Qué padre! How awesome! 4
¿Qué pasa? What's happening?; What's up? *(inf.)* 1
querer (ie) to want; to love 7, 8, 9
querido/a dear 4
queso, el cheese 6
¡Qué suerte! What luck! 2
¿Qué tal sí... ? How about . . . ? 4
¿Qué te gusta hacer? What do you like to do? 2
quien who; whom 2, 15
¿Quién(es)...? Who . . . ? 2
¿Quieres ir a...? Do you want to go to . . . ? 4
química, la chemistry 3
quinto/a fifth 8
quipu, el knotted string (Inca) 15

quiropráctico/a, el/la chiropractor 10
quitar to remove 5
quitar la mesa to clear the table 5
quitarse to take off (clothing) 5
quizás perhaps 10

R
radioactividad, la radioactivity 12
radiografía, la X-ray 10
radio por satélite, la satellite radio 13
radioyente, el/la radio listener 13
raíz, la root 10
rama, la branch 10
ramo, el bouquet 7
rápidamente rapidly 9
rápido/a rapid 2
raqueta, la racket 7
raro/a strange; uncommon 7
rato, el short time; while 13
ratón (inalámbrico), el (wireless) mouse 12
rayas, de striped 8
rayo, el ray 10
rayón, el rayon 14
razón, la reason 4
razón, tener to have a point; to be right 3
razonable reasonable 12
reacción, la reaction 7
reaccionar to react 7
real royal 15
realista realistic 1
realizar to achieve 8 to carry out 11
realmente really 6
rebaja, en on sale 8
rebaja, la sale 8
rebelión, la rebellion 15
recargable rechargeable 12
recepcionista, el/la receptionist 5
receptor, el receiver 12
receta, la prescription 9, **10** recipe 6
rechazar to reject 4
recibir to receive 2
recibo, el receipt 8
reciclaje, el recycling 12
reciclar to recycle 7, 12, **12**
recién casados, los newlyweds 4
recientemente recently 6
recíproco/a reciprocal 11

reclamo de equipaje, el baggage claim area 9
recoger to pick up 5
recolección, la gathering 10
recomendar (ie) to recommend 9
recompensa, la compensation 9
reconocido/a recognized 3
recordar (ue) to remember 7
recorrer to go round; to travel through/across 9
recorrido, el trip 6
recortar to clip 13
rectificar to rectify 15
recto, todo straight ahead 3
rectoría, la president's office 3
recuerdo, el souvenir; memory 6, 9
recuperar to recuperate 2
recurso (natural), el (natural) resource 12
recursos humanos, los human resources 3
red, la network 6
redacción, la editing 13
redondo/a round 9
reducir (zc) to reduce 15
reencarnar to reincarnate 13
referir (ie, i) to refer 14
reflejar to reflect 3
reforestación, la reforestation 12
refresco, el refreshment; soft drink 3, 4, 6
refrigerador, el refrigerator 6
refugio, el refuge 3
regalar to give a gift 13
regalo, el gift 4
regatear to bargain; to haggle over 8
regateo, el haggling 8
régimen, el diet 10
región, la region 6
regla, la rule 10
regresar to return 6
regreso, de on return 11
reina, la queen 15
reino, el kingdom 8
reírse (i, i) to laugh 13
relación, la relation 4 relationship 6
relajamiento, el relaxation 10
relatar to relate 7
relativo/a relative 15
religioso/a religious 15
rellenar to fill completely; to fill out 11
relleno, el filling 4

relleno/a filled 6
reloj, el clock; watch 1
reloj de pulsera, el wristwatch 8, 8
remediar to remedy 13
remedio, el remedy 10
remesa, la remittance; payment 4
remolino, el whirlwind 9
remoto/a remote 4
remover (ue) to remove 14
rendir (i, i) to defeat 13
renombre, el renown 14
renovable renewable 11
renunciar to renounce 11
reparar to repair 11
repartir to deliver; to distribute 11
repaso, el review 13
repente, de suddenly 8
repertorio, el repertoire 14
repetir (i, i) to repeat 1
Repita, por favor. Repeat, please. 1
repoblación, la repopulation 12
reponer to restock 10
reportaje, el feature 13
reportar report 13
reportero/a, el/la (television) reporter 4, 7, 13
representante, el/la representative 15
representar to perform; to represent 6, 8, 13, 14
representativo/a representative 3
reproducir (zc) to reproduce 5, 14
reproductor de mp3, el mp3 player 12
república, la republic 15
requisito, el requirement 3, 5
resaltar to feature 7
rescate, el rescue el 9
reseña, la review 4, 6, 13
reserva/reservación, la reservation 9
resfriado, el cold 10
residencia, la residence 2
resolver (ue) to solve 15
respetar to respect 6
respeto, el respect 15
respetuoso/a respectful 12
respirar to breathe 10
respiratorio/a respiratory 10
responder to respond 6
responsabilidades, las responsibilities 11
responsable responsible 3

respuesta, la answer; response 1
restaurante, el restaurant 6
resto, el rest 2
restos, los remains; leftovers 10
resultado, el result 5, 6
resumen, el summary 5
resumir to summarize 7
retar to challenge 5
retirado/a distant 10
retirarse to excuse oneself; to retire 11, 15
retrasar to detain; to be behind 4
reunión, la meeting; get-together 2
reunirse to meet with someone 11
revelar to reveal 6
revisar to check; to review 1, 2, 10, 12, 13
revista (del corazón), la (celebrity) magazine 13
revista, la magazine 7
revolucionado/a revolutionized 12
revolucionar to revolutionize 12
revólver, el revolver 11
rey, el king 15
rico/a rich; delicious 2, 4, 6
ridículo/a ridiculous 5, 6, 10
riesgo, el risk 10
rígido/a rigid 10
río, el river 2
riqueza, la wealth; richness 9
risa, la laughter 13
ritmo, el rhythm 1
roca, la rock 9
rodaje, el filming 4
rodar to film 10
rodeado/a surrounded 12
rodear to surround 7
rodilla, la knee 10
rojo/a red 1
romano/a Roman 2
romántico/a romantic 1
romper to break 12
romperse (un hueso) to break (a bone) 10
ropa, la clothing 5, 8
roquero/a, el/la rocker 2
rosado/a pink 1
roto/a broken 2
rubio/a blond 2
ruina, la ruin 4
rumbo a toward 6
Rusia Russia 2

ruso, el Russian 2
rústico/a rustic 3
ruta, la route 6
rutina, la routine 5

S

sábado, el Saturday 1
sabelotodo, el/la know-it-all 4
saber to know (something or how to do something) 2, 4, 6, 7, 9, 10
sabor, el flavor 1
sabroso/a delicious; tasty 6
sacar to take (out) 1, 5
sacar fotos to take pictures 9
saco, el blazer 8
sacudir to shake; to dust 15
sagrado/a sacred 11
sal, la salt 6
sala, la living room 3, 5
sala de espera, la waiting area 9
sala de reclamación, de equipaje baggage claim area 9
sala de urgencias, la emergency room 10
salario, el salary 11
salida, la departure 2, 6, 9
salir to leave; to go out 4
salir bien to end well 9
salón, el room 9
salsa, la sauce 6
salsero/a, el/la salsa performer 12
saltar to leap 8
salto, el waterfall 9
salto en bungee, hacer to bungee jump 9
salud, la health 4, 7, 10
saludable healthy 10
saludo/s, el/los greeting/s; salutation/s 1, 11
salvadoreño/a Salvadorian 2
salvar to save 4
sandalias, las sandals 8
sándwich, el sandwich 3, 6
sanfermines, los San Fermín festival 2
sangre, la blood 11
sanidad, la sanitation; public health 15
sapo, el toad 8
sartén, la skillet; frying pan 6
satisfacción, la satisfaction 9
satisfactorio/a satisfactory 6
satisfecho/a satisfied 8

saturado/a saturated **10**

saxofón, el saxophone **14**

se himself; herself; yourself; itself; themselves **5**

secador, el hair dryer **5**

secadora, la clothes dryer **5**

sección, la section **6**

sección deportiva, la sports section **13**

sección financiera, la financial section **13**

seco/a dry **6**

secretario/a, el/la secretary **11**

secreto, el secret **4**

secuestrar to kidnap **4**

sed, la thirsty **10**

sed, tener (ie) to be thirsty **3, 7**

seda, la silk **8**

sede, la head office; seat of government **8, 11**

seguir (i, i) to follow **9, 10**

según according to **5**

segunda mano, de secondhand **8**

segundo/a second **7, 8**

seguramente surely **3**

seguridad, la security **9**

seguro/a sure; certain **4, 5, 10**

seguro médico, el health insurance **11**

selección, la selection **7**

seleccionar to select **10, 15**

selva, la jungle **5, 9, 10, 12**

semana, la week **1**

Semana Santa, la Holy Week **1**

semejante similar **8**

semestre, el semester **3**

senador/a, el/la senator **15**

sencillez, la simplicity **14**

sencillo/a simple **5**

sensación, la sensation **11**

sensacionalista sensationalist **13**

sentarse (ie) to sit **5**

sentimental sentimental **4**

sentir (ie, i) to regret **9, 10**

sentirse (ie, i) to feel **5, 8**

señal, la signal **15**

señalar to point out **12**

señor, el (Sr.) Mr. **1**

señora, la (Sra.) Mrs. **1**

señorita, la (Srta.) Miss **1**

septiembre September **1**

séptimo/a seventh **8**

sepulcro, el grave **14**

ser to be **1, 2, 3, 7, 8, 9**

ser humano, el human being **6**

serie, la series **13**

serio/a serious **10**

serpiente, la snake **6**

servicio, el service **2**

servicio de limpieza, el cleaning service **5**

servilleta, la napkin **6**

servir (i, i) to serve **2, 3, 4, 5, 8**

severo/a severe **8**

sexto/a sixth **8**

siempre always **2, 3, 7, 8**

siglas, las call letters **7**

siglo, el century **1, 6**

significado, el meaning **2**

significante significant **13**

significar to mean **13**

significativo/a significant **7**

siguiente following **4**

silla, la chair **1**

sillón, el armchair; overstuffed chair **5**

simbolizar to symbolize **10**

simpático/a kind; nice; amusing **1, 8**

simpatizante, el/la sympathizer **15**

simpatizar to sympathize **8**

sindicalizar to unionize **15**

sindicato, el union **12**

sin duda without a doubt **10**

sin embargo nevertheless **7**

sinfonía, la symphony **14**

sinfónica, la symphonic orchestra **14**

sino (que) but; but rather **1, 15**

sin (que) without **11**

síntesis, la synthesis **3**

sintético/a synthetic **14**

síntoma, el symptom **10**

sin trabajo, estar to be out of work **11**

sirviente/a, el/la servant **4**

sitio, el place **4**

sitio web, el website **7, 12**

situación, la situation **5, 6**

situado/a situated **8**

sobre on **5**

sobreconsumo, el overconsumption **12**

sobrenatural supernatural **10**

sobrepeso, el excess weight; obesity **10**

sobrepoblación, la overpopulation **13**

sobrevivencia, la survival **4**

sobrevivir to survive **5**

socialista, el/la socialist **8**

sociología, la sociology **3**

socorro, el help **11**

sofá, el sofa; couch **5**

sol, hace it is sunny **7**

sol, tomar el to sunbathe **7**

solamente only **3**

soldado, el soldier **15**

solemne solemn **4**

solicitar to apply for **3, 11**

solicitud de empleo, la job application **11**

sólido/a solid **6**

solista, el/la soloist **7, 14**

solitario/a solitary **11**

solo only **3**

solo/a alone **3**

soltar (ue) to let go **2**

soltero/a single; unmarried **4**

sombría somber **11**

sombrilla, la umbrella **7**

sonreír (i, i) to smile **15**

soñar (ue) (con) to dream about) **4**

sopa, la soup **6**

soplar to blow **8**

sorprendente surprising **10**

sorprender(se) to surprise **10**

sorpresa, la surprise **6**

sospecha, la suspicion **11**

Soy... I am . . . **1**

subir to raise; to go up; to climb **6** to upload **12**

subir de peso to gain weight **10**

subrayar to underscore **5**

sucio/a dirty **6**

sudadera (con capucha), la (hooded) sweatshirt **8**

suegro/a, el/la father-in-law/mother-in-law **4**

sueldo (mínimo), el (minimum) wage **11**

sueño, el dream **6, 12**

sueño, tener to be sleepy **3**

suerte, la luck **7**

suéter, el sweater **8**

sufrimiento, el suffering **15**

sufrir (de) to suffer (from) **8**

sugerencia, la suggestion **6**

sugerir (ie, i) to suggest **9**

sumamente very **7**

sumario, el summary **2**

superación, la overcoming **11**

superar to overcome **12**

supervisión, la supervision **11**

supervisor/a, el/la supervisor **11**

supuesto/a supposed **9**

sur, el south **6**

surfear to surf **7**

surgir to emerge **15**

suspender to suspend **14**

suspensivo/a suspenseful **4**

sustancia, la substance **15**

sustantivo, el noun **1**

suyo/a/os/as your (*for. pl.*) (of) yours; his/her (of) his/hers (of) its; their **13**

T

tabla, la board; table **10, 12**

tacaño/a stingy **5**

tacógrafo, el tachograph **9**

tacón, el heel **8**

táctica, la tactic **10**

talco, el talcum powder **8**

talentoso/a talented **14**

talla, la clothing size **8** size **8**

tallado, el carving **3**

tallado/a carved **3**

taller, el workshop **3**

tal vez perhaps **10**

también also too **1, 2, 7**

tambor, el drum **14**

tampoco neither; not either **7**

tan... como as . . . as **5**

tan pronto como as soon as **11**

tanque, el tank **10**

tanto/a/os/as... como as many . . . as **5**

tapado/a stuffy **10**

tapas, las appetizers **2**

taquilla, la box office **8**

tarde late **2**

tarde, la afternoon **1, 2**

tarea, la homework; task **1**

tarifa, la fee; commission **10**

tarjeta de crédito, la credit card **8**

tarjeta de embarque, la boarding pass **9**

tarjeta de memoria, la memory card **9**

tarjeta postal, la postcard **9**

tasa (de desempleo), la rate (of unemployment) **15**

taxista, el/la taxi driver **4**

taza, la coffee cup/mug **6**

tazón (de cristal), el (glass) bowl **6**

te you (*inf.*) **4, 6**

té, el tea **6**

teatro, el theater **3, 4, 13**

techo, el roof **3**

teclado, el keyboard **12**

técnica, la technique **6**

tecnología, la technology **13**

tecnológico/a technological **12**

Te gusta you like . . . **2**

¿Te gustaría (+ inf.)? Would you like (+ inf.)? 4
tejanos, los jeans (Spain) 8
tejer to weave 15
tejido, el weaving 4
tela, la cloth; fabric 8, 14
tele, la television 6
teléfono celular/móvil, el cell phone 1
telenovela, la soap opera 13
televidente, el/la television viewer 12, 13
televisión (en directo), la live television 13
televisión (en vivo), la (live) television 7, 13
televisión (por cable), la cable television 13
televisión (por satélite), la satellite television 13
televisor de alta definición, el high-definition television 12
telón, el curtain 11
tema, el theme 5
temer to fear 10
temor, el fear 15
temperatura, la temperature 9, 10
tempestad, la storm 8
templado/a temperate 6
templo, el temple 8
temporada, la season 7
temporal temporary 3
temprano/a early 2
tender (ie) a to tend to 6
tenedor, el fork 6
tener (ie) to have 1, 2, 7
tengo I have 1
tenis, el tennis 2
tenista, el/la tennis player 2
tensión, la tension, pressure 13
tenso/a tense 14
tentación, la temptation 6
teoría, la theory 8
tercer/o/a third 8
terciopelo, el velvet 14
termal thermal 10
terminar to end; to finish 6, 10
término, el term 4
términos, los terms 11
terrateniente, el landowner 5
terraza, la terrace 5
terremoto, el earthquake 14
terreno, el land; terrain 4
terrestre terrestrial 8
terrorismo, el terrorism 15
tesoro, el treasure 2

testigo/a, el/la witness 13
ti you (inf.) 6
tibio/a lukewarm 7
tiempo, el time; weather 2, 6, 7
tiempo completo, trabajar a to work full-time 11
tiempo parcial, trabajar a to work part-time 11
tienda, la store; shop 8
tienda especializa, la speciality store 8
tierra, la earth; land 10
tímido/a shy; timid 1
tinta, la ink 12
tío/a, el/la uncle/aunt 4
típico/a typical 3
tipo, el type 15
tira cómica, la comic strip 14
tirar to throw (away out) 12
titular to title 7
titular, el headline 13
título, el degree; title 2, 6, 12
tiza, la chalk 1
toalla, la towel 7
tobillo, el ankle 10
tocar (un instrumento) to play (an instrument) 3, 4
todo/a/os/as all; every; everyone 2, 3
tomar to drink; to take 2, 6, 12
tomarse la presión to take blood pressure (Latin America) 10
tomar la tensión to take blood pressure (Spain) 10
tomate, el tomato 6
tonto/a stupid 13
topografía, la topography 4
torcer (ue) to twist 10
torneo, el tournament 2
torno a, en pertaining to 3
toro, el bull 2
toronja, la grapefruit 6
torta, la cake 5
torta de chocolate, la chocolate cake 6
tortilla, la omelet 2, 6
tortuga, la turtle 5
torturar to torture 4
tos, la cough 10
toser to cough 10
tostadora, la toaster 6
tostar (ue) to toast 6
trabajador/a hardworking 1
trabajador/a, el/la worker 1
trabajar to work 2

trabajar (a comisión) to work (on commission)
trabajo, el work 6, 11
trabajo, estar sin to be out of work 11
tradición, la tradition 4
traducir (zc) to translate 11
traer to bring 4, 7, 9, 11, 12
traficar to traffic 7
tráfico, el traffic 13
tragedia, la tragedy 7, 13
traje, el suit 8
traje de baño, el swimsuit 7
traje de noche, el evening gown 14
tranquilamente calmly 8
transferir (ie, i) to transfer 12
transformar to transform 10
transición, la transition 7
transmitir to transmit 10, 13
transporte, el transportation 3
tras behind 15
tratado, el treaty 15
tratamiento, el treatment 10
trayectoria, la trajectory 15
trazar to race 9
trekking, el hike 9
tremendo/a tremendous 7
tren, el train 6, 9 tren 7
tribu, la tribe 10
tribunal, el court 15
triste sad 4, 5
triunfo, el triumph 5
trombón, el trombone 2, 14
trompeta, la trumpet 14
tu/tus your (inf.) 1
tú you (inf.) 1
tul, el tulle (silk or nylon net) 14
tumba, la tomb 15
turismo, el tourism 5
turista, el/la tourist 2
turístico/a touristy 9
turnarse to take turns 5
tuyo/a/os/as your (inf.) (of) yours 7, 13

U

ubicación, la location 5
ubicado/a located 8
ufano/a conceited 8
úlcera, la ulcer 10
últimamente lately 15
último/a last; latest 2, 4, 7
una vez one time; once 5
único/a only; unique 5, 8, 10
unidad, la unity 4
unido/a close close-knit 4
uniforme, el uniform 7

unirse (a) to join together 4, 15
universidad, la university 1
un/o/a a; one 1
urgente urgent 9
usar to use 4
usted/es you (for.) (masc./fem.) 1
usualmente usually 9
utensilio, el utensil 6
útil useful 15
utilizar to use 4
uvas, las grapes 6

V

vacaciones, las vacation 5
vacante, la vacancy 11
vaciar to empty 5
vacuna, la vaccine 10
valer to be worth; to cost 9
valioso/a useful 12
valor, el value 10
vamos let's go 4
¿Vamos a... ? Should we go . . . ? 4
vaqueros, los jeans (Spain) 8
variar to vary 6
variedad, la variety 5
varios/as several; various 7
vaso, el glass 6
veces, a sometimes; at times 5
vecino/a, el/la neighbor 5
vegetariano/a, el/la vegetarian 6
velocidad, la speed 9
vencer to conquer 11
vendedor/a ambulante, el/la street vendor 8
vender to sell 2
venganza, la revenge 4
venir (ie) to come 4, 7
venta, en on sale 5
venta, la sale 9
ventaja, la advantage 6, 7, 10, 11
ventana, la window 9
ventanilla, la window 9
ver (la televisión/una película) to see; to watch (television/a movie) 2, 7, 7, 8, 12
verano, el summer 1
verdad, la truth 6, 10
verdaderamente truly 9
verdadero/a true 4
verde green 1
verduras, las vegetables 6
verificar to verify 6
verja, la iron grill 12
versátil versatile 13

versión, la version 10
vestido, el dress 7, 8
vestimenta, la clothing 9
vestir (i, i) to dress 5
vestirse (i, i) to get dressed 5
veterano/a veteran 12
veterinaria, la veterinary science 3
veterinario/a, el/la veterinarian 11
vez, la time; instance 5
vez en cuando, de once in a while 5
vía, la lane; way 5
viajante, el/la traveling salesperson 11
viajar to travel 2, 9
viaje, el trip 1, 7, 9
viajero/a, el/la traveler 9
vías de desarrollo, en developing 15
víctima, la victim 3

vida, la life 2
videograbadora, la VCR 12
viejo/a old 2
viento, el wind 14
viento, hace it is windy 7
vieres whatever you see 9
viernes, el Friday 1
vigilar to watch 15
vigoroso/a vigorous 15
villa, la town 15
vinagre, el vinegar 6
vino, el (tinto, blanco) (red white) wine 6
viola, la viola 14
violar to violate 15
violencia, la violence 4
violento/a violent 14
violín, el violin 14
virreinato, el viceroyalty 11
visado, el visa 7
visita, la guests; visit 5
visitante, el/la visitor 9

visitar to visit 2
vista, la view 2, 5, 9
vistoso/a showy 9
vitamina, la vitamin 10
viudo/a, el/la widow/er 4
vivienda, la housing 15
vivir to live 1, 2, 5, 6, 12
vivo/a alive 3
volante, el flier 5
volar (ue) to fly 7
volcán, el volcano 4, 5, 9
voleibol, el volleyball 7
voluntad, la will 7
voluntario/a voluntary 5
voluntario/a, el/la volunteer 5
voluptuoso/a voluptuous 9
volver (ue) to return 4, 7, 12
vosotros/as you (inf. pl.) (Spain) 1, 4
votante, el/la voter 13
votar (por) to vote (for) 7, 15

voto, el vote 13
voz, la voice 8, 14
vuelo, el flight 4, 9
vuestro/a/os/as your; yours (inf. pl.); (of) yours 3, 13

Y

y and 1
ya already 14
yerno, el son-in-law 4
yo I 1
yogur, el yogurt 6

Z

zampoña, la panpipe 8
zanahoria, la carrot 6
zapatería, la shoe store 8
zapatos, los shoes 8
zoológico, el zoo 3
zorro, el fox 8
zumo, el juice 6

A

a un/o/a **1**
abandon abandonar 7
ability la habilidad 8
aboard a bordo 6
abolish abolir **15**
abound abundar 6
about alrededor 12
above arriba de **5**
abroad el extranjero 4, **9**
absent ausente 15
abstain abstener 9
abuse el abuso 15
academic académico/a 3
academic subject la
   materia **3**
accede acceder 15
accelerate acelerar 15
accept aceptar **4**
accessory el accessorio **8**; la
   prenda 9, **14**
accident el accidente 10
accommodate acomodar 5
accompany acompañar 6
accord el acuerdo 15
according to según 5
accordion el acordeón 14
account la cuenta **6**
accountant el/la contador/a **11**
accounting la contabilidad **3**
ache el dolor **10**
achieve lograr 12, **15**;
   realizar 8
achievement el logro 4
acquire adquirir (ie, i) 13
across from enfrente de **3**, 14
act actuar **5**, **13**
action la acción 15
active activo/a **2**
activist el/la activista **15**
activity la actividad 8
actor el actor 5
actress la actriz 1
acupuncture la acupuntura 10
add añadir 6; (**in**) echar **6**, 12;
   agregar 10
addressee el/la destinatario/a
   11
adequate adecuado/a 7
adjust ajustar 11
administration la
   administración 2
admiration la admiración 9

admirer el/la admirador/a 9
admit admitir 7
adoptive adoptivo/a 14
adore adorar 14
adorn adornar 9
adorned adornado/a 8
advanced avanzado/a 8
advantage la ventaja 6, 7,
   10, **11**
adventure la aventura 4
advice el consejo 7, **10**
advice column el consultorio
   sentimental **13**
advise aconsejar 9
advisor el/la asesor/a **15**
advocate abogar 7
aerobic aeróbico/a **10**
aerobics ejercicios
   aeróbicos **10**
affect afectar 9
affection cariño **4**
affectionate afectuoso/a **4**
affirm afirmar 6
after después (de) (que)
   3, 7, 11
afternoon la tarde 1, **2**
again otra vez **5**
against en contra **5**
age la edad 4
ago + pret. hace 5, **14**
agreeable agradable 5
agreed de acuerdo 4
agreement el convenio 13; la
   concordancia 10
agricultural agrícola 4
air conditioning el aire
   acondicionado 5
airline la aerolínea 9
airport el aeropuerto **9**
aisle el pasillo **5**
album el álbum 5
alcoholic beverages las
   bebidas alcohólicas **10**
algebra el álgebra (*fem.*) 3
alive vivo/a **3**
all todo/a/os/as 2, **3**
allergic alérgico/a **10**
allergy la alergia 10
alleviate aliviar 10
alleviated aliviado/a 14
almost casi 10
along a través 8
already ya 14

also también 1, **2, 7**
alternate alternarse 8
although aunque 4, **7**
altitude la altura 8
aluminum el aluminio 7
always siempre 2, **3, 7, 8**
ambiguity la ambigüedad 11
ambulance la ambulancia 10
American (US)
   norteamericano/a **2**
amorous amoroso/a 6
ample amplio/a 10
amusing simpático/a **1, 8**
analysis el análisis 3
analyst el/la analista **11**
ancestor el/la antepasado/a 4
ancestry la ascendencia 10
ancient antiguo/a 3
and y **1**
Andean andino/a 8
Andean flute la quena 8
anecdote la anécdota 6
anger el enojo 15; enojar **10**
angry furioso/a **5**
animal el animal 3
animated animado/a 9
ankle el tobillo 10
anniversary el aniversario 6
announce anunciar 8
announcement el aviso 13
announcer el/la locutor/a **13**
annoy molestar **6, 10**
annoyed molesto/a **5**
another otro/a 2
answer contestar **1**; la
   respuesta 1
antacid el antiácido 10
anthropology la
   antropología 3
antibiotic el antibiótico **10**
anticipate anticipar 8
anticipation la anticipación 9
antioxidants los
   antioxidantes **10**
anxious ansioso/a 9
any/one cualquier/a 9
anything algo 3, **6, 7**
apartment el apartamento 3
aphrodisiac el afrodisíaco 6
apologize disculparse 15
apparent aparente 15
apparently aparentemente 15
appeal to apetecer (zc) **6**

appear aparecer (zc) 9
appearance la apariencia 1
appetizer el aperitivo 2; la
   entrada 6; las tapas 2
applaud aplaudir **14**
apple la manzana 3, **6**
appliance el aparato 6
apply for solicitar 3, 11
appointment la cita **10**, 11
appreciate apreciar 4
appreciated apreciado/a 11
appropriate apropiado/a 10
approve pasar 5
approximately
   aproximadamente 3
April abril **1**
aquatic acuático/a 9
aqueduct el acueducto 2
Arab el/la árabe 2
Arabic el árabe 2
archbishop el arzobispo **4**
archeologist el/la
   arqueólogo/a 8
archipelago el archipiélago 8
architect el/la arquitecto/a
   2, **11**
architecture la arquitectura 7
area el área (*fem.*) 7
Argentine argentino/a **2**
Argentine cowboy el gaucho 11
argument el/la argumento 4;
   la discusión 8
aria el aria (*fem.*) 14
arise from provenir 9
arm el brazo **10**
armchair el sillón **5**
armed armado/a 15
army el ejército **15**
around alrededor de 12
around here por aquí **9**
arrangement el arreglo 5
arrest detener (ie) 11
arrival la arribada 5; la
   llegada 2, 3, **9**
arrive llegar **2**
arrow la flecha 8
art el arte (*fem.*) **3**
arthritis la artritis 10
article el artículo 7, **13**
artifact el artefacto 5
artisan el/la artesano/a 3
as como 5
ascending ascendente 6

ashamed avergonzado/a 10
ashes las cenizas 9
ask pedir (i, i) 9; preguntar 6
ask for pedir (i, i) 6, 9, 10, 11
aspect el aspecto 8
aspiration la aspiración 15
aspirin la aspirina 10
assemble armar 8
assembly plant la maquiladora 15
assistant el/la asistente 7; el/la ayudante 6
associate asociar 2
association la asociación 7
as soon as en cuanto 11; luego que 11; tan pronto como 11
assure asegurar 5
asthma el asma (*fem.*) 10
at first al principio 5
at last por fin 6, 9
at least por lo menos 6
ATM (automatic teller machine) el cajero automático 4, 8, 12
atmosphere el ambiente 6; la atmósfera 3
attack atacar 10; el ataque 4
attend asistir (a) 2
at times a veces 5
attract atraer 6
attraction la atracción 9
attractive atractivo/a 3
attribute atribuir 14
audience el público 12, 13
audition la audición 14
auditorium el auditorio 3
August agosto 1
aunt tía 4
authentic auténtico/a 14
author el/la autor/a 2
authority la autoridad 14
autobiographical autobiográfico/a 2
autograph el autógrafo 14
autonomous autónomo/a 2
available disponible 5
avenue la avenida 12
average el promedio 11
avocado el aguacate 6
avoid evitar 10
awesome padre (adj.) 4

B

back la espalda 10
background el fondo 14
backpack la mochila 1
bad mal 1; malo/a 1, 10
bag el bolso 7, 8; la bolsa 7
baggage el equipaje 9

baggage claim el reclamo de equipaje 9; la sala de reclamación de equipaje 9
bake hornear 6
ballad la balada 13
ballet el ballet 1, 14
ballroom dancing el baile de salón 14
banana el plátano 6, 8; la banana 6
band la banda 4, 14
bank el banco 8; la orilla 5
banner el pendón 15
banquet el banquete 7
bar el bar 2
barbs las púas 12
bargain la ganga 8, 9; regatear 8
baritone el barítono 14
baseball el béisbol 4; la pelota 7
baseball player el beisbolista 2
based basado/a 6
basket la cesta 3
basketball el básquetbol 5, 7
Basque el eusquera 2
bass el bajo 3; el contrabajo 14
bat el bate 7
bathe bañarse 5
bathroom el baño 5
battery la pila 9
battle la batalla 1
be estar 3, 5, 7, 9; ser 1, 2, 3, 7, 8, 9
be . . . years old tener... años 3
be able poder (ue) 4, 7
be a bother molestar 6, 10
be accustomed to acostumbrar 13
beach la playa 5
bead la cuenta 6
beak el pico 8, 9
beans los frijoles 6
bear el oso 3
beat batir 6; latir 15
beautiful bello/a 2; hermoso/a 6
beauty la belleza 9
be behind retrasar 4
be born nacer (zc) 2
be called llamarse 5
because porque 2; pues 3
become ponerse 5
become accustomed acostumbrarse 8
become aware enterarse 15

become happy alegrarse (de) 5
become sick enfermarse 5
bed la cama 5, 10
bedroom el dormitorio 5
be enough bastar 8
beer la cerveza 3, 6
be extremely pleasing encantar 6
be familiar with conocer 4
be fascinating fascinar 6
before antes (de) (que) 2, 11
be game animarse 5
begin comenzar (ie) 7; empezar (ie) 1, 3, 4, 7, 9; iniciar 9
beginning el comienzo 5; el inicio 4; el principio 3, 13
be glad alegrarse (de) 5, 10
behind atrás 7; detrás (de) 3; tras 15
be interesting interesar 6
be involved involucrar 13
belief la creencia 2
believe creer 2, 6, 10, 12
belly el buche 8
belongings las pertenencias 13
beloved amado/a 13
below debajo (de) 5
be missing faltar 8
bench el banco 8
benefit el beneficio 11
better mejor 3, 5, 9, 10
between entre 3
beverage la bebida 6
be worth valer 9
bicycle la bicicleta 2
big grande 1, 2
bilingual bilingüe 12
bill la cuenta 6
biography la biografía 2
biological biológico/a 10
biology la biología 3
biosphere la biosfera 3
bird el pájaro 5, 9; el ave (f) 3
birth el nacimiento 1
birthday el cumpleaños 1
birthrate el índice de natalidad 4
black negro/a 1
blazer el saco 8; la americana (*Spain*) 8
bleachers las gradas 15
block el bloque 8; la cuadra 3; la manzana (*Spain*) 3, 6
blond rubio/a 2
blood la sangre 11
blood pressure la presión arterial 10

blouse la blusa 8
blow soplar 8
blue azul 1
blue-footed booby el booby con patas azules 8
board abordar 9; la tabla 10, 12
boarding gate la puerta de embarque 9
boarding pass la tarjeta de embarque 9
board of trustees el patronato 1
boat el barco 5, 9
body el cuerpo 5, 10
bomb la bomba 15
bone el hueso 10
book el libro 1
bookcase el estante 5
bookstore la librería 3
boots las botas 8
border la frontera 3, 8
bore aburrir 6
boring aburrido/a 1
borrow pedir prestado 6
boss el/la jefe/a 9, 11
bottle la botella 7
bottom el fondo 14
bow el arco 8
box la caja 8
box office la taquilla 8
boy el chico 3; el muchacho 2
boycott el boicot 15
boyfriend el novio 3, 4
bracelet la pulsera 8
branch el ramo 7; la rama 10
brand la marca 12
Brazilian brasileño/a 2
bread el pan 6
break romper 12
break (a bone) romperse (un hueso) 10
break down dañarse 15
breakfast el desayuno 2, 6
breathe respirar 10
brief breve 6
briefcase el maletín 4
brightly colored colorido/a 9
brillant brillante 3
bring traer 4, 7, 9, 11, 12
brochure el folleto 9
broken roto/a 2
brother-in-law/sister-in-law el/la cuñado/a 4
brother/sister el/la hermano/a 3, 4
brown castaño/a 2; color café 1; pardo/a 8
brunette castaño/a 2; moreno/a 2

brush cepillarse 5
bucket la cubeta 5
Buddhist budista 14
building el edificio 8
bull el toro 2
bungee jump hacer salto en bungee 9
burn arder 15
bury enterrar (ie) 14
bus el autobús 5, 9; el camión (Mexico) 8
business el negocio 3
business administration la administración de empresas 3
business letter la carta comercial 11
businessman el hombre de negocios 11
business section la sección financiera 13
businesswoman la mujer de negocios 11
busy ocupado/a 4
but pero 2, 3, 15; sino (que) 1, 15
but rather sino (que) 1, 15
butter la mantequilla 6
buy comprar 2, 8, 9, 11
by por 9
by way of mediante 15

C

cabinet el gabinete 11
cable television la televisión por cable 13
cadaver el cadáver 14
café el café 4
cafeteria la cafetería 2
caffeine la cafeína 6
cake el pastel 6; la torta 5, 6
calcium el calcio 10
calculate calcular 7
calculator la calculadora 1
calculus el cálculo 3
call llamar 5
call letters las siglas 7
calm down aquietar 15
calmly tranquilamente 8
calorie la caloría 6
camera la cámara 4
camp acampar 5; el campamento 9
campaign la campaña 12, 15
can poder (ue) 4, 7
Canada Canadá 6
Canadian canadiense 2
canal el canal 13
cancel cancelar 9

cancer el cáncer 10
candidate el/la candidato/a 6, 15
cap la gorra 8
capable capaz 11
capacity la capacidad 11
capital city la capital 1, 2
car el auto 9; el carro 3, 9; el coche 9
carbohydrates los carbohidratos 10
cardiologist el cardiólogo 10
career la carrera 3
careful cuidadoso/a 9
careful, to be tener cuidado 3
Caribbean dance el merengue 7
carpenter el/la carpintero/a 11
carrot la zanahoria 6
carry portar 15
carry out llevar a cabo 5; realizar 11
carved tallado/a 3
carving el tallado 3
cascades las cascadas 9, 11
cash register la caja 8
casserole la cazuela 6
castle el castillo 13
cat el/la gato/a 5, 8
cathedral la catedral 9
Catholic católico/a 9
cause causar 5; la causa 7
cave la cueva 9
CD/DVD player el lector de CD/DVD 12
celebrate celebrar 5
celebration la celebración 7; la fiesta 1, 3
celebrity la celebridad 7
cello el chelo 14
cellophane el celofán 14
cell phone el teléfono celular/móvil 1
Celtic celta 2
cemetery el cementerio 14
censorship la censura 13
censure censurar 13
census el censo 13
centennial el centenario 5
century el siglo 1, 6
CEO el/la jefe/a ejecutivo/a 11
ceramic la cerámica 4
ceremony la ceremonia 4
certain cierto/a 2, 10; seguro/a 4, 5, 10
chain la cadena 8
chair la silla 1
chalk la tiza 1
chalkboard la pizarra 1

challenge el desafío 3; retar 5
challenging exigente 3
champagne el champán 8
champion el/la campeón/campeona 7
change cambiar 4; el cambio 4
channel el canal 13
chapel la capilla 8
character el carácter 13; el personaje 1
characteristic la característica 11
charade la charada 6
charge cobrar 4
charger el cargador 9
charitable benéfico/a 14; caritativo/a 9
charm el encanto 7
chauffeur el chofer 11
cheap barato/a 1
check revisar 1, 2, 10, 12, 13
check luggage facturar el equipaje 9
cheer animar 3
cheese el queso 6
chef el/la cocinero/a 6, 11
chellist el/la chelista 14
chemistry la química 3
chest el pecho 10
chick la cría 5
chicken el pollo 6, 10
chief el cacique 9
childish infantil 8
children los/las niños/as 1, 7
Chilean chileno/a 2
chill el escalofrío 10
chinchilla la chinchilla 14
Chinese el chino 2
chiropractor el/la quiropráctico/a 10
chocolate cake la torta de chocolate 6
cholera el cólera 5
cholesterol el colesterol 10
choose elegir (i, i) 13, 15; escoger 5
chop picar 6
choreograph coreografiar 14
choreographer el/la coreógrafo/a 14
chores los quehaceres 5
Christian cristiano/a 9
christianize cristianizar 10
Christmas la Navidad 4
chronic crónico/a 10
chronology la cronología 11
chubby gordo/a 2, 5

church la iglesia 7
cinematographer el/la cinematógrafo/a 13
cinematography la cinematografía 13
circulation la circulación 13
citizen el/la ciudadano/a 15
citizenship la ciudadanía 12
city la ciudad 1, 2
city map el plano de la ciudad 9
civilization la civilización 3
Civil War la Guerra Civil 3
clap la palmada 14
clarinet el clarinete 14
class la clase 1
classic clásico/a 14
classical clásico/a 4
classified ads los anuncios clasificados 11, 13
classmate el/la compañero/a de clase 8
clause la cláusula 10
clean limpio/a 6
clean (the house) limpiar, ordenar (la casa) 5
cleaning service el servicio de limpieza 5
clear claro/a 1, 6; cristalino/a 5; despejado/a 8
clearance sale la liquidación 8
clear the table quitar la mesa 5
clever listo/a 9
client el/la cliente 2
climate el clima 4, 5
climb escalar 9; subir 6
clinic la clínica 11
clip recortar 13
clock el reloj 1
close cerrar (ie) 1; próximo/a 2, 7; unido/a 4
close (to) cerca (de) 2
closed cerrado/a 3
close-knit unido/a 4
closing la despedida 1, 4, 11
cloth la tela 8, 14
clothing la ropa 5, 8; la vestimenta 9
clothing size la talla 8
cloud la nube 8
cloudy nublado/a 7
coach el/la entrenador/a 7
coach class la clase turista 9
coast la costa 2, 6
coat el abrigo 8
coconut el coco 6
code el código 15

coffee el café 6
coffee maker la cafetera 6
coin la moneda 8
coincide coincidir 13
coincidentally por casualidad 10
cold el resfriado 10; frío 3; frío/a 6
cold, it is hace frío 7
collaborate colaborar 9
collar el cuello 15
colleague el/la colega 11
collection la colección 3
cologne la colonia 8
Colombian colombiano/a 2
Colombian currency el bolívar 9
colonizer el/la colonizador/a 9
colony la colonia 8
coloring colorido/a 9
comb el peine 5
combat combatir 9, 15
combatant el/la combatiente 4
combination la combinación 10
comb one's hair peinarse 5
come venir (ie) 4, 7
comedy la comedia 4, 13, 14
comfort la comodidad 14
comfortable cómodo/a 9
comforts las comodidades 9
comic cómico/a 4
comic strip la tira cómica 14
command el mandato 11
commemorate conmemorar 3
comment comentar 5
commentary el comentario 3
commentator el/la comentarista 7, 13
commerce el comercio 3
commission la comisión 8; la tarifa 10
commit cometer 14
commitment el compromiso 7, 11
committee el comité 4
common común 1
commonwealth el estado libre asociado 7
communications las comunicaciones 3
community la comunidad 3
compact disc (CD) el disco compacto 8
companion el/la acompañante 7
company la compañia 13; la empresa 2, 11

compare comparar 5
comparison la comparación 5
compatriot el/la compatriota 5
compensation la recompensa 9
compete competir (i, i) 10
complain quejarse 14
complement complementar 3
complete completo/a 6; cumplir 1
complex complejo/a 10
complicate complicar 11
complicated complicado/a 3
compliment el piropo 9
compose componer 14
composer el/la compositor/a 7, 14
composition la composición 2
comprehension la comprensión 13
computer la computadora 1, 3, 12
computer (electronic) game el juego electrónico 12
computer science la computación 3; la informática 3
conceited ufano/a 8
concept el concepto 4
concert el concierto 2, 3, 4
conclusion el desenlace 11
concrete concreto/a 7
condemn condenar 11
condemned condenado/a 13
condition la condición 5
condor el cóndor 8
conduct dirigir 9, 14
conductor el/la conductora 15; el/la director/a 9, 11, 14
confidence la confianza 10
conflict el conflicto 8, 15
confront enfrentar 7
confuse confundir 10
congested congestionado/a 10
congress el congreso 15
congressman/woman el/la congresista 15
conjecture la conjetura 12
connect conectar 5
connection la conexión 12
connoisseur el conocedor 6
conquer vencer 11
conquest la conquista 3
consensus el consenso 14
consequences las consecuencias 15
conservative conservador/a 13

conserve conservar 7, 8, 12
consider considerar 3
considerate considerado/a 15
considered considerado/a 15
construct construir 2
construction la construcción 2, 5
construction worker el/la obrero/a de construcción 11
consult consultar 9
consultant el/la asesor/a 15
consume consumir 12
consumer el/la consumidor/a 1
consumption el consumo 6
contact contactar 10
contain contener (ie) 3
container el contenedor 13; el envase 12
contaminate contaminar 12
contemporaneous contemporáneo/a 6
content el contenido 10
contest el concurso 13
continue continuar 6
contract contratar 13; el contrato 9, 11
contrast el contraste 6
contribute contribuir 9
contribution el aporte 15
control controlar 13
controversy la polémica 12
conventional convencional 13
conversation la conversación 7
converse conversar 3
convert convertir (ie, i) 9
conviction la convicción 15
convince convencer 2
cook cocinar 6; el/la cocinero/a 6, 11
cookies las galletas 6, 10
cool copado/a 12
cool, it is hace fresco 7
cooler la heladera 7
cooperate cooperar 8
coordinator el/la coordinador/a 11
copper el cobre 6
copy la copia 7
cord la cuerda 14
cordially yours cordialmente 11
corduroy la pana 14
corn el maíz 6
corner la esquina 3
cornet la corneta 14
correct acertado/a 12
correspondent el/la corresponsal 12

corridor el corredor 12
corruption la corrupción 15
cosmopolitan cosmopolito/a 11
cost costar (ue) 2; el costo 13; valer 9
co-star el/la compañero/a de reparto 13
Costa Rican costarricense 3
costly costoso/a 7
costume el disfraz 14
cotton el algodón 8
couch el sofá 5
cough la tos 10; toser 10
cough syrup el jarabe 10
counter el mostrador 9
country el campo 5; el país 2, 8, 15
countryman el paisano 15
coup d'état el golpe de estado 15
couple la pareja 4
course el curso 3; la materia 3; course, of claro 4
court el tribunal 15; la cancha 2, 3
cousin el/la primo/a 4
cover cubrir 8, 12
covered cubierto/a 8
cover letter la carta de presentación 11
cowardice la cobardía 1
crane la garza 8
crazy loco/a 7
cream la crema 5
create crear 6
creativity la creatividad 2
creator el/la creador/a 8
credit card la tarjeta de crédito 8
creole criollo/a 6
cricket la cigarra 8
crime el crimen 14
critic el/la crítico/a 13
crocodile el cocodrilo 9
cross cruzar 14
crucial indispensable 9
crude grosero/a 15
cruise el crucero 9
crush machacar 11
cry el grito 11; llorar 7
crystalline cristalino/a 5
Cuban cubano/a 2
cuisine la cocina 3
culinary culinario/a 6
culture la cultura 4
cultured culto/a 14
cup/mug la taza 6
cure curar 10

curious curioso/a 7
current actual 10, 15
current events la actualidad 13
currículum vitae (vita) el curriculum vítae 11
curtain el telón 11
curved curvado/a 9
custard dessert el flan 6
custom la costumbre 6
customer el/la cliente 2
customer service la atención al cliente 8
customs la aduana 9
customs inspector el/la inspector/a de aduanas 9
cut cortar 6
cute bonito/a 2
cycling el ciclismo 7
cypress el ciprés 14

D

daily diario/a 2
dairy products los productos lácteos 6
dam el embalse 10
damage dañar 15; el daño 15; perjudicar 12
dance bailar 2; el baile 3, 14; la danza 14
danceable bailable 9
dancer el/la bailarín/a 14
danger el peligro 5, 9, 12
dangerous peligroso/a 2
daring atrevido/a 12
dark oscuro/a 8
data los datos 1
date la fecha 1, 5
daughter la hija 4, 6
daughter-in-law la nuera 4
dawn el amanecer 11; la madrugada 4
day el día 1
day before yesterday anteayer 6, 8
daycare center la guardería 11
day laborer el/la jornalero/a 15
dear querido/a 4
death la muerte 3
debate debatir 14, 15; el debate 15
debut debutar 10; el debut 14; estrenar 13
decade la década 14
decaffeinated descafeinado/a 2
deceit el engaño 4
deceive engañar 13
December diciembre 1
decide decidir 2

declaration la declaración 6
decoration la decoración 3
decrease bajar 4, 12
dedicate dedicar 7
dedicated dedicado/a 9
deep profundo/a 5
defeat rendir (i, i) 13
defect el defecto 13
defend defender (ie) 7
define definir 4
deforestation la deforestación 12
degree el grado 10; el título 2, 6, 12; la licenciatura 3
delay la demora 9, 9
delicious delicioso/a 2; rico/a 2, 4, 6; sabroso/a 6
delight el encanto 7; encantar 6; la delicia 6
Delighted. Encantado/a. 1
delightful encantador/a 2, 4, 14
deliver entregar 1; repartir 11
demanding exigente 3
democracy la democracia 15
democratization la democratización 15
demographic demográfico/a 13
denounce denunciar 4
dentist el/la dentista 10
deny negar (ie) 10
deodorant el desodorante 8
department el departamento 8
department store el almacén 8
departure la salida 2, 6, 9
depopulation la despoblación 12
deposit el depósito 9
derive derivar 6
descend descender (ie) 11
descendant el/la descendiente 3
describe describir 1
description la descripción 5
desert el desierto 4
deserted desierto/a 5
deserve merecer (zc) 2
design diseñar 2; el diseño 3
designer el/la diseñador/a 14
desire desear 3, 9; el deseo 13
desk el escritorio 15
destination el destino 2
destroy destruir 12
detach desprender 10
detail el detalle 6
detain detener (ie) 11; retrasar 4

deteriorate deteriorar 12
detest detestar 11
develop desarrollar 3
developing en vías de desarrollo 4, 15
development el desarrollo 6, 12
diabetes la diabetes 10
diagnosis el diagnóstico 10
diamond de diamantes 8
dictator el/la dictador/a 15
dictatorship la dictadura 15
dictionary el diccionario 1
die morir (ue, u) 7, 8, 12
diet la dieta 10; el régimen 10; la dieta 6, 10
different diferente 8; distinto/a 6
difficult difícil 2, 6, 10
dig cavar 14
dig up desenterrar 5
digital camera la cámara digital 9
dignify dignificar 11
dignity la dignidad 4
dilemma el dilema 10
diminish disminuir 13
dining room el comedor 5
dinner la cena 2, 6
direct dirigir 9, 14
directed dirigido/a 13
directly directamente 7
director el/la director/a 9, 11, 14
dirty sucio/a 6
disabled person el/la discapacitado/a 3
disadvantage la desventaja 6, 11
disappear desaparecer (zc) 9
disarm desarmar 15
disarmament el desarme 15
discount el descuento 8
discouraged desanimado/a 12
discover descubrir 6, 12
discovered descubierto/a 13
discrete discreto/a 13
discussion la discusión 8
disguise el disfraz 14
disgust, el asco 6
dishonest deshonesto/a 15
dishonor deshonrar 11
dishwasher el lavaplatos 5
disillusion defraudar 15; desilusionar 15
disillusionment el desengaño 10
disorder el desorden 8
disorganized desordenado/a 5

disoriented desorientado/a 10
disposed dispuesto/a 13, 14
dispute disputar 7
distance la distancia 8
distant retirado/a 10
distribute repartir 11
diva la diva 14
diversity la diversidad 2
divide partir 11
divorced divorciado/a 4
do hacer 2, 3, 7, 9, 12
doctor el/la doctor/a 10; el/la médico/a 10
doctorate el doctorado 3
doctor's office el consultorio 10
documentary el documental 13
dog el/la perro/a 4, 5, 8
dog walker el/la paseador/a de perros 11
dollar el dólar 6
domestic doméstico/a 3
dominate dominar 12
Dominican dominicano/a 2
donate donar 7
Don't worry. No te preocupes. 10
door la puerta 1
dossier el expediente 11
dot, on the en punto 2
double doble 9
double room el cuarto doble 9
doubt dudar 10; la duda 2
doubtful dudoso/a 10
download bajar 4, 12
downtown el centro 3, 4
dowry el/la dote 15
Do you want go to . . . ? ¿Quieres ir a...? 4
drama el drama 13
dramatic dramático/a 13
dramatize dramatizar 11
draw dibujar 5
drawing el dibujo 5
draw up encoger 8
dream el sueño 6, 12
dream (about) soñar (ue) (con) 4
dress el vestido 7, 8; vestir (i, i) 5
dresser la cómoda 5
drink tomar 2, 6, 12
drive clavar 15; conducir (zc) 2
drug la droga 14
drug addiction la drogadicción 15
drum el tambor 14

drums la batería 8, **14**
dry seco/a 6
dryer la secadora 5
duck el pato 8
durability la durabilidad 14
during durante 2; por **9**
dust sacudir 15
Dutch holandés/esa 7
duty el deber **15**
DVD el DVD 12
DVD recorder la grabadora de DVD **12**
dynamic dinámico/a 4

E

each cada 5
eager, to be tener ganas **3**
eagle el águila (*fem.*) 12
earbuds los auriculares **12**
early temprano/a 2
earn ganar 2, **4**, **7**
earrings los aretes 8
earth la tierra 10
earthquake el terremoto 14
easily fácilmente 9
easy fácil **2**, 6, 7, **10**
eat comer **2**, 6, **8**, 9, **10**, **11**, **12**
eat lunch almorzar (ue) 8
ecological ecológico/a 8
economic económico/a 6
economy la economía 3
ecotourism el ecoturismo 4
eco-volunteering el eco voluntariado 5
Ecuadorian ecuatoriano/a **2**
edit editar 12
editing la redacción 13
edition la edición 13
editor el/la editor/a 13
editorial (page) el editorial **13**
editor-in-chief el/la director/a **13**
educate educar 10
education la educación 6; la formación **11**
effective efectivo/a 5
efficient eficiente 11
effort el esfuerzo 4, **15**
egg el huevo 5, **6**
eighth octavo/a 8
either . . . or o... o 7
elaborate elaborar 15
elaborated elaborado/a 4
elaboration la elaboración 15
elastic el elástico **14**
elbow el codazo 15
elect elegir (i, i) 13, **15**
elected electo/a 6

election la elección 7
electrical eléctrico/a 3, **9**
electrical adaptor el adaptador eléctrico **9**
electric current la corriente 9
electrician el/la electricista 11
electricity la electricidad 10
electric razor la máquina de afeitar 5
electrifying electrizante 14
electronic electrónico/a 2, **12**
electronics los aparatos electrónicos **12**
elimination la eliminación 15
emanate emanar 15
embassador el/la embajador/a 7
embassy la embajada 15
emblem el logotipo 12
embrace abrazar 10; el abrazo 2
embroider bordar 4
emerald la esmeralda 9
emerge surgir 15
emergency room la sala de urgencias 10
emotion la emoción 8
emotional emocional 11
empire el imperio 8
employee el/la empleado/a **11**
empty vaciar 5
enchanting encantador/a 2, **4**, **14**
enclose encerrar (ie) 12
enclosed cubierto/a 8
encounter el encuentro 8
encourage animar 3
end el fin 7; el final **13**; eliminar **15**; terminar 6, 10
endangered species las especies en peligro de extinción **12**
end well salir bien 9
enemy el/la enemigo/a 3
energy la energía 7, **12**
engineer el/la ingeniero/a 3, 5, **11**
engineering la ingeniería 2, **3**
English el inglés **2**
enjoy disfrutar de 6; gozar de 9
enjoy oneself divertirse (ie, i) **5**, **7**
Enjoy your meal! ¡Buen provecho! 6
enormous enorme 3
entertain entretener (ie) 5
entertainment el entretenimiento 7

entertainment section la cartelera 13
enthusiastic entusiasta 2
enthusiastically animadamente 9
environment el medio ambiente 5, **12**
environmental ambiental 10
epoch la época 4
equality la igualdad **5**
equally igual de 7
equator la línea ecuatorial 8
equipment el equipo 5
equity la equidad 15
eradicate erradicar 6
eruption la erupción 5
escape escaparse 4
escort el/la acompañante 7
especially especialmente 8
essential esencial 13; preciso/a **9**
establish establecer (zc) 12
esteemed estimado/a 11
eternal eterno/a 8
ethics la ética 11
ethnic étnico/a 10
ethnicity la etnia 13
even incluso 9
evening gown el traje de noche 14
event el acontecimiento 7; el evento 7; la función **4**
even though aunque 7
every todo/a/os/as 2, **3**
everyone todo/a/os/as **3**
evolution la evolución 8
exaggerate exagerar 6
exam el examen 3
example el ejemplo 2; **for** por ejemplo 6, **9**
excellent excelente 2
exceptional excepcional 7
excessive excesivo/a 12
excess weight el sobrepeso 10
exchange el cambio 4; el intercambio 2; intercambiar 1
exciting emocional 11; emocionante 2
excursion la excursión 6, **9**
excuse la excusa 5
excuse oneself retirarse 11, 15
execution la ejecución 14
executive el/la ejecutivo/a 3
exercise ejercer 15; ejercicio; hacer ejercicios **7**
exhausted exhausto/a 8
exhibit exhibir 14
exist existir 8

exotic exótico/a **1**, 5
expand ampliar 6
expense el gasto 5
expensive caro/a 1; costoso/a 7
experience experimentar 2; la experiencia 5
expiration date la fecha de vencimiento 10
explain explicar 5; exponer 15
explicit explícito/a 13
exploit explotar 15
exploitation la explotación 7
export exportar 6
exposition la exposición 3
express expresar 15
express an opinion opinar 5
express oneself expresarse 11
extend extender (ie) 3
extensive extenso/a 3
extinction la extinción 5
extinguish (fires) apagar (fuegos/incendios) 11
extraordinary extraordinario/a 11
extreme extremo/a 6
eye el ojo 5

F

fable la fábula 8
fabric la tela 8, **14**
fabricate fabricar 14
fabulous fabuloso/a 2, **7**
face afrontar 15; la cara 5
facilitate facilitar 5
facility la facilidad 11
facing enfrente de 3, **14**
factor el factor 10
factory la fábrica 12
fail (computer disk) fallar 12
fair la feria 9
fairly bastante 3
fall la caída 11
fall down caerse **15**
fall asleep dormirse (ue, u) 5
fall in love (with) enamorarse (de) 1
falls las cataratas, el salto 7, 11
false falso/a 2
familiarize oneself familiarizarse 14
family la familia 3, **4**
fan el/la aficionado/a 7
fanatic el/la fanático/a 2
fantastic fantástico/a 7, **10**
fantasy la fantasía 14
far lejos (de) 3
faraway lejano/a 11
farewell la despedida 1, 4, **11**
farm la granja 15

farmer el campesino 5; el granjero 15
fascinating fascinante 1
fashion la costura 14; la moda 14
fashion show el desfile de moda 14
fat (*adj.*) gordo/a 2, 5 (*noun*) la grasa 6, **10**
father el padre 4
father-in-law el suegro 4
fatigue el cansancio 10; la fatiga 10
favor of, in a favor de 15
fear el temor 15; temer **10**; tener miedo 3, 10
feature el reportaje 13; resaltar 7
February febrero 1
fee la comisión 8; la tarifa 10
feel sentirse (ie, i) 5, 8
feel like tener ganas 3
feminine femenino/a 6
femininity la feminidad 14
ferocious feroz 10
fever la fiebre 5, **10**
fiber la fibra 10
fiction la ficción 4
fifth quinto/a 8
figure la figura 3, 9; la línea 5, **10**
file archivar 12
fill out completely rellenar 11
filled relleno/a 6
filling el relleno 4
fill the dishwasher llenar el lavaplatos 5
film el cine 2, 13; filmar 13; la peli 4; la película 4, 7; rodar 10
filming el rodaje 4; la filmación 13
film noir el filme negro 4
finally al final 5; por fin 6, **9**; por último 9
finance las finanzas 3
financial financiero/a 3
financial section la sección financiera 13
find encontrar (ue) 1, 3, **4**
fine la multa 12; multar 12
fine with me de acuerdo 4
finger (toe) el dedo (del pie) 10
finish acabar 5, 11, 12; terminar 6, 10
fire despedir (i, i) 11, **11**; el fuego 10; el incendio 11

firefighter el/la bombero/a 10, **11**
firetruck la bomba 15
fireworks los fuegos artificiales 9
firm la compañía 13; la empresa 2, **11**
first primer/o/a 2, 7, **8**
fish el pescado 6; pescar 9
fishing pesquero/a 6
fit encajar 8; quedar 6, 8
fitting room el probador 8
flame la llama 10
flamenco el flamenco 14; flamenco/a 2
flamingo el flamenco 3
flank flanquear 15
flash drive la memoria USB 12
flavor el sabor 1
flea market el mercado callejero 8
flee huir 14
flier el volante 5
flight el vuelo 4, 9
flight attendant el/la asistente de vuelo 9
flip-flop la chancla 8
floor el piso 5, 8
flour la harina 6
flourish florecer (zc) 15
flower la flor 7, 9, **10**;
flower bed el cantero de jardín 14
flower shop la florería 8
flu la gripa (*Mexico*) 10; la gripe 10
flute la flauta 14
fly volar (ue) 7
fog la niebla 9
follow seguir (i, i) 9, **10**
following a continuación 6; siguiente 4
food la comida 2, 3, **4**, 6
foods los alimentos 10
fool el/la necio/a 10
foot el pie 10
footwear el calzado 8
for para 1, 9; por 9
force la fuerza 15
forecast el pronóstico 4
foreign extranjero/a 7
foreigner el/la extranjero/a 7
forest el bosque 9, 10, **12**
forget olvidar(se) (de) **5**, 7
fork el tenedor 6
form el formulario 11; formar 8
formula la fórmula 5

formulate formular 3
fortify afianzar 15; fortalecer (zc) 6, **15**
fortress la fortaleza 7
forum el foro 7, 14
found fundar 7
foundation la fundación 7, 13
founded fundado/a 9
founding la fundación 7, 13
fourth cuarto/a 2, **8**
fox el zorro 8
fragment el fragmento 12
framework el marco 4
France Francia 2
fraud el fraude 15
free gratis 10; libre 4
freezer el congelador 6
French el francés 2; francés/esa 1
French fries las papas fritas 10
frequent frecuente 11
frequently con frecuencia 5, **8**; frecuentemente 8
fresh fresco/a 6
Friday el viernes 1
fried frito/a 6
friend el/la amigo/a 1
from desde 2
front, in enfrente 12
frontier la frontera 3, 8
front of, in delante de 2, 3
front page la portada 13; la primera plana 13
fruit el fruto 10; las frutas 6
fry freír (i, i) 6
frying pan la sartén 6
fulfill cumplir 15
full-time a tiempo completo 11
fun divertido/a 3
function funcionar 10, 12; la función 4
funds los fondos 14
funny gracioso/a 4
fur la piel 10, **14**
furnish armar 8
furnished amueblado/a 5
furniture los muebles 5
fury la furia 10
fuse fusionar 3
fusion la fusión 14
future el futuro 12

G
gabardine (lightweight wool) la gabardina 14
gain weight engordar 10; subir de peso 10

game el partido 5
game show el concurso 13
gang member el pandillero 12
garage el garaje 5
garbage can el basurero 5
garden el jardín 5
garlic el ajo 6
garment la prenda 9, 14
gasoline la gasolina 12
gather congregar 15
gathering la recolección 10
GDP el PIB 9
genealogical genealógico/a 4
general, in por lo general 9
generalize generalizar 4
generally generalmente 9
generate generar 15
generation la generación 7
generous generoso/a 5
genetic genético/a 10
genre el género 4
geography la geografía 3
geology la geología 3
German el alemán 2; aleman/ana 1
gesture el ademán 11; el gesto 14
get conseguir (i, i) 9, 11
get angry (with) enojarse (con) 5, 14
get better mejorarse 10
get down (from) bajarse (de) 9
get dressed vestirse (i, i) 5
get in shape ponerse en forma 10
get involved in meterse 12
get off (of) bajarse (de) 9
get together juntarse 5
get-together la reunión 2
get up levantarse 5
get well mejorarse 10
gift el regalo 4
girl la chica 3; la muchacha 2
girlfriend la novia 3, 4
give dar 1, 6
give a gift regalar 13
glance la mirada 13
glass el vaso 6
glass bowl el tazón de cristal 6
glasses la gafas 15; los lentes 12
globalization la globalización 4
global market el mercado global 15
global warming el calentamiento global 12
glory la gloria 7
glove el guante 7

go ir **1, 3, 8, 10, 12**
goal el gol **7**; el propósito **7**; la meta **7, 11**
go to a nightclub ir a una discoteca **7**
go away alejarse **11**; irse **5**; marcharse **9**
go to bed acostarse (ue) **5**
go bike riding montar en bicicleta **7, 9**
god el dios **8, 9**
God willing Ojalá **9, 10**
gold el oro **1, 8**
gold ring el anillo de oro **8**
golf el golf **2, 7**
good bueno/a **1, 9, 10**; el bien **6**
Good afternoon. Buenas tardes. **1**
Good-bye. Adiós. **1**
good deal la ganga **8, 9**
Good evening. Buenas noches. **1**
good-looking guapo/a **2**
Good morning. Buenos días. **1**
goodness la bondad **7**
goods los bienes **5**
go on an outing ir de excursión **9, 9**
go out dar un paseo **7**; salir **4**
go round recorrer **9**
go shopping ir de compras **8**
gossipy chismoso/a **5**
go up subir **6**
gourd la calabaza **11**
government el gobierno **2, 6, 12, 15**
governmental gubernamental **12**
governor el/la gobernador/a **15**
go well (with) hacer juego (con) **8**
grab agarrar **11**
grade la nota **3**
grammar la gramática **13**
granddaughter la nieta **4**
grandfather/grandmother el/la abuelo/a **4**
grandma la abuelita (*diminutive*) **4**
grandmother la abuela **4**
grandson/granddaughter el/la nieto/a **4**
grant conceder **2**; otorgar **13**
grapefruit la toronja **6**
grapes las uvas **6**

grave el sepulcro **14**
gray gris **1**
gray hair las canas **4**
great fabuloso/a **2, 7**; magnífico/a **7**
Great Depression la Gran Depresión **3**
greed la codicia **10**
green verde **1**
green beans las judías verdes **6**
greeting/s el/los saludo/s **1, 11**
grill la parrilla **6**; la parrillada **11**
grind moler (ue) **4**
groceries los comestibles **9**
groom/bride el/la novio/a **3, 4**
group el conjunto **4, 8, 14**; el grupo **5, 14**
growing creciente **15**
grow up criarse **4**
Guarani language el guaraní **10**
guarantee garantizar **15**
guaranteed garantizado/a **5**
guard el/la guardia **9**
guess adivinar **5**
guest el/la huésped/a **5**
guests la visita **5**
guide guiar **10**
guidebook la guía turística **9**
guitar la guitarra **3, 14**
guitar-like instrument el charango **4**
gymnasium el gimnasio **3**
gymnastics la gimnasia **7**
gypsy el/la gitano/a **14**

H

habit el hábito **5**
haggle over regatear **8**
haggling el regateo **8**
hair el pelo **5**
hair dryer el secador **5**
hairstylist el/la peluquero/a **11**
half medio/a **2**
hallway el pasillo **5**
ham el jamón **6**
hamburger la hamburguesa **6**
hammock la hamaca **8**
hand la mano **1, 5, 10**; **by a mano 4**
handicraft la artesanía **3**
hang colgar (ue) **3**
hang glide hacer parapente **9**
happily alegremente **9**
happiness la felicidad **4**
happy contento/a **5**; feliz **1**

hard drive el disco duro **12**
hardworking trabajador/a **1**
harm el daño **15**; perjudicar **12**
harmful nocivo/a **15**
harp el arpa (*fem.*) **5, 14**
harvest la cosecha **15**
hatchery el criadero **5**
hatred el odio **10**
have tener (ie) **1, 2, 2, 7**
have a good/bad/wonderful time pasarlo bien/mal/de maravilla **7, 9**
have a great time pasarlo bomba **15**
have a picnic hacer un pícnic **7**
have a point tener razon **3**
have breakfast desayunar **4, 6**
have dinner cenar **6**
have fun divertirse (ie, i) **5, 7**
have just (done something) acabar de (+ *inf.*) **5, 11, 12**
hay el heno **11**
he él **1**
head encabezar **12**; la cabeza **10**
headache el dolor de cabeza **10**
headline el titular **13**
head office la sede **8, 11**
health la salud **4, 7, 10**
health insurance el seguro médico **11**
healthy saludable **10**
hear oír **6, 8, 12**
heart el corazón **1**
heartrending desgarrador/a **11**
heat calentar (ie) **6**
heaven el cielo **8**
heaven's (*lit.* God's) sake, for por Dios **9**
heavy pesado/a **12**
heavy rain el chubasco **7**
heel el tacón **8**
height la estatura **5**
helicopter el helicóptero **9**
Hello Hola. **1**
Hello? (*on the phone*) ¿Bueno? **4**; ¿Diga? **4**; ¿Dígame? **4**
helmet el casco **12**
help ayudar **2**; el socorro **11**; la ayuda **5**
here aquí **1**
heritage el patrimonio **10**; la herencia **15**
Hi. Hola. **1**

high-definition television el televisor de alta definición **12**
high fashion la alta costura **14**
high plateau el altiplano **10**
hike el trekking **9**
hire contratar **11**
Hispanic hispano/a **1**
historical histórico/a **6**
historical center el centro histórico **7**
history la historia **3**
hockey el hockey **7**
Holy Week la Semana Santa **1**
home el hogar **4**
home (*website*) el inicio **4**
homeopathy la homeopatía **10**
homework la tarea **1**
honest honesto/a **11**; honrado/a **11**
honesty la honestidad **15**; la honradez **15**
honored honrado/a **11**
hood la capucha **8**
hope la esperanza **8**; **for** esperar **7, 10**
horn el claxon, la corneta **15**
horoscope el horóscopo **13**
horrified horrorizado/a **14**
horseback riding montar a caballo **9**
hospital el hospital **3**
host/hostess el/la anfitrión/anfitriona **7**
hot caliente **6**
hot, it is hace calor **7**
hot, to be tener calor **3**
hotel el hotel **9**
house albergar **3**; la casa **4, 5**
house specialty la especialidad de la casa **6**
housing la vivienda **15**
how cómo **1, 2**
How . . . ? ¿Cómo…? **2**
How about if . . . ? ¿Qué tal sí…? **4**
How are you? (*for.*) ¿Cómo está usted? **1**
How are you? (*inf.*) ¿Cómo estás? **1**
How awesome! ¡Qué padre! **4**
How do you spell . . . ? ¿Cómo se escribe…? **1**
how much/many cuánto/a **5**
How revolting! ¡Qué asco! **6**
How terrific! ¡Qué bárbaro! **9**
hug el abrazo **2**

human humano/a 10
human being el ser humano 6
humanist humanista 8
humanity la humanidad 11
human resources los recursos humanos 3
human rights los derechos humanos 4, 8, **15**
humble humilde 6
humidity la humedad 7
humility la humildad 15
humorous humorístico/a 4
hundred cien(to) 5
hundreds los centenares 4
hunger el hambre 3
hunting la caza 10
hurricane el huracán 4
hurry tener prisa 3
hurt doler (ue) **10**
hurt oneself hacerse daño (*Spain*) 10; lastimarse 10
husband el esposo 1, 3, **4**
hybrid híbrido/a 3
hyperlink el enlace 12; el hipervínculo 12
hypermarket el hipermercado 6
hypothesis la hipótesis 3
hypothetical hipotético/a 13

I

I yo 1
I am . . . Soy... 1
Iberian ibero/a 2
ice el hielo 7
ice cream el helado 6
ice cream shop la heladería 8
ideal el ideal 1
idealistic idealista 1
identify identificar 7
identity la identidad 13
ideology la ideología 4
I don't know. No sé. 1
I don't understand. No comprendo. 1
I have tengo 1
I hope Ojalá 9, **10**
I like . . . Me gusta... 2
I'll come by for you. Paso por ti. 4
illegality la ilegalidad 7
illness la enfermedad 5, 6, **10**
illogical ilógico/a 10
illuminate iluminar 8
illusion la ilusión 9
illustrate ilustrar 10
image la imagen 8
imagine imaginar 10

immediate inmediato/a 9
immediately inmediatamente 9
immense inmenso/a 8
immigration la inmigración **15**
immorality la inmoralidad 7
immunology la inmunología 1
impassion apasionar 6
impatient impaciente 1
implement implementar 12
import importar 12
important importante 9
impossible imposible 9, **10**
impresario el empresario 10
impress impresionar 6
impressive impresionante 14
improve mejorar 6, 7, **15**
improvise improvisar 14
I'm sorry. Lo siento. 4, 5
in addition además 4, 9
in agreement de acuerdo 4
inaugurate inaugurar 5
Inca inca 15
in case en caso de que 11
in cash en efectivo 8
incentive el incentivo 11
include incluir 4
including incluso 9
incorporate incorporar 6
increase aumentar 6, 15; el aumento 4, 6, **11**
incredible increíble 7, **10**
indefinite indefinido/a 7
index el índice 13
indicate indicar 6
indifferent indiferente 8
indigenous indígena 3
industry la industria 6
inexpensive barato/a 1
infection la infección **10**
inflation la inflación **15**
influence influir 2; la influencia 3
influenced influido/a 12
influential influyente 9, 13
inform informar 7
information el dato 1
ingredient el ingrediente 6
inhabit habitar 6
inhabitant el/la habitante 8
iniciate iniciar 13
initiated iniciado/a 9
initiative la iniciativa 11
injury la lesión 10
injustice la injusticia 15
ink la tinta 12
in-laws la familia política 4

inn el hostal 9
in need necesitado/a 7
inner ear el oído **10**
innovative innovador/a 14
in order that a fin de que 11; para que 11
in order to para 1, 9
insert insertar 8
inside of dentro de 5
insist (on) insistir (en) 9
inspect inspeccionar 14
inspiration la inspiración 6
inspiring inspirador/a 14
install instalar 12
instance la vez 5
instrument el instrumento 2, **14**
in style de moda 8
intact intacto/a 3
integration la integración 11
intelligent inteligente 1
intense intenso/a 8
interest el interés 8
interesting interesante 1, 3
international internacional 2
internship el internado 10
interpreter el/la intérprete 4, **11**
intervention la intervención 15
interview la entrevista 2, **11**
interviewer el/la entrevistador/a 7
intimate íntimo/a 10
intonation la entonación 14
intrigue la intriga 10
introduction la presentación 1
introverted introvertido/a 1
invasion la invasión 7
invent inventar 5
invest invertir(ie) 15
investigate investigar 6
investigation la investigación 3
invitation la invitación 4
invite invitar 3, 4
Irish el/la irlandés/esa 9
iron el hierro 6; la plancha 5; planchar 5
iron grill la verja 12
ironic irónico/a 14
island la isla 2, 7, **9**
it lo/la **4**
Italian el/la italiano/a 2
itinerary el itinerario 4
It's all the same to me. Me da igual. 7
I would love to. Me encantaría. 4

J

jacket la chaqueta 8
jaguar el jaguar 9
jail la cárcel 15
January enero 1
Japanese el/la japonés/a 2
jealous celoso/a 11
jealousy los celos 11
jeans los jeans 8; los mecánicos (*Cuba*) 8; los pantalones de mezclilla (*Mexico*) 8; los tejanos (*Spain*) 8; los vaqueros (*Spain*) 8
Jesuit el jesuita 10
Jew el/la judío/a 2
jewel la joya 8
jewelry store la joyería 8
Jewish judío/a 14
job application la solicitud de empleo 11
job candidate el/la aspirante 11
job search la búsqueda de empleo 11
jog hacer footing 7; hacer jogging 7
join incorporarse 7
join together unirse (a) 4, **15**
joke la broma 11
journalist el/la periodista 10, 11, **13**
judge el/la juez/a 8, **15**
juice el jugo 6; el zumo 6
July julio 1
June junio 1
jungle la selva 5, 9, 10, **12**
junk food la comida basura 10; la comida chatarra 10; la porquería 10
jury el jurado 14
just justo/a 11
justice la justicia 7, **15**
justify justificar 14
juvenile juvenil 7

K

keep guardar 6, **10**
key la clave 11; la llave 12
keyboard el teclado 12
kick patear 7
kidnap secuestrar 4
kill matar 10
kilogram el kilo 6
kind simpático/a 1, 8
king el rey 15
kingdom el reino 8
kiss el beso 4
kitchen la cocina 3, 5

kite el papalote **7**
knee la rodilla **10**
knife el cuchillo **6**
knot el nudo **15**
knotted anudado/a **15**
know conocer (zc) **4**; saber **2, 4, 6, 7, 9, 10**
know-it-all el/la sabelotodo **4**
knowledge el conocimiento **2**
known conocido/a **6**
Korean el/la coreano/a **2**

L

laboratory el laboratorio **2, 3**
lack faltar **8**; la falta **12**
lake el lago **8, 9**
lamp la lámpara **5**
lance la lanza **10**
land aterrizar **9**; el terreno **4**; la tierra **10**
landowner el terrateniente **5**
landscape el paisaje **1**
lane la vía **5**
language el idioma **7**; la lengua **2, 10**
languish languidecer **11**
laptop computer la computadora portátil **1**
last durar **7**; pasado/a **6**; último/a **2, 4, 7**
lasting duradero/a **15**
last night anoche **6, 8**
late tarde **2**
lately últimamente **15**
later luego **1**
latest último/a **2, 4, 7**
laugh reírse (i, i) **13**
laughter la risa **13**
launch lanzar **7**
law el derecho **3, 15**; la ley **6, 15**
lazy perezoso/a **1**
leader el/la líder **15**
leadership el liderazgo **9**
leading lady la primera actriz **13**
leading man el galán **13**
leaf la hoja **5**
leaf through hojear **13**
leap saltar **8**
learn aprender **2, 7**
leather el cuero **2, 8**; la piel **10, 14**
leave dejar **3, 6, 10, 11**; irse **5**; salir **4**
lecture la conferencia **2**
leftovers los restos **10**
leg la pierna **10**
legend la leyenda **5**
leisure el ocio **4**

lemon el limón **6**
lemonade la limonada **6**
lend prestar **15**
Lent la Cuaresma **9**
less menos **2**
less . . . than menos... que **5**
lessen disminuir **13**
lesson la lección **1**
let go soltar (ue) **2**
Let's get to work! ¡Manos a la obra! **11**
let's go vamos **4**
letter la letra **2, 3**
letter of recommendation la carta de recomendación **11**
lettuce la lechuga **6**
level el nivel **10**
lexicon el léxico **15**
liberate liberar **9**
librarian el/la bibliotecario/a **15**
library la biblioteca **2**
life la vida **2**
lifeless desanimado/a **12**
lift levantar **5**
lift weights levantar pesas **7**
light (color; adj.) claro/a **1, 6**
light (noun) la luz **5**
like gustar **2, 6**
likewise igualmente **1**
lily la azucena **10**
limit el límite **6**; limitar **10**
limousine la limosina **14**
line la cola **9**; la línea **5, 10**
linguistic lingüístico/a **13**
lip el labio **5**
lip gloss el brillo de labios **5**
listen escuchar **1, 2**
Listen. Oye. (command) **7**
literature la literatura **3**
little nun la monjita **14**
live habitar **6**; vivir **1, 2, 5, 6, 12**
live television la televisión en vivo y en directo **13**
living room la sala **3, 5**
loan el préstamo **11**
located ubicado/a **8**
location la ubicación **5**
logical lógico/a **5, 7, 10**
long largo **5**
long as, as mientras que **11**
long form pleno/a **13**
look for buscar **1, 2**
look at mirar **2**
loosen desprender **10**
lose perder (ie) **4**
lose weight adelgazar **10**; bajar de peso **10**

loss la pérdida **10**
lost perdido/a **4**
love amar **6**; el amor **6**; querer (ie) **7, 8, 9**
lover el/la amante **6**
lower bajar **4, 12**
lozenge la pastilla **10**
luck la suerte **7**
lukewarm tibio/a **7**
lunch el almuerzo **2, 6**
lungs los pulmones **10**
luxurious lujoso/a **5**
luxury el lujo **9**
lying mentiroso/a **6**
lyric la letra **2, 3**

M

macaw el guacamayo **5**
machine la máquina **11**
magazine la revista **7, 13**
magic la magia **14**
mail el correo **2**
mail carrier el/la cartero/a **11**
maintain mantener **4, 12**
make fabricar **14**; hacer **2, 3, 7, 12**
make a mistake equivocarse **9**
make an appointment hacer una cita **10**
make difficult dificultar **4**
make matters worse, to para colmo **13**
make sick enfermar **5**
make the bed hacer la cama **5**
make up confeccionar **15**
makeup el maquillaje **5**
mall el centro comercial **8**
mama la mamá **4**
man el hombre **1**
manager el/la gerente **9, 11**
manufacture fabricar **12**
manufacturer el fabricante **12**
many . . . as, as tantos/as... como **5**
map el mapa **1**
maracas las maracas **14**
marathon el maratón **6**
Marathon in Madrid Mapoma **1**
March marzo **1**
Mardi Gras el carnaval **9**
margin el margen **11**
marimba la marimba **14**
marine marino/a **6**
mark marcar **7**
marker el marcador **1**
market el mercado **5, 8**
married casado/a **4**

marry casarse **4**
marvelous maravilloso/a **4**
marvelously maravillosamente **9**
mash machacar **11**
Mass la misa **7**
masses, the el pueblo **4, 10, 15**
massive masivo/a **5**
master/mistress el/la maestro/a **15**
masterpiece la obra maestra **4**
match el partido **5**; **with** hacer juego con **8**
mathematics las matemáticas **2, 3**
matrimony el matrimonio **4**
matter el asunto **15**
mature maduro/a **6**
May mayo **1**
mayor el/la alcalde/sa **15**; el/la intendente **15**
me me **4**; mí **6**; **with** conmigo **4**
meal la comida **2, 3, 4, 6**
mean significar **13**
meaning el significado **2**
means los medios **13, 14**
measure la medida **12**; medir (i, i) **6**
measurement la medida **12**
meat la carne **6**
mechanic el/la mecánico/a **11**
media los medios **13, 14**
medical médico/a **10**
medical checkup el examen físico **10**
medicine la medicina **3, 10**
meeting la reunión **2**
meet up with someone encontrarse (ue) con **5**
meet with someone reunirse **11**
member el miembro **4**
memorize memorizar **10**
memory el recuerdo **6, 9**; la memoria **6**
memory card la tarjeta de memoria **9**
men's shirt typical of the Caribbean la guayabera **12**
mention mencionar **6**
menu el menú **6**
merit el mérito **11**
message el mensaje **2**
metal sheet la plancha **5**
meteorologist el/la hombre/mujer del tiempo **13**

meter el metro 8
Mexican mexicano/a 2
Mexican-American chicano/a 12
microphone el micrófono 15
microscope el microscopio 1
microwave el microondas 6
midnight la medianoche 2
migrant migrante 15
migration la migración 4
mile la milla 15
military militar 4
milk la leche 6
milky lácteo/a 10
millennium el milenio 3
million el millón 2
mind, in en mente 15
mine mío/a/os/as 13
minimum (*adj.***)** mínimo/a 9
minimum (*noun***)** el mínimo 5
minimum wage el sueldo mínimo 11
minister el/la ministro/a 4, 6, 15
minority la minoría 13
minute el minuto 6
misery la miseria 8
Miss la señorita (Srta.) 1
miss (someone) extrañar 4
mistaken equivocado/a 15
mix amasar 10; mezclar 5, 6
mixed fibers de mezclilla 8
mixed race, of mestizo/a 4
mixture la mezcla 2
mobility la movilidad 6
model el/la modelo 14
mode of transportation el medio de transporte 5
moderation la moderación 10
moderator el/la presentador/a 12, 13
modern moderno/a 3
molar la muela 10
monarchy la monarquía 15
Monday el lunes 1
monetary unit of Panama el balboa 5
money el dinero 4
monotonous monótono/a 11
monounsaturated (polyunsaturated) fats las grasas monoinsaturadas (poliinsaturadas) 10
month el mes 1
monument el monumento 8, 9

moon la luna 8
Moor (Arab) el/la moro/a 13
moral la lección 1; la moraleja 8
morality la moralidad 2
more . . . than más... que 5
More or less. Más o menos. 1
morning la mañana 1, 2, 8
mother la madre 4
mother-in-law la suegra 4
motivate motivar 13
motive el motivo 10
motto el lema publicitario 13, 15
mount montar 11
mountain la montaña 2, 9
mountain climbing el alpinismo 6, 7
mountainous montañoso/a 4
mourning el luto 6
mouse el ratón 12
mouth la boca 10
move la mudanza 14
movement el movimiento 8
move up ascender (ie) 11
movie la peli 4; la película 4, 7
movie theater el cine 2, 13
mp3 player el reproductor de mp3 12
Mr. el señor (Sr.) 1
Mrs. la señora (Sra.) 1
multinational multinacional 15
muralist el/la muralista 3
murder el asesinato 15
muscle el músculo 10
muscular musculoso/a 13
museum el museo 2, 3
music la música 1, 14
musician el/la músico/a 8, 14
Muslim el/la musulmán/ana 13
mutton el carnero 6
mutual mutuo/a 6
my mi/mis 1, 3, 13
My name is . . . Me llamo... 1; Mi nombre es... 1
mysterious misterioso/a 1
mystery el misterio 1
myth el mito 10

N

name el nombre 1; nombrar 7
napkin la servilleta 6
narration la narración 12
narrator el/la narrador/a 14
narrow angosto/a 12; estrecho/a 5, 8
nation la nación 1

nationality la nacionalidad 2
natural disaster el desastre natural 13, 15
nature la naturaleza 5, 12
nausea la náusea 10
navigable navegable 5
navigator el/la navegante 7
nearby cerca (de) 2; cercano/a 8; próximo/a 2, 7
necessary necesario/a 7, 9
neck el cuello 15
necklace el collar 8
need necesitar 1, 9
negative negativo/a 7
neighbor el/la vecino/a 5
neighborhood el barrio 3
neither tampoco 7
neither . . . nor ni... ni 7
nervous nervioso/a 3, 5
nest el nido 11
network la red 6
never jamás 4; ninguna vez 7; nunca 7
nevertheless sin embargo 7
new novedoso/a 12; nuevo/a 2
newlyweds los recién casados 4
news las noticias 13; la novedad 13
newscast el noticiero 13
newscaster el/la comentarista 7, 13
news online las noticias en línea 13
newspaper el periódico 2, 4, 7
New Year's Eve la Nochevieja 9
New Yorker neoyorquino/a 12
next próximo/a 2, 7
next to al lado (de) 3
nice simpático/a 1, 8
nickname el apodo 2
night la noche 2
nightstand la mesa de noche 5
ninth noveno/a 8
nobility la nobleza 15
nobody nadie 7
nomination la nominación 13
none ningún/ninguna 7; ninguno/a 6, 7
noon el mediodía 2
no one nadie 7; ninguno/a 6, 7
normally normalmente 9
nose la nariz 5
not believe no creer 10
not be sure of no estar seguro/a (de) 10
note anotar 5; el apunte 5
notebook el cuaderno 1
not either tampoco 7

nothing nada 6, 7
notice el aviso 13
notify notificar 14
notion la noción 13
not think no pensar (ie) 10
noun el sustantivo 1
nourish alimentar 11
novel la novela 2, 7
novelist el/la novelista 2
November noviembre 1
now ahora 2; **for now** por ahora 9
nowadays hoy en día 3
nuclear plant la planta nuclear 12
nucleus el núcleo 4
number el número 5, 8
nurse el/la enfermero/a 11
nursery la guardería 11
nutrition la alimentación 6
nylon el nilón 14

O

obesity el sobrepeso 10
object el objeto 9
objective el propósito 7
obligation el compromiso 7, 11; la obligación 15
oblige obligar 6
observatory el observatorio 3
observe observar 5
obtain conseguir (i, i) 9, 11; obtener (ie) 11
occupy ocupar 7
occur ocurrir 5, 7
ocean el mar 2, 6, 7; el océano 5
October octubre 1
odor el olor 8
of course por supuesto 7, 9
offer la oferta 1; ofrecer (zc) 3
office el despacho 11; la oficina 2
official oficial 12, 13
often menudo a 8
oil el aceite 6; el petróleo 9
oil well el pozo de petróleo 12
old antiguo/a 5; viejo/a 2
older mayor 4
old person el/la anciano/a 12
olive la aceituna 6
Olympic Games los Juegos Olímpicos 3
omelet la tortilla 2, 6
on sobre 5
once una vez 5
once in a while de vez en cuando 5

one un/o/a **1**
one must hay que **8**
one time una vez **5**
onion la cebolla 3, **6**
online newspaper el periódico digital **13**
only solamente 3; solo **3**; único/a 5, 8, **10**
on one's own por su cuenta **7**
on sale en rebaja **8**; en venta **5**
on the contrary por el contrario **8**
on time a tiempo **3**
open abrir 1, 2, **12**
opera la ópera 1, **14**
opinion la opinión **2**
opponent el/la contrincante **15**
opportune oportuno/a **13**
opportunity la oportunidad **4**
oppression la opresión **15**
optimistic optimista **1**
opulence la opulencia **4**
or o **1**
orange anaranjado/a **1**; la naranja **6**
orchestra la orquesta 4, **14**
order el orden **4**
organic orgánico/a **6**
organization la organización **7**
orginate from provenir (ie) **9**
orientation la orientación **10**
origin el origen **3**
originality la originalidad **13**
ornament el ornamento **8**
other otro/a **2**
our/s nuestro/a/os/as 3, **13**
outer ear la oreja **10**
outfit el conjunto 4, 8, **14**
outgoing extrovertido/a **1**
outrage la barbaridad **5**
outside al aire libre **4**; fuera **5**
outskirts las afueras **9**
outstanding destacado/a **12**
oven el horno **6**
overcome superar **12**
overcoming la superación **11**
overconsumption el sobreconsumo **12**
overpopulation la sobrepoblación **13**
overstuffed chair el sillón **5**
owe (ought do something) deber (+ *inf.*) **2**
own propio/a **13**

owner el/la dueño/a **15**
oxygen el oxígeno **10**

P

pacifist el/la pacifista **15**
pack (the suitcases) hacer (las maletas) **9**
packaged empaquetado/a **10**
page la página **1**
pageant el concurso **13**
pain el dolor **10**
pain killer el calmante **10**
painted pintado/a **3**
painter el/la pintor/a **1**
painting el cuadro **5**; la pintura **2**
pair emparejar **5**
pajamas la pijama **12**
palace el palacio **3**
Panamanian panameño/a **2**
Panamanian embroidery la mola **5**
pancakes los panqueques **10**
pan pipe la zampoña **8**
pants los pantalones **8**
paper el papel **1**
papier mâché el papel maché **3**
parade el desfile **2**
paradise el paraíso **2**
paragraph el párrafo **5**
parents los padres **2**
park el parque **1**; estacionar **11**
parliament el parlamento **15**
parody la parodia **13**
parrot el loro **9**
parsley el perejil **6**
part la parte **3**
participant el/la participante **1**
participate participar **5**
particularly particularmente **9**
partisan partidario/a **4**
partner la pareja **4**
part-time tiempo parcial **11**
party la fiesta 1, **3**
pass (a test) pasar **5**
passenger el/la pasajero/a **9**
passion la pasión 4, **13**
passport el pasaporte **9**
pass through (. . .) pasar por (…) **9**
past el pasado **15**
pastime el pasatiempo **7**
path el camino **2**
patient el/la paciente **10**; paciente (*adj.*) **1**
patio el patio **5**
pay (in cash) pagar (en efectivo) **8**

pay attention hacer caso **13**
payment el pago **3**; la remesa **4**
peace la paz 1, 4, 10, **15**
pearls las perlas **8**
peasant el campesino **5**
pedicure la pedicura **10**
peel pelar **6**
pen el bolígrafo **1**
pencil el lápiz **1**
penguin el pingüino **6**
penicillin la penicilina **10**
peninsula la península **3**
people, the el pueblo 2, 4, 10, **15**; la gente 1, 8, **13**
pepper la pimienta **6**
perch posar **13**
percussion la percusión **14**
percussionist el/la percusionista **14**
perfect perfeccionar **10**; perfecto/a 2, **7**
perform interpretar (*Spain*) **14**; representar 6, 8, 13, **14**
perfume el olor **8**; el perfume **8**
perfume shop la perfumería **8**
perhaps quizás **10**; tal vez **10**
permanent permanente **3**
permit el permiso **3**; permitir 2, 7, **9**
perseverance la perseverancia **13**
person la persona **1**
personality la personalidad **7**
personnel el personal **11**
pertaining to en torno a **3**
Peruvian peruano/a **2**
perversity la perversidad **7**
pessimistic pesimista **1**
pesticides los pesticidas **12**
pet la mascota **6**
pharmacy la farmacia **8**
philharmonic filarmónico/a **14**
philosophy la filosofía **15**
photocopier la fotocopiadora **12**
photocopy fotocopiar **12**
photograph la foto **7**
photographer el/la fotógrafo/a **1**
phrase la frase **5**
physical físico/a **5**
physics la física **3**
piano el piano **14**
pick up recoger **5**
pickup truck el camión **9**; la

camioneta **1**
picture el cuadro **5**
pie el pastel **6**
piece el pedazo **6**; la pieza 3, **14**
pile el montón **11**
pilgrim el/la peregrino/a **13**
pill la pastilla **10**
pilot el/la piloto **9**
pinch la pizca **6**
pink rosado/a **1**
pirate el/la pirata **7**; piratear **11**
pity la pena **8**
place el lugar **7**; el sitio **4**
plaid de cuadros **8**
plains (of Argentina) las pampas **11**
plan planear **14**
plane el avión **9**
plant plantar **12**
plastic el plástico **3**
plate el plato **6**
platform la plataforma **15**
play jugar (ue) a **4**
play (an instrument) tocar (un instrumento) 3, **4**
play (theater) la obra 2, **13**
player el/la jugador/a **2**
please complacer **11**; por favor 1, 7, **9**
Pleased to meet you. Encantado/a. **1**; Mucho gusto. **1**
pleasure el gusto **5**; el placer **6**
plumage el plumaje **9**
plumber el/la plomero/a **11**
podcast listener el/la oyente de podcast **13**
poet el/la poeta **2**
point of view el punto de vista **6**
point out señalar **12**
police la policía; el/la policía **9**
polish pulir **12**
political político/a 6, **15**
political cartoon la caricatura política **13**
political post el cargo político **15**
political science la ciencias políticas **3**
politician el/la político/a **15**
politics la política **15**
poll la encuesta **10**
pollute contaminar **12**
pollution la contaminación **7**
polyester el poliéster **14**
pool la piscina **7**
poor pobre **2**

population la población 2
pork el cerdo 10
Portuguese el portugués 2
Portuguese person el/la portugués/esa 9
position el cargo 11; el puesto 2, 11
position (job) el puesto 11
possible posible 10
postcard la tarjeta postal 9
poster el cartel 7
post online enviar 12
potato chips las papas fritas 10
potatoes las papas 6
pound la libra 10
poverty la pobreza 6, 9, 15
power el poder 11, 15
practice (a sport) practicar (un deporte) 2
praise la alabanza 12
precious precioso/a 6
pre-Columbian precolombino/a 5
predecessor el/la predecesor/a 6
predictable predecible 4
predominant predominante 9
predominate predominar 8
prefer preferir (ie, i) 2, 4
preference la preferencia 5
prehispanic prehispánico/a 3
prehistoric prehistórico/a 3
preoccupation la preocupación 10
preparation la preparación 6
prepare preparar 2
prescription la receta 9, 10
present presenciar 14
present oneself acudir, presentarse 11
preserve conservar 7, 8, 12
preside presidir 15
presidency la presidencia 15
president el/la presidente/a 5, 15
president's office (Univ.) la rectoría 3
press la prensa 4, 13
press conference la conferencia de prensa 15
pretend fingir 11
pretty bonito/a 2; lindo/a 12
prevalent prevaleciente 15
preventable prevenible 7
previous previo/a 2
price el precio 2, 5, 8
prickly plant la ortiga 1
prince el príncipe 2
princess la princesa 7

print imprimir 12
printer la impresora 12
priority la prioridad 13
pristine prístino/a 9
privacy la privacidad 5
private privado/a 3
prize el premio 4, 5, 8, 13
probably probablemente 3
problem el problema 5
process el proceso 15
procession la procesión 1
produce producir (zc) 6
producer el/la productor/a 13
product el producto 2, 8
profession la profesión 11
professor el/la profesor/a 1
profile el perfil 1
profit el fruto 10
profound profundo/a 5
profoundly profundamente 10
program programar 4, 12
programmer el/la programador/a 12
programming la programación 13
progress el progreso 15
prohibit prohibir 8, 9
prohibited prohibido/a 6
project el proyecto 5, 9
prolific prolífico/a 2
prominent prominente 9
promise la promesa 6; prometer 6
promote ascender (ie) 11; impulsar 15; promocionar 10; promover (ue) 15
promotion la promoción 11
pronounce pronunciar 6
property la propiedad 10
proportion proporcionar 1, 10
propose proponer 6
protagonist el/la protagonista 13
protect proteger (j) 5, 6, 8, 12
protected protegido/a 6
protection la protección 10
proteins las proteínas 6, 10
protest la manifestación 15; protestar 15
proud orgulloso/a 2
prove comprobar (ue) 15
provide proporcionar 1, 10
provided (that) con tal (de) que 11
provisions los comestibles 9
provoke provocar 10
psychologist el/la psicólogo/a 11
psychology la psicología 3

public el público 12, 13; público/a 3
public debt la deuda pública 15
public health la sanidad 15
publicist el/la publicista 7
publicity (*adj.*) publicitario/a 13; (*noun*) la publicidad 6
publish publicar 6
Puerto Rican puertorriqueño/a 2
punctually puntualmente 9
punish castigar 10
punishment la penalización 15
pure puro/a 7
purity la pureza 1
purple morado/a 1
purse el bolso 7, 8
push impulsar 15
put poner 4, 7, 12
put in bed acostar (ue) 5
put out (fires) apagar (fuegos/incendios) 11, 12
pyramid la pirámide 3

Q

qualifications las cualificaciones 11
quality la calidad 13; la cualidad 14
quantity la cantidad 6
quarter cuarto/a 2, 8
quartet el cuarteto 14
queen la reina 15
question la pregunta 1
questionnaire el cuestionario 10
quit (doing something) dejar (de) + inf. 3, 6, 10, 11
quite bastante 3

R

race trazar; la raza 9
racket la raqueta 7
radioactivity la radioactividad 12
radio listener el/la radioyente 13
radio station la estación de radio 13, 13
radio station (business entity) la emisora 7
raging furibundo/a 14
rain la lluvia 7; llover (ue) 7
rain forest el bosque pluvial 12
raise criar 7; el aumento 4, 6, 11; subir 6

raise public consciousness concienciar al público 15
raisin la pasa 6
raising la cría 5
ranch la estancia 11
rapid rápido/a 2
rapidly rápidamente 9
rate la tasa 11, **rate (of unemployment)** la tasa (de desempleo) 11, 15
rayon el rayón 14
razor blade la navaja de afeitar 5
reach alcanzar 2
reachable alcanzable 12
react reaccionar 7
reaction la reacción 7
read leer 1, 2, 7, 12
reader el/la lector/a 7, 13
ready dispuesto/a 13, 14; listo/a 9
real estate los bienes raíces 5
realistic realista 1
Really? ¿De verdad? 1
really realmente 6
really beautiful bellísimo/a 6
reason la razón 1
reasonable razonable 12
rebellion la rebelión 15
receipt el recibo 8
receive recibir 2
receiver el receptor 12
recently recientemente 6
receptionist el/la recepcionista 5
rechargeable recargable 12
recipe la receta 1
reciprocal recíproco/a 11
recognized reconocido/a 3
recommend recomendar (ie) 9
record grabar 7, 13
recorded grabado/a 13
recording la grabación 9
rectify rectificar 15
recuperate recuperar 2
recycle reciclar 7, 12, 12
recycling el reciclaje 12
red rojo/a 1
reduce reducir (zc) 15
refer referir (ie, i) 14
referee el árbitro 5
reflect reflejar 3
reforestation la reforestación 12
refreshment el refresco 3, 4, 6
refrigerator el frigorífico 6; el refrigerador 6; la nevera 6
refuge el refugio 3
region la región 6

regret lamentar **10**; sentir (ie, i) **9**, **10**

regrettable lamentable **10**

rehearsal el ensayo 10, **13**

rehearse ensayar 11, **13**

reincarnate reencarnar 13

reject rechazar **4**

relate relatar 7

relation la relación 4

relationship la relación 6

relative relativo/a 15

relative (family) el/la pariente **4**

relaxation el relajamiento 10

religious religioso/a 15

remain permancer (zc) 2; quedar **6**, **8**; quedarse 7, **9**

remains los restos 10

remedy el remedio **10**; remediar 13

remember recordar (ue) 7

remittance la remesa 4

remote remoto/a 4

remove quitar **5**; remover (ue) 14

renewable renovable 11

renounce renunciar 11

renown el renombre 14

rent alquilar 5; el alquiler 15

repair reparar **11**

repeat repetir (i, i) **1**

Repeat, please. Repita por favor. **1**

repentant arrepentido/a 10

repertoire el repertorio **14**

repopulation la repoblación 12

report informar **13**; reportar 13

reporter el/la reportero/a 4, 7, **13**

represent figurar 2; representar 6, 8, **13**, **14**

representative el/la representante **15**; representativo/a 2, 3

reproduce reproducir (zc) 5, 14

republic la república 15

request el pedido 9; pedir (i, i) **6**, **9**, **10**, **11**

requirement el requisito 3, 5

rescue el rescate 9

research investigar 8; la investigación 3

researcher el/la investigador/a 3

reservation la reservación 6; la reserva/reservación **9**

residence la residencia 2

resource el recurso 12

respect el respeto 15; respetar 6

respectful respetuoso/a 12

respect to, with acerca de 8

respiratory respiratorio/a 10

respond responder 6

response la respuesta 1, **1**

responsibilities las responsabilidades 11

responsible responsable 3

rest descansar 10; el descanso 10; **the rest** los demas 10; el resto 2

restaurant el restaurante 6

restock reponer **10**

result el resultado 5, 6

retire jubilarse 11; retirarse 11, **15**

retiree el/la jubilado/a 3

retirement plan el plan de retiro 11

return regresar 6; regreso de 11; volver (ue) **4**, 7, **12**

return (something) devolver (ue) **8**, **9**

reveal revelar 6

revenge la venganza 4

review el repaso 13; la reseña 4, 6, **13**; revisar 1, 2, **10**, 12, **13**

revolutionize revolucionar 12

revolutionized revolucionado/a 12

revolver el revólver 11

reward premiar 11

rhythm el ritmo 1

rice el arroz 6

rich rico/a **2**, **4**, **6**

richness la riqueza 9

ride montar 11

ridiculous ridículo/a 5, **6**, **10**

right el derecho **3**, 15

right, to be tener razón **3**

right away enseguida 6

rigid rígido/a 10

risk el riesgo 10

river el río 2

road el camino 2

roast hornear 6

rock la roca 9

rocker el/la roquero/a 2

role el papel 1, **13**

roll one's eyes poner los ojos en blanco 15

Roman romano/a 2

romantic romántico/a **1**

roof el techo 3

room el cuarto **5**; el salón 9; la habitación 9

root la raíz 10

rough grosero/a 15

round redondo/a 9

roundtrip el viaje de ida y vuelta 9

route la ruta 6

routine la rutina 5

royal real 15

rudeness la malcrianza 12

ruin la ruina 4

rule la regla 10

run correr 2

Russia Rusia 2

Russian el ruso **2**; el/la ruso/a

rustic rústico/a 3

S

sacred sagrado/a 11

sad triste 4, **5**

sail navegar a vela 9

salad la ensalada 6

salary el salario 11

sale la rebaja 8; la venta 9

sales clerk el/la dependiente/a **8**

salsa performer el/la salsero/a 12

salt la sal 6

salutation/s el/los saludo/s 1, **11**

Salvadorian salvadoreño/a 2

same igual 7; mismo/a 5

sample la muestra 15; la prueba **4**, 10

sandals las sandalias 8

sandstone la arenisca 9

sandwich el bocadillo 6; el sándwich 3, **6**

San Fermín festival los sanfermines 2

sanitation la sanidad 15

sassy atrevido/a 12

satellite dish la antena parabólica 12

satellite radio la radio por satélite 12

satellite television la televisión (por satélite) 13

satisfaction la satisfacción 9

satisfactory satisfactorio/a 6

satisfied satisfecho/a 8

saturated saturado/a **10**

saturated (trans) fats las grasas saturadas (trans) **10**

Saturday el sábado 1

sauce la salsa 6

sausage el chorizo 2

save ahorrar **12**; archivar **12**; guardar 6, **10**; salvar 4

saxophone el saxofón 14

say decir (i) 6, **7**

say good-bye despedirse (i, i) 4

scandal el escándalo 13

scanner el escáner 12

scarce escaso/a 10

scene la escena 8

schedule el horario 2, **3**

scholastic escolar 12

school la escuela 5

School of Art la Facultad de Arte 3

School of Engineering la Facultad de Ingeniería 3

School of Law la Facultad de Derecho 3

School of Mathematics la Facultad de Matemáticas 3

School of Medicine la Facultad de Medicina 3

School of Sciences la Facultad de Ciencias 3

science la ciencia 2

science fiction la ciencia ficción 7

scientist el/la científico/a 1, 8

screen la pantalla 12

script el guión 12, **13**

script writer el/la guionista 13

scuba dive bucear 9

sculptor el/la escultor/a 9

sculpture la escultura 8

sea el mar 2, 6, **7**

seafood los mariscos 2, **6**

sea lion el lobo marino 6

search la búsqueda 11

search engine el buscador 12, **13**

season la estación 1, 8; la temporada 7

seat el asiento 9

seat of government la sede 8, 11

second segundo/a 7, **8**

secondhand de segunda mano 8

secret el secreto 4

secretary el/la secretario/a 11

section la sección 6

security la seguridad 9

security checkpoint el control de seguridad 9

see ver 2, 7, 7, 8, 12

seem parecer (zc) 6

See you later. Hasta luego. 1

See you soon. Hasta pronto. 1

See you tomorrow. Hasta mañana. **1**
select seleccionar **10, 15**
selection la selección **7**
self-defense la defensa propia **14**
self-portrait el autorretrato **3**
sell vender **2**
semester el semestre **3**
senator el/la senador/a **15**
send enviar **12**; mandar **4, 6, 9**
sensation la sensación **11**
sensationalist sensacionalista **13**
sentence la oración **6, 7**
sentimental sentimental **4**
September septiembre **1**
sequins las lentejuelas **14**
series la serie **13**
serious grave **7**; serio/a **10**
servant el/la sirviente/a **4**
serve servir (i, i) **2, 3, 4, 5, 8**
service el servicio **2**; la prestación **2**
set the table poner la mesa **5**
seventh séptimo/a **8**
several varios/as **7**
severe severo/a **8**
shake sacudir **15**
shallot la cebolleta **6**
shame la lástima **10**
shampoo el champú **5**
shape, in en forma **10**
share compartir **2**
sharp puntiagudo/a **9**
shave afeitarse **5**
she ella **1**
sheep la oveja **11**
shine brillar **8**; lucir (zc) **14**
shipment el envío **4**
shirt la camisa **8**
shoes los zapatos **8**
shoe store la zapatería **8**
shoot disparar **11**
shop la tienda **8**
shopping center el centro comercial **8**
shore la orilla **5**
short (in stature) bajo/a **2**
shortage la escasez **12**
short-/long-sleeved de manga corta/larga **8**
short time el rato **13**
shorts los pantalones cortos **8**
shot la inyección **10**
shoulder el hombro **12**
Should we go . . . ? ¿Vamos a...? **4**
shout el grito **11**

show la exposición **3**; la función **4**; mostrar (ue) **8**
show a movie poner una película **4**
show business el espectáculo **7**
shower ducharse **5**; el chubasco **7**; la ducha **5**
showy vistoso/a **9**
shrimp los camarones **6, 10**
shy tímido/a **1**
sickness/maternity leave licencia por enfermedad/maternidad **11**
side el lado **7**
sign el índice **13**; el letrero **9**; firmar **7, 15**
signal la señal **15**
signature la firma **11**
significant significante **13**; significativo/a **7**
silk la seda **8**
silver la plata **1, 8**; la platería **4**
similar semejante **8**
simple sencillo/a **5**
simplicity la sencillez **14**
since desde **2**; hace **5, 14**
sincerely yours atentamente **11**
sing cantar **5**
singer el/la cantante **1**
single soltero/a **4**
sister la hermana **3, 4**
sister-in-law la cuñada **4**
sit sentarse (ie) **5**
situated situado/a **8**
situation la situación **5, 6**
sixth sexto/a **8**
size el número **5, 8**; la talla **8**
skate patinar **7**
skating el patinaje **7**
ski esquiar **7**
skiing el esquí **7**
skilled diestro/a **15**
skillet la sartén **6**
skim through dar una mirada rápida **13**
skin la piel **10, 14**
skinny flaco/a **2**
skirt la falda **8**
skull la calavera **3**
sky el cielo **8**
slave el/la esclavo/a **9**
sleep dormir (ue, u) **4, 6, 9, 11**; sueño **3**
sleeve la manga **8**
sleeveless sin manga **8**
slope la falda **8**
sloth el perezoso **5**

slow lento/a **9**
slowly despacio **5**; lentamente **9**
small pequeño/a **1**
small beer la caña **2**
smell el olor **8**
smile sonreír (i, i) **15**
smog contaminación **7**
smoke el humo **12**; fumar **8, 10**
snack la merienda **6**
snake la culebra **8**; la serpiente **6**
sneeze estornudar **10**
snorkel bucear **9**
snow nevar (ie) **7**
soap el jabón **5**
soap opera la telenovela **13**
soccer (football) el fútbol (americano) **2, 5, 7**
socialist el/la socialista **8**
social science las ciencias sociales **3**
social welfare programs los programas sociales **15**
sociology la sociología **3**
socks los calcetines **8**
sofa el sofá **5**
soft drink el refresco **3, 4, 6**
soldier el/la soldado **15**
solemn solemne **4**
solid sólido/a **6**
solitary solitario/a **11**
soloist el/la solista **7, 14**
solve resolver (ue) **15**
somber sombría **11**
some alguno/a/os/as **5, 7**
someday algún día **4**
someone alguien **7**
something algo **3, 6, 7**
sometimes a veces **5**
son el hijo **4, 6**
song la canción **2**
songwriter el/la cantautor/a **2**
son-in-law el yerno **4**
soon pronto **1**
sorrow la pena **8**
So-so. Más o menos. **1**
so that para que **11**
soul el alma (fem.) **8**
soup la sopa **6**
source la fuente **13**
south el sur **6**
souvenir el recuerdo **6, 9**
spaghetti los espaguetis **10**
Spain España **2**
Spaniard el/la español/a **9**
Spanish (adj.) español/a **1, 2** (noun) el español **2**

spark la chispa **10**
spatula la espátula **6**
speak hablar **2, 7, 8, 10**
speaker el altavoz **7**
speakers los audio parlantes **8**
special especial **5**
speciality store la tienda especializa **8**
specialize especializarse **6**
species la especie **3, 5, 12**
spectacular espectacular **5**
spectator el/la espectador/a **13**
speech el discurso **6, 7, 15**
speed la velocidad **9**
spelling la ortografía **6**
spend gastar **5, 8**
spend time in llevar **5, 6, 8**
spent gastado/a **10**
spicy picante **6**
spider la araña **8**
spirit el espíritu **11**
split partir **11**
sponsor el/la patrocinador/a **12**; patrocinar **13**
spoon la cuchara **6**
sport el deporte **1, 7**
sporting deportivo/a **7**
sportscaster el/la comentarista deportivo **13**
sports section el sección deportivo **13**
spreadsheet la hoja electrónica **12**
spring el manantial **10**; la primavera **1**
spy espiar **11**
square cuadrado/a **5**
squash la calabaza **11**
squid el calamar **2, 6**
squirrel la ardilla **8**
stadium el estadio **3**
stage el escenario **8, 14**; la etapa **3**
stage manager el/la director/a de escena **14**
stall el puesto **8, 11**
standard el estandarte **15**
stand in line hacer cola **9**
stand out destacar **4**
stand up levantarse **5**
star el/la protagonista **13**; la estrella **5**
state el estado **7**
statement la afirmación **12**
station la estación **1, 8**
stationery shop la papelería **8**
statistics las estadísticas **3**
statuary la imaginería **4**
statue la estatua **9**

stay (*noun*) la estadía **9** (*verb*) quedarse **7, 9**
stay in bed guardar cama **10**
stay in shape guardar la línea **10**; mantenerse (ie) en forma **10**
steak el bistec **6**
step el escalón **12**; el paso **4**; **on** pisar **11**
stepbrother/stepsister el/la hermanastro/a **4**
stepfather el padrastro **4**
stepmother la madrastra **4**
stereotype el estereotipo **12**
stewpot la cazuela **6**
still life la naturaleza muerta **6**
stimulate estimular **9**
stimulus el estímulo **11**
stingy tacaño/a **5**
Stockholm Estocolmo **4**
stomach el estómago **10**
stone la piedra **4, 9**
stopover la escala **9**
store la tienda **8**
storm la tempestad **8**
story el cuento **12**
storyteller el/la cuentista **11**
stove la estufa **6**
straight ahead todo recto **3**
strange extraño/a **10**; raro/a **7**
strategic estratégico/a **7**
straw la paja **14**
street la calle **2**
street vendor el/la vendedor/a ambulante **8**
strengthen afianzar **15**; fortalecer (zc) **6, 15**
stress el estrés **10**
strict estricto/a **6**
strike el paro (*Latin America*) **15**; la huelga **15**
striker el/la huelguista **15**
string beans las judías verdes **6**
strip despojar **11**
striped de rayas **8**
stroll el paseo **1**
strong fuerte **6**
struggle la lucha **15**
student (*noun*) el/la estudiante **1** (*adj.*) estudiantil **6**
student union el centro estudiantil **3**
student teacher el/la pasante **3**
studio el estudio **3, 13**
study el estudio **3, 13**; estudiar **1, 2**

stuffy tapado/a **10**
stunning impactante **5**
stupid tonto/a **13**
style el estilo **6, 14**; la moda **14**
substance la sustancia **15**
success el éxito **5, 12**
suckling pig el cochinillo **8**
suddenly de golpe **12**; de repente **8**
suffer (from) padecer (zc) (de) **10**; sufrir (de) **8**
suffering el sufrimiento **15**
sugar el azúcar **3, 6**
suggest sugerir (ie, i) **9**
suggestion la sugerencia **6**
suit el traje **8**
suitcase la maleta **4, 9**
summarize resumir **7**
summary el resumen **5**; el sumario **2**
summer el verano **1**
sunbathe tomar el sol **7**
Sunday el domingo **1**
sunglasses los lentes de sol **7**
sunny, it is hace sol **7**
super chévere **7**; guay **13**
supernatural sobrenatural **10**
supervision la supervisión **11**
supervisor el/la supervisor/a **11**
support apoyar **8, 15**; el apoyo **4**; mantener (ie) **15**
supporter el/la partidario/a **13**
supposed supuesto/a **9**
sure seguro/a **4, 5, 10**
surely seguramente **3**
surf surfear **7**
surname el apellido **2**
surprise la sorpresa **6**; sorprender(se) **10**
surprised maravillado/a **4**
surprising sorprendente **10**
surround rodear **7**
surrounded rodeado/a **12**
survey la encuesta **10**
survival la sobrevivencia **4**
survive sobrevivir **5**
suspend suspender **14**
suspenseful suspensivo/a **4**
suspicion la sospecha **11**
sweater el suéter **8**
sweatshirt la sudadera **8**
sweets los dulces **10**
swim nadar **5, 7**
swim goggles los lentes de natación **7**

swimming pool la piscina **5**
swimsuit el traje de baño **7**
swine flu la gripe porcina **10**
symbolize simbolizar **10**
sympathize simpatizar **8**
sympathizer el/la simpatizante **15**
symphony la sinfonía **14**
symphony orchestra la sinfónica **14**
symptom el síntoma **10**
synthesis la síntesis **3**
synthetic sintético/a **14**

T

table la mesa **1**; la tabla **10, 12**
tablespoon la cucharada **6**
tachograph el tacógrafo **9**
tactic la táctica **10**
take llevar **5, 6, 8**; sacar **1, 5**; tomar **2, 6, 12**
take a cruise hacer un crucero **9**
take advantage aprovechar **12**
take a walk dar un paseo **7**; pasear **4**
take blood pressure tomar la tensión **10**; tomar la presión (*Latin America*) **10**
take care (of oneself) cuidar(se) **6, 10**
take hold apoderarse **15**
take off (airplane) despegar **9**
take off (clothing) quitarse **5**
take on encargar **14**
take pictures sacar fotos **9**
take turns turnarse **5**
talcum powder el talco **8**
talented talentoso/a **14**
tall alto/a **2**
tambourine la pandereta **8**
tank el tanque **10**
task la tarea **1**
taste el gusto **5**
tasting menu el menú de degustación **6**
tasty sabroso/a **6**
taxes los impuestos **11, 15**
taxi driver el/la taxista **4**
tea el té **6**
teach enseñar **2, 7**
teacher el/la maestro/a **15**
teaching la docencia **13**; la pedagogía **3**
team el equipo **5**

tear la lágrima **8**
teary lloroso/a **10**
teaspoon la cucharadita **6**
technique la técnica **6**
technological tecnológico/a **12**
technology la tecnología **13**
teeth los dientes **5, 6, 10**
television la tele **6**; la televisión **7, 13**
television viewer el/la televidente **12, 13**
tell decir (i) **9, 12**
tell (a story) contar (ue) **4**
temperate templado/a **6**
temperature la temperatura **9, 10**
temple el templo **8**
temporary temporal **3**
temptation la tentación **6**
tend to tender a **6**
tennis el tenis **2**
tennis player el/la tenista **2**
tense tenso/a **14**
tension la presión **13**
tenth décimo **8**
term el término **4, 11**
terrace la terraza **5**
terrain el terreno **4**
terrestrial terrestre **8**
terrific estupendo/a **7**
terrorism el terrorismo **15**
test la prueba **4, 10**
thank agradecer (zc) **13**
Thank you. Gracias. **1, 4**
that ese/a **4**; eso **4**; que **15**
that (over there) aquel/la **4**; aquello **4**
that one ese/a **4**
that one (over there) aquel/la **4**
that's why por eso **2, 7, 9**
that which lo que **5, 15**
the el; la; los; las **1**
theater el teatro **3, 4, 13**
their suyo/a/os/as **13**
theme el tema **5**
themselves entre sí **4**
then entonces **7**
theory la teoría **8**
there allá **9**
therefore por eso **2, 7, 9**
there is/are hay **1, 7**
thermal termal **10**
these estos/as **4**
these ones estos/as **4**
they ellos/as **1**
thin delgado/a **2**
thing la cosa **1**

think pensar (ie) 3, **4, 9, 10, 11**

third tercer/o/a **8**

thirst la sed 10

thirsty, to be tener sed 3, 7

this este/a **4**

this one este/a **4**

this time esta vez 4

thistle el cardo 1

those esos/as **4**

those (over there) aquellos/as **4**

thought el pensamiento 3

throat la garganta **10**

through mediante 15; por **9**

throw arrojar 10; echar **6**, 12; tirar **12**

thrust clavar 15

thump golpear 14

Thursday el jueves 1

ticket el boleto 3, **4, 9**; la entrada 4

tickle hacer cosquillas (a) 7

tie la corbata **8**

tie (the score) empatar **7**

tight (clothing) estrecho/a 5, **8**

tiled enlozado/a 12

time el tiempo 2, 6, **7**; la vez **5**

timid tímido/a **1**

tip (monetary) la propina **6**

tire aburrir **6**; cansar 7

tired cansado/a 4

title el título 2, 6, 12; titular 7

toad el sapo 8

toast tostar (ue) **6**

toaster la tostadora **6**

today hoy 2

together juntos/as 4

tomato el tomate **6**

tomb la tumba 15

tombstone la lápida 14

tomorrow la mañana **1**, 2, **8**

tongue la lengua 2, **10**

too también 1, **2, 7**

too much demasiado 9

to/on the left a la izquierda **3**

to/on the right a la derecha **3**

toothbrush el cepillo de dientes **8**

toothpaste la pasta de dientes **8**

topography la topografía **4**

tortoise el galápago **8**

torture torturar 4

tour ir de excursión **9**; la gira **9**

tour guide el/la guía 6, 7, **9**

tourism el turismo 5

tourist el/la turista 2

touristy turístico/a **9**

tournament el torneo 2

toward hacia 7; rumbo a 6

towel la toalla **7**

town el pueblo 4, 10, **15**; la villa 15

trace la huella 12

track and field el atletismo **7**

trade comerciar 9; el oficio **11**

tradition la tradición 4

traffic el tráfico 13; traficar 7

tragedy la tragedia 7, **13**

train el tren 6, **9**; entrenar 6

trainer el/la entrenador/a **7**

training el entrenamiento 4, **11**

trajectory la trayectoria 15

tranquilizer el calmante **10**

transfer transferir (ie, i) 12

transform transformar 10

transition la transición 7

translate traducir 11

transmit transmitir 10, **13**

transportation el transporte 3

trap atrapar 4

travel viajar 2, **9**

travel agency la agencia de viajes **9**

travel agent el/la agente de viajes **9**

traveler el/la viajero/a **9**

traveling salesperson el/la viajante **11**

travel through/across recorrer **9**

treasure el tesoro 2

treatment el tratamiento 10

treaty el tratado **15**

tree el árbol **4**

tremendous tremendo/a 7

trial la prueba **4**, 10

tribe la tribu 10

trip el recorrido 6; el viaje 1, 7, **9**

triumph el triunfo 5

trombone el trombón 2, **14**

truck el camión 8

true cierto/a 2; verdadero/a 4

truly verdaderamente 9

trumpet la trompeta 14

trust la confianza 10

truth la verdad 6, **10**

try on probar (ue) 6, **8**

t-shirt (tank top) la camiseta (sin mangas) **8**

Tuesday el martes **1**

tulle el tul 14

turkey el pavo 6

turn dar la vuelta 6

turn in entregar 1

turn off apagar 12

turn on encender (ie) **12**

turnover la empanada (la empanadilla) 6

turtle la tortuga 5

tuxedo el esmoquin 14

twin el/la gemelo/a 10

twist torcer (ue) **10**

type el tipo 15

typical típico/a 3

U

ugly feo/a **2**

uhh . . . este... 5

ulcer la úlcera 10

umbrella la sombrilla 7

UN la ONU 12

uncle el tío 4

uncomfortable incómodo/a 9

uncommon raro/a 7

under debajo (de) **5**

underscore subrayar 5

understand comprender 2, 7; entender (ie) 4

unemployment el desempleo 6, **11, 15**; el paro (*Spain*) 15

unexpected inesperado/a 15

unfinished inacabado/a 13

unforgettable inolvidable 7

unfortunately desgraciadamente 5

uniform el uniforme 7

union el sindicato 12

unionize sindicalizar 15

unique único/a 5, 8, 10

United Nations las Naciones Unidas 7

United States EE. UU. 6

unity la unidad 4

university la universidad **1**

unknown incógnito/a 7

unless a menos (de) que **11**

unmarried soltero/a **4**

unnecessary innecesario/a 10

until hasta 6; hasta que **11**

upload subir **12**

urge instar 15

urgent urgente **9**

urinate orinar 10

us nos 4, 6

use usar 4; utilizar 4

useful útil 15; valioso/a 12

usually usualmente 9

utensil el utensilio 6

V

vacancy la vacante **11**

vacation las vacaciones 5

vaccine la vacuna 10

vacuum pasar la aspiradora **5**

vacuum cleaner la aspiradora **5**

value el valor 10

van el camión 9; la camioneta 1; la furgoneta 9

variety la variedad 5

various varios/as 7

vary variar 6

VCR la videograbadora 12

vegetable la legumbre 3

vegetables las verduras **6**

vegetarian el/la vegetariano/a 6

velvet el terciopelo 14

verify verificar 6

versatile versátil 13

version la versión 10

very muy **1**; sumamente 7

Very truly yours . . . Lo(s)/La(s) saluda atentamente... 11

veteran el/la veterano/a 12

veterinarian el/la veterinario/a **11**

veterinary science la veterinaria 3

viceroyalty el virreinato 11

victim la víctima 3

video camera la cámara de video 9

view la vista 2, 5, **9**

vigorous vigoroso/a 15

vinegar el vinagre **6**

viola la viola 14

violate violar 15

violence la violencia 4

violent violento/a 14

violin el violín 14

visa el visado 7

visit la visita 5; visitar 2

visitor el/la visitante 9

vitamin la vitamina 10

voice la voz 8, **14**

volcano el volcán 4, 5, **9**

volleyball el voleibol **7**

voluntary voluntario/a 5

volunteer el/la voluntario/a 5

voluptuous voluptuoso/a 9

vote el voto 13

vote (for) votar (por) 7, **15**

voter el/la votante 13

W

wait for esperar 7, **9**, **10**
waiter/waitress el/la camarero/a **6**; el/la mesero/a 3, 6
waiting area la sala de espera **9**
wake up despertarse (ie) **5**
walk caminar 2; el paseo **7**
wall la muralla 9
wallet la billetera **8**
want querer (ie) 7, 8, **9**; **want to** tener ganas de 3
war la guerra 3, 5, **15**
warm-up el calentamiento 10
warn advertir (ie, i) 14
warrior el guerrero 3
wash lavarse **5**
wash clothes lavar la ropa **5**
wash dishes lavar los platos **5**
washing machine la lavadora **5**
waste los desechos **12**
watch el reloj 1; mirar 2; vigilar 15
watch (television/a movie) ver (la televisión/una película) 2, 7, **7**, **8**, **12**
watch one's figure guardar la línea 10
water el agua (*fem.*) **6**
waterfall el salto 9; las cataratas 9
wave la ola **5**
way la manera 3, 6; la vía **5**
we nosotros/as 1, **14**
weak débil 10
wealth la riqueza 9
weapon el arma (*fem.*) 15
wear llevar 5, 6, **8**
wear a shoe size calzar **8**
weather el tiempo 2, 6, **7**
weatherman/woman el/la meteorólogo/a **13**

weave tejer 15
weaving el tejido 4
web page la página web 6, **12**
website el sitio web 7, **12**
wedding la boda 3
Wednesday el miércoles 1
week la semana 1
weight el peso **10**
welcome la bienvenida 2
well bien 1; **well . . .** bueno… 5; pues 3
well-being el bienestar 6
well made bien hecho/a 14
what cómo 1, 2; lo que 5, **15**; qué 1, 2
What . . . ? ¿Qué…? 2
What do you like do? ¿Qué te gusta hacer? 2
whatever you hear oyeres 13
whatever you see vieres 9
What luck! ¡Qué suerte! 2
What nonsense! ¡Qué barbaridad! 1
What's happening? ¿Qué pasa? 1
What students! ¡Qué estudiantes! 1
What's up? ¿Qué pasa? 1 ¿Qué tal? 1 (*Venezuela*) ¿Qué húbole? 9
What's your name? (*for.*) ¿Cómo se llama usted? 1; (*inf.*) ¿Cómo te llamas?
What time is it? ¿Qué hora es? 2
when cuando 2, **11**
When . . . ? ¿Cuándo…? 2
Where . . . ? ¿Dónde…? 2; **From where . . . ?** ¿De dónde…? 2; **To where . . . ?** ¿Adónde…? 2
which (one/s) cual/es 2
while el rato 13; mientras 5
whirlwind el remolino 9
white blanco/a 1

who que 15; quien 2, **15**
Who . . . ? ¿Quién(es)…? 2
whom que 15; quien 2, **15**
Whose . . . ? ¿De quién(es)…? 2
Why . . . ? ¿Por qué…? 2, 9
wide amplio/a 10; ancho/a 5
widow/er el/la viudo/a 4
wife la esposa 1, 3, 4
will la voluntad 7
willing dispuesto/a 13, **14**
win ganar 2, 4, **7**
wind el viento 14
window la ventana 9; la ventanilla **9**
windy, it is hace viento **7**
wine (red, white) el vino (tinto, blanco) 6
winner el/la ganador/a 2
winter el invierno 1
winter cap el gorro 8
wish desear 9; el deseo 13
with con 1
within dentro de 5
without sin (que) **11**
without a doubt sin duda 10
with you contigo 4
witness el/la testigo/a 13
wolf el lobo 8
woman la mujer 1
wonderful magnífico/a 7
wood la madera 3
wool la lana 8
word la palabra 2
work el trabajo 6, **11**; funcionar 10, **12**; la obra 2, 13; trabajar 6; laboral 7
work (on commission) trabajar (a comisión) 2
worker el/la trabajador/a 1
workshop el taller 3
world (*noun*) el mundo 1 (*adj.*) mundial 15

worldwide mundialmente 9
worn out gastado/a 10
worry preocuparse 8
worse peor 5
Would you like (+ *inf.*) . . . ? ¿Te gustaría (+ *inf.*)…? 4
wristwatch el reloj de pulsera 8, **8**
write escribir 1, 2, 8, 10, 11, **12**
write down anotar 5
writer el/la escritor/a 6

X

X-ray la radiografía **10**

Y

yank arrancar 1
yard el patio 5
year el año 1
yearly anualmente 7
yearly bonus la bonificación anual **11**
yell gritar 11
yellow amarillo/a 1
yesterday ayer 6
yogurt el yogur 6
you tú (*inf.*) 1; usted/es (*for.*) 1; vosotros/as (*inf. pl. Spain*) 1, **4**
you like . . . Te gusta… 2
young joven 2
younger menor 4, **5**
You're welcome. De nada. 1
your/s su/s; suyo/a/os/as (*for.*) 13; tu/tus (*inf.*) 1; tuyo/a/os/as (*inf.*) 7, 13; vuestro/a/os/as (*inf. pl. Spain*) 3, **13**
youth el/la joven 6; la juventud 1

Z

zoo el zoológico 3

Credits

TEXT CREDITS

p. 279: "Los rivales y el juez," Ciro Alegría. Used by permission of Dora Verona.

p. 379: "No hay que complicar la felicidad" by Marco Denevi. © Denevi, Marco, Falsificaciones, Buenos Aires, Corregidor, 1984, págs. 159–160. Used by permission.

p. 414: Cuando era puertorriqueña. New York: Vintage Español Republished with permission of Perseus Books, from "When I was a Puerto Rican" by Esmerelda Santiago © 1993; permission conveyed through Copyright Clearance Center, Inc. /Esmerelda Santiago/ Cuando era puertorriqueña, Penguin Random House.

p. 478: © Anderson Imbert, Enrique, "El crimen perfecto", en *El gato de Chesire, Cuentos 2, Obras Completas*, Buenos Aires, Corregidor, 1999, pp. 101–102.

p. 508: "En solidaridad" (Fragment, edited by Eduardo Zayas-Bazán), *Más allá de mí* by Francisco Jiménez. © by Francisco Jiménez. Reprinted with author's permission.

PHOTO CREDITS

Photos in the Observaciones sections are stills from *¡Pura vida!* video to accompany *¡Arriba!, Comunicación y cultura*, 6th edition, ©2012.

COVER: © First Light / Alamy **p. 3 (left):** Susan M. Bacon; **(right):** Diego Rivera, " Mexico from the Conquest to 1930". Mural.(Detail) Location: National Palace, Mexico City, Mexico. Photo: Leslye Borden/Photoedit. © Banco de México Diego Rivera & Frida Kahlo Museums Trust. Av. Cinco de Mayo No. 2, Col. Centro, Del. Cuauhtemoc 06059, Mexico, D.F. Reproduction authorized by the Instituto Nacional de Bellas Artes y Literatura.; **p. 5 (top):** Yuriy Chertok / Shutterstock; **(bottom):** © Jacom Stephens/istockphoto; **p. 9:** Susan M. Bacon; **p. 10:** Susan M. Bacon; **p. 11:** Susan M. Bacon; **p. 12:** Kim Sayer ©Dorling Kindersley; **p. 15:** Joanna B. Pinneo/Aurora Photos; **p. 16:** Jupiterimages/Thinkstock; **p. 18:** Copyright 2008 Getty Images; **p. 19:** © RD/Leon / Retna Digital/Retna Ltd./Corbis; **p. 21 (top):** © 2010 Photos.com, a division of Getty Images. All rights reserved.; **(bottom):** © 2010 Photos.com, a division of Getty Images. All rights reserved.; **p. 25 (left):** © Bettmann/CORBIS; **(right):** © Bettmann/CORBIS; **p. 33 (top, right):** Copyright © Siegfried Stolzfuss / eStock Photo; **p. 34 (top, left):** Susan M. Bacon; **(top, right):** © 2010 Photos.com, a division of Getty Images. All rights reserved.; **(bottom, left):** © 2010 Photos.com, a division of Getty Images. All rights reserved.; **(bottom, right):** Ralf Gosch/Thinkstock/Getty images; **p. 36 (top):** Susan M. Bacon; **(bottom):** Tania Zbrodko/Shutterstock; **p. 38:** Getty Images Inc. — PhotoDisc; **p. 41 (left):** © imageZebra / fotolia; **(right):** Lev Radin / Shutterstock; **p. 43 (top, right):** © Photos.com/ Thinkstock; **(center, right):** Hemera/Thinkstock; **(bottom, left):** Thinkstock; **p. 44:** SIME/eStock Photography; **p. 45 (left):** Rune Hellestad/Corbis; **(center):** AP Images/Peter Kramer; **(right):** Rich Pilling/Stringer/Major League Baseball/Getty Images; **p. 49:** jorgedasi /Shutterstock; **p. 51:** © PCN Photography / Alamy; **p. 53:** sedat saatcioglu / fotolia; **p. 54:** Daniel BerehulakAllsport Concepts/Getty Images; **p. 56:** © Getty Images; **p. 57 (top):** Europa Press/Contributor/Europa Press/Getty Images; **(bottom):** Ethan Miller/Getty Images Inc. RF; **p. 59 (top, right):** All contents © 2010 Thinkstock. All rights reserved.; **(center, right):** Artpose Adam Borkowski / Shutterstock; **(bottom, right):** Jupiter Images; **(bottom, left):** Jeanne Hatch/Shutterstock; **p. 61:** Ir?ne Alastruey/Jupiter Images; **p. 64 (bottom):** Susan M. Bacon; **p. 66:** Susan M. Bacon; **p. 69 (top):** Susan M. Bacon; **p. 70 (top, left):** Luna Vandoorne / Shutterstock; **(top, right):** Pedrosala/Fotolia; **(center, left):** © Martyn Unsworth / istockphotò; **(center, right):** Susan M. Bacon; **(bottom, left):** Elena Aliaga / Shutterstock; **(bottom, right):** Rob Wilson/Shutterstock; **p. 72:** © Victor Lerena/epa /CORBIS. All Rights Reserved; **p. 73:** © Sony Pictures Classics/Courtesy Everett Collection; **p. 74:** Carlos Alvarez/Getty Images Inc. RF; **p. 77 (left):** © ranplett / Shutterstock; **p. 77 (right):** © Viva la Vida, 1954 (print), Kahlo, Frida (1910–54) / Private Collection / © DACS / The Bridgeman Art Library; **p. 79:** Andresr / Shutterstock; **(center):** iStockphoto/Thinkstock; **(bottom):** Helder Almeida / Shutterstock; **p. 83:** Images.com; **p. 85:** © Lisa F. Young / istockphoto; **p. 88:** AP Images/Jorge Saenz; **p. 89:** Reuters / B Mathur / Landov; **p. 90:** © Stephen Coburn / Fotolia; **p. 91:** © CUARTOSCURO / ISAAC ESQUIVEL /epa / CORBIS All Rights Reserved; **p. 93 (top):** Brand X Pictures/Getty Images; **(top, center):** Goodshoot/Thinkstock; **(bottom, center):** Pixland / Thinkstock; **(bottom):** VisionsofAmerica/Joe Sohm/Getty Images; **p. 97:** AP Images; **p. 99:** Colman Lerner Gerardo / Shutterstock; **p. 102:** bst2012 / Fotolia.com; **p. 103:** Courtesy of Nick Warren; **p. 104:** George Koroneos / Shutterstock; **p. 105 (top):** Scott Griessel/Fotolia; **p. 106 (top, left):** Susan M. Bacon; **(top, right):** Susan M. Bacon; **(center):** Susan M. Bacon; **(bottom, left):** © Charles & Josette Lenars/CORBIS; **(bottom, right):** Courtesy Metro de la Ciudad de México; **p. 108 (left):** David R. Frazier; **(center):** Ceremonial procession—detail of musicians. From Mayan fresco series found at Bonampak. (East wall, room 1). Museo Nacional de Antropología, Mexico City, D.F., Mexico. © SEF/Art Resource, NY; **(right):** ©Erich Lessing/Art Resource, NY; **p. 109:** Susan M. Bacon; **p. 113 (left):** Jose Jacome/EPA/Newscom; **(right):** Susan M. Bacon; **p. 115 (1st row):** Dick Luria / Thinkstock; **(2nd row, left):** Andresr / Shutterstock; **(2nd row, left center):** Phase4Photography / Shutterstock; **(2nd row, right center):** Chiyacat / Shutterstock; **(2nd row, right):** Tracy Whiteside / Shutterstock; **(3rd row, left):** Jacek Chabraszewski / Shutterstock; **(3rd row, center):** Phase4Photography / Shutterstock; **(3rd row, right):** Stuart Monk / Shutterstock; **p. 116:** Maria Teijeiro/Getty Images Inc. RF; **p. 120:** AP Images; **p. 122:** KennStilger47/Shutterstock; **p. 125:** Susan M. Bacon; **p. 126:** Susan M. Bacon; **p. 128:** Jack Hollingsworth / Thinkstock; **p. 129:** Courtesy of Guillermo Anderson, www.guillermoanderson.com; **p. 131 (top):** Susan M. Bacon; **(center):** Susan M. Bacon; **(bottom):** Susan M. Bacon; **p. 137:** Susan M. Bacon; **p. 140:** Paul Hill/Fotolia; **p. 141 (left):** Comstock / Thinkstock; **(right):** BananaStock/Thinkstock; **p. 143 (top):** © Gisela Damm / eStock Photo; **p. 144 (top, left):** Susan M. Bacon; **(top, right):** Susan M. Bacon; **(center):** Susan M. Bacon; **(bottom, left):** Susan M. Bacon; **(bottom, right):** Susan M. Bacon; **p. 147:** © John Mitchell / Alamy; **p. 148:** JR Carvey/Streetfly Studio/Getty Images Inc.; **p. 151 (left):** Philippe Colombi; **(right):** Susan M. Bacon; **p. 153 (top):** Comstock Images / Thinkstock; **(top, center):** Alon Brik / Shutterstock; **(bottom, center):** prodakszyn/Shutterstock; **(bottom):** bart78 / Shutterstock; **p. 155:** Zedcor Wholly Owned / Jupiter Images; **p. 158:** Otto Greule Jr/Getty Images; **p. 159 (top):** beltsazar / Shutterstock; **(bottom):** © 2010 Photos.com, a division of Getty Images. All rights reserved.; **p. 163:** IT Stock Free/Thinkstock; **p. 164 (top to bottom):** ARMANDO ARORIZO/Landov; AP Images/Evan Agostini; © FEDERICO RIOS/epa/Corbis AP Images; © KENA BETANCUR/Reuters/Corbis; Ben Hider/Getty Images; **p. 166:** Jupiterimages/Thinkstock; **p. 167:** Arnold Turner/WireImage/Getty Images; **p. 169:** All contents © 2010 Thinkstock. All rights reserved.; **(center):** Mehmet Dilsiz / Shutterstock; **(bottom):** Jupiterimages / Thinkstock; **p. 172:** Susan M. Bacon; **p. 176:** Brand X Pictures / Thinkstock; **p. 177 (top):** Peter Wilson © Dorling Kindersley; **p. 178 (top, left):** Susan M. Bacon; **(top, right):** Susan M. Bacon; **(bottom, left):** Sascha Burkard / Shutterstock; **(bottom, right):** Susan M. Bacon; **p. 180 (top, left):** Tom Brakefield / Thinkstock; **(top, right):** Poznyakov / Shutterstock; **(bottom, left):** Susan M. Bacon; **p. 181:** Susan M. Bacon; **p. 185 (left):** Andrew Gunners/Jupiterimages; **(right):** JUAN J. REAL/Newscom; **p. 187:** Jose Luis Pelaez Inc/Getty Images; **p. 189:** Fuse/Jupiterimages; **p. 191 (bottom):** AP Images/Santiago Llanquin; **p. 194:** Susan M. Bacon; **p. 195:** Susan M. Bacon; **p. 196 (top):** Mark Stout Photography / Shutterstock; **(bottom):** Susan M. Bacon; **p. 197:** El Comercio de Ecuador/Newscom; **p. 199 (top):** © Image Source / SuperStock; **(top, center):** Alain Schroeder/Jupiterimages; **(bottom, center):** Jupiterimages; **(bottom):** Denkou Images/Jupiterimages; **p. 201 (top):** © Sebastian Vera; **(bottom):** Jupiterimages; **p. 203:** Patty Orly/Shutterstock; **p. 204:** Eric Risberg / ASSOCIATED PRESS; **p. 207:** Susan M. Bacon; **p. 208:** Philip Lee Harvey/Jupiterimages; **p. 209 (top):** Monkey Business Images/Shutterstock;

ESTADOS

UNIDOS

Mexicali
Tijuana

Nogales

Ciudad
Juárez

Río Bravo del Norte

Río Grande

Golfo de
México

Nuevo Laredo

Monterrey

Golfo de California

SIERRA MADRE OCCIDENTAL

Baja California

SIERRA MADRE ORIENTAL

MÉXICO

Guadalajara

Comala

México, D.F.

Veracruz

Taxco

Acapulco

Oaxaca

Mérí

Penínsu
de
Yucatár

Palenque

Tikal

B
E

GUATEMALA

Quetzaltenango

Guatemala

Volcán Izalco

Sal

EL
SALVADOR

OCÉANO

PACÍFICO

✪	Capital
•	Otra ciudad
▲	Volcán
⁂	Ruinas

Islas
Galápagos
(Ec.)

México, América Central y el Caribe